서얼 허통許通 기록

통색촬요

서얼 허통許通 기록

통색촬요

박헌순 남지만 하현주 옮김

한국고전번역원

일러두기

1. 이 책은 서울대학교 규장각한국학연구원에서 제공한 《통색촬요》(도서번호 : 奎6786)를 저본으로 하여 교감표점(校勘標點)한 정본(定本)을 바탕으로 번역하였으며 서명은 《통색촬요》로 하였다.
2. 원문에 차자(借字)로 표기된 물명(物名) 등은 가능한 우리말로 바꾸어 표기하고 별도의 주석은 달지 않았다.
3. 내용이 간단한 역주는 간주(間註)로, 긴 역주는 각주(脚註)로 처리하였다.
4. 한자는 필요한 경우 이해를 돕기 위하여 넣었으며, 운문(韻文)은 원문을 병기하였다.
5. 원문의 교감기 가운데 본문의 이해에 필요한 것은 각주로 처리하고 설명을 덧붙였다.
6. 맞춤법과 띄어쓰기는 한글 맞춤법과 표준어 규정을 따르는 것을 원칙으로 하였다.
7. 이 책에서 사용한 부호는 다음과 같다.

( ) : 번역문과 음이 같은 한자를 묶는다. 보충역에 쓴다.

〔 〕: 번역문과 뜻은 같으나 음이 다른 한자를 묶는다.

" " : 대화 등의 인용문을 묶는다.

' ' : " " 안의 재인용 또는 강조 부분을 묶는다.

「 」: ' ' 안의 재인용을 묶는다.

《 》: 책명 및 각주의 전거(典據)를 묶는다.

〈 〉: 책의 편명 및 운문 · 산문의 제목을 묶는다.

차례

해제

조선조 서얼 차대差待의 실상과 허통許通 정책의 추이

김성우 | 대구한의대학교 역사학 교수

아들을 낳았다고 남들은 모두 기뻐하나
내 마음 홀로 그렇지 않다네
세간의 한없는 괴로움이
앞으로 너에게 또 전해지리라

《규사(葵史)》 권1, 서얼 진사 이휘(李翬)가 아들 출산 소식에 지은 시

I. 머리말

《통색촬요(通塞撮要)》는 '폐색(閉塞)된 자들을 허통(許通)해 주는 전말을 기록한 개요'라는 의미로, 조선 시대 서얼(庶孼) 차대(差待) 규정과 허통에 관한 기록을 모아 놓은 책이다. '해바라기의 곁가지요', '쭈글쭈글한 목덜미에 누렇게 뜬 얼굴로 자기 집 아랫목에서 나란히 누워 죽고 말' 운명을 타고난 이들의 피눈물 어린 울분의 기록이다. 한평생 차별만 당하던 서얼은 혹 운 좋게 성군(聖君)이라도 만나면 그들의 재능을 인정받기도 했다. 그렇지만 서얼에게 주어진 관직은 기껏해야 문관직 몇 개, 무관직 몇 개, 그리고 음관직 몇 개뿐이었다. 이나마도 성군이 승하하면 언제 그랬냐는 듯이 바로 회수되고는 했다.

서얼에게 성군은 탕평 군주(蕩平君主)로 알려진 영조(英祖)와 정조(正祖)였다. 하늘이 부여한 지상(地上) 권력의 중심이라 굳게 믿었던 이들은 군왕이 차별 없이 신민을 두루두루 보살필 때만 황극 정치(皇極

政治)가 실현될 수 있다는 확고한 믿음을 가졌다. 영조와 정조가 재위했던 18세기는 신분 차별이라는 고질적 폐단으로 무수한 사람들이 시련을 겪었다. 집권 세력인 노론(老論)을 제외한 기타 정파의 사람들이 그들이었고, 서울의 경화 사족(京華士族)이 아닌 지역의 사족이 그들이었으며, 양반(兩班)이 아닌 서얼과 평민이 그들이었다. 두 군주는 조선 사회 전면에 도도하게 흐르고 있던 신분 차별이라는 사회 문제에 대해 무모할 정도로 과감한 도전장을 던졌다. 소론(少論)과 남인(南人), 소북계(小北系) 정치 세력, 지방 양반, 그리고 서얼과 평민은 이들이 주도하는 황극 정치가 실현되기를 학수고대했다.

문벌 세력(門閥勢力)에 의해 포위되어 있던 두 군주가 그들의 이상을 실현하기에는 너무나 많은 장애물들이 있었다. 이들의 개혁을 가로막은 이들은 서울에 거주하는 경화 사족 출신의 집권 노론 세력이었다. 이들은 왕실과 혼인을 통해 정치권력을 장악하여 강력한 문벌 집단을 형성하고 있었다.[1] 이들은 왕위 계승 과정에 깊숙이 개입하여 그들의 입맛에 맞는 이를 군주로 내세웠고, 왕실 혼인을 독점함으로써 조선의 정치와 경제를 좌지우지할 수 있는 막강한 영향력을 키워 나갔다.

벌열 집단(閥閱集團)의 강고한 장벽을 깨기 위한 군주의 이상이 황극이었고, 그것을 실현하기 위한 정책이 탕평(蕩平)이었다. 영조와 정조는 사회적 소수자들의 능력을 끊임없이 실험했으며, 각자의 재능에 맞는 관직에 임명하고자 부단한 노력을 기울였다. 이를 통해 이들은 갓난아이인 백성을 어루만지는 자애로운 어버이와 같은 군주상을 실현하고자 했다. 그런 점에서 사회적 소수자들에게 두 군주는 성군이었다.

그렇지만 성군의 개혁 정치는 소수의 외척(外戚) 벌열 가문을 중심으

•••••

1 18세기 이후의 조선 사회를 경화 사족(京華士族)과 노론(老論)을 공통분모로 하는 문벌 사회(門閥社會)로 이해한 연구가 있다.《김성우, 조선시대 사회구조의 변화와 농암 유수원의 신분제 개혁론, 농암 유수원 연구, 사람의무늬, 2014》

로 형성된 강고한 문벌 집단을 깨뜨리기에는 역부족이었다. 그런 이유로 성군의 죽음과 함께 사회적 소수자들의 희망은 일장춘몽이 되었다.《통색촬요》는 사족의 첩(妾)의 후손들로 영원히 폐색된 존재였던 이들이 점점 잊혀 가는 좋은 시절의 짧았던 꿈을 회상하면서 기록한 책이다. 그들은 서얼이라 불렸고, 가끔씩 일명(一名)이라 불리기도 했다.[2]

이 책의 저자들은 영조와 정조가 재위하던 시절, 성군이 그들에게 얼마나 따뜻한 애정을 보여 주었는지, 그리고 문벌 세력에 맞서 그들의 권리를 어떻게 대변하려 했는지를 기록으로 남기고 싶어 했다. 해제에서는 17세기, 18세기 탕평 군주인 영조대 · 정조대 세 시기로 나누어 수록 내용들을 살펴보고, 저자들이 누구였는지, 그리고 그들의 집필 의도가 무엇이었는지를 확인해 보고자 한다.

2. 17세기 서얼 허통 정책의 추이

서얼 허통 논의가 조정에서 최초로 시작된 시점은 1625년(인조3)이었다. 그해 9월 부제학(副提學) 최명길(崔鳴吉)을 위시한 홍문관(弘文館) 관원들은 '재능에 따라 인재를 거두어 써서 서얼의 억울함을 펴 주고 인재를 등용하는 길을 넓혀 줄 것'을 요청하는 상소를 올렸다. 이 상소를 접한 인조는 이 문제를 논의하기 위해 고위 관료의 수의(收議)를 지시했다. 그해 11월 비변사(備邊司)는 재상들의 견해를 종합한 끝에 "양첩(良妾) 소생은 손자로부터, 천첩(賤妾) 소생은 증손으로부터 문과(文科) ·

• • • • •

2 조선 후기 서얼 관련 중요 연구서는 다음과 같다.《배재홍, 조선후기의 서얼 허통, 경북사학10, 1987》《배재홍, 조선후기 향촌사회에서 서얼의 존재 양태와 鄕戰, 경북사학15, 1992》《배재홍, 조선후기 서얼 과거합격자의 성분과 官歷, 조선사연구2, 1993》《이종일, 조선후기 양반서얼의 통청 운동, 한국사34, 국사편찬위원회, 1995》《이수환, 18~19세기 경주 玉山書院 院任職 소통을 둘러싼 嫡庶 간의 鄕戰, 조선후기 서원 연구, 일조각, 2001》

무과(武科) 및 생원시(生員試)·진사시(進士試)의 응시 자격을 허용한다."라는 조항을 만들었다. 그리고 문과 합격자에게는 "요직(要職)을 허락하되 청직(淸職)은 허락하지 않는다."라는 제한을 두었다.[3]

그렇지만 실제 관직 운용에서는 이 조처가 거의 적용되지 않았다. 문과에 급제한 서얼 문관에게 정부가 허용한 중앙 관직은 봉상시(奉常寺)와 교서관(校書館)의 서너 자리에 불과했다. 이런 상황에서 1633년(인조11) 이조 판서로 재직 중이던 최명길은 서얼에게 개방할 '요직'의 범주를 명확히 할 것을 지적하고 나섰다. 이때 정부가 개방한 요직은 호조, 형조, 공조 등 삼조(三曹)의 낭청(郎廳 정랑(正郎) 및 좌랑(佐郎))과 중앙 각 관사의 판관(判官 종5품) 이하 관직이었다. 그해 말 실시한 인사에서 신희계(辛喜季)와 심일준(沈日遵)이 형조 좌랑, 김굉(金宏)과 이경선(李慶善)이 공조 좌랑, 이현(李礥)이 호조 좌랑에 각각 임명되었다.[4] 그렇지만 서얼 문관의 요직 임용은 이때가 처음이자 마지막이었다.

그로부터 40년이 지난 1670년 대에 이르러, 공조 참의 김수홍(金壽弘)이 서얼 허통을 요청하는 상소를 올렸고, 1676년(숙종2) 대사헌(大司憲) 이무(李袤)가 다시 이 문제를 꺼냈다. 그렇지만 이무의 상소는 도승지(都承旨) 김휘(金徽)가 봉입(捧入)을 거부하면서 숙종에게 끝내 진달되지 못했다.[5] 1695년 또다시 서얼 허통을 요청하는 상소가 올라왔다. 소두(疏頭)는 경상도의 서얼 생원 남극정(南極井)이었고, 988인의 경상도 서얼이 이 운동에 대거 동참했다. 이 상소에 따르면, 문과·무과의 응시 자격이 주어진 1625년 이래 70년 동안 서얼 출신으로 문과 급제자

•••••

3 《通塞撮要》 卷1, 仁祖3年乙丑 命大臣及二品以上議庶孼許通 因玉堂箚子也; 同年 9月14日 副提學崔鳴吉與同僚……等聯名上疏; 同年 11月 上命招大臣二品以上于賓廳 議庶孼許通事 令廟堂酌定.

4 《通塞撮要》 卷1, 仁祖癸酉 吏曹判書崔鳴吉啓曰; 同年 月政.

5 《通塞撮要》 卷1, 肅廟丙辰 大司憲李袤上疏.

는 100여 명, 무과 급제자는 수백 명이 배출되었다. 그렇지만 1633년 서얼 문관이 삼조(三曹)의 좌랑(佐郎)에 임명된 이래 단 한 명의 문관도 낭관직에 임명되지 못했다. 그동안 그들에게 용인된 관직은 내직으로는 정6품 전적(典籍)과 종6품 주부(主簿), 외직으로는 종6품 찰방과 종6품 현감이 전부였다. 무관에게는 종3품 첨사(僉使)와 종4품 만호(萬戶) 몇 자리만이 주어졌을 뿐이었다.

이들은 상소를 통해, 쌀을 받고〔納粟〕 허통(許通)을 허락하는 현 규정을 없앨 것, 허통 관직 수를 늘려서 능력에 따라 관직에 임용될 수 있는 길을 넓혀 줄 것 등 두 가지 사항을 정부에 요구했다. 이번에도 승정원(承政院)에서 상소 접수를 완강히 거부한 탓에, 이들은 4개월 동안이나 대궐 앞에서 복합(伏閤)을 시도한 끝에 가까스로 숙종에게 상소를 올릴 수 있었다.[6]

1696년(숙종22) 7월 이조 판서 최석정(崔錫鼎)이 서얼 허통을 주장하는 차자(箚子)를 숙종에게 올렸다. 그는 규정에 의거하여 서얼 문관에게는 중앙 관직으로 삼조와 각 시(寺)의 관직을, 지방 관직으로 주군(州郡)의 벼슬을 주고, 음관(蔭官)과 무관(武官)에게도 관로(官路)를 좀 더 넓혀 줄 것, 그리고 명목이 구차한 납속(納粟) 후 허통하는 규정을 혁파할 것 등 두 가지를 건의했다. 최석정의 차자는 1년 앞서 제출되었던 남극정의 요청을 대체로 수용한 것이었다.[7]

이상에서 확인한 바와 같이 인조대1623~1649 이후 숙종대1674~1720 에 이르는 100여 년은 서얼 허통에 관한 한 조정의 적극적인 조처가 거의 없었다. 인조대 최명길, 숙종대 김수홍과 이무, 그리고 최석정 등 극히 소수의 관료들만이 서얼 허통을 주장했을 뿐이다. 서얼의 집단 상소 운

•••••

6 《通塞撮要》 卷1, 肅廟乙亥, 嶺南生員南極井等上疏; 同年 進士柳日祥等上疏.

7 《通塞撮要》 卷1, 肅廟丙子 7月 崔錫鼎上箚.

동도 남극정, 유일상(柳日祥) 등이 소두(疏頭)가 되어 올린 두 차례의 상소가 전부였다. 그렇지만 숙종대 관료와 서얼 유생이 올린 상소는 대부분 승정원에서 봉입(捧入)하지 않거나, 설령 봉입에 성공했다 해도 국왕으로부터 시원한 답변을 얻어 내지 못했다.

다만 1696년(숙종22) 최석정의 건의 이후 서얼의 '납미허통(納米許通)' 규정이 혁파되었고, 서얼의 직역(職役)이 확정되는 성과를 거둔 것이 거의 유일한 예외였다. 양첩(良妾)의 아들과 천첩(賤妾)의 손자는 업유(業儒) 혹은 업무(業武)라는 직역을 사용해도 좋다는 정부의 결정이 그것이었다. 1708년에는 서얼 당대(當代)만 업유나 업무를 사용하고, 아들 대부터는 유학(幼學) 직역의 사용을 허락하는 추가 조처가 내려지기도 했다.[8]

3. 18세기 탕평 군주의 서얼 정책

영조(英祖 재위 1724~1776)

영조가 즉위하자 서얼은 숙종의 정비(正妃) 인현왕후(仁顯王后) 민씨(閔氏)의 무수리였던 숙빈(淑嬪) 최씨(崔氏) 소생인 영조에게 큰 기대를 걸었다. 그들은 영조야말로 자신들의 처지를 누구보다도 잘 이해할 수 있는 인물, 곧 국서(國庶)라 여겼다. 그렇지만 영조는 그를 왕좌로 이끈 문벌 세력(門閥勢力)의 동향에 더 많은 관심을 보였다. 그런 사정을 1725년(영조1) 12월 서얼 진사 정진교(鄭震僑)를 소두(疏頭)로 한 260명의 연명 상소에 대한 그의 처리 방식에서 읽을 수 있다. 그들은 1년 4개월 동안 무려 13차례나 상소를 올렸지만 그들의 상소는 끝내 봉입되지 못했다. 서얼이 한 달 동안이나 대궐 앞에서 복합했다는 사실을 뒤늦게

•••••

8 《배재홍, 조선후기의 서얼 허통, 127~130쪽》

안 영조는 상소 봉입을 저지한 당시 승지 윤유(尹游)를 엄하게 추고했다. 그는 서얼 금고가 오래된 관행이어서 갑작스럽게 개혁할 수는 없지만 "인조(仁祖)의 수교에 따라 서얼을 삼조(三曹) 정랑(正郎)에 의망(擬望)하도록 하겠다."라는 좀 더 희망적인 메시지를 그들에게 전달해 주었을 뿐이다.[9]

서얼 허통에 관한 영조의 입장은 이처럼 신중했고 그의 조처는 매우 더뎠다. 그는 1736년(영조12) 5월이 되어서야 서얼 출신 무관 김윤(金潤)과 이용신(李龍臣)을 주읍(主邑)의 수령에 임명하는 조처를 내렸다. 그로부터 3년 뒤인 1739년 5월에는 서얼 무관에게 수문장(守門將)직을 개방했다.[10] 이 조처는 1633년(인조11) 서얼 문관의 중앙 요직 개방 이후 서얼 무관에게도 동일한 조처가 내려졌다는 점에서 그 의의가 있다. 서얼 무관에게 개방될 요직이 확정되기까지 무려 100여 년이라는 길고 긴 시간이 소요되었던 것이다.

서얼 허통을 위한 영조의 노력들은 이런 몇 가지 조처에도 불구하고 번번이 좌절되었다. 1770년 부사직(副司直) 이수득(李秀得)의 상소에 따르면, 도목 정사(都目政事)가 거행될 때마다 서얼 문관은 내직으로 교서관과 봉상시의 4, 5자리, 외직으로 작은 고을의 현감이나 찰방 몇 자리에 임명될 뿐이었고, 무관은 수문장 한 자리만이 허락되었다. 서얼 음관은 상환법(相換法)에 구애되어 경사(京司)의 부령(部令) 같은 사송(詞訟) 담당 관직의 진출이 불가능했다. 서얼의 관직 임용은 17세기 초반 이래 150여 년 동안 단 한 발짝도 앞으로 나아가지 못했던 것이다.

이수득은 영조의 탕평 정책을 적극 지지하는 한편, 서얼 문관에게는 삼관(三館) 분관(分館)을, 무관에게는 삼청(三廳) 시천(始薦)을, 음관에

•••••

9 《通塞撮要》 卷2, 英宗登極甲辰 12月 17日 儒生鄭震僑等上疏.

10 《通塞撮要》 卷2, 英宗丙辰 5月 晝講入侍時; 己未 5月 10日 春塘臺親臨別試才時.

게는 상환법과 사송직 제한 규정의 철폐를 주장하고, 성균관 유생에게는 적서(嫡庶) 구별 없이 치좌법(齒坐法)을 실시하라는 주장을 내놓았다.[11] 이 제안은 사실상 사족과 서얼을 동등하게 대우하라는 점에서 매우 파격적이었다. 그렇지만 영조는 이번에도 별다른 반응을 보이지 않았다.

그런데 그로부터 2년이 경과한 1772년(영조48) 8월 15일 이후 대반전이 시작되었다. 이날 저녁 영조는 서얼 출신 문관 여귀주(呂龜周)를 정5품직인 사헌부 지평(持平), 윤밀(尹謐)과 오준근(吳濬根)을 정6품직인 사간원 정언(正言)에 임명하는 한편, 무관 김취대(金就大)를 선전관(宣傳官)에 임명했다. 문관 청직(淸職)인 대간(臺諫)과 무관 청직인 선전관직을 서얼 문관·무관에게 전격 개방한 것이었다. 청직 개방이라는 점에서 이 조처를 통청(通淸)이라 부른다.[12] 이튿날인 8월 16일에는 서얼의 호부호형(呼父呼兄)을 허가해 주었다. 여기에서 한 걸음 더 나아가 9월 9일에는 족보(族譜) 작성 시 적서를 구분하는 폐단을 혁파할 것을 지시하는 한편, 이 지시를 따르지 않을 경우 역류(逆類)로 다스리겠다고 엄포를 놓았다.[13]

영조는 그가 조정에서 추진한 이러한 파격적 조처들이 지방에도 확산되기를 내심 기대했다. 지방 서얼도 마찬가지였다. 영조의 처분에 한껏 고무된 서얼은 이제 그들도 향청(鄕廳), 향교(鄕校), 서원(書院) 등 이른바 삼소(三所)의 허통 및 향교와 서원의 치좌법 적용의 대상이 되리라 희망했다. 중앙의 삼사(三司)가 청직(淸職)이라면 지방의 삼소(三所)가 그것이라는 점에서, 특히 향교와 서원의 통청에 대한 기대를 크게 걸었다. 그렇지만 영조와 서얼의 이러한 기대가 오판이라는 것이 조만간 판

•••••

11 《通塞撮要》 卷2, 英宗二十三年 副司直李秀得上疏.
12 《通塞撮要》 卷2, 英宗壬辰 8月 15日 還宮後傳曰.
13 《通塞撮要》 卷2, 英宗壬辰 8月 16日 傳曰; 同日 又下敎; 同年 9月 9日 綸音.

명되었다.

지방의 사족은 '성균관에서는 서얼에게 치좌법을 적용하지 않았다.', '조정(朝廷)만 통청한 것이지, 향곡에는 해당되지 않는다.'라는 변명을 늘어놓으면서 서얼 진사를 향안(鄕案), 교안(校案), 원안(院案) 등 삼안(三案)에 입록(入錄)하는 것을 거부했다. 이런 상황에서 그해 12월 27일 경상도의 서얼 진사 전성천(全性天), 황경헌(黃景憲) 등은 '삼안의 통록(通錄)이 가능하도록 사목(事目)을 제정해 줄 것'을 요청하는 상소를 다시 올렸다. 영조는 "조정의 벼슬부터 청금(靑衿 유생(儒生))에 이르기까지 모두 허통하겠다."라는 비답을 내리면서, 성균관에서 먼저 치좌법을 거행하고 팔도의 향학(鄕學)에서도 이 예에 따라 나이순으로 차례를 정할 것을 지시했다.

그렇지만 영조의 이런 조처들은 여전히 지방에까지 전일적으로 시행되지 않았다. 그해 12월 30일 호조 판서 채제공(蔡濟恭)이 아뢴 것으로 인하여 비답하기를 "조정은 조정이고, 향당은 향당이다.〔朝廷自朝廷 鄕黨自鄕黨〕"라고 하면서, 향당의 문제는 향당에 자율적으로 맡기는 것이 좋다고 하였다. 그 또한 국왕이 성심을 다해 조정에서 교화를 펼치면, 바람에 풀이 눕듯이 팔도 전체가 국왕의 교화를 따를 것이라고 보았다.[14]

영조가 서얼 통청 문제에서 한 걸음 뒤로 물러서자, 조정의 관료와 지방의 사족은 지방에서 서얼 허통을 저지할 수 있는 얼마간의 여유를 확보할 수 있었다. 결국 두 차례에 걸친 영조의 지시에도 불구하고 지방에서는 사족의 완강한 거부로 인해 서얼 통청이 끝내 실현되지 않았다. 서얼이 받은 상처는 이만저만이 아니었다. 서얼은 지방 사족이 구축하고

•••••

14 《通塞撮要》 卷2, 英宗壬辰 12月 27日 嶺儒進士全性天等上疏; 同日 嶺儒持封章入侍 命嶺儒及承旨爲入侍.

있는 사족 지배 구조라는 장벽이 생각 이상으로 두텁다는 것을 새삼 깨달았다. 이러한 냉혹한 현실 앞에서 그들이 매달릴 수 있는 대상은 국왕밖에 없었고, 그들의 억울함을 호소하는 방법은 상소밖에 없었다. 그리하여 1773년(영조49) 1월 서얼 유생의 집단 상소가 또다시 제출되었다. 그들은 상소에서 향교와 서원의 통록을 위한 전제로서 성균관에서 치좌법을 실시해 줄 것을 강력하게 요청했다.[15]

중앙 관료와 지방 사족의 저항 강도가 예상보다 강하다는 것을 확인한 영조는 그의 명령이 미치는 중앙 정부와 서울을 대상으로 서얼 정책을 강하게 밀어붙일 것을 결심했다. 그리하여 이튿날인 1월 27일 그는 서얼 출신 무관의 선전관 임명을 강행했다. 선전관의 책임자인 당상 선전관(堂上宣傳官) 백동준(白東俊)이 그의 지시를 거부하고 나서자, 그는 백동준을 체포, 곤장 12대를 친 뒤 경상도 거제부에 충군(充軍)하게 하였다. 그의 후임으로 이문덕(李文德)을 행수 장무 선전관(行首掌務宣傳官)에 임명했지만, 그 또한 무관 9명만을 추천했을 뿐이었다. 영조는 추천된 무관 가운데 이항림(李恒林), 김길행(金吉行), 김익대(金益大) 등 3명을 선전관에 임명한 다음, 지시를 제대로 이행하지 않은 이문덕에게도 곤장 20대를 치고 강화도 교동에 충군하게 하였다. 이문덕의 항명에 동조한 나머지 선전관에게도 같은 처벌을 내렸다.[16]

같은 날 영조는 성균관의 동반(東班)과 서반의 우두머리 유생을 불러 치좌법의 실시를 주문했다. 그러자 충청도 음죽 출신의 동반의 우두머리 김식(金植)은 국왕의 명령을 면전에서 거부했다. 영조는 그를 강하게 질타한 뒤 유적(儒籍)에서 이름을 삭제하게 하는 한편, 제주도 대정현(大靜縣)에 충군하게 하였다. 그리고 그에게 동조한 유생도 모두 정거

• • • • •

15 《通塞撮要》 卷2, 癸巳 正月 26日 嶺儒黃景憲等再疏.

16 《通塞撮要》 卷2, 癸巳 正月 27日 備忘記.

(停擧)시키고, 그의 출신지인 음죽 유생에게도 같은 형벌을 내렸다.[17] 그 해 2월 3일 석전제(釋奠祭)를 3일 앞둔 시점에서, 서얼 유생을 포함하는 성균관 유생의 치좌법이 마침내 거행되었다. 그리고 이날 서얼 유생 8명이 봉향(奉香), 봉로(奉爐), 도진설(都陳設), 전내 집사(殿內執事) 등, 석전제의 제관 명단에 이름이 올랐다.[18]

1774년(영조50) 4월 경기 유생이 서얼도 적자(嫡子)의 가계를 이을 수 있도록 양자(養子) 자격을 부여해 줄 것을 요청하자, 영조는《경국대전(經國大典)》의 규정을 들어 법전에 의거하여 실시할 것을 지시했다.[19] 이 조처로 인해 그동안 서얼의 사회적·경제적 지위를 극도로 불안하게 만들었던 가계 계승 불허 관행이 소멸되었다.

영조는 중앙 정부에서 시작된 이러한 조처들이 지역 사회에도 영향을 미쳐, 서얼 허통 문제가 순조롭게 풀리기를 기대했다. 그렇지만 지역 사회에서는 영조의 바람이 제대로 먹히지 않았다. 많은 지역에서 영조의 강한 의지를 반영하여 서얼의 유적(儒籍) 통록(通錄)이 이루어졌지만,[20] 더 많은 지역에서는 사족의 완강한 저항 속에 여전히 난항을 겪었다. 가장 대표적인 지역이 경상도였고, 그중에서도 경주 사족의 저항이 가장 심했다. 이런 상황에서 1774년 6월 18일 경주의 서얼 유생 이희겸(李希謙)이, 경주 사족이 정책 집행을 방해한다는 사실을 고발하는 상소를 올렸다.

이희겸의 상소를 접한 영조의 실망은 이만저만이 아니었다. 영조는 조정에서 문관직과 무관직의 옛 제도를 회복하고, 태학에서 치좌법을 실

• • • • •

17《通塞撮要》卷2, 癸巳 正月 27日 太學儒生入侍殿座時.

18《通塞撮要》卷2, 癸巳 2月 釋菜前三日.

19《通塞撮要》卷2, 甲午 4月 17日 時原任大臣備堂三司入侍時.

20 이 무렵 新案과 舊案이 合錄된 대표적인 지역으로 경상도의 상주·거창, 충청도 청주, 강원도 강릉 등이 있었다.《배재홍, 조선후기 향촌사회에서 庶孼의 존재 양태와 鄕戰, 경북사학15, 48~50쪽》

시했으니, 향안(鄕案)만 감히 다르게 할 수는 없다고 하며 지방 서얼의 향록(鄕錄)과 원록(院錄) 등재를 지시했다. 또 정부의 지시에 불복하는 사족에게는 3대에 한하여 과거를 못 보게 하고 향민(鄕民)으로 만들라는 지시도 아울러 내렸다.[21] 이후 서얼 허통 상소가 더 이상 제출되지 않은 것으로 미루어, 많은 지역에서는 우여곡절 끝에 서얼의 허통 조처가 이루어졌을 것으로 여겨진다. 영조가 승하하기 1년 9개월 전의 일이었다.

정조(正祖 재위 1776~1800)

정조가 그의 치세기 서얼 관련 정책의 청사진을 제시한 시점은 1777년(정조1) 3월이었다. 정조는 즉위 이래 1년 가까이 이조와 병조의 인사 담당자들의 서얼 출신 문관과 무관에 대한 인사 방식을 예의주시했다. 서얼 문관은 시종신(侍從臣) 같은 청직(淸職)은 말할 것도 없고, 봉상시와 교서관 같은 요직(要職)에도 거의 임용되지 않았다. 더구나 서얼 유생까지 포함하는 성균관 치좌법 또한 사족 유생의 집단 반발로 인해 번복된 채 폐기되고만 형편이었다. 1772년(영조48) 가을부터 1773년 여름까지 정계를 몰아쳤던 영조의 서얼 정책들이 모두 허사가 되고 만 것이다. 정조는 즉위 1년을 즈음하여 대신들과 이조 및 병조 관원에게 그동안의 서얼 허통 규정을 전면 재검토하여 절목을 만들 것을 지시했다. 이렇게 하여 세상에 나온 것이 '정유년 절목(丁酉年節目, 1777)'이었다. 전체 10개 조항으로 되어 있는 절목의 주요 내용은 다음과 같다.[22]

> 제2조: 문과 출신 문관의 분관(分館)은 교서관에서, 무과 출신 무관의 시천(始薦)은 수문장(守門將), 부장(部將)에서 시작한다.

• • • • •

21 《通塞撮要》 卷2, 甲午 6月 18日 慶尙道慶州儒生 李希謙上疏.
22 《通塞撮要》 卷3, 正祖 丁酉 3月 丁酉節目.

제3조: 요직의 범위는 문관 참상직으로는 호조·형조·공조의 낭관(郎官 정랑(正郎), 좌랑(佐郎)), 음관과 무관의 참상직으로는 해당 관사의 판관(判官 종5품) 이하 관직으로 한다. 단 오상사(五上司 능(陵), 종묘서(宗廟署), 전(殿), 사직서(社稷署), 종부시(宗簿寺))의 낭관과 사헌부 감찰, 의금부 도사는 제외한다.

제4조: 오위장(五衛將)에는 문관, 무관, 음관의 당상관(堂上官)이 모두 임용될 수 있고, 무관은 우후(虞候 종3품)까지 허용한다.

제7조: 지방 관직은 문무(文武) 당하관(堂下官)에게는 도호부사(都護府使 종3품)까지, 문무 당상관에게는 목사(牧使 정3품)까지, 음관 가운데 생원·진사 출신은 군수(郡守 종4품)까지, 음관으로 생원·진사 시험에 합격하지 못한 자 및 인의(引儀 종6품) 출신은 현령(縣令 종5품) 까지 허용한다.

제9조: 지방 향임(鄕任)은 수임(首任)을 제외한 다른 여러 자리는 섞어 쓰는 것을 허용한다.

'정유년 절목'은 1625년(인조3) 서얼의 문무과 응시 자격 부여, 1633년 문관의 요직 진출 조처 이후 영조 말년까지 150여 년 동안 정부가 시행해 온 각종 서얼 정책을 총망라한 것이었다. 제2조의 문관과 무관의 분관(分館) 및 시천(始薦) 규정, 제3조의 문관·무관·음관의 참상(參上) 요직(要職) 범위, 제9조의 향임(鄕任) 통청 규정이 그런 것이었다. 제4조의 오위장(五衛將) 및 우후(虞候) 허통 규정, 제7조의 지방 관직 규정은 이때 와서 새롭게 추가된 조항들이었다.

'정유년 절목'의 반포에도 불구하고 서얼 정책은 제대로 이행되지 않았다. 중앙 정계에서는 이조와 병조의 관원이 서얼의 관료 등용을 조직적으로 방해했고, 삼사(三司)는 이들의 임용을 매우 은밀한 방식으로 막아섰다. 지방도 마찬가지였다. 절목이 반포된 지 1년이 지나도록 지방 사족의 완강한 저항 속에 서얼 유생의 향임(鄕任) 임용이 제대로 실현되지 않았다. 이런 상황에서 1778년(정조2) 봄, 하삼도의 서얼이 연합하여 대규모 상소 운동을 전개했다. 이 상소에는 유례를 찾기 힘들 정도로 많은 서얼 유생이 동참했다. 이 상소에 서명한 이들은 경상도, 충청도, 전라도의 유생으로 3268명이나 되었다.[23] 이들은 '국학(國學)으로부터 향학(鄕學)에 이르기까지 모두 참록(參錄)하여 나이순으로 차례를 정하도록 할 것', '사족 유생과 나란히 유안(儒案)에 이름을 올려 동등한 지위를 얻게 해 줄 것' 등 두 가지 사안을 요구했다. 그렇지만 이들이 올린 상소는 승정원의 거부로 정조에게 전달되지 못했다.[24]

그로부터 4년이 경과한 1782년 6월이 되어서야, 정조는 서얼 유생의 유임(儒任) 및 향임 임용 조처를 다시 한 번 강하게 촉구하고 나섰다. 정조는 이 조처를 경상도에서 가장 먼저 실시하라고 특별 지시를 내렸다.[25] 경상도야말로 전통적으로 서얼 문제에 관한 한 가장 보수적 입장을 견지하던 곳이기 때문이다. 정조는 경상도에서 서얼의 향임직이 허용된다면, 그것을 팔도 전역으로 확산시키는 것은 시간문제라고 보았다.

중앙 정계에서도 서얼 통청 실적은 지지부진하기 짝이 없었다. 정조는 즉위 이래 6월과 12월 등 1년 두 차례 실시되는 도목 정사를 앞두고 언제나 서얼의 적극적인 등용을 이조와 병조 관원에게 주문하곤 했다. 그렇지만 그의 이러한 지시는 공허한 메아리에 불과했다.[26] 국왕의 지시가 번번이 인사 담당 관원에게 무시당했기 때문이다. 1785년(정조9) 1월까지도 이런 암울한 상황은 계속되었다. 이런 상황에서 국왕의 권위는

•••••

23《通塞撮要》卷3, 戊戌春 三南儒生李之忠等上疏.

24《通塞撮要》卷3, 戊戌春 三南儒生李之忠等上疏.

25《通塞撮要》卷3, 壬寅 6月 10日 大臣備局堂上入侍時.

26《通塞撮要》卷3, 庚子 12月 20日 都政時; 辛丑 6月 22日 親政時; 癸卯 正月 5日 朝參入侍時; 同年 6月 24日 親政時; 甲辰 6月 29日 傳曰.

형편없이 추락하고 있었다.

그런데 정조는 즉위 10년째인 1785년 2월부터 문벌 세력들의 견고한 정치적 장벽을 뛰어넘으려는 강한 의지를 보이기 시작했다. 정조는 1785년 2월 6일 영의정 서명선(徐命善)을 비롯한 대신들, 2품 이상 재상들을 소집하여 그동안 지지부진했던 서얼의 관직 임용 문제를 점검하는 회의를 개최했다. 지역 사족인 향족(鄕族)을 포함해서 서얼, 잡류(雜類), 서북인(西北人) 등 사회적 소수자를 참상직 이상으로 승진시키기 위해서는 이전의 인사 방식을 개선해야만 했다. 지금까지 참상직 운용 시스템은 경화 사족이나 문벌 가문 출신의 관직 후보자에게 절대적으로 유리하도록 되어 있었기 때문이다. 정조가 개선책으로 제시한 것은 신분이나 지역의 구별 없이 관료의 근무 일수에 따라 차례로 승진시키는 통동주의(通同注擬)[27] 방식이었다. 이 방식은 실제 참하직 관원의 선발과 승진 방식으로 이미 활용되던 것이었다.

이날 정조는 참상직에도 참하직과 마찬가지로 통동주의 방식을 따르는 것이 어떠한지를 고위 관료에게 물었다. 정조의 견해에 찬성한 이는 행 사직(行司直) 정창성(鄭昌聖)뿐이었다. 영의정 서명선을 포함한 나머지 관료는 모두 난색을 표했다. 이들은 서얼의 참상직 임용 문제는 '정유년 절목'에 의거하여 실시하면 족하다는 견해를 제출했다. 그럼에도 불구하고 정조는 이날 '통동주의를 한 뒤에야 서얼을 요직에 기용할 수 있다.'는 주장을 굽히지 않은 채, 이조 판서 이명식(李命植)에게 인사를 지시했다. 이런 우여곡절 끝에 이날 정조는 유홍지(柳弘之)를 형조 좌랑에, 유득공(柳得恭)을 군자감 판관에 각각 임명할 수 있었다.[28]

이 조처 이후 정조의 서얼 임용에 대한 행보는 거침이 없었다.

• • • • •

27 《通塞撮要》 卷3, 乙巳 2月 17日 次對入侍時 傳曰.

28 《通塞撮要》 卷3, 乙巳 2月 17日 次對入侍時 傳曰.

1785년(정조9) 3월 순장(巡將)직도 서얼이 임용될 수 있도록 허가했고, 11월에는 성균관의 참상직도 개방하라고 지시했다.[29] 순장과 성균관 참상직은 '정유년 절목'의 규정에 없는 내용이었다. 1787년 12월 도목 정사에서는 정의 현감 허서(許墅)를 거제 부사에 파격적으로 임명하고, 전라 병영의 종2품인 중군(中軍) 자리도 개방하도록 지시했다.[30] 1789년 1월에는 이조 판서에게 대간(臺諫)을 역임한 서얼 문관을 돈녕부 도정에 임명하라는 지시를 내렸다. 그해 2월 윤밀(尹謐), 오정근(吳正根) 등 두 명의 서얼 문관이 천망(薦望)되었고, 윤밀이 도정에 임명되었다.[31] 그해 10월에는 교서관에 정3품인 판교(判校)직을 신설했다.[32]

이 밖에도 정조는 문재(文才)가 있는 서얼 음관을 규장각의 검서관(檢書官)에 임명하는 등, 서얼 문사(文士)의 등용에 많은 관심을 기울였다.[33] 그뿐만 아니라 서얼 음관의 허통직 확대에도 관심을 기울였다. 이와 관련하여 주목되는 것이 서울의 사송(詞訟) 담당 부서인 종5품 오부(五部)의 영(令)과 종9품 도사(都事)직을 서얼 음관에게 개방한 것이었다. 음관의 참상직 진출을 위한 계제직(階梯職)으로 활용되어 온 영·도사직의 개방은 서얼 음관도 이제 경화 사족과 더불어 중앙과 지방의 참상직에 임명될 수 있는 길이 열렸음을 의미하는 것이었다. 이 조처 또한 1791년 4월 대신들과 회의를 거쳐 최종 확정되었다.[34]

1791년 5월 정조는 서얼 유생을 포함하는 성균관 유생의 치좌법(齒坐法)을 재추진했다. 1773년(영조49)에 실시한 적이 있던 성균관 치좌법은 정조 즉위 이후 사족 유생의 집단 반발로 철폐되었고 더 이상 복구되지

• • • • •

29 《通塞撮要》 卷3, 乙巳 3月 6日 摛文院齋宿入侍時; 同年 11月 26日 以刑曹正郎鄭良翰望筒 傳曰.
30 《通塞撮要》 卷3, 丁未 12月 29日 大臣備局堂上入侍時.
31 《通塞撮要》 卷3, 己酉 正月 22日 傳曰.
32 《通塞撮要》 卷3, 己酉 正月 22日 前 3日 傳曰.
33 《通塞撮要》 卷3, 己酉 6月 18日 傳曰.
34 《通塞撮要》 卷4, 辛亥 4月 9日 吏曹啓曰.

않았다. 정조는 이것을 복구하려는 계획을 오래전부터 구상하고 있었지만, 문제는 좌의정으로 재직 중이던 채제공(蔡濟恭)이었다. 남인(南人)의 영수로서 경상도 사족의 정서를 꿰뚫고 있던 그는 영조 말년 영조가 추진했던 서얼 정책들을 반대한 대표적 인물이었다. 그렇지만 이 무렵 그는 정조가 탕평 정책의 일환으로 들고 나온 서얼 정책을 거부하기가 쉽지 않았다. 채제공의 암묵적 동의를 이끌어낸 정조는 바로 비변사(備邊司)에 통고하고, 성균관 치좌법의 거행 사실을 중외에 널리 알릴 것을 지시했다.[35]

탕평 정치를 넘어 황극 정치(皇極政治)를 실현하려 했던 정조의 의지는 시간이 갈수록 더욱 강해졌다. 이런 상황에서 정조는 1791년 6월 군문(軍門)의 기사장(騎士將)직을 서얼 무관에게 전격 개방했다. 기사장은 청현직(淸顯職)이 아닐 뿐만 아니라, '정유년 절목'에서 개방한 바 있던 오위장보다 낮은 관직이라는 것이 그 이유였다.[36] 정조의 서얼 무관 허통 범위는 한층 더 확대되었다. 대표적인 사례가 이이(李珥)의 서계(庶系)인 무관 이항림(李恒林)의 발탁이었다. 정조는 그를 장용영(壯勇營)과 훈련원(訓鍊院)의 초관(哨官)에 임명하여 재능을 시험한 다음, 1791년 8월 만포 첨사(滿浦僉使)에 임명했다가 그해 11월에는 전라 우수사(全羅右水使)에 발탁했으며, 1792년 9월에는 충청 병사(忠淸兵使)에 임명했다.[37] 이로써 서얼 무관도 '무관의 꽃'이라 할 수 있는 병사와 수사까지 진출할 길이 열리게 되었다.

1792년 이후 탕평 정치에 대한 자신감을 넘어서 황극 정치를 실현하려는 정조의 인재 등용 방식은 더욱 거리낌이 없었고 또 파격적이었다. 그해 11월 정조는 부친인 사도세자(思悼世子)의 재궁(齋宮)인 경모궁(景

•••••

35 《通塞撮要》 卷4, 辛亥 5月 8日 時原任大臣入侍時 左議政蔡濟恭所啓.

36 《通塞撮要》 卷4, 辛亥 6月 4日 右承旨(李晩秀)入侍時.

37 《通塞撮要》 卷4, 辛亥 8月 13日 傳曰; 同年 11月 24日 政事; 壬子 9月 2日 政事.

慕宮)과 국가 제례인 종묘(宗廟) 제사의 제관(祭官)에 서얼 출신 문사를 임명했다. 이덕무(李德懋), 유득공(柳得恭), 서이수(徐理修), 이집기(李集箕), 김기남(金箕南), 서유년(徐有年) 등이 그들이다.[38] 나라의 가장 중요한 제사인 종묘 제향과 가장 정성을 드렸던 경모궁 제사의 제관에까지 서얼 음관을 대거 발탁한 상황에서, 더 이상 서얼을 가로막을 장애물은 존재하지 않았다. 노론 문벌도 이제 정조가 추진하는 파격적인 서얼 정책에 대해 더 이상 시비 걸기가 어려웠다. 이런 파격은 그가 급서한 1800년 6월까지 계속되었다.

4. 《통색촬요》의 저자와 집필 의도

《통색촬요》는 모두 4권으로 구성된 책이다. 제1권은 도입부로서 조선 초기 서얼의 금고(禁錮) 과정으로부터 숙종대까지 서얼 허통 관련 주요 논의나 정책들을 모아놓은 것이다. 이 책의 사실상의 본론은 제2~4권이다. 제2권은 영조대 서얼 허통 정책들을 정리한 것이고, 제3~4권은 정조대의 정책들을 기록한 것이다. 제4권 말미에 있는 〈칠조문답(七條問答)〉은 서얼의 입장에서 허통의 당위성과 역사적 논거들을 종합한 것으로, 이 책의 결론에 해당한다.

이 책의 편찬 시기는 정조대였다. 정조의 정책들을 수록한 제3권과 제4권에서, 도입 기사의 연도가 '당저(當宁) 정유년(1777, 정조1)'과 '당저 신해년(1791)'으로 각각 표기되어 있기 때문이다. 이 책은 1796년 7월 7일 이완(李浣)의 봉사손(奉祀孫) 이득형(李得馨)을 선전관으로 천망하는 기사를 끝으로 종결되었다.[39] 정조는 그 이후에도 4년을 더 재위했

38 《通塞撮要》 卷4, 壬子 11月 8日 親行冬至享祭于景慕宮 申飭銓部.
39 《通塞撮要》 卷4, 丙辰 7月 22日 禮曹判書閔鍾顯入侍時.

고 탕평 정치를 한층 더 강화했다는 점에서, 치세 후반으로 갈수록 서얼 관련 정책들이 더 많이 쏟아졌을 것으로 여겨진다. 정조의 서얼 정책을 꼼꼼하게 정리하는 것이 이 책의 목적이었다면, 1796년 7월 이후 1800년 6월까지 4년 동안의 기록들이 실려야만 했다. 그렇지만 정조 말년 4년의 기록은 모두 생략된 채, 1801년(순조1)과 1804년의 단편 기록들이 책의 말미를 장식하고 있다.

이런 사실은 이 책이 두 차례에 걸쳐 집필되었음을 의미한다. 1차 집필이 완료된 시점은 1796년 7월 이후였고, 2차 집필의 완료 시점은 1804년 11월 이후였다. 그렇지만 이 책은 1차 집필에서 대체로 마무리되었고, 2차 집필에서는 순조 초반 서얼 정책 관련 3개의 기사만이 추가되었을 뿐이다. 그러나 유감스럽게도 이 책은 저자들과 관련된 아무런 정보도 알려 주고 있지 않다. 이와 관련하여 각 권의 기록들을 참고한 자료들을 살펴볼 필요가 있다.

제1권은 주로 서얼 금고 및 허통을 논의했던 다양한 기록들을 개인 문집이나 《국조보감(國朝寶鑑)》 같은 정부 문적에서 추출하여 수록하였다. 제1권에서 참고한 문헌들은 《춘관지(春官志)》(1744), 《문헌비고(文獻備考)》(1770), 《보감별고(寶鑑別考)》, 《승정원일기(承政院日記)》 같은 관찬 자료, 어숙권(魚叔權)의 《패관잡기(稗官雜記)》, 이이(李珥)의 《율곡집(栗谷集)》, 성혼(成渾)의 《우계집(牛溪集)》, 조헌(趙憲)의 《중봉집(重峯集)》 · 《조야문록(朝野聞錄)》, 유형원(柳馨遠)의 《반계수록(磻溪隨錄)》, 박세채(朴世采)의 《계고록(稽古錄)》, 이익(李瀷)의 《성호사설(星湖僿說)》 · 《감은록(感恩錄)》, '남극정(南極井)의 상소' 같은 개인 문집이나 야사류이다. 따라서 제1권은 서얼 허통 관련 논의를 주도했던 명사들의 기록이나 영조대 · 정조대에 편찬된 주요 관찬 자료들을 참고하여 작성되었다고 할 수 있다.

영조대 서얼 정책을 수록한 제2권은 대부분 《승정원일기》에서 자료를 추출했다는 점에서 참고 자료의 성격이 제1권과는 아주 다르다. 거의 유일한 예외가 있다면, 소과(小科)에서 서얼 출신 유생에게 생원 3등, 진사 6등으로 성적을 매기는 '생삼(生三)·진육(進六)' 관행을 소개한 1747년(영조23)의 기사이다. 이 기사는 《문헌비고》에서 추출했다. 그런 점에서 제2권은 《승정원일기》를 자유자재로 접근할 수 있었던 서얼 출신 문관(文官)이나 문사(文士)가 작성했을 가능성이 있다.

이런 원칙은 정조대 서얼 정책의 추이를 기록한 제3권과 제4권에도 그대로 적용되었다. 시험 대책문(對策文)을 모아 놓은 《임헌공령(臨軒功令)》에서 추출한 1784년(정조8) 4월 초계 문신(抄啓文臣) 김희조(金熙朝)의 시권(試券), 서얼 무관을 중군(中軍)에 임용한 내용이 실린 1788년 1월 1일자 조보(朝報) 정도가 예외였을 뿐이다.

제4권은 정조 즉위 이래 그가 양성했던 서얼 출신 문관이나 문사가 남긴 다수의 글들이 포함되어 있다는 점에서 특히 주목된다. 1791년 정조가 100세 노인 지중추부사(知中樞府事) 신의청(申義淸)을 만나 본 뒤에 감흥을 적은 서문(序文)을 규장각 검서(奎章閣檢書) 이공무(李功懋)를 통해 전달한 사실, 1792년 규장각 각신(閣臣)과 검서관(檢書官), 그리고 초계 문신을 대상으로 실시한 시험에서 우수한 성적으로 합격한 성대중(成大中)의 〈감은문(感恩文)〉, 오정근(吳正根)의 〈감은문〉, 박제가(朴齊家)의 〈송건문(訟愆文)〉이 기록된 사실 등이 그런 것들이다. 문과 출신 성대중과 오정근, 검서관 박제가 등은 뛰어난 문장으로 정조의 총애를 한몸에 받았고, 또 그러한 재능을 인정받아 1793년(정조17) 이후 북청 부사, 보령 현감, 부여 현감 같은 지방 관직을 각각 역임했다.

서얼 문사의 3편의 '감은문'이 수록되어 있다는 점은 이 책의 저자와 관련하여 중대한 시사점을 던져 준다. 이들 이외에도 검서관 출신 유득공, 이덕무는 1789년 6월 이가환(李家煥)과 이서구(李書九)가 주도한 《해동읍지(海東邑誌)》의 편찬 작업에 참여한 바 있다. 그리고 경모궁(景

慕宮)의 동지 제향(冬至祭享)의 제관(祭官)에 임명된 서이수(徐理修), 이집기(李集箕), 김기남(金箕南), 서유년(徐有年) 등 검서관들도 주목되는 인물들이다. 당시 정조가 추진했던 중요 관찬 사업에 참여하고, 중요한 국가 제례의 제관으로 차출되었으며, 또 각종 시험에서 우수한 성적으로 입상한 이들이야말로 《승정원일기》를 비롯한 각종 정부 기록에 쉽게 접근할 수 있던 이들이다.

이들 가운데 정조의 총애를 가장 많이 받았던 이들은 성대중, 오정근, 박제가, 유득공, 이덕무 등이다. 그런 점에서 이 책의 저자는 이들 가운데 한 사람 혹은 여러 사람일 가능성이 있다. 오정근과 이덕무는 1796년 이전에 이미 사망했으므로 이 책의 저자는 성대중, 박제가, 유득공 등 세 사람으로 모아진다. 물론 서이수 등도 넓은 범위의 후보군들이다.

이 책을 단독 작품으로 보기에는 어려운 점이 있다. 누군가가 편찬 작업을 주도하면서 관련 자료를 수집했고, 또 다른 사람들이 참여하여 수합된 자료들을 교정하는 작업을 거쳤기 때문이다. 작업이 이러했음을 보여 주는 사례가 제1권의 말미에, 박세채(朴世采)가 주강(晝講)에서 서얼 허통을 주장하는 기사이다. 이 기사의 끝에 "이 아래에는 응당 〈진계고록차(進稽古錄箚)〉가 있어야 한다."라고 부기(附記)하고 있다. 결론을 대신하여 이 책의 끝 부분에 수록해 둔 〈칠조문답(七條問答)〉 또한 수정의 흔적이 보인다. 〈칠조문답〉에는 서얼 허통의 당위성 관련 7개 조항을 수록한 문답 이외에도 2개 조항이 추가로 수록되어 있다. 그런 점에서 이 책은 1796년(정조20) 이후 언젠가 정조의 총애를 받았던 서얼 출신 문관 성대중이나 규장각 검서관 박제가, 유득공, 서이수, 이집기, 김기남, 서유년 가운데 누군가가 단독 혹은 공동으로 집필을 시작하고, 나머지 사람들이 교정에 참여한 공동 작품이라 할 수 있다.

이 책은 정조 20년 7월 이후의 기록이 전무하다는 점에서 미완성본이다. 공동 집필자들은 1796년 7월 이후 어느 시점에서 정조대 서얼 정책의 전말을 보여 주는 책자를 편찬하기 위해 초고를 만들었을 것이다. 이들은 아마도 정조 사후 최종본을 완성하려는 의도를 가졌을 것으로 여겨진다. 그렇지만 저자들의 예상과는 달리 이후 정치 상황은 매우 급박하게 돌아갔다. 1800년 6월 30일 정조가 급서(急逝)하면서 노론벽파(老論僻派) 정권이 들어섰고, 최대 정적이었던 정순왕후(貞純王后) 김씨(金氏)가 수렴청정을 개시했기 때문이다.

노론벽파 정권의 출범 이후 정조가 총애했던 서얼 출신 문관이나 검서관은 정계에서 축출되었고, 언제 죽음을 당할지 모르는 암담한 처지로 내몰렸다. 극도로 불투명했던 그들의 운명은 1804년(순조4) 순조(純祖)의 친정(親政)과 더불어 비로소 안정을 되찾게 되었다. 노론벽파 정권이 주도했던 공포 정치에서 가까스로 살아난 저자들은 이후 미완으로 남아 있던 이 책을 어떤 형태로든 완성시키려 했을 것이다.

그렇지만 이들은 이제 더 이상 《승정원일기》를 비롯한 정부의 각종 자료들을 쉽게 접근할 수 있는 처지가 아니었다. 그런 이유로 정조 말년의 서얼 정책 관련 기사들이 모두 누락되었다. 그럼에도 불구하고 이들은 정조 사후에도 서얼 정책이 지속되어 그들과 같은 서얼의 억울함이 다소나마 풀리고, 또 재능을 인정받을 수 있기를 염원했다. 이러한 그들의 희망의 흔적을 1801년 1월 이조 판서 윤행임(尹行恁)의 서얼 허통 건의, 1804년 11월 좌의정 서매수(徐邁修)의 문벌 출신 서얼에 대한 제한적 관직 허통 조처 등에서 확인할 수 있다. 이 책은 1804년의 기록을 끝으로 종결되었다. 그런 점에서 이 책은 여전히 미완성본으로 남을 수밖에 없었다.

책의 말미에 발문(跋文)이 생략된 채, 신만(申曼)이 스승 송시열(宋時烈)에게 서얼 허통 정책을 조정에 건의해 달라고 부탁하는 편지, 유형원(柳馨遠)의 서족숙(庶族叔)으로 내시교관(內侍敎官)을 역임한 유무(柳

懋)에 대한 단편적 기록이 추가된 채 말미를 장식한 것도 1804년 이후 언젠가 이 책을 마무리하려 했던 공동 집필자들의 다급했던 사정을 우리에게 간접적으로 전해 준다.

결국 이 책은 정조의 총애를 받으면서 정치적으로 성장한 서얼 출신 문관과 문사가 찬란했던 그들의 성세기에, 그들을 사랑했던 성군(聖君)의 치적을 그들의 시각에서 정리한 책이라고 할 수 있다. 그렇지만 정조 사후 영 · 정조 치적이 점차 잊혀 가고 외척 벌열 세력에 의한 세도정치가 전개되었듯이, 그들도 이제 문벌 세력에 의해 또다시 금고되고 폐색된 초라한 신세로 전락하고 말았다. 그런 점에서 《통색촬요》는 영조대 · 정조대의 찬란했던 기억과 19세기 초반 비참한 처지가 착종된 서얼 출신 문사들의 피눈물 어린 기록이라 할 수 있다.

통색촬요

제 1 권

태종대왕(太宗大王)

태종대왕 15년(1415) 서얼(庶孼) 자손(子孫)은 현직(顯職)에 서용하지 말라고 명하였다. 우대언(右代言) 서선(徐選)[1]의 요청을 따른 것이다.[2]

《문헌비고(文獻備考)》

세조(世祖)

세조 6년(1460) 예문관 봉교 정난종(鄭蘭宗)[3] 등이 상소하였다.[4] 그 내용에,

"본조(本朝)에서 문무과(文武科)를 설행할 때에, 만약 선대(先代)에 하자가 있거나 서얼인 경우에는 가계가 비록 훈공을 세운 집안이거나 재능이 비록 준수할지라도 응시할 수 없게 하였습니다. 지금 안유(安

• • • • •

1 서선(徐選) : 1367~1433. 조선 초기의 문신으로, 본관은 이천(利川), 자는 언부(彥夫)이다. 1403년(태종3) 사인(舍人)이 되었고, 그 뒤 장령을 거쳐 1415년 우부대언(右副代言), 1417년 충청도 관찰사, 1420년(세종2) 경상도 관찰사, 1423년 이조 참판, 1427년 형조 판서, 1431년 도총제(都摠制) 등을 지냈다. 시호(諡號)는 공도(恭度)이다. 《세종실록》 15년 4월 20일 기사에 그의 졸기(卒記)가 있다. 《태종실록》 15년 6월 25일 기사에 의하면 육조(六曹)가 각 관사의 진언(陳言)을 33건으로 정리하여 올렸는데, 그중 하나가 당시 우부대언 서선 등 6인이 올린 건의문이었다. 그 내용에 "종친 및 각 품(品)의 서얼 자손에게는 현관(顯官)의 직사(職事)를 맡기지 말아서 적첩을 분별하소서."라고 하였다.

2 서얼(庶孼)……것이다 : 《증보문헌비고》 〈선거고(選擧考)〉에 "15년에 '서얼 자손은 현직에 서용하지 말라.'라고 명하였다. 서선의 말에 따른 것이다.〔十五年. 命庶孼子孫勿敍顯職. 因徐選言也.〕"라고 하였다.

3 정난종(鄭蘭宗) : 1433~1489. 본관은 동래(東萊), 자는 국형(國馨), 호는 허백당(虛白堂), 시호는 익혜(翼惠)이다. 1456년(세조2) 생원시·진사시와 식년 문과에 급제하여, 승문원 부정자를 거쳐, 이조 좌랑, 예조 참판, 황해도 관찰사, 전라도 관찰사, 이조 판서, 공조 판서, 호조 판서 등을 역임하였다. 성리학에 밝았고 글씨를 잘 썼으며 특히 조맹부체(趙孟頫體)에 뛰어났다. 《성종실록》 20년 2월 13일 기사에 그의 졸기가 있다.

4 정난종(鄭蘭宗) 등이 상소하였다 : 이 내용은 《세조실록》 6년 8월 27일 기사에 실려 있다.

愈)와 안혜(安惠)는 그의 아비가 부원군 조준(趙浚)[5]의 서녀(庶女)를 아내로 취하여 낳은 아들이니, 안유와 안혜 등은 과거 시험에 응시할 수 없는데, 이제 특별히 허락하셨습니다. 내리신 명을 거두어 과거 제도를 엄중하게 하소서."

하였는데, 상이 이르기를,

"하늘이 백성을 낼 때에는 본래 누구는 귀하고 누구는 천하게 차등을 두지 않는다. 태종조에 이미 허통(許通)하셨고, 지금 공신(功臣)이므로 영구히 양인(良人)이 되도록 허락하였으니, 어찌 본계(本系)에 구애받겠는가. 내가 사사로움을 두는 것이 아니다."

하였다.[6] 《보감별고(寶鑑別考)》

성종(成宗)

성종 5년(1474) 장령 이숙문(李淑文) 등이, 최적(崔適)의 위장(衛將) 제수를 개정(改正)할 것을 청하였다. 상이 영사(領事) 홍윤성(洪允成)[7]에게 하문하니, 홍윤성이 대답하기를,

•••••

5 조준(趙浚) : 1346~1405. 본관은 평양(平壤), 자는 명중(明仲), 호는 우재(吁齋)·송당(松堂), 시호는 문충(文忠)이다. 고려 때에 좌위(左衛)와 우위(右衛)의 호군(護軍), 전법 판서(典法判書), 도검찰사(都檢察使), 대사헌, 찬성사 등을 지냈고 강원도에서 왜구를 토벌하였다. 이성계, 정도전 등과 함께 개혁 정치에 앞장섰다. 조선 때에는 문하좌시중, 오도 도통사(五道都統使), 판문하부사(判門下府事), 영의정부사 등을 역임하였다. 《태종실록》 5년 6월 27일 기사에 그의 졸기가 있다.

6 세조(世祖) 6년……하였다 : 이 내용은 《세조실록》 6년 8월 27일 기사에 실려 있다.

7 홍윤성(洪允成) : 1425~1475. 본관은 회인(懷仁), 자는 수옹(守翁), 호는 영해(領海), 시호는 위평(威平)이다. 1450년(문종 즉위년)에 식년 문과에 병과로 급제하였다. 계유정란에 수양대군을 도와 정난 공신이 되었고, 예조 참의, 예조 판서, 좌의정, 우의정 등을 역임하였다. 《성종실록》 6년 9월 8일 기사에 그의 졸기가 있다.

"세조(世祖)께서 일찍이 최적에게 무과(武科)에 응시할 수 있도록 허락하고자 하셨는데, 신이, 최적은 최보로(崔甫老)의 기첩(妓妾) 소생이므로 시험에 응시할 수 없다고 아뢰었더니, 세조께서 '인재(人才)를 키우는 것은 임금의 일이다. 지금 북쪽 오랑캐가 발호하는데, 최적은 무예가 출중하다.'라고 하시고는 결국 시험에 응시할 수 있게 하였습니다. 강서(講書)할 때에 최적이 한 자도 해석하지 못하자, 세조께서 하문하기를 '전투 중에 뒷걸음치는 자를 베는 것은 어째서인가?'라고 하시니, 최적이 아뢰기를 '사졸(士卒)들이 놀라고 의혹스러워할까 염려해서입니다.' 하니, 상이 이르기를 '충분히 통(通)이다.'라고 하셨습니다. 그래서 드디어 무과에 합격하여 벼슬길에 나올 수 있었습니다. 학문을 아니한 자는 비록 무재(武才)가 있더라도 가벼이 등용해서는 안 됩니다."

하니, 상이 이르기를,

"내가 잘 요량하겠다."

하였다.[8] 출전은 위와 같다.

성종 16년(1485) 《경국대전(經國大典)》을 반포하였다. 그 내용에, 서얼 자손은 문과(文科)와 생원시·진사시에 응시하지 못하게 하였다. 《경국대전》은 세조(世祖) 때부터 편찬하기 시작했는데 이때에 이르러 비로소 반포하여 시행하라고 명하였다. 《문헌비고》

•••••

8 성종 5년……하였다 : 이 내용은 《성종실록》 5년 8월 18일과 20일 기사에 보인다.

성종 때에 강희맹(姜希孟)[9]과 안위(安瑋)[10] 등이 《경국대전》을 편찬하였는데, 또 현직(顯職) 이외에도 그들이 벼슬길에 들어가는 것과 과거에 응시하는 것까지 모두 금지시켰다. 을사년(1485, 성종16) 여름에 《경국대전》을 반포하고 나서 1년 내내 큰 가뭄이 들어 굶어 죽은 시체가 길에 즐비하자, 의논하는 자들이 다들 서얼을 금고(禁錮)시킨 탓이라고들 하였다. 성묘(成廟)께서 불쌍히 여겨 다시 허락해 주고자 하였는데 미처 시행하지 못하고 세상을 떠나셨다. 《성호사설(星湖僿說)》

중종(中宗)

중종 때에 정암(靜菴) 조광조(趙光祖)[11]가 건의하기를,

"중국(中國)은 인물이 본래 많은 데다 발탁해서 쓰는 것도 쉬운데, 우리나라는 인물이 본래 적고 또 서얼을 차별하는 국법이 있습니다. 신하로서 충성을 바치고자 하는 마음이 어찌 적자(嫡子)와 서자(庶子)

• • • • •

9 강희맹(姜希孟) : 1424～1483. 본관은 진주(晉州), 자는 경순(景醇), 호는 사숙재(私淑齋)·운송거사(雲松居士) 등이며, 시호는 문량(文良)이다. 1447년(세종29) 문과에 장원급제하였다. 예조 정랑, 이조 참의, 형조 판서, 좌찬성 등을 역임하였다. 세조 때에 《경국대전》, 사서삼경의 언해 편찬에 참여하였고, 성종 때에는 《동국여지승람》, 《국조오례의》 등의 편찬에 참여하였다. 그림과 글씨에 뛰어났으며, 저술로는 《사숙재집(私淑齋集)》, 《금양잡록(衿陽雜錄)》, 《촌담해이(村談解頤)》 등이 있다. 《성종실록》 14년 2월 18일 기사에 그의 졸기가 있다.

10 안위(安瑋) : 1491～1563. 본관은 순흥(順興), 자는 백진(伯珍), 시호는 문간(文簡)이다. 1521년(중종16)에 별시 문과에 병과로 급제하여 예문관 검열이 되었다. 예조 좌랑, 사헌부 집의, 충주 목사, 병조 판서 등을 역임하였다.

11 조광조(趙光祖) : 1482～1519. 본관은 한양(漢陽), 자는 효직(孝直), 호는 정암(靜菴), 시호는 문정(文正)이다. 1510년(중종5) 사마시에 장원으로 합격하였고, 1515년 알성시 문과에 을과로 급제하였다. 소격서 폐지, 현량과 실시 등을 건의하여 시행하게 하였다. 훈구 세력인 반정공신들을 공격하여 개혁 정치를 시도하다가, 홍경주(洪景舟), 남곤(南袞), 심정(沈貞) 등에 의해 역공을 당하여, 1519년 사사(賜死)되었다.

간에 차이가 있겠습니까. 그런데도 조정이 인재를 쓰는 것이 이와 같이 편협합니다. 신은 삼가 매우 애석하게 생각합니다.

서얼 가운데에도 쓸 만한 사람이 없지 않으니 인재를 가려서 임용하소서. 벼슬이 높아진 뒤에 혹 적손(嫡孫)이 잔폐해진 것을 틈타 만약 명분을 혼란시키는 죄를 짓는 자가 있으면, 동성(同姓)은 6촌까지, 이성(異姓)은 4촌까지 한정하여, '서얼로서 적손을 능멸한 자를 처벌하는 법규'를 엄하게 세워, 예조(禮曹)에 신고할 수 있도록 하소서. 적손을 능멸한 서얼은 국가에 큰 공로가 있는 자가 아니면 종신토록 금고하여 사적(仕籍)에 오르지 못하게 하고, 큰 공로가 있는 자라면 등급을 낮추어 형률을 시행하소서. 그리하면 인재를 제대로 등용하는 일과 나라의 기강을 바로잡는 일이 둘 다 제대로 될 것입니다."

하였다. 남곤(南袞) 일파가 이것을 '민심을 자기에게로 모이게 해서 반역을 도모하였다.'라고 하며 '나뭇잎 글자'의 재앙[12]을 얽어 하나의 죄안을 만들었고, 서얼의 진출을 막는 것이 더욱 심해졌다. 《조야문록(朝野聞錄)》

중종 38년 계묘년(1543) 태학(太學) 유생이 치좌법(齒坐法)을 행하였다. 당시에 영남 유생 배신(裵紳)과 이제신(李濟臣)이 강개하고 옛사람의 풍도를 좋아하였는데 성균관에 노닐면서 의론(議論)을 창도하기를 "선행 실천의 첫머리가 되는〔首善〕 장소에 어찌 장유(長幼)의 차서가 없을 수 있겠는가. 마땅히 나이순으로 앉아야 한다." 하였다. 드디어 동재(東齋)와 서재(西齋)의 하재(下齋)[13]에서 시행하였다. 또 미루어서 상사(上舍)에

• • • • •

12 나뭇잎 글자의 재앙 : 남곤 일파가 신진 사류 조광조 등을 제거한 기묘사화(己卯士禍)를 말한다. 남곤은 나뭇잎에다 '주초위왕(走肖爲王)'이라고 글자를 쓴 뒤에 그 위에 꿀을 바르고 벌레를 풀어놓아 갉아먹게 하여, 그 잎을 중종이 볼 수 있도록 하였다고 한다. 주초위왕은 '조씨가 왕이 된다'는 뜻이다.

13 하재(下齋) : 성균관에 있는 기숙사로, 사학(四學)에서 승보(升補)된 승학(升學)이 머무는 곳이다. 생원과 진사가 머무는 곳을 상사(上舍)라고 한다.

도 시행하고자 하니, 좋아하지 않는 사람이 많았다. 하루는 식당(食堂)에 모였는데, 어떤 사람이 크게 소리치기를 "서얼 배신은 속히 나오라!" 하였다. 식자(識者)들이 놀라워하고 탄식하였다. 이에 이 일을 관장(官長)에게 질문하니, 대사성 이준경(李浚慶)[14]과 사성 송세형(宋世珩)[15]은 옳다고 하였고, 유독 성균관 지사 성세창(成世昌)[16]은 그르다고 하며 말하기를 "공자의 문하에도 나이순으로 앉는 법이 있었던가."라고 하였다. 진사(進士) 홍인우(洪仁祐)가 그 말을 듣고 말하기를 "네 사람이 포부[志]를 말할 적에 증점(曾點)이 가장 나중에 대답하였는데, 주자(朱子)께서 말씀하시기를 '나이로 보면 증점이 두 번째로 대답을 했어야 한다.'라고 하였으니,[17] 이것이 공자 문하에서 나이를 존중했던 증거가 아닌가. 재상(宰相)인데도 말이 이와 같으니 그 사람됨을 알 만하다." 하였다.[18] 나이순으로 앉는 법이 드디어 폐지되었다. 《춘관지(春官志)》

• • • • •

14 이준경(李浚慶) : 1499~1572. 본관은 광주(廣州), 자는 원길(原吉), 호는 동고(東皐)·남당(南堂) 등이며, 시호는 충정(忠正)이다. 1504년(연산군10) 갑자사화(甲子士禍) 때에 화를 입어 사사된 할아버지와 아버지에 연좌되어 충청도 괴산에 유배되었다가 1506년 중종반정으로 풀려났다. 1522년(중종17) 생원시에 합격하였고, 1531년 식년 문과에 급제하였다. 부제학, 대사성, 형조 참판, 평안도 관찰사, 대사헌 등을 거쳐 영의정을 지냈다. 《선조실록》 5년 7월 7일 기사에 그의 졸기가 있다.

15 송세형(宋世珩) : ?~1553. 본관은 여산(礪山), 자는 헌숙(獻叔), 호는 반곡(盤谷)이다. 1524년(중종19) 생원시에 합격하였고, 1532년 별시 문과에 급제하였다. 부수찬, 지평, 이조 참의, 부제학, 좌승지, 대사헌, 호조 판서, 이조 판서 등을 역임하였다. 《명종실록》 8년 윤3월 11일 기사에 그의 졸기가 있다.

16 성세창(成世昌) : 1481~1548. 본관은 창녕(昌寧), 자는 번중(蕃仲), 호는 돈재(遯齋)이다. 1501년 진사시에 합격하였고 1507년(중종2) 증광 문과에 급제하였다. 직제학, 강원도 관찰사, 대사성, 이조 판서, 대사헌, 우의정, 대제학 등을 역임하였다. 을사사화(乙巳士禍) 때에 윤원형(尹元衡) 등에게 미움을 받아 좌천되었고 황해도 장연(長淵)으로 귀양 갔다가 죽었다.

17 네 사람이……하였으니 : 《논어》 〈선진(先進)〉에 자로(子路), 증석(曾晳), 염유(冉有), 공서화(公西華)가 공자를 모시고 앉아서 대화하는 내용이 있는데, 그 대화에서 공자의 질문에 자로가 먼저 대답하고, 이어서 염유, 공서화, 증석의 순서로 대답하였다. 그 주주(朱註)에 "나이순으로 하면 증석이 두 번째로 대답을 해야 하는데, 슬(瑟)을 타고 있었기 때문에 공자가 염유와 공서화에게 먼저 질문한 뒤에 증석에게 질문하였다." 하였다.

18 진사(進士)……하였다 : 홍인우(洪仁祐, 1515~1554)의 문집인 《치재유고(耻齋遺稿)》

명종(明宗)

명종 21년(1566) 양첩(良妾)의 손자 이하는 문무과(文武科)에 응시할 수 있도록 특별히 허락하였다. 《보감별고(寶鑑別考)》

세조(世祖)

세조 때에 황씨(黃氏) 성을 가진 어떤 훈신(勳臣)이 있었는데, 적처(嫡妻) 소생 아들이 없자, 특별히 명하여, 그 첩의 아들을 벼슬길에 나갈 수 있도록 허락하였다. 성종 때에 최서(崔湑)가 서얼 출신으로서 외람되이 과거에 급제하였는데, 또한 홍패(紅牌)를 박탈하지 않고 그대로 관작(官爵)을 제수하였다. 그 뒤 두 집안의 자손들이 잇달아 높은 벼슬을 하였다. 명종 때에 서얼의 진소(陳訴)가 있었기 때문에, 양첩의 손자 이하를 문무과에 응시할 수 있도록 특별히 허락하였다. 강문우(姜文佑)라는 자가 있었는데, 별시(別試)에 합격하여 교서관(校書館) 권지(權知)가 되었다. 명종이 승하한 뒤에 곧 그 법이 폐지되었다. 교서관이 강문우를 억눌러 천장(薦狀)[19]을 올리지 않으니 결국 서반(西班)의 위직(衛職)에 보임되었다. 승진하여 교서관 교리에 이르렀다. 당시에 삼관(三館)[20]에서

• • • • •

권2 〈일록초(日錄鈔)〉 계묘년 조항에 이 일의 전말이 자세히 실려 있다. 홍인우가 29세이던 1543년(중종38) 11월 성균관에서 치좌법(齒坐法)으로 인한 분란이 일어났는데, 26일 이제신이 홍인우에게 와서 성균관 지사 성세창이 "공자 문하에도 나이순으로 앉는 법이 있었던가."라고 하며 반대했음을 전해 주자, 홍인우가 "세속(世俗)을 놀라게 한다고 말한다면 그럴 수도 있겠지만, 공자 문하에 대한 이야기를 거론하는 것은 꼭 옳은 것은 아니다. 성세창은 지위가 재상(宰相)인데 말하는 것이 이러하니 어떠한 사람인지 알 만하다." 하였다.

19 천장(薦狀) : 선배들의 추천장을 말한다.

20 삼관(三館) : 성균관, 승문원, 교서관을 말한다. 문과 급제자 중 갑과를 제외한 인원은 이 삼관에 나누어 배치되어 실무를 익히는데, 이들을 권지(權知)라고 한다.

의논하기를 "강문우는 한 시기의 특별한 법으로 급제하였으니, 참으로 지금 와서 박탈할 수는 없지만, 그의 아들은 여전히 서얼이다."라고 하여, 드디어 과거 응시를 허락하지 않았다. 《패관잡록(稗官雜錄)》

선조(宣祖)

선묘(宣廟) 초년에 신분(申濆) 등 1600여 인이 상장(上章)하여, 원통함을 호소하니, 선묘께서 열람하고 감동하시어, 이에 하교하시기를 "미자(微子)는 상왕(商王)의 서자였는데도 공자께서 어질다고 일컬으셨고,[21] 자사(子思)는 공자의 서손(庶孫)이었는데도 도통이 그를 통해 전해졌다. 해바라기〔葵藿〕[22]가 태양을 향함에 곁가지를 가리지 않는다. 신하가 충성을 하고자 함에 어찌 반드시 적자(嫡子)라야만 하랴."라고 하셨다. 남극정(南極井)의 상소

율곡(栗谷) 이이(李珥)가 조정에서 벼슬을 한 뒤에 무릇 국가의 중대사가 있으면 그 누이에게 묻곤 하였다. 계미년(1583, 선조16)에 북방에 흔단이 있을 적에[23] 율곡이 병조의 장관으로 있으면서, 군량(軍糧)이 넉

•••••

21 미자(微子)는……일컬으셨고 : 《논어》 〈미자(微子)〉에 "미자는 떠났고, 기자(箕子)는 노비가 되었고, 비간(比干)은 간언을 올리고 죽었다. 공자가 말하기를 '은(殷)나라에 세 사람의 인인(仁人)이 있었다.'라고 하였다." 하였다. 미자는 주왕(紂王)의 서형(庶兄)이었는데도 공자가 어진 사람이라고 한 것을 말한다.

22 해바라기 : 대개 규(葵)는 해바라기를, 곽(藿)은 콩과 식물의 잎을 말한다고 한다. 규곽(葵藿)을 접시꽃이라고도 한다. 어느 것이든 '잎이나 꽃이 태양을 향하는 식물'이므로 군주를 향한 일편단심을 표현하는 말로 널리 쓰였다. 《통색촬요》에서는 일단 해바라기로 번역하였다.

23 계미년에……적에 : 1583년(선조16) 초에 경원부(慶源府)에서 번호(藩胡) 이탕개(尼湯介)가 난을 일으켜 부성(府城)을 함락시켰던 때를 말한다.

넉하지 못한 것을 걱정하니, 그의 누이가 말하기를 "오늘날의 급선무는 반드시 인심이 즐거이 따를 만한 것을 생각하여 시행하는 것이다. 그리하면 일을 이룰 수 있을 것이다. 서얼이 재능을 지니고도 벼슬길이 막힌 지가 이미 100년이 지나 다들 울분을 품고 있다. 지금 만약 곡식을 바치고 벼슬길에 나갈 수 있도록 허락해 준다면 군량을 즉시 마련할 수 있을 것이다." 하였다. 율곡이 탄복하고 즉시 계청하여 시행하였다. 《율곡집(栗谷集)》

선묘 계미년 문성공(文成公) 이이가 처음으로 서얼을 함께 서용하자는 의론을 주창하였는데, 조정 의논이 흔쾌히 찬동하지 않았으므로 이이가 부득이 곡식을 바치고 과거에 응시하게 하자고 청하니, 선묘께서 허락하셨다. 이로부터 서얼 중에 비로소 과거에 급제하는 자가 있게 되었다. 그러나 여러 해 동안 폐고된 뒤인데도 여전히 벼슬길이 트이지는 못하였으니, 유식자들이 그것을 유감으로 생각하는 자가 많았다. 남극정의 상소

중봉(重峯) 조헌(趙憲)이 봉사(封事)를 올렸다. 그 내용에,

"신이 삼가 보건대 중국은 인재를 키우는 길이 매우 넓어서 재능을 갖춘 사람이 있기만 하면 그 사람의 문벌을 따지지 아니하고 등용합니다. 이를테면, 손계고(孫繼臯)[24]는 장사(葬師 지관(地官))의 아들인데 지금 수찬(修撰)으로 있으며, 성헌(成憲)은 아두(丫頭)[25]의 아들인데 지금 편수(編修)로 있으며, 허삼성(許三省)은 거인(擧人)인데도 지금 산서도 어사(山西道御史)가 되었습니다. 이것이 중국 조정이 부류

•••••

24 손계고(孫繼臯) : 1550~1610. 자는 이덕(以德), 호는 백담(柏潭)이다. 명나라 정치가이다. 1574년 진사시에 장원하여 한림원 수찬이 되었고, 이후 높은 관직을 역임하였다.
25 아두(丫頭) : 조헌(趙憲)의 《동환봉사(東還封事)》〈의상십육조소(擬上十六條疏)〉에 "아두는 비첩(婢妾)을 이른다."라는 자주(自注)가 달려 있다.

를 따지지 않고 현능한 자를 뽑아서 대중을 무휼하고 원방을 제어하는 방법입니다.

삼국(三國)이 비록 작았지만 각기 한 지역을 차지하고 보전할 수 있었던 까닭은 사람을 쓰는 데에 차별을 두지 않았기 때문입니다. 우리 조선에 와서는 국가 시책을 계획하는 대신들이 단지 사사로이 자기 자손들을 위한 계책만 생각하고 만세토록 인재를 잃는 것을 근심하지 아니하여, 재가(再嫁)한 여자의 자손들까지 모두 금고(禁錮)하도록 법전에 실었습니다. 그래서 지극히 공정한 전하께서도 신분이 미천한 인재들을 등용하는 일에 대해서는 급선무로 삼을 줄을 모르셨던 것입니다.

저번에 이중호(李仲虎)[26]와 김근공(金謹恭)[27] 같은 자들은 서얼인데도 종신토록 애써 배우고 후생을 권면하되 우선 《소학(小學)》을 가르쳤으니, 오늘날 벼슬아치들이 염치(廉恥)를 알고 명교(名教)를 중시하게 된 것에는 두 사람의 공로가 매우 큽니다. 지금 만약 멀리는 성탕(成湯)을 추모하고 가까이는 중국을 본받아, 변통하여 방법을 찾아 반드시 인재를 얻는 데에 목표를 둔다면, 수십 년 뒤에는, 융성했던 상고 시대와 같은 정치를 거의 이룰 수 있을 것입니다."

하였다. 《중봉집(重峯集)》

우계(牛溪) 성혼(成渾)이 상소하기를,

"우리나라는 규모가 협소한데도 서얼을 금고하는 법률이 있으니, 이

•••••

26 이중호(李仲虎) : 1512~1554. 본관은 전주(全州), 자는 풍후(風后), 호는 이소재(履素齋)이다. 유우(柳藕)의 문인이다.

27 김근공(金謹恭) : 1526~1568. 본관은 강릉(江陵), 자는 경숙(敬叔), 호는 척암(惕菴)이다. 목사 김모(金瑁)의 서자(庶子)이다. 벼슬은 동몽훈도(童蒙訓導)를 지내고 43세에 죽었다. 이중호(李仲虎)의 문하에서 수학하였다. 아내 송씨(宋氏)는 규암(圭菴) 송인수(宋麟壽)의 서매(庶妹)이다.

는 참으로 천하에 어디에도 없는 일입니다. 비록 일이 없는 태평한 시대라고 하더라도 속히 변통해야 마땅한데, 하물며 군대가 난동을 부리는 때이겠습니까. 선발하여 거두어 쓰는 일을 하루도 늦추어서는 안 됩니다."

하였다. 《우계집(牛溪集)》

서애(西厓) 유성룡(柳成龍)이 차자를 올리기를,

"사람을 쓰는 방도는, 널리 취함을 귀하게 여기고 좁게 취함을 귀하게 여기지 않으므로 부류를 따지지 아니하고 현능한 인재를 등용한 것입니다.[28] 주공(周公)은 사(士)를 발탁하기 위해 반드시 초야로 먼저 찾아갔고,[29] 관중(管仲)은 제(齊)나라 재상으로 있을 때에 도적 2인을 천거하였으며,[30] 안영(晏嬰)은 좋은 말을 한마디 듣고 자기의 말 모는 자〔御者〕를 천거하여 대부(大夫)로 삼았습니다.[31] 서한(西漢) 때에

•••••

28 부류를……것입니다 : 원문은 '입현무방(立賢無方)'이다. 《맹자》 〈이루 하(離婁下)〉에 "탕 임금은 지나치거나 못 미치는 것이 없는 중도를 지켰으며, 현능한 인재를 등용하되 부류를 따지지 아니하였다.〔湯執中, 立賢無方.〕" 하였다.

29 주공(周公)은……찾아갔고 : 《공자가어(孔子家語)》 〈현군(賢君)〉에 "옛날에 주공은 존귀한 총재의 신분으로 천하의 정사를 제어하면서도 초야의 사에게 몸을 낮추어 하루에 170인을 만났다.〔昔者周公居冢宰之尊, 制天下之政, 而猶下白屋之士, 日見百七十人.〕" 하였고, 《고문진보(古文眞寶)》 전집(前集)에 실려 있는 섭이중(聶夷中)의 〈군자행(君子行)〉에 "주공은 초야의 인재에게 몸을 낮추었고 먹던 밥을 뱉으며 미처 먹을 겨를도 없었네.〔周公下白屋, 吐哺不及餐.〕" 하였다.

30 관중(管仲)은……천거하였으며 : 《예기(禮記)》 〈잡기(雜記)〉에 "관중이 도적 떼를 만나 그중에서 두 사람을 선발하여 환공(桓公)에게 천거하여 환공의 신하가 되게 하며 말하기를 '함께 지내는 자들이 못된 자들이어서 도적질을 하게 된 것이지, 쓸 만한 사람들입니다.' 하였다.〔管仲遇盜, 取二人焉, 上以爲公臣, 曰其所與遊辟也, 可人也.〕" 하였다.

31 안영(晏嬰)은……삼았습니다 : 안영은 춘추 시대 제 경공(齊景公) 때의 재상이다. 《사기(史記)》 권62 〈관안열전(管晏列傳)〉에 "안영이 제나라 재상이 되어 외출을 할 때에, 그 어자(御者)의 아내가 보니 자기 남편이 재상의 어자가 되어 말을 몰면서 의기가 양양했다. 남편이 집에 돌아오니, 그 아내가 말하기를 '안자(晏子)는 키가 6척도 안 되고 제나라 재상이 되어 제후들에게 명성이 높은데도 항상 자신을 낮춥니다. 당신은 키가 8척이나 되는데도

는 인재들이 융성했는데, 군현(郡縣)의 서리(胥吏)들 중에서 발탁한 자들이 많았습니다. 위(魏)·진(晉) 시대 이후로 비로소 문벌을 따지는 논의가 생겼으니, 정교(政敎)가 무너진 것은 단지 이것 때문이었습니다. 《춘추(春秋)》에 무씨(武氏)라느니, 윤씨(尹氏)라느니, 잉숙(仍叔)의 아들이라고만 기록해 놓은 것은 모두 문벌이 높은 사람들이었고,[32] 당시에 의봉인(儀封人), 장저(張沮)·걸닉(桀溺), 삼태기를 멘 무리들은 모두 낮고 하찮은 자리에 침체되어 있었고 밭두렁 가운데에서 탄식만 하고 있었습니다.[33] 세도(世道)가 흥하고 망하는 것은 이것이 큰 기틀입니다. 문벌을 따지지 마시고 오직 현능한 인재를 구해야 할 따름입니다."

하였다. 《반계수록(磻溪隨錄)》

•••••

남의 어자가 되어 스스로 만족스러워합니다. 저는 당신을 떠나고자 합니다.' 하였다. 이 말을 들은 뒤로 어자는 자신을 낮추고 겸손해졌다. 안자가 이상하게 생각하여 물으니, 어자가 사실대로 대답했다. 안자가 어자를 천거하여 대부로 삼았다." 하였다.

32 춘추(春秋)에……사람들이었고 : 《춘추좌전》 은공(隱公) 5년에 "곡옥의 장백이 정나라 사람과 형나라 사람을 동원하여 익 땅을 공격하니, 왕이 윤씨와 무씨를 시켜서 그들을 돕게 하였다.〔曲沃莊伯以鄭人、荊人伐翼, 王使尹氏、武氏助之.〕" 하였고, 환공 5년에 "천왕이 잉숙의 아들을 보내와 빙문하였다.〔天王使仍叔之子來聘〕" 하였다. 이들은 주(周)나라에서 대대로 벼슬을 세습한 자들인데, 이름을 쓰지 않고 '씨(氏)'만으로 일컫거나 본인의 이름을 쓰지 않고 '잉숙의 아들'이라 한 것은, 벼슬을 세습한 것에 대해 공자가 포폄하는 뜻을 붙여 기록한 것이라 한다.

33 의봉인(儀封人)……있었습니다 : 《논어》 〈팔일(八佾)〉에 "의봉인이 만나기를 청하여, 공자를 만나고 나와서 '천하가 무도(無道)한 지가 오래되었으니, 하늘이 장차 부자(夫子)를 목탁(木鐸)으로 삼으시리라.' 하였다." 하였고, 〈미자(微子)〉에 "장저(長沮)와 걸닉(桀溺)이 나란히 밭갈이를 하고 있었는데, 공자가 그곳을 지나가면서, 자로(子路)를 시켜서 나루터를 묻게 하였다." 하였고, 〈헌문(憲問)〉에 "공자가 위(衛)나라에서 경쇠를 두드리고 있을 때에 삼태기를 메고 공자의 처소를 지나가던 자가 말하기를 '뜻을 버리지 못했구나, 경쇠 소리를 들어보니. 비루하도다, 땡땡거림이여! 알아주는 이가 없으면 그만두면 될 일이네. 물이 깊으면 옷을 벗고 건너고 물이 얕으면 옷을 걷고 건너는 거라네." 하였다. 이들은 모두 무도한 세상을 버리고 은둔한 현인들이다.

선조(宣祖) 신축년(1601, 선조34) 종실(宗室) 문성군(文城君)이 상소하여, 영순군(永順君) 이부(李溥)[34]의 전례대로 과거 응시를 허락해 줄 것을 청하였다.[35] 대신(大臣) 이항복(李恒福)이 아뢰기를,

"신은 일찍이 인재를 등용하는 길이 넓지 못한 것을 안타깝게 여겼습니다. 공천(公賤)과 사천(私賤)들에 대해서는 귀천(貴賤)에 따른 통색(通塞)의 규정이 정해져 있습니다만, 종친(宗親) 및 서자(庶子)와 서손(庶孫)들에게 과거 응시를 금지한 것은 원래 조종조의 제도가 아닌데, 중간에 무슨 까닭으로 또 이토록 금고(禁錮)시켰는지 모르겠습니다."

하였다. 《춘관지(春官志)》

• • • • •

34 영순군(永順君) 이부(李溥) : 1444~1470. 세종의 다섯째 아들인 광평대군(廣平大君) 이여(李璵)의 아들이다. 1466년(세조12) 등준시(登俊試)에 올랐고 1468년 중시(重試)에 장원 급제하였다. 종친은 일반적으로 과거에 응시하지 않는 것이 관례였는데, 이부는 응시하여 급제하였다. 《성종실록》 1년 4월 1일 기사에 그의 졸기가 있다. 광평대군이 일찍 죽었기 때문에 세종이 특별히 보살피게 하였다.

35 문성군(文城君)이……청하였다 : 《선조실록》 27년 11월 13일 기사에 실려 있다. 문성군은 이건(李健, 1560~1623)이다. 성종의 아들 경명군(景明君) 이침(李忱)의 손자이고, 안남군(安南君) 이수련(李壽鍊)의 아들이다. 그의 행적은 허목(許穆)의 《기언(記言)》 별집 권24 〈문성군 묘비명〉, 남용익(南龍翼)의 《호곡집(壺谷集)》 권8 〈문성군 묘갈명〉, 조현명(趙顯命)의 《귀록집(歸鹿集)》 권17 〈문성군 시장(諡狀)〉 등에 자세하다.

인조(仁祖)

인조 3년 을축년(1625) 대신(大臣) 및 2품 이상에게 명하여, 서얼 허통에 대해 의견을 올리게 하였다. 옥당(玉堂)의 차자(箚子)로 인한 것이다.[36] 이원익(李元翼)[37]과 김상용(金尙容)[38] 등이 묵은 폐단을 통렬히 혁신할 것을 청하니, 양첩(良妾) 소생은 손자 이하를, 천첩(賤妾) 소생은 증손자 이하를 문무과(文武科)에 응시할 수 있도록 허락하고 과거(科擧)에 급제한 뒤에는 요직(要職)에 오를 수 있게 하고 청직(淸職)에는 오르지 못하게 하라고 명하였다. 품의하여 임금의 재결을 받고, 양사(兩司)의 서경(署經)[39]을 거쳐 예조에 보관하였다. 《보감별고(寶鑑別考)》

같은 해 9월 14일, 부제학 최명길(崔鳴吉)이 동료(同僚) 심지원(沈之源), 김남중(金南重), 이성신(李省身), 이경용(李景容) 등과 연명하여 상소하

• • • • •

36 인조 3년……것이다 : 《승정원일기》 인조 3년 11월 10일 기사에, 윤이지(尹履之)가 '서얼 허통에 대한 일로 12일에 2품 이상을 명초하여 수의(收議)하겠다'고 아뢰는 내용이 나오고, 12일과 13일 기사에, 수의하여 아뢰니 묘당으로 하여금 참작하여 처리하라고 전교한 사실이 실려 있다. 《인조실록》에는 3년 11월 13일 기사에 실려 있다.

37 이원익(李元翼) : 1547~1634. 본관은 전주(全州), 자는 공려(公勵), 호는 오리(梧里), 시호는 문충(文忠)이다. 1564년(명종19) 사마시에 합격하고 1569년(선조2) 별시 문과에 병과로 급제하였다. 대사헌, 이조 판서, 영의정 등을 지냈다. 김육(金堉)의 대동법(大同法)을 경기도에 실시하였다.

38 김상용(金尙容) : 1561~1637. 본관은 안동(安東), 자는 경택(景擇), 호는 선원(仙源)·풍계(楓溪) 등이며 시호는 문충(文忠)이다. 1582년(선조15) 진사시에 합격하였고, 1590년 증광 문과에 급제하였다. 도승지, 판돈녕부사, 병조·예조·이조의 판서를 역임했으며, 정묘호란 때는 유도대장(留都大將)을 맡았다. 《인조실록》 15년 1월 22일 기사에 그의 졸기가 있다.

39 서경(署經) : 이조와 병조에서 관리의 임명, 승진 등의 인사행정을 시행할 때에, 해당자의 출신 성분에 대한 기록을 사헌부와 사간원으로 보내서 해당자에게 하자가 없음을 확인받은 뒤에 고신(告身)을 발급하게 되는데, 이러한 과정을 서경이라고 한다. 법령 신설 또는 개정 및 기복(起復), 시호(諡號) 의정 등 국가 중대사의 경우에도 서경을 거쳐야 확정할 수 있었다.

였는데, 그 내용에,

"예법 제도의 정비가 삼대(三代) 시대보다 엄중한 적이 없었는데도 적서(嫡庶)라는 명칭은 사실(私室)에서만 시행하였고 공조(公朝)에서는 시행하지 않았습니다. 문벌을 구별하는 것이 육조(六朝) 시대보다 상세한 적이 없었지만 인재를 등용하는 즈음에는 오직 그 아비의 성씨만을 따졌고 그 어미의 족류는 묻지 않았습니다. 대개 천지(天地)가 인재를 낼 때에는 귀한 집과 천한 집에 차별을 두지 않으며 왕자(王者)가 사람을 등용할 때에는 문벌에 구애받지 않으니, 이것이 하늘의 이치로 보아 당연한 것이고 백대가 지나도 왕들이 바꾸지 못할 원칙인 것입니다.

우리나라에서 서얼을 현직(顯職)에 서용하지 말자는 의견은 처음에 서선(徐選)에게서 나왔고, 그 뒤에 차츰 더 심해져서 마침내 자손 대대로 영구히 금고를 당하는 지경에 이르렀습니다. 비록 재주와 덕망이 출중한 사람일지라도 대부분 길이 막혀서 세상에 재주를 펴지 못하고, 내쳐져 일반 사람들과 함께하지 못하고서, 마치 대죄(大罪)를 지은 죄인처럼 기가 죽어 고개를 숙이고, 부자의 인륜과 군신의 의리가 다시 없으니, 인기(人紀)를 손상하고 천리(天理)를 거스르는 일이 이보다 심한 것이 없습니다. 아, 필부(匹夫) 한 사람이 원한을 품어도 화기(和氣)를 손상하기에 충분한데, 하물며 그 숫자가 많은 경우이겠습니까. 삼가 바라건대 전하께서는 재능에 따라서 인재를 거두어 쓰시어 억울한 기운을 펴고 인재를 등용하는 길을 넓히소서. 그러면 세도(世道)를 돕고 인화(人和)를 이룰 수 있을 것입니다."

하였는데, 비답하기를,

"해당 조로 하여금 품의하여 처리하게 하겠다."

하였다. 《승정원일기(承政院日記)》

이조 판서 김상용(金尙容)이 회계(回啓)하기를,

"하늘이 인재를 내는 것이 본디 적자와 서자를 차별하지 않는데도 서얼을 금고하니, 이것은 바로 우리나라의 나쁜 법령이요 고금 천하에 일찍이 없던 일입니다. 우리나라는 지역이 협소하고 인재가 적어서 비록 한 시대의 인재를 모두 거두어 등용하더라도 오히려 부족할까 염려해야 할 판인데, 법령이 지나치게 엄격하고 구별이 지나치게 까다로워 하늘이 내준 인재도 오히려 다 쓰지 않고 있습니다. 옛날 국초(國初)에는 서얼을 금고하는 일이 없었는데 서선(徐選)이라는 자가 처음으로 서얼을 현직(顯職)에 등용하지 말자는 의견을 꺼냈고, 그 뒤로 차츰 심해져서, 강희맹(姜希孟)에 이르러 더욱 폐고가 심해지게 되었습니다. 천인(賤人)의 자손들은 그래도 더러 벼슬길에 나갈 수가 있는데, 사대부의 서얼은 자손 대대로 한결같이 굳게 금고하여, 비록 남다른 재능과 지혜가 있더라도 하류(下流)에 침체되어 평생을 마치니, 애석함을 이루 말할 수 있겠습니까. 옥당은 공론이 있는 곳인데, 묵은 폐단을 통렬히 혁신하고자 이렇게 진달한 것이니, 이대로 시행하여 인재를 등용하는 길을 넓히는 것이 합당할 듯합니다. 다만 이 일은 변통에 대한 중대한 일이니, 대신들에게 의견을 묻는 것이 어떻겠습니까?"

하였다. 《승정원일기》

영의정 이원익(李元翼)이 헌의(獻議)하기를,

"서얼을 업신여기고 박대하는 것은 천하 만고에 없던 제도이니, 왕자(王者)가 부류를 가리지 않고 어진 인재를 등용하는 방도에 큰 흠결이 됩니다. 유신(儒臣)들이 진달한 바는 정말 소견이 있으니, 시행하는 것이 합당할 듯합니다."

하였다. 《승정원일기》

좌의정 윤방(尹昉)의 의견은 영의정 이원익과 같았다. 《승정원일기》

우의정 오윤겸(吳允謙)[40]이 헌의하기를,

"서얼을 금고하는 것은 고금 천하에 없던 제도이고 실로 변방의 비루한 소견에서 나온 것입니다. 낳아서 이루어 주는 천지자연의 뜻을 해칠 수 있고 선왕(先王)의 공명정대한 정사가 아니므로, 소통시켜 등용하는 것이 참으로 이치에 맞습니다. 세간에서, 행하기 어렵다고 문제를 제기하는 사람들은 모두 명분이 문란해진다는 것을 이유로 듭니다만, 적자와 서자를 나누는 명분 문제는 단지 자기 집안의 일일 뿐이고 조정에서는 어진 이를 등용하고 인재를 거두어 쓸 따름입니다. 비록 지위가 높아진 뒤라고 하더라도 만약 명분을 어지럽히는 일이 있으면, 나라의 법률이 참으로 엄격하니, 문란해질 것은 염려하지 않아도 됩니다. 유신(儒臣)들의 상소와 해당 조(曹)의 복주(覆奏)가 모두 공론에서 나왔으니, 이대로 시행하는 것이 참으로 온당할 것입니다."

하였다. 《승정원일기》 수의(收議)한 뒤에 대신과 재신(宰臣)들이 모두 차자의 내용을 옳다고 하였는데, 호조 판서 심열(沈悅),[41] 순흥군(順興君) 김경징(金慶徵),[42] 공조

• • • • •

40 오윤겸(吳允謙) : 1559~1636. 본관은 해주(海州), 자는 여익(汝益), 호는 추탄(楸灘)이다. 1582년(선조15) 사마시에 합격하였고 1597년 별시 문과에 급제하였다. 부교리, 승지, 강원도 관찰사, 광주 목사(廣州牧使)를 지냈다. 인조반정 이후에 대사헌, 이조 판서, 예조 판서를 거쳐 삼정승을 지냈다.

41 심열(沈悅) : 1569~1646. 본관은 청송(青松), 자는 학이(學而), 호는 남파(南坡), 시호는 충정(忠靖)이다. 1589년(선조22) 진사시에 합격하였고 1593년 별시 문과에 급제하였다. 경기·황해도·경상도·함경도의 관찰사를 지내고, 호조 판서, 강화 유수, 영의정 등을 역임하였다. 《인조실록》 24년 1월 24일 기사에 그의 졸기가 있다.

42 김경징(金慶徵) : 1589~1637. 본관은 순천(順天), 자는 선응(善應)이다. 1623년(인조1) 인조반정의 공훈으로 정사 공신(靖社功臣)이 되고 순흥군(順興君)에 봉해졌다. 도승지, 한성 판윤을 지냈다. 병자호란 때에 강도 검찰사(江都檢察使)가 되어 부제학 이민구(李敏求), 수찬 홍명일(洪命一)과 함께 강도를 방어하였으나 방비를 잘못하여 함락되었고, 그 일로 대간의 탄핵을 받아 사사되었다.

참판 정립(鄭岦)[43]이 다른 의견을 냈다. 도승지 정온(鄭蘊)[44]도 상소하여 다른 의견을 냈다.

같은 해 11월, 상이 대신과 2품 이상을 빈청에 명초하여, 서얼 허통에 대한 일을 의논하고, 묘당으로 하여금 참작하여 확정하게 하였다. 비변사가 아뢰기를,

"태종(太宗) 때에 급사중(給事中) 서선(徐選)의 논의에 의하여 서얼을 현관(顯官)에 서용하지 못하게 하는 제도를 만들었으나 일찍이 완전히 금고한 적은 없었으며, 성종(成宗) 때에 《경국대전》을 반포할 때에도 서얼의 아들과 손자는 문무과(文武科)와 생원(生員)·진사(進士) 시험에 응시하는 것을 허락하지 않는다는 제도를 만들었지만 증손(曾孫)은 금지하지 않았습니다. 그 뒤 《경국대전》을 주해(註解)할 때에 '자자손손(子子孫孫)'이라는 말을 첨입하여, 그때부터 서얼은 대대로 영구히 금고(禁錮)를 당하는 사람이 되었습니다. 지금은 새롭게 교화를 펴는 시기이므로, 그들을 소통시키는 일이 없어서는 안 됩니다. 《경국대전》 한품서용조(限品敍用條)에 양첩(良妾)과 천첩(賤妾)의 소생에 대한 제한 등급이 매우 분명합니다. 대개 양녀(良女)가 남자를 겪지 않은 상황에서 첩(妾)이 된 자는 사실 창첩(娼妾)과는 차이가 있습니다. 지금 이 조항을 참작해서, 양첩 소생은 손자부터, 천첩 소생은 증손부터 모두 허통(許通)한다면 중도에 맞을 것 같습니다. 이 뒤로는 재능에 따라 직책을 주어서, 헛되이 늙어 간다는 탄식이 나오지

•••••

43 정립(鄭岦) : 1574~1629. 본관은 연일(延日), 자는 여수(汝秀)이다. 1600년(선조33) 별시 문과에 급제하였다. 지평, 이조 정랑, 형조 참의, 황연도 관찰사, 강원도 관찰사, 충청도 관찰사 등을 거쳐, 도승지, 공조 참판 등을 지냈다.

44 정온(鄭蘊) : 1569~1641. 본관은 초계(草溪), 자는 휘원(輝遠), 호는 동계(桐溪)이다. 1601년 진사시에 합격하였고 1610년(광해군2) 문과에 급제하였다. 이조 참판을 지냈고, 숙종 때에 영의정에 추증되었다.

않도록 하는 것이 좋겠습니다."

하니, 상이 이르기를,

"윤허한다."

하였다.

인조(仁祖) 계유년(1633, 인조11) 이조 판서 최명길이 아뢰기를,

"일찍이 을축년(1625) 연간에 영부사(領府事) 이원익(李元翼)이 홍문관의 차자로 인해, 서얼이 등과(登科)하면 요직(要職)은 허용하고 청직(淸職)은 허용하지 않는다는 것으로 임금께 여쭈어 결재를 받고, 양사(兩司)의 서경(署經)을 거쳐 예조에 보관하여 한 시대의 법률 제도로 삼았는데, 이제 9년이 지나도록 한번도 거행하지 않아서 성명(聖明)께서 강구하여 확정한 제도를 헛되게 하였으니, 일이 매우 온당치 못합니다. 서얼이 등과한 뒤에 으레 줄 수 있는 직책은 봉상시(奉常寺)와 교서관(校書館)의 서너 자리에 지나지 않아서, 재능을 지닌 인재가 있더라도 평소 쌓아 온 역량을 펼 수가 없으니, 참으로 애석한 일입니다. 사목(事目)에 '요직을 허용한다.'라고 한 것은 호조·형조·공조의 낭청 및 이와 동등한 각 관사의 관직을 말하는 것입니다. 지금 이후로는 수교(受敎)대로 재능에 따라 의망(擬望)하는 것이 어떻겠습니까?"

하니, 상이 이르기를,

"윤허한다."

하였다. 남극정(南極井)의 상소

같은 해, 모월 정사에서, 신희계(辛喜季)·심일준(沈日遵)·김굉(金宏)·이경선(李慶善)을 형조와 공조의 좌랑에 제수하고, 이현(李礥)을 호조 좌랑에 제수하였다. 《감은록(感恩錄)》

효종(孝宗)

효종 2년(1651) 이경여(李敬輿)[45]가 상소하기를,

"서얼과 평민(平民) 중에도 더러 재능과 행실이 출중하고 명망이 중외를 흡족시킨 자가 있습니다. 별도로 초계(抄啓)합니다."

하였다. 《보감별고(寶鑑別考)》

숙종(肅宗)

숙묘(肅廟) 병진년(1676, 숙종2) 대사헌 이무(李袤)[46]가 상소하기를, 상소가 승정원에 들어가자 도승지 김휘(金徽)[47]가 저지하여 상달되지 못하였다고 한다.

"삼가 아룁니다. 하늘이 우리 전하를 사랑하시어 큰 가뭄으로 경책을 내리자, 우리 전하께서는 두려운 마음으로 경계하고 밤낮으로 노심초사하며, 백성을 기쁘게 하고 화기(和氣)를 불러올 방도를 생각하시어 최선을 다하지 아니함이 없으셨습니다. 심지어 조정의 신하들을 모두 불러서 그 방도를 강구하게 하셨으니, 참으로 성대한 거조입니다. 신

•••••

45 이경여(李敬輿) : 1585~1657. 본관은 전주이다. 1609년(광해군1) 문과에 급제했다. 인조대에 부제학, 청주 목사, 좌승지, 전라도 관찰사, 경상도 관찰사, 이조 참판, 대사성, 형조 판서, 대사헌, 우의정을 역임했으며, 효종대에 들어 영의정을 지냈다. 저서로는 《백강집(白江集)》이 있으며, 시호는 문정(文貞)이다.

46 이무(李袤) : 《숙종실록》 1년 7월 9일 기사에 "이무가 또 소매에서 한 장의 종이를 꺼내어 올렸다. 그 가운데의 한 조목이 곧 서얼을 통용(通用)하자는 일이었다." 하였다. 이것이 1676년(숙종2)에 올린 상소와 동일한 것인지는 미상이다.

47 김휘(金徽) : 1607~1677. 본관은 안동이다. 1642년(인조20) 급제하여, 효종과 현종 때에 이조와 삼사의 청현직을 거치고 충청도·경상도·황해도 등의 관찰사를 지냈으며, 숙종 때에 대사헌을 지냈다. 《숙종실록》 3년 8월 9일 기사에 그의 졸기가 실려 있다.

은 학문은 부끄럽게도 면장(面墻)[48]과 같고 재능은 저산(樗散)[49]과 같습니다. 강호(江湖)에서 40년간을 〈격양가(擊壤歌)〉[50]를 부르는 한 사람의 백성으로 살고 있었습니다. 성대한 시절에 과분한 발탁을 받아 몇 달 안에 경재(卿宰)의 지위에 이른 것은 생각지도 못했던 일인지라, 신은 참으로 감격스러워서 몸 둘 바를 모르겠습니다. 신이 어찌 자신을 오활하다고 단정하여, 지척의 전하께 소회를 다 아뢰지 아니하겠습니까. 신이 평소 진달하고자 한 것이 한둘이 아니지만, 우선 화기를 불러오고 재앙을 소멸시킬 방도를 두 가지 우러러 진달하겠습니다.

그 첫 번째는, 경술년(1670, 현종11)과 신해년(1671) 이전의 조곡(糶穀)[51] 포흠(逋欠)[52]을 탕척하여 폐단을 없애는 일입니다. 운운.

그 두 번째는, 서얼과 한족(寒族)을 허통하여 등용하는 일입니다.

•••••

48 면장(面墻) : 담장 앞에 마주 서 있다는 말로, 식견이 부족하면 마치 담장에 얼굴을 마주하고 선 것과 같이 앞을 볼 수도 없고 앞으로 나아갈 수도 없다는 뜻이다. 장면(墻面)이라고도 쓴다. 《서경》〈주관(周官)〉에 "의심이 쌓이면 계획을 무너뜨리며, 나태하고 소홀하면 정치를 황폐시키며, 배우지 않으면 담장에 마주 선 것과 같아서 일을 함이 번잡할 뿐이다.〔蓄疑敗謀, 怠忽荒政, 不學牆面, 莅事惟煩.〕"라고 하였고, 《논어》〈양화(陽貨)〉에 "공자가 백어에게 말하기를 '너는 〈주남〉과 〈소남〉을 공부했느냐? 사람이 〈주남〉과 〈소남〉을 공부하지 않으면, 담장에 얼굴을 마주하고 서 있는 것과 같을 것이다.' 하였다.〔子謂伯魚曰, 女爲周南召南矣乎? 人而不爲周南召南, 其猶正牆面而立也與!〕"라고 하였다.

49 저산(樗散) : 저(樗)나무와 같이 쓸모없는 존재라는 말로, 재능이 부족한 자신을 스스로 표현할 때에 사용하는 겸사이다. 저나무 관련 이야기는 《장자》〈소요유〉에 나온다.

50 격양가(擊壤歌) : 중국 고대 성왕으로 일컬어지는 요 임금이 천하를 다스린 지 50년이 되어, 천하가 잘 다스려졌는지를 알아보려고 미복 차림으로 거리에 나갔더니, 어떤 노인이 배불리 먹고 땅을 두드리면서 노래하기를 "해 뜨면 일하고 해 지면 쉰다네. 우물 파서 물 마시고 밭 갈아 밥을 먹지. 나에게 황제 힘이 대체 무슨 상관이랴.〔日出而作, 日入而息. 鑿井而飮, 耕田而食. 帝力何有於我哉!〕"라고 하였다 한다. 이 노래를 〈격양가〉라고 하는데, 후세에는 대개 태평성대를 뜻하는 말로 쓰였다.

51 조곡(糶穀) : 조선 시대에 각 고을의 사창(社倉) 곡식을 춘궁기에 꾸어 주고 추수기에 돌려받는 환곡 제도를 시행했는데, 이때에 꾸어 주는 곡식을 조곡이라 하고 돌려받는 곡식을 적곡(糴穀)이라 하였다.

52 포흠(逋欠) : 국가에 내야 할 공물이나 세금을 내지 못하고 있거나 국가에서 빌려 쓴 조곡을 갚지 못하고 있는 것, 또는 그 물품을 말한다.

대저 인재를 등용하는 데에 서얼과 한족을 제한하는 규정은 만고천하에 없는 제도입니다. 왕자(王者)가 천명을 받아 신분이 군주가 되면, 사방 국경 안이 군주의 신하가 아닌 자가 없으니, 비록 대대로 높은 벼슬을 한 사람일지라도 또한 군주의 신하가 아닌 자가 없습니다. 그 명칭이 신하이고 보면 낮기는 마찬가지입니다. 또 어찌 낮은 가운데에서 귀천(貴賤)을 따져서 직책을 맡긴단 말입니까. 귀하게 대하거나 천하게 대하거나 하는 권병(權柄)은 본디 윗자리에 있는 자가 주관하여 총괄하는 것이니, 아랫사람에게 빌려줄 수 없는 것이 분명합니다. 그런데 주도하여 총괄하지 못할 뿐만 아니라, 이에 도리어 신하와 더불어 문지(門地)와 벌열(閥閱)을 의논하여 벼슬을 임명하는 것이 마치 최씨(崔氏) 집안과 노씨(盧氏) 집안이 혼인을 의논하는 것[53]과 같습니다. 대저 문지는 벌열을 말합니다. 벌열은 바로 높은 벼슬〔簪纓〕을 말합니다. 높은 벼슬을 주는 권한이 누구 손에 있기에 이렇게 근본을 버리고 지엽을 거행하는 정사가 있는 것입니까. 우리 선조대왕(宣祖大王)의 전교가 참으로 훌륭합니다. 그 전교에 '해바라기〔葵藿〕가 태양을 향함에 곁가지를 가리지 않는다. 신하가 충성을 하고자 하는 데에 어찌 반드시 정적(正嫡)이라야 하랴.' 하였습니다.

옛사람 중에서 서얼 출신으로 일컬을 만한 자를 말해 보겠습니다. 은(殷)나라에 삼인(三仁)이 있었는데 그중에 서얼이 두 사람이었으며,[54] 제(齊)나라의 양저(穰苴)[55]는 명성이 천하에 드러났습니다. 동한

•••••

53 최씨(崔氏)……것 : 최씨와 노씨는 중국 위진 시대로부터 당나라에 이르기까지의 대표적인 세족 문벌로서 대대로 혼인을 맺어 친분을 유지하였고 높은 벼슬을 차지하였다.

54 은(殷)나라에……사람이었으며 : 삼인(三仁)은 은나라 신하 미자(微子), 기자(箕子), 비간(比干)을 말한다. 미자는 주왕(紂王)의 서형(庶兄)이고 비간은 주왕의 서숙(庶叔)이다.

55 양저(穰苴) : 전양저(田穰苴)를 말한다. 사마(司馬) 벼슬을 하였으므로 사마양저(司馬穰苴)라고도 한다. 춘추 시대 제(齊)나라 경공(景公) 때에 재상 안영(晏嬰)의 추천으로 장군(將軍)이 되어 연(燕)나라와 진(晉)나라의 침입을 막았다. 《사기》 권64 〈사마양저열전(司馬

(東漢) 이래로 차츰 세족의 적통들을 귀하게 여겼으나, 왕부(王符)[56]의 현능함이 간책(簡策)에 일컬어졌고, 위(魏)·진(晉) 시대에는 허무(虛無)의 학문이 유행하였으나 서얼 배위(裴頠)[57]는 홀로 〈숭유론(崇有論)〉을 지었습니다. 진대(晉代)의 귀인(貴人)들로는 매양 강(江)을 건너간 동진(東晉)의 인물을 논하고, 그중에서도 항상 백인(伯仁)의 정직함을 으뜸으로 삼는데, 백인은 바로 주준(周浚)의 첩 낙수(絡秀)의 아들인 주의(周顗)입니다.[58] 환석건(桓石虔)은 사공(司空) 환활(桓豁)의 천얼(賤孽)인데도 위엄과 명망이 진동하여, 그 이름이 학질을 떨어지게 할 정도였습니다.[59] 이밖에도 한(漢)나라의 위청(衛青)은 현리

•••••

穰苴列傳)〉에 "안영이 전양저를 경공에게 천거하며 말하기를 '양저는 비록 전씨(田氏)의 서얼이지만 그 사람의 문(文)은 군사들을 따르게 할 수 있고 무(武)는 적군을 위협할 수 있습니다.' 하니, 경공이 양저를 불러 군대의 일에 대해 이야기를 나누어 보고는 매우 기뻐하여, 그를 장군으로 삼았다." 하였다.

56 왕부(王符) : 후한(後漢) 때의 인물로, 세속과 영합하지 않고 절개를 지키고 살면서, 당시의 정치와 사회에 대한 비판을 적어 《잠부론(潛夫論)》을 엮었다. 《후한서》 권49 〈왕부열전(王符列傳)〉에 "안정(安定) 임경(臨涇) 사람이다. 어릴 적부터 배우기를 좋아하고 지조(志操)가 있었다. 마융(馬融), 두장(竇章), 장형(張衡), 최원(崔瑗) 등과 친하게 지냈다. 안정의 풍속이 서얼을 비천하게 여겼는데, 왕부는 외가(外家)가 없었으므로 고을 사람들에게 천대를 받았다." 하였다.

57 배위(裴頠) : 267~300. 서진(西晉) 때의 인물이다. 〈숭유론(崇有論)〉을 저술하여, 무(無)를 중시하는 현학(玄學)의 〈귀무론(貴無論)〉을 비판하였다.

58 진대(晉代)의……주의(周顗)입니다 : 《진서(晉書)》 권96 〈열녀열전(列女列傳) 주의모이씨(周顗母李氏)〉에 의하면 주의(269~322)의 모친 이씨(李氏)는 자가 낙수(絡秀)이다. 주의의 부친 주준(周浚)이 안동 장군(安東將軍)으로 있을 때에, 사냥을 나갔다가 비를 만나 낙수의 집에 들어가 낙수의 미모를 보고 첩(妾)으로 삼고 싶어 하였다. 낙수는 가문을 일으켜야겠다는 생각으로 반대하는 부형을 설득하여 그의 첩이 되었다고 하였다. 주의는 진(晉)나라 명사(名士)로서 자가 백인(伯仁)이고, 벼슬이 상서좌복야(尙書左僕射)에 이르렀다.

59 환석건(桓石虔)은……정도였습니다 : 환석건(?~388)은 동진(東晉)의 환활(桓豁)의 서장자(庶長子)로서 용맹으로 이름을 떨쳤다. 벼슬이 예주 자사(豫州刺史)에 이르렀다. 《진서(晉書)》 권74 〈환석건열전(桓石虔列傳)〉에 "학질(瘧疾)을 앓는 자가 있을 때에 '환석건이 온다.'라고 하면서 겁을 주면, 병이 낫는 자가 많았다. 사람들이 두려워하는 것이 이와 같았다." 하였다.

(縣吏) 정계(鄭季)의 창첩(娼妾) 소생인데 지위가 대장군(大將軍)이었고,[60] 곽거병(霍去病)은 현리 곽중유(霍仲孺)의 서얼 소생이고 곽광(霍光)의 서형(庶兄)이었는데 지위가 표기장군(驃騎將軍)이었습니다.[61]

진(晉)나라의 배수(裴秀)는 상서령(尙書令) 배잠(裴潛)의 서얼 소생인데 후진(後進)들의 영수가 되었고 지위가 사공(司空)에 이르렀으며,[62] 도간(陶侃)은 바로 도단(陶丹)의 첩실 담씨(湛氏)의 아들인데 큰 공훈을 세워 지위가 신하로서는 제일 높은 곳에까지 이르렀습니다.[63] 완부(阮孚)는 완함(阮咸)의 서얼 소생인데 그의 어미는 선비족(鮮卑族)의 여종이었으니 비천하기가 이보다 심할 수가 없었는데도 소준(蘇峻)의 반역을 미리 알아 사전(史傳)에 일컬어졌고 지위가 이부 상서(吏部尙書)에 이르렀으며,[64] 조지(曹志)는 바로 폐성(廢姓)의 얼자인

• • • • •

60 위청(衛青)은……대장군(大將軍)이었고 : 현리(縣吏) 정계(鄭季)가 평양후(平陽侯) 조수(曹壽)의 가동(家僮)이었던 위온(衛媼)과 사통하여 위청을 낳았다. 위청의 동모(同母) 누이 위자부(衛子夫)가 무제(武帝)의 은총을 입어 후(后)가 되었기 때문에 어머니의 성을 따라 위씨(衛氏)가 되었다. 위청은 무제를 도와 흉노 정벌에 공을 세워, 벼슬이 대장군에 이르렀다.

61 곽거병(霍去病)은……표기장군(驃騎將軍)이었습니다 : 곽거병은 한(漢)나라 무제(武帝) 때의 장군이다. 무제를 도와 흉노를 토벌하는 데에 큰 공을 세웠다. 현리 곽중유(霍仲孺)가 위청의 누이 위소아(衛少兒)와 사통하여 곽거병을 낳았다. 위소아는 여종 위온(衛媼)의 딸이다. 곽중유는 나중에 정처(正妻)와 혼인하여 곽광(霍光)을 낳았으니, 곽거병은 곽광의 서형이다.

62 배수(裴秀)는……이르렀으며 : 224~271. 《진서(晉書)》 권35 〈배수열전(裴秀列傳)〉에 "배수의 모친은 천한 신분이어서 적모(嫡母) 선씨(宣氏)가 예를 갖추어 대하지 아니했다. 숙부 배휘(裴徽)가 명망이 높아서 찾아오는 손님들이 많았고, 그 손님들이 돌아갈 때에는 배수를 만나곤 하였다. 한번은 선씨가 배수의 모친을 시켜 음식을 차려 내오게 하였는데, 음식을 내오자 손님들이 모두 자리에서 일어나서 예의를 표했다. 당시 사람들이 말하기를 '후진들의 영수로는 배수가 있다.[後進領袖有裴秀]' 하였다." 하였다.

63 도간(陶侃)은……이르렀습니다 : 《진서》 권96 〈열녀열전(列女列傳) 도간모담씨(陶侃母湛氏)〉에 "도간의 모친 담씨(湛氏)는 예장(豫章) 신감(新淦) 사람이다. 도간의 부친 도단(陶丹)이 맞이하여 첩으로 삼아 도간을 낳았다. 도단이 가난하여, 담씨가 길쌈을 하여 비용을 대주어서 자기보다 나은 사람들과 교제를 할 수 있게 하였다." 하였다. 도간은 8주(州)의 도독(都督)을 지내는 등 신하로서 오를 수 있는 최고의 지위에까지 이르렀다.

64 완부(阮孚)는……이르렀으며 : 《진서》 권49 〈완적열전(阮籍列傳) 완부〉에 "완부의 자는

데도 지위가 견성공(甄城公)에 이르렀습니다.[65]

수(隋)나라 이원통(李圓通)[66]은 졸례(卒隷) 이경(李景)의 창첩(娼妾) 흑녀(黑女)의 아들인데 지위가 대장군이었으며, 최색(崔賾)[67]은 연주사마(燕州司馬) 최자원(崔子元)의 얼손(孼孫)인데 한 시대의 예악(禮樂)을 정비하였고 지위가 태상경(太常卿)에 이르렀습니다.

당(唐)나라 재상(宰相) 허국공(許國公) 소정(蘇頲)[68]은 바로 소괴(蘇瓌)의 비첩(婢妾) 소생입니다. 소괴가 처음에는 소정을 알아보지 못해서, 항상 소정을 마구간에서 일꾼들과 함께 생활하게 하였습니다. 하루는 손님이 소괴를 찾아왔다가, 소정이 빗자루를 안고 지나가다

• • • • •

요집(遙集)이고, 그 어미는 오랑캐 여종[胡婢]이었다." 하였고, 또 "49세에 죽었다. 소준의 역모를 미리 알았으므로 식자들이 '기미를 알았다.'라고 하였다." 하였다. 소준은 진(晉)나라 원제(元帝) 때부터 성제(成帝) 때까지의 무신으로서, 왕돈(王敦)의 반란을 진압할 때에 공을 세워 장군(將軍)이 되었으나, 성제 때에 역모를 꾀하다가 토벌되었다.

65 조지(曹志)는……이르렀습니다 : 《진서》 권51 〈조지열전(曹志列傳)〉에 "조지의 자는 윤공(允恭)이고, 위(魏)나라 진사왕(陳思王)의 얼자(孼子)이다."라고 하였다. 위나라 조조(曹操)의 아들 조식(曹植)이 진왕(陳王)에 봉해졌고 시호가 사(思)였으므로 그를 진사왕이라 일컫는다. 폐성(廢姓)은 망한 위 왕실의 성씨인 조씨(曹氏)를 의미한다.

66 이원통(李圓通) : 《수서(隋書)》 권64 〈이원통열전(李圓通列傳)〉에 "그의 부친 이경(李景)이 군사(軍士)의 신분으로 무원황제(武元皇帝)의 휘하에 소속되어 있었는데, 가동(家僮) 흑녀(黑女)와 사통하여 원통을 낳았다."라고 하였다. 벼슬이 형부 상서(刑部尙書), 대장군(大將軍)에 이르렀다.

67 최색(崔賾) : 수(隋)나라 학자이다. 7세 때 글을 지을 줄 알았고 말재주가 있었는데, 사책(射策)으로 급제하여 여러 유학자와 더불어 예악(禮樂)을 정비하였고, 교서랑(校書郞), 협률랑(協律郞) 등을 지냈다. 《수서》 권77 〈은일열전(隱逸列傳) 최곽(崔廓)〉에, 최색의 아버지 최곽은 최자원(崔子元)의 아들인데 최곽은 어릴 때에 아버지를 잃었고 어머니의 신분이 천하였다고 하였다.

68 소정(蘇頲) : 당나라 문장가이다. 진사(進士)에 급제하여 감찰어사(監察御史), 중서사인(中書舍人), 중서시랑(中書侍郞) 등을 지냈다. 글을 구상하는 솜씨가 매우 민첩하였다. 현종(玄宗)이 내란(內難)을 평정한 뒤에 소정을 시켜 조서(詔書)를 짓게 하였는데, 소정이 구술하자 받아 적던 서리(書吏)가 "좀 천천히 불러 주십시오. 제 팔이 빠질 지경입니다."라고 하였고, 중서령(中書令) 이교(李嶠)가 "사인(舍人)은 생각이 샘물이 솟는 것과 같다. 내가 따라갈 수가 없다."라고 하였다고 한다. 《신당서(新唐書)》 권125 〈소괴열전(蘇瓌列傳)〉에 나온다.

가 품에서 종이 한 장을 떨어뜨리는 것을 보았습니다. 주워서 살펴보았더니, 바로 곤륜노(崑崙奴)에 대해 읊은 시(詩)였습니다.[69] 손님이 소괴에게 물어 그에 대해서 알고는 놀라고 축하하며 소괴에게 말하기를 '틀림없이 소씨 집안의 훌륭한 인재가 될 것입니다.'라고 하였습니다. 소괴가 직접 그 문장을 시험해 보고는 매우 기이하게 여겨 갑자기 더욱 관심을 두어 보살피니, 이로부터 소정의 학문이 날로 진보하여 문장이 세상을 덮을 정도였습니다. 당나라 현종(玄宗)이 국내의 난리를 평정한 뒤에 왕의 포고문을 기초하고자 하였으나 합당한 사람을 구하기가 참 어려워 소괴에게 현능한 사람을 추천하게 하였더니, 소괴가 아뢰기를 '신의 아들 소정이 매우 민첩하니 시켜 볼 만합니다.' 하였습니다. 현종이 속히 왕명으로 불러 오게 하니, 소정은 바야흐로 술에 취하여 깨어나지 못하고 있었는데, 현종이 명하여 부축하여 어상(御床) 앞에 눕히게 하고 손수 이불을 덮어 주었습니다. 소정이 깨어나서 글을 기초하여 올리니, 현종이 매우 기뻐하며 그의 등을 쓰다듬으면서 말하기를 '아들을 아는 이는 아버지만 한 이가 없다더니, 그것이 이러하구나!' 하였습니다. 그 뒤 소정은 마침내 현종의 명재상이 되었습니다.

효자(孝子) 두고(杜羔)[70]는 어머니가 적실(嫡室)이 아니었는데도 지위가 공부 상서(工部尙書)였고, 이소(李愬)는 이성(李晟)의 첩(妾)의

•••••

69 곤륜노(崑崙奴)에……시(詩)였습니다 : 곤륜노는 중국 고대에 부잣집에서 남쪽 지방 사람들을 데려다가 노예로 삼아 부렸는데 이들을 일컫는 말이다. 이 시가 《태평광기》 〈유민(幼敏)〉에는 "손가락은 열 개의 곧은 먹이고, 귀는 두 개의 늘어진 숟가락이네.〔指頭十𦡮墨, 耳朶兩張匙.〕"로 되어 있고, 《당어림(唐語林)》 〈숙혜(夙慧)〉에는 "손가락은 열 개의 곧은 먹과 같고, 귀는 두 개의 늘어진 숟가락 같네.〔指如十挺墨, 耳似兩張匙.〕"로 되어 있다.

70 두고(杜羔) : 당나라 때에 효자로 이름난 인물이다. 《당어림(唐語林)》 〈상서(傷逝)〉에 "아버지는 하북(河北)의 위졸(尉卒)이었고, 어머니는 적처(嫡妻)가 아니었다." 하였다.

아들이었는데도 절도사 책봉을 받았으며, 영호창(令狐彰)[71]은 바로 범양위(范陽尉) 영호비(令狐濞)의 첩의 아들인데 안녹산의 난리 때에 대의(大義)로 군중을 깨우쳐 당(唐)나라로 귀부하게 하였으므로 벼슬이 좌복야(左僕射)에 이르고 곽국공(霍國公)에 봉해졌으며, 두순학(杜荀鶴)[72]은 두목(杜牧)의 창첩(娼妾) 소생인데 또한 벼슬이 이부 상서(吏部尙書)였습니다.

송(宋)나라 효자 주수창(朱壽昌)[73]은 경조윤(京兆尹) 주손(朱巽)의 첩 소생인데 지위가 대부(大夫)에 이르렀으며, 한기(韓琦)[74]와 범중엄(范仲淹)[75]은 모두 어머니가 천하다고 일컬어졌고, 범중엄은 심지어 성씨를 남의 성씨로 바꾸어 그 비천하기가 그보다 더할 수가 없었는데도, 둘 다 송나라 300년간의 명재상이 되었습니다.

• • • • •

71 영호창(令狐彰) : 《구당서》 권124 〈영호창열전〉에 "아버지 영호비(令狐濞)가 처음에 범양현위(范陽縣尉)로 부임했을 때에 유주(幽州) 사람의 딸과 통정하여 영호창을 낳았다. 임기를 마치고 돌아갈 때에 영호창을 어머니에게 남겨 두고 떠났으므로 영호창은 어릴 적에 범양에서 자랐다." 하였다.

72 두순학(杜荀鶴) : 846~904. 당나라 시인이다. 두목(杜牧)의 첩 정씨(程氏)가 두순학을 임신했을 때에 집에서 쫓겨나 홀로 두순학을 낳았다.

73 주수창(朱壽昌) : 송나라 때의 효자이다. 주수창이 7세 때 당시의 옹주(雍州) 수령이던 아버지 주손(朱巽)이 첩 유씨(劉氏)를 내보냈고, 유씨는 옹주 사람에게 재가(再嫁)하였다. 주수창은 아버지를 따라와 성장하여 벼슬을 하였는데, 신종(神宗) 초에 주수창은 벼슬을 버리고 옹주 땅에 들어가 수소문하여 어머니를 유씨를 찾았다. 이 이야기는 《소학(小學)》 〈선행(善行)〉에 자세하다.

74 한기(韓琦) : 1008~1075. 북송(北宋)의 인종(仁宗), 영종(英宗), 신종(神宗) 때에 재상을 지낸 명신(名臣)이다. 그의 아버지 한국화(韓國華)가 천주(泉州) 수령으로 있을 때에 비녀(婢女)와의 사이에서 한기가 태어났다고 한다.

75 범중엄(范仲淹) : 989~1052. 북송의 명신이다. 자는 희문(希文), 시호는 문정(文正)이다. 아버지 범용(范墉)이 990년에 사망하자 어머니 사씨(謝氏)가 두 살 된 범중엄을 데리고 주문한(朱文翰)에게 개가(改嫁)하였으므로, 범중엄은 주씨(朱氏)로 성을 바꾸고 이름도 바꾸었다. 성장한 뒤에 집안 이야기를 듣고는 어머니를 떠나 공부하여 과거 시험에 급제하였고, 다시 어머니를 모셔와 봉양하며 본래의 성과 이름을 회복하였다. 《송사(宋史)》 권314에 〈범중엄열전(范仲淹列傳)〉이 있다.

한나라와 당나라에서 송나라에 이르기까지 1천수백 년간에 임금 중에 어찌 명철한 왕과 올바른 군주가 없었겠습니까만, 이들 수십 명의 신하들에 대해서 신은 그들의 신분이 천하다고 해서 그 벼슬을 제한하거나 그 예수(禮數)를 줄였다는 말을 듣지 못했습니다.

이외에도 배씨(裴氏), 도씨(陶氏), 완씨(阮氏), 두씨(杜氏) 및 이씨(李氏) 집안의 자손들로서 신분이 귀하게 되어 역사책에 오른 자들을 또 이루 다 기록할 수가 없습니다.

요옹(了翁) 진관(陳瓘)의 아버지 상서(尙書) 아무개는 반양귀(潘良貴)의 아버지 반조인(潘祖仁)과 나이와 벼슬이 비슷하고 우의가 매우 친밀하였는데, 진관의 아버지가 반양귀의 아버지에게 아들이 없는 것을 안타깝게 여겨, 자기 아들을 낳은 비첩(婢妾)을 빌려주어서 반양귀를 낳았습니다. 그 뒤에 그 어머니가 두 아들의 집을 왕래하였습니다. 옛사람이 말하기를 '한 어머니가 두 명유(名儒)를 낳았으니, 이 또한 이전에 없던 일이다.'라고 하였습니다.[76]

선유(先儒) 장 위공(張魏公)이 말하기를 '원부(元符) 때의 귀인(貴人)들로서 높은 벼슬을 한 자가 어찌 한정이 있겠는가마는, 유독 추지완(鄒志完)[77]과 진영중(陳瑩中)의 성명만이 해와 달과 빛을 다투었

•••••

76 요옹(了翁)……하였습니다 : 이 이야기는 《송패류초(宋稗類鈔)》, 《천중기(天中記)》 등에 실려 있다. 진관(陳瓘, 1057~1124)은 자는 영중(瑩中), 호는 요재(了齋)·요옹이다. 통판(通判), 좌사간(左司諫) 등의 벼슬을 지냈다. 반양귀(潘良貴, 1094~1150)는 자가 자천(子賤)이고, 호가 묵성(默成)이다. 송나라의 강직한 신하로 이름이 났다. 《송사》 권376에 〈반양귀열전〉이 있다.

77 추지완(鄒志完) : 1060~1111. 북송 말기의 인물인 추호(鄒浩)이다. 그의 자가 지완이다. 1082년 진사 시험에 급제하였다. 여공저(呂公著), 범순인(范純仁) 등에게 예우를 받았으며, 철종 때에 우정언(右正言)이 되어 누차 상소하여 직간하였고, 장돈(章惇)의 전횡을 비판하다가 삭직되었다. 병부 시랑을 지냈으며, 도향선생(道鄕先生)으로 일컬어졌다. 《송사(宋史)》 권345 〈추호열전(鄒浩列傳)〉에 나온다.

다.'라고 하였습니다.[78] 치당(致堂) 호인(胡寅)[79]은 바로 우리 유가(儒家)의 대유(大儒)인데 문정공(文定公) 호안국(胡安國)의 서자입니다. 이외에도 서자 중에는 높은 벼슬을 하거나 이름이 난 자가 손으로 꼽아 헤아릴 수 없을 정도로 많습니다. 이로써 보건대, 역대(歷代)로 서얼을 금고하지 아니한 것을 여기서도 알 수 있으며, 서얼 중에 명망 높은 현인이 이른바 양반에 못지않게 많다는 것 또한 분명합니다.

요즘 사람들은 다들 말하기를 '대체로 서얼은 외가(外家)가 바르지 않기 때문에 선인(善人)이 적고 악인(惡人)이 많다.'라고들 합니다. 심지어 맹상군(孟嘗君)의 속임수〔狙詐〕,[80] 공손앙(公孫鞅)의 각박함〔慘

•••••

78 장 위공(張魏公)이……하였습니다 : 장 위공은 남헌(南軒) 장식(張栻)의 아버지 장준(張浚, 1097~1164)인데, 송나라 명재상으로서 위국공(魏國公)에 봉해졌기 때문에 장 위공이라 불리었다. 《학림옥로(鶴林玉露)》, 《송패류초(宋稗類鈔)》 〈격언(格言)〉 등에 "양성재(楊誠齋)가 영릉 승(零陵丞)이 되었을 때에 제자의 예를 갖추어 장 위공을 찾아갔는데, 이때에 장 위공은 유배 중이었기 때문에 문을 닫아걸고 손님들을 만나지 않았다. 장남헌(張南軒)이 중개를 하여 여러 달이 지난 뒤에 뵐 수가 있었다. 꿇어앉아 가르침을 청하니, 장 위공이 이르기를 '원부(元符)의 귀인(貴人)들 중에 높은 벼슬을 한 자가 어찌 한정이 있겠는가마는, 오직 추지완(鄒志完)과 진영중(陳瑩中)의 이름만이 해와 달과 빛을 다툰다.'라고 하였다. 양성재가 이 말을 듣고 종신토록 청렴 강직한 지조를 지키며 살았다." 하였다.

79 호인(胡寅) : 1098~1156. 송나라 학자이다. 자는 명중(明仲), 호는 치당(致堂)이다. 호안국(胡安國)의 조카인데, 호안국이 양자로 삼았다고 한다.

80 맹상군(孟嘗君)의 속임수 : 맹상군은 전국 시대 제(齊)나라 전문(田文)의 시호이다. 전문의 아버지는 정곽군(靖郭君) 전영(田嬰)인데, 전영은 위왕(威王)의 아들이고 선왕(宣王)의 서제(庶弟)이다. 맹상군 전문은 전영의 천첩(賤妾) 소생이다. 맹상군은 진(秦)나라 소왕(昭王)에게 초빙되어 재상이 되었다가 소왕이 의심하여 가두고 죽이려 하자, 식객 중에 개가죽을 뒤집어쓰고 개구멍으로 드나들며 도둑질을 잘하는 자가 있어서, 소왕에게 바쳤던 호백구(狐白裘)를 다시 훔쳐 내 소왕의 애첩에게 뇌물로 주고 감옥에서 벗어났으며, 도망하여 한밤중에 함곡관에 이르렀을 때에는 식객 중에 닭 울음소리를 잘 내는 자가 닭처럼 울어서 주변의 닭들이 모두 울어 관문을 열게 하고 도망할 수 있었다. 그의 일대기는 《사기》 권75 〈맹상군열전(孟嘗君列傳)〉에 자세하다.

刻],[81] 공손찬(公孫瓚)의 불순(不循),[82] 원소(袁紹)의 할거(割據),[83] 환현(桓玄)의 찬역(簒逆),[84] 그리고 우리나라의 정도전(鄭道傳)이 주벌을 당한 일,[85] 유자광(柳子光)이 사림에 재앙을 끼친 일[86] 등을 들어서 말을 하기까지 합니다. 그러나 이것은 또한 근본을 따져 보지 아니하고

•••••

81 공손앙(公孫鞅)의 각박함 : 공손앙은 위(衛)나라 서얼(庶孼) 공자(公子)로서 이름이 앙(鞅)이고 성이 공손(公孫)이다. 진(秦)나라 효공(孝公)에게 발탁되어, 변법(變法)을 써서 진나라에 일대 개혁을 단행함으로써 통일국가를 세우는 기초를 닦았다. 상(商) 지역을 봉토로 받았으므로 상앙(商鞅)이라고도 부른다. 철저한 법치주의자였으므로 정적(政敵)이 많았는데, 효공이 죽자 반역자로 몰려서 혜왕(惠王)에 의해 거열형을 당하였다. 《사기》 권68 〈상군열전(商君列傳)〉에 일대기가 자세하다. 사마천은 그에 대해 "상군은 타고난 자질이 각박(刻薄)한 사람이었다."라고 평론하였다.

82 공손찬(公孫瓚)의 불순(不循) : 공손찬은 후한 말의 무장이다. 어머니의 신분이 천하였기 때문에 초기에는 크게 벼슬하지 못하고 군(郡)의 소리(小吏)로 있었는데, 태수(太守)가 그의 재능을 기특하게 여겨 사위를 삼았다. 이후 장군이 되어, 북방 이민족인 오환족(烏桓族)을 토벌하여 큰 공을 세웠다. 상관인 유우(劉虞)와 갈등이 심하여 유우를 죽였다. 그에 대한 이야기가 《후한서》 권73 〈공손찬열전(公孫瓚列傳)〉과 〈유우열전(劉虞列傳)〉에 자세하다.

83 원소(袁紹)의 할거(割據) : 원소는 후한 말의 무장이다. 《후한서보일(後漢書補逸)》 권17 〈원숭후한서(袁崧後漢書) 원소〉에 "원소의 자는 본초(本初)이고, 여남(汝南) 여양(汝陽) 사람이다. 사공(司空) 원봉(袁逢)의 얼자(孼子)인데 백부(伯父) 원성(袁成)의 양자로 들어갔다." 하였다. 동탁이 낙양에 들어가 황제를 옹립하자 동탁 토벌군의 맹주가 되어 동탁을 물리친 뒤에, 하북(河北)에 할거하였다.

84 환현(桓玄)의 찬역(簒逆) : 《진서(晉書)》 권99 〈환현열전(桓玄列傳)〉에 "환현은 자가 경도(敬道)이고, 다른 이름은 영보(靈寶)이며, 대사마 환온(桓溫)의 얼자이다." 하였다. 환현은 동진(東晉) 원흥(元興) 2년(403)에 안제(安帝)의 자리를 찬탈하여 임금 노릇을 하다가 유유(劉裕)에게 죽었다.

85 정도전(鄭道傳)이……일 : 《송자대전》 권13 〈의소(擬疏)〉에 "국초(國初)에 정도전(1342~1398)은 그 어미가 사실 사비(私婢)였는데도 정도전이 대제학(大提學)을 지냈습니다." 하였다. 정도전은 여말 선초의 문신으로서 이성계의 조선 창업을 도운 개국 공신이다. 《조선경국전(朝鮮經國典)》, 《고려국사(高麗國史)》, 《경제문감(經濟文鑑)》, 《불씨잡변(佛氏雜辨)》 등을 저술하였다. 제1차 '왕자의 난' 때에 이방원에 의해 살해되었다.

86 유자광(柳子光)이……일 : 유자광(1439~1512)은 유규(柳規)의 서자이다. 기사(騎射)와 서사(書史)에 능하여 세조 때에 총애를 받아 병조 정랑이 되었고, 예종 때에 남이(南怡) 등을 모반으로 무고하여 제거한 뒤에 익대 공신(翊戴功臣) 무령군(武靈君)에 봉해졌다. 성종 때에 도총관이 되었으며, 연산군 때에 무오사화를 일으켜 김종직 등을 죽게 하였다. 중종 초기에 삼사(三司)의 탄핵을 받아 유배되었다가 유배지에서 죽었다.

말을 하는 것입니다. 만약 미꾸라지 한 마리가 온 시내를 흐리게 한다고 해서 목이 멘다고 밥을 먹지 않는 행태를 굳이 하려 든다면, 미자(微子)의 후예[87]와 맹손(孟孫)의 후손[88]은 비록 도를 지녔더라도 모두 존숭할 것이 없다는 말입니까?

오늘날 서얼 가운데 불측한 자가 많은 것은 대개 까닭이 있습니다. 선유(先儒)가 말하기를 '사람의 정신과 심술은 올바른 데에 쓰이지 못하면 사벽한 곳에 쓰인다.'라고 하였습니다. 오늘날 서얼의 부류들은 사람 축에 끼지 못하고 불편한 심기로 미관말직에 종사하며 군주를 가까이할 수 없으니, 군신유의(君臣有義)의 윤리가 끊어진 것입니다. 가계(家系)가 쇠미해질까 염려하여 서자와의 사랑을 끊고 양자를 들이니, 부자유친(父子有親)의 윤리가 무너진 것입니다. 부인의 봉호는 남편의 직급을 따르는데 남편의 직급을 따르는 일이 간혹 막히게 되니, 부부의 윤리가 어그러진 것입니다. 학교(學校)에서나 향회(鄕會)에서 나이가 많아도 아랫자리에 앉으니, 장유(長幼)의 차서를 잃은 것입니다. 종〔奴〕이라 일컫거나 놈〔漢〕이라 일컬으며 물리치고 사귀려 하지 않으니, 붕우(朋友)의 윤리가 깨어진 것입니다. 이미 오륜(五倫)이 없고 보니, 천지간에 한 죄인이 되어 몸을 웅그리고 억지웃음을 웃으며 치욕을 면하고, 노비처럼 아양을 떨고 비굴하게 굴며 동정을 구합니다. 배양(培養)하지 않는데 어떻게 인재가 배출되겠습니까. 세업

• • • • •

87 미자(微子)의 후예 : 공자(孔子)를 가리킨다. 미자는 상(商)나라 마지막 군주 주왕(紂王)의 서형(庶兄)이다. 주나라가 상나라를 멸망시킨 뒤에 미자를 송나라에 봉(封)하여 망한 상나라 유민들을 다스리게 하였다. 공자의 조상은 송나라에 살다가 노(魯)나라로 망명하였고 공자는 스스로 은나라 후예라고 하였는데, 이런 연유로 후세에는 공자를 미자의 후예라고 여겼다.

88 맹손(孟孫)의 후손 : 맹자(孟子)를 가리킨다. 맹손은 춘추 시대 노나라 환공(桓公)의 서장자(庶長子)이고 장공(莊公)의 서형인 경보(慶父)의 후손들을 말한다. 경보의 후손들은 맹손씨(孟孫氏), 중손씨(仲孫氏), 맹씨(孟氏)로 불리었는데, 제(齊)나라가 식읍(食邑)이었던 성성(郕城)을 공격하여 깨트린 뒤에 흩어져 살다가 나중에 추(鄒)나라에 정착하였다.

(世業)과 노비[臧獲]를 거의 다 잃었고, 또한 도움을 받아 다시 얻을 길도 없습니다. 살림이 빈궁하여 스스로 생활하기도 어렵습니다. 타협을 모르는[狷狹] 부류들은 혹 비가(悲歌)를 부르며 속세를 등져서 그 치욕을 면하고, 강개(慷慨)한 사람들은 혹 칼을 어루만지고 모여 다니며 그 울분을 풉니다. 호방한 기개를 써먹을 데가 없어서 시장에나 나가서 지내고, 웅건한 기개를 붙일 데가 없어서 개 잡는 백정 노릇이나 하고 있습니다. 이것도 단지 그 천명 백명 중에서 한두 사람입니다. 이 밖에 중간 재능 이하의 사람들은 가난하여 살아갈 수가 없어서 그 본성을 잃고 대부분이 모리배들 사이에 들어가면서도 스스로 부끄러운 줄을 모릅니다.

아, 이러한데도 선인(善人)이 많지 않음을 책망하는 것은, 사람을 똥구덩이에 밀어 넣으면서 그에게 더럽다고 침을 뱉는 격입니다. 순수한 백성이 용이 되거나 뱀이 되는 것이 이것이 누구의 책임입니까? 그런데도 훈도(訓導) 이대순(李大純)[89]·박지화(朴枝華),[90] 참의(參議) 유조인(柳祖訒),[91] 송익필(宋翼弼) 형제,[92] 양사언(楊士彦) 형제,[93] 조신(曺

•••••

89 이대순(李大純) : 1602~?. 인조반정(仁祖反正) 때 죽음을 당한 정준(鄭遵)의 사위이다. 문과에 급제하였지만 파직되었다가, 나중에 교서관 저작, 강음 현감(江陰縣監) 등을 지냈다.

90 박지화(朴枝華) : 1513~1592. 자는 군실(君實), 호는 수암(守庵)이다. 서경덕(徐敬德)의 문인이다. 이문학관(吏文學官)을 지냈으며, 유교, 도교, 불교에 조예가 깊었다. 문집으로 《수암유고(守庵遺稿)》가 있다.

91 유조인(柳祖訒) : 1533~1599. 유우(柳藕)의 서자이다. 충효와 절의로 천거되었으며, 선조 때에 형조 참의를 지냈다.

92 송익필(宋翼弼) 형제 : 송익필(1534~1599)은 본관은 여산(礪山), 자는 운장(雲長), 호는 구봉(龜峯)이다. 이이(李珥), 성혼(成渾)과 교유하였다. 성리학(性理學)과 예학(禮學)에 밝았다. 그의 아우는 송한필(宋翰弼)인데, 자는 계응(季鷹), 호는 운곡(雲谷)이다.

93 양사언(楊士彦) 형제 : 양사언(1517~1584)은 본관은 청주, 자는 응빙(應聘), 호는 봉래(蓬萊)이다. 형 양사준(楊士俊), 아우 양사기(楊士奇)와 함께 문장과 서예에 뛰어났다.

伸)[94] 형제, 최명룡(崔命龍),[95] 어무적(魚無迹),[96] 어숙권(魚叔權),[97] 그리고 참판(參判) 정충신(鄭忠信)[98] 등의 무리 수십 수백 명이, 혹은 학문(學問)으로, 혹은 행의(行誼)로, 혹은 문장(文章)으로, 혹은 재능〔智能〕으로, 모두 버려진 사람들 중에서 스스로 발군의 훌륭함을 드러내어 죽은 뒤에도 이름을 남길 수 있었습니다. 만약 모두 배양하고 성취시켜서 훌륭한 명성을 길이 드날리게 해 주었다면, 이름을 남길 인재가 어찌 유독 이 수십 수백 명뿐이었겠습니까.

예로부터 한미한 출신으로 이름이 드러난 자를 말해 보자면, 역대의 개국 공신(開國功臣)들은 초야에서 우뚝 일어서지 않은 자가 없습니다. 이것은 상규(常規)로 얘기할 수 없는 것이므로 우선 놓아두고 논하지 말고, 단지 평시의 유명한 인물을 예로 들어 말해 보더라도, 바닷가에서 돼지를 기르던 공손홍(公孫弘),[99] 농사짓고 가축을 기

• • • • •

94 조신(曺伸) : 성종 때의 문장가이다. 조계문(曺季文)의 첩의 소생으로서 특히 시(詩)에 능하였다. 중국 사신이 나오면 조신이 시문(詩文)에 응대하였다. 조위(曺偉)의 얼제(孼弟)이다.

95 최명룡(崔命龍) : 1567~1621. 자는 여윤(汝允), 호는 석계(石溪)이며, 김장생(金長生)의 문인이다. 현감 최위(崔渭)의 아들이다. 김장생이 그의 제문(祭文), 만시(挽詩), 묘갈문(墓碣文)을 지었다.

96 어무적(魚無迹) : 연산군 때의 문인이다. 자는 잠부(潛夫), 호는 낭선(浪仙)이다. 허균은 그의 〈유민탄(流民歎)〉을 걸작으로 평가하였다.

97 어숙권(魚叔權) : 중종 때부터 명종 때까지의 문인이다. 어세겸(魚世謙)의 서손(庶孫)이며, 최세진(崔世珍)에게 수업하였다. 《고사촬요(攷事撮要)》, 《패관잡기(稗官雜記)》 등을 저술하였다.

98 정충신(鄭忠信) : 1576~1636. 자는 가행(可行), 호는 만운(晩雲)이다. 선조 때에 무과(武科)에 급제하였다. 이괄(李适)의 난에 공을 세워 진무 공신(振武功臣) 금남군(錦南君)에 봉해졌고, 1627년(인조5) 정묘호란 때에 부원수(副元帥)를 지냈으며, 포도대장(捕盜大將), 경상도 병마절도사를 역임했다.

99 공손홍(公孫弘) : 한(漢)나라 무제(武帝) 때의 학자이다. 젊었을 때에 옥리(獄吏)가 되었으나 곧 면직되고, 집이 가난하여 바닷가에서 돼지를 기르며 살았다. 무제 즉위 초에 현량(賢良)으로 뽑혀 나이 60에 박사(博士)가 되었다. 벼슬이 승상(丞相)에 이르렀고 평진후(平津侯)에 봉해졌다. 《사기》 권112 〈평진후열전(平津侯列傳)〉, 《한서》 권58 〈공손홍전(公孫弘傳)〉에 자세하다.

르던 복식(卜式),[100] 졸병 가운데에서 일어선 이광(李廣),[101] 대대로 농사를 지었던 소망지(蕭望之),[102] 남에게 품팔이를 한 광형(匡衡),[103] 땔나무를 져 날랐던 주매신(朱買臣),[104] 몸소 고용되어 노동을 했던 양홍(梁鴻),[105] 글품을 팔았던 반초(班超),[106] 우의(牛醫)의 아들이었던 황헌(黃

•••••

100 복식(卜式) : 한나라 무제(武帝) 때의 인물이다. 양(羊)을 길러 재산을 축적했는데, 한나라가 흉노와 전쟁을 할 때에 복식이 자기의 재물 절반을 나라에 바쳤고 다시 돈 30만 냥을 바쳤다. 낭중(郎中)에 임명되었다가 뒤에 어사대부(御史大夫)가 되었다. 복식이 양을 칠 때에, 1년 남짓 지나자 숫자가 많이 불었는데, 무제가 비법을 물으니 "양을 치는 일뿐만 아니라 백성을 다스리는 일도 이와 같습니다. 나쁜 녀석을 곧바로 제거하여 무리가 흩어지지 않게 하는 것입니다." 하였다. 《한서》 권58 〈복식전(卜式傳)〉에 자세하다.

101 이광(李廣) : 한나라 문제(文帝) 때부터 무제 때의 장군이다. 활솜씨가 좋았다. 문제 때에 흉노가 쳐들어오자 이광이 종군하여 적군을 많이 쏘아 죽여 중랑(中郎) 벼슬을 받았고, 무기상시(武騎常侍)가 되었다. 그가 우북평(右北平)의 태수(太守)로 부임했을 때에는 흉노가 그 소식을 듣고 "한나라의 비장군(飛將軍)이다."라고 하며, 피하여 여러 해 동안 감히 우북평에 쳐들어오지 못하였다. 《사기》 권109 〈이장군열전(李將軍列傳)〉에 자세하다.

102 소망지(蕭望之) : 《한서》 권78 〈소망지전(蕭望之傳)〉에 "소망지는 동해(東海) 난릉(蘭陵) 사람인데, 두릉(杜陵)으로 이사하였다. 집안이 대대로 농사를 지으며 살았다." 하였다. 소망지는 후창(后蒼)에게 《제시(齊詩)》를 배웠고 하후승(夏侯勝)에게 《논어》와 《예기》의 〈상복(喪服)〉을 배웠으며, 벼슬이 전장군(前將軍)에 이르렀다.

103 광형(匡衡) : 한나라 때의 학자이다. 원제(元帝) 때에 승상이 되고 낙안후(樂安侯)에 봉해졌다. 《한서》 권81 〈광형전(匡衡傳)〉에 "농부의 집에서 태어나 집안이 가난하여 품팔이를 해서 살았다." 하였다. 시(詩)를 잘 해설하였으므로, 학자들이 "시 해설을 하지 마라. 광형이 오고 있다. 광형이 시를 해설하면 사람들이 입을 벌리고 듣는다.[無說詩, 匡鼎來. 匡說詩, 解人頤.]" 하였다.

104 주매신(朱買臣) : 한나라 때의 학자이다. 젊었을 때에 집안이 가난해서 땔나무를 해다 팔아서 생계를 유지하였다. 나중에 출세하여 고향 회계(會稽)의 태수(太守)가 되었다.

105 양홍(梁鴻) : 한나라 때의 학자이다. 젊을 적에 상림원(上林苑)에서 돼지 치는 일을 하며 생활하였는데, 잘못하여 화재를 나게 해서 이웃집까지 불탔다. 양홍이 돼지를 모두 주어 변상을 하고도 부족하자 그 집에 고용되어 노동으로 갚았다. 《후한서》 권83 〈일민열전(逸民列傳) 양홍〉에 자세하다.

106 반초(班超) : 한나라 때에 군사전략에 뛰어났던 장수이다. 젊었을 적에 형 반고(班固)가 교서랑(校書郎)이 되자 반초와 모친이 낙양(洛陽)으로 따라갔는데, 집이 가난하여 반초가 서사(書寫)하는 일로 품을 팔아 모친을 봉양하였다. 반초는 나중에 한나라가 서역(西域)을 평정하는 데에 큰 공을 세워 서역 도호(西域都護)가 되고 정원후(定遠侯)에 봉해졌다. 《후한서》 권47 〈반초열전(班超列傳)〉에 자세하다.

憲),[107] 집안이 한미했던 곽태(郭泰),[108] 어디 출신인지 모르는 뇌만춘(雷萬春),[109] 남을 위해 배를 운행했던 남제운(南霽雲),[110] 역려(逆旅)에서 일어난 마주(馬周)[111]와 장가정(張嘉貞),[112] 대대로 소금을 팔았던 필함(畢諴),[113] 농사를 본업으로 삼았던 설인귀(薛仁貴),[114] 군대 항오(行

•••••

107 황헌(黃憲) : 후한(後漢) 때의 사람으로, 자는 숙도(叔度)이다. 아버지가 우의(牛醫)였는데도 황헌은 학행으로 명망이 높았다. 순숙(荀淑)이 황헌을 만나 보고 당시 14세이던 황헌에게 "그대가 나의 사표(師表)이다."라고 하였으며, 진번(陳蕃)은 삼공(三公)이 되었을 때에 "숙도가 있었더라면 내가 먼저 인수(印綬)를 차지 못했을 것이다."라고 하였다. 《후한서》 권53 〈황헌열전(黃憲列傳)〉에 자세하다.

108 곽태(郭泰) : 후한 때의 학자이다. 곽태(郭太)로도 쓴다. 자는 임종(林宗)이다. 이응(李膺) 등과 교유하였으며 낙양에서 명망이 높았다. 집안이 빈천하였고 어릴 때에 아버지를 잃었다. 《후한서》 권68 〈곽태열전(郭太列傳)〉, 《고사전(高士傳)》 등에 자세하다.

109 뇌만춘(雷萬春) : 당나라 때의 무장(武將)이다. 안사(安史)의 난리 때에 장순(張巡)을 따라 종군하여 옹구(雍丘)를 수비했다. 영호조(令狐潮)가 옹구를 포위하였을 때에 뇌만춘이 성 위에 서서 영호조와 대화를 나누었는데, 복병이 쏜 화살에 얼굴을 여섯 대나 맞고도 꿈쩍도 하지 아니하니, 영호조가 순간적으로 혹시 목각 인형이 아닌가 의심할 정도였다고 한다. 《신당서》 권192 〈충의열전 중(忠義列傳中) 뇌만춘〉에 "뇌만춘은 어디 출신인지 자세하지 않다.〔萬春者不詳所來〕"라고 하였다.

110 남제운(南霽雲) : 당나라 장수이다. 안녹산의 반란을 평정하는 데에 공을 세웠다. 별명이 남팔(南八)이다. 소년 시절에 집이 가난하여 강가에서 배를 운행하였다. 《신당서(新唐書)》 권192 〈충의열전 중 남제운〉에 나온다.

111 마주(馬周) : 당나라 때의 학자이다. 어릴 때에 부친을 잃고 매우 가난하게 살았다. 태종 때에 경사(京師)에 가서 중랑장 상하(常何)의 집에서 묵었는데, 마침 태종이 백관들에게 정치의 득실에 대해 아뢰라고 하자, 마주가 상하의 글을 대신 써 주었다가, 태종의 눈에 들어 발탁되었다. 《신당서》 권98 〈마주열전(馬周列傳)〉에 자세하다.

112 장가정(張嘉貞) : 당나라 때의 사람이다. 측천무후, 예종, 중종, 현종 시대에 벼슬을 하여 중서령(中書令)에 이르렀다. 장순헌(張循憲)의 추천으로 무후(武后)에게 발탁되어 감찰어사가 되었다. 《신당서》 권127 〈장가정열전(張嘉貞列傳)〉에 자세하다.

113 필함(畢諴) : 당나라 때에 문무를 겸비한 학자이다. 선대가 대대로 한미하여 소금 장사를 하였다. 필함은 벼슬이 병부 상서, 평장사(平章事), 절도사(節度使)에 이르렀다. 《신당서》 권183 〈필함열전(畢諴列傳)〉에 자세하다.

114 설인귀(薛仁貴) : 당나라 장수이다. 소년 시절에 가난하여 농사를 지으며 살았다. 농민 출신으로서 고구려와 돌궐을 정벌하는 데에 큰 공을 세웠고, 죽은 뒤에 좌효위대장군(左驍衛大將軍), 유주 도독(幽州都督)에 증직되었다. 《신당서》 권111 〈설인귀열전(薛仁貴列傳)〉에 자세하다.

伍)에서 일어난 곽자의(郭子儀),[115] 졸병 사이에서 일어난 오개(吳玠)와 오린(吳璘),[116] 대를 이은 농가(農家) 출신인 왕우칭(王禹偁),[117] 이름이 군적(軍籍)에 소속되어 있었던 적청(狄青)[118]과 한세충(韓世忠),[119] 젊을 때에 현리(縣吏)로 있었던 진서(陳恕),[120] 농부 집안 출신의 악 무목(岳武穆)[121] 등은 모두가 미천한 신분에서 일어나 이름을 후세에 남긴

• • • • •

115 곽자의(郭子儀) : 697~781. 당나라 명장이다. 안사(安史)의 반란 때에 반란군을 토벌하였다. 무거(武擧)를 통해 벼슬길에 나아가 종군(從軍)하며 공을 세워, 나중에 병부 상서(兵部尙書)를 거쳐 부원수(副元帥)에 이르고 분양군왕(汾陽郡王)에 봉해졌다. 《신당서》 권137 〈곽자의열전(郭子儀列傳)〉에 자세하다.

116 오개(吳玠)와 오린(吳璘) : 오개(1093~1139)는 남송 때의 장수이다. 병법을 잘 알고 기사(騎射)를 잘 하였다. 소년 때에 경원군(涇原軍)의 졸례(卒隸)로 종군하다가 발탁되었다. 금(金)나라의 공격을 물리치는 데에 큰 공을 세웠고, 벼슬이 사천 선무사(四川宣撫使)에 이르렀다. 《송사(宋史)》 권366 〈오개열전(吳玠列傳)〉에 자세하다. 오린(1102~1167)은 오개의 아우이다. 형과 함께 금나라의 침입을 격퇴하는 데에 공을 세웠다. 첩진법(疊陣法)을 새로 만들었다. 《송사》 권366 〈오린열전(吳璘列傳)〉에 자세하다.

117 왕우칭(王禹偁) : 954~1001. 북송 때의 문학가이다. 자는 원지(元之)이다. 한림학사를 지냈다. 만년에 황주(黃州)로 귀양을 갔기 때문에 왕 황주(王黃州)라고 불리기도 하였다. 《송사》 권293 〈왕우칭열전(王禹偁列傳)〉에 "선대로부터 농가(農家)를 따랐다."라고 하였다.

118 적청(狄青) : 송나라 장수이다. 한미한 신분으로 용맹과 지략을 갖추고 인종 때에 농지고(儂智高)의 반란을 평정하였다. 벼슬이 추밀사(樞密使)에 이르렀고 죽은 뒤에 중서령(中書令)에 증직되고 무양(武襄)이라는 시호를 받았다. 《송사》 권290 〈적청열전(狄青列傳)〉에 자세하다.

119 한세충(韓世忠) : 1089~1151. 남송 때의 명장이다. 집이 가난하여 산업(產業)이 없었는데 18세에 군대에 들어가 종군하여 군적(軍籍)에 들었다. 금나라와의 전쟁과 반란군을 토벌하는 데에 큰 공을 세웠으며, 진회(秦檜)가 충신 악비(岳飛)를 무함할 때에 악비를 변호하였다. 벼슬이 절도사(節度使)에 이르렀고 죽은 뒤에 태사(太師)에 추증되고 통의군왕(通義郡王)에 봉해졌다. 《송사》 권364 〈한세충열전(韓世忠列傳)〉에 자세하다.

120 진서(陳恕) : 945?~1004. 송나라 때의 사람이다. 젊을 때에 현리(縣吏)로 있다가 진사가 되어 참지정사(參知政事), 이부 시랑(吏部侍郞) 등을 거쳐 상서좌승(尙書左丞), 권지개봉부(權知開封府)에 이르렀다. 죽은 뒤에 이부 상서(吏部尙書)에 추증되었다. 《송사》 권267 〈진서열전(陳恕列傳)〉에 자세하다.

121 악 무목(岳武穆) : 무목은 송나라 명장 악비(1103~1142)의 시호이다. 악비는 농부의 집안에서 태어났다. 벼슬이 추밀부사(樞密副使)에 이르렀다. 금나라에 대해 강경 대응을 주장하여, 화의를 주선하던 진회의 탄핵을 받고 하옥되었다가 39세에 옥사했다. 《송사》 권365 〈악비열전(岳飛列傳)〉에 자세하다.

자들입니다. 강절(康節) 소 선생(邵先生)[122] 또한 군려(軍旅)에 종사했던 사람의 후손으로 하늘과 사람의 이치를 궁구하는 학문을 하여, 크게 우리 유학의 보위(保衛)가 되었습니다. 이로써 보자면, 하늘이 인재를 내리는 것은 본래 문벌을 가리지 않음을 분명하게 알 수 있습니다.

오늘날 사람들이 사실(私室)에서 이야기를 나눌 때에는, 모두들 문벌로 벼슬을 주는 것을 너무 지나친 제한이라고 하다가도, 통색(通塞) 여부를 결정해야 할 때에 이르면, 특별히 더욱 준절한 의논을 한 목소리로 주장하니, 이것이 대체 무슨 까닭입니까?

오늘날의 서얼이 서로 말하기를 '우리나라의 화직(華職)은 사족(士族)이 아니면 올라갈 수 없는데, 사족 중에서도 향족(鄕族)은 아주 드물다. 단지 경화 사족(京華士族)으로 어디를 가도 장애 요소가 없는 자들로 말하자면, 수십 가문(家門)에 불과할 뿐이다. 사족은 사람이 적고 관작(官爵)은 자리가 많기 때문에, 경화 사족은 자식을 낳아 관례(冠禮)를 하고 조금 예모를 차릴 줄만 알면 군읍(郡邑)에 음직(蔭職) 수령이 되는 것이 마치 지푸라기를 줍는 것처럼 쉬우며, 문자(文字)를 조금 알아서 요행히 과거(科擧)에 급제하면 정밀하게 가릴 것도 없이 모두 청현직에 오른다. 지금 만약 서얼까지 융통시켜 다 등용하여 벼슬길을 차츰 넓힌다면, 자기들이 모두 편하게 자리를 차지할 수 있도록 문벌만 따져 보고 벼슬을 주는 현재의 제도보다 못하게 될 것이기 때문에 그들이 반대하는 것이다.'라고 합니다.

이것은 저들이 홧김에 하는 말인지라 비록 얘기할 것도 없습니다

•••••

122 강절(康節) 소 선생(邵先生) : 소옹(邵雍, 1011~1077)을 말한다. 소옹은 송나라 학자로서, 자는 요부(堯夫)이고, 호는 안락선생(安樂先生)이며, 강절은 그의 시호이다. 그의 《황극경세서(皇極經世書)》는 수리(數理)로 천문과 역법을 해설한 저술로 후세에 큰 영향을 끼쳤다. 《송원학안(宋元學案)》에 "소옹의 증조(曾祖)가 군직(軍職)으로 태조(太祖)를 섬겼다."라고 하였다.

만, 지금 조정에서 서얼의 허통 문제에 의견을 고집하는 자들이 모두 양반(兩班)이기 때문에, 서얼은 양반에 대해서 날로 소원해지는 형세가 되어 가고 있습니다. 이목(耳目)에 익숙한 것이 서얼을 별도의 인물인 양 취급을 하는 것이어서, 대부분이 서얼과 자기들을 차별하는 마음을 벗어나지 못하며, 고사(故事)를 상세히 찾아볼 생각도 하지 않습니다. 이것은 대개 습속이 그렇게 만든 것입니다. 신도 양반 중의 한 사람이지만, 신은 감히 이런 의견을 내지 못하겠습니다.

또한 한미한 집안의 서얼이거나 초야의 하찮은 필부라도, 혹시 입신(立身)하여 일어나면 몇 세대를 지나지 않아서 대부분 현달한 집안이 됩니다. 호남과 영남의 수군(水軍)의 자제들, 서도(西道)와 북도(北道)의 공천(公賤)과 사천(私賤)들은 지역이 멀어서 밝혀내기가 어렵고 실정을 몰라서 속이기 쉽기 때문에, 문관은 대부분 낭서(郎署)에 오르고 무관은 간혹 절도사가 되기도 하는데, 이미 벼슬을 얻은 뒤에는 반드시 자기 집안을 높이고 그 자취를 덮고자 하여, 한도(限度) 밖에 있는 사람들을 능멸하기를 벌열의 집안보다 더 심하게 하니, 민심이 분개하는 것이 이에 이르러 더욱 격절합니다.

그리고 한 나라에서 아직 조정에 출사(出仕)하여 군주를 섬기지 못하고 있는 자들은 벌열이나 한천(寒賤)을 막론하고 다 같은 서인(庶人)입니다. 서인의 신분으로서 서인을 제어하는 것은 사실 약육강식의 큰 폐단입니다. 상제(上帝)가 내려다보고 있으니[123] 다 같은 하늘의 백성이고, 왕자(王者)는 동일하게 사랑을 베푸니[124] 적자(赤子)가 아닌

•••••

123 상제(上帝)가 내려다보고 있으니 : 《시경》 〈대명(大明)〉에 "상제가 너를 내려다보고 있으니, 네 마음에 의심을 두지 마라.〔上帝臨女, 無貳爾心.〕"라고 한 데에서 따온 말이다.

124 왕자(王者)는……베푸니 : 당나라 한유(韓愈)의 〈원인(原人)〉에 "성인은 모든 사람을 똑같이 사랑하고, 가까운 자에게 돈독히 하면서도 멀리 있는 자까지 들어 쓴다.〔聖人一視而同仁, 篤近而擧遠.〕"라고 한 데에서 따온 말이다.

이가 없습니다.

부모가 여러 자녀를 양육하는 일에 비유해 보자면, 자녀들이 다 같이 한 이불 속에 있으면서 강한 녀석이 약한 녀석을 물어뜯고 약한 녀석이 강한 녀석에게 차이고 있는데, 부모 된 자가 강한 자를 눌러 약한 자를 도와주는 일을 하지 않고 도리어 딱딱한 것을 뱉어 내고 부드러운 것을 삼키는 것과 같이 한다면, 사람의 부모 된 도리가 어디에 있겠습니까.

오늘날 서인(庶人)의 신분으로서 서인을 제어하는 것은 단지 물어뜯고 차내는 것과 같을 뿐이 아닙니다. 한 이불 안에서 골육상잔이 일어나고, 극심한 고통에 울부짖으며 원통해합니다. 그런데도 조정에서 청리(聽理)하는 것은 도리어 '사대부를 능욕한다.'라고 하고, '양반을 무시한다.'라고 하여, 강자를 눌러 약자를 도울 여지를 두지 아니하니, 《시경》에 이른바 '뻐꾸기[鳲鳩]의 의리'[125]가 과연 이러한 것이겠습니까?

한(漢)나라가 시정(市井)의 자손들을 금고한 것[126]은 말단의 이익을 추구하는 짓을 통제하고자 한 것이고 재물을 탐하는 것을 염려했기 때문입니다. 오늘날은 시정 및 삼의사(三醫司)[127]의 아들들이 물화(物

•••••

125 뻐꾸기의 의리 : 자녀를 차별하지 않고 균평하게 키우는 것을 비유하는 말인데, 여기서는 백성을 차별하지 않고 균평하게 대우한다는 말로 쓰였다. 《시경》 〈조풍(曹風) 시구(鳲鳩)〉에 "뻐꾸기가 뽕나무에 있는데 그 새끼가 일곱이구나. 훌륭한 군자는 그 위의가 한결같네. 그 위의가 한결같으니 마음이 변함없도다.[鳲鳩在桑, 其子七兮. 淑人君子, 其儀一兮. 其儀一兮, 心如結兮.]"라고 하였다. 주주(朱註)에 "뻐꾸기가 새끼를 먹일 때에 아침에는 위에서 아래로 내려오면서, 저녁에는 아래에서 위로 올라가면서 먹이를 먹이니, 균평하기가 한결같다." 하고, "시인이 군자의 마음씨가 균평하고 전일함을 찬미한 것이다."라고 하였다.

126 시정(市井)의……것 : 《한서(漢書)》 권24 〈식화지(食貨志)〉에 "혜제(惠帝)와 여후(呂后) 시대에 천하가 비로소 안정이 되자 다시 상고(商賈)에 대한 규제를 느슨하게 풀어 주었다. 그러나 시정의 자손(子孫)들은 관리(官吏)가 될 수 없었다." 하였다.

127 삼의사(三醫司) : 조선 시대에 의료를 맡았던 세 관사이다. 내의원(內醫院), 전의감(典醫監), 혜민서(惠民署)를 가리킨다. 조선 초기 자료에는 전의감(典醫監), 제생원(濟生院), 혜민국(惠民局)으로 되어 있다.

貨)를 굴리는 짓이 습관이 되었으니 비록 한나라 국법에 비추어 보았을 때에 마땅히 금고해야 할 일이기는 합니다만, 초야의 한미한 필부들에 대해서는 한나라에서도 일찍이 금고한 적이 없음이 이와 같습니다. 강좌(江左)[128]에서 문벌(門閥)을 숭상한 것은 그들이 문견(聞見)이 넓고 전상(典常)에 익숙하기 때문이었지만, 명문가(名門家)의 서얼은 강좌에서도 구애받지 않았음이 이와 같습니다.

명(明)나라가 부류를 가리지 아니하고 현능한 인재를 등용한 것을 보자면, 또 이전의 시대보다 몇 배나 탁월하였기 때문에, 명문가의 서얼과 초야의 한미한 선비들로서 명공(名公)과 석보(碩輔)가 된 자들이 이루 기록할 수 없을 정도로 많습니다. 이것으로 보건대, 신분을 제한하여 금고하는 제도는 역대 군왕들이 두루 지켰던 불변의 제도가 아니었음을 또한 알 수가 있습니다.

그리고 신하의 도리를 다하기로는, 주공(周公), 공자(孔子), 주자(周子), 정자(程子), 장자(張子), 주자(朱子) 같은 분들이 역시 지극하였습니다. 지금 이처럼 금고하여 제한하는 제도는 주공, 공자, 주자, 정자, 장자, 주자께서도 일찍이 건의한 바가 없었고 일찍이 말을 꺼낸 적도 없는 것입니다. 무엇 때문에 굳이 주공, 공자, 주자, 정자, 장자, 주자께서도 막자고 건의하지 않았던 일을 막자고 건의한단 말입니까. 이것이 신이 이해할 수 없는 바입니다.

공조 참의 김수홍(金壽弘)[129]이 통용하자고 상소하여 건의한 뒤로, 많은 사람들이 온갖 말로 비판하여 장차 그 시끄러움을 감당치 못할

•••••

128 강좌(江左) : 장강(長江) 하류의 남쪽 지역을 말하는데, 대개 동진(東晉) 시대를 가리킨 말로 쓰인다. 이 시기에는 노장(老莊)을 숭상하여 청담(淸談)이 유행하였다.

129 김수홍(金壽弘) : 1601~1681. 김상용(金尙容)의 손자로, 본관은 안동(安東), 자는 하보(夏甫)이다. 공조 정랑, 돈녕부 도정(敦寧府都正), 호조 참판, 지돈녕부사 등을 지냈다. 서얼 허통에 적극적이었으며, 복제(服制), 연호(年號) 사용 등에 대해 송시열과 의견이 달랐다. 《숙종실록》 7년 8월 23일 기사에 그의 졸기가 있다.

지경입니다. 신이 우선 조목을 세워 하나하나 변파하겠습니다. 원컨대 조정 신료 중에서 이 차별하자는 의견을 완고하게 고집하는 자와 전하 앞에서 토론을 하고 싶습니다. 삼가 바라건대 전하께서는 밝게 살펴보시어, 신의 말이 궁색하고 논리가 막힌다면 분명하게 물리치시고, 신을 비판하는 자의 말에 궁색한 바가 있다면 전하께서 직접 결단하시어서, 관습적인 세속의 말로 인해서 망설이며 어려워하지 마시기 바랍니다.

오늘날 사람들이 허통에 부정적 의견을 강하게 고집하는 까닭을 보자면, 첫째, '조종조로부터 내려오는 옛 제도를 변경할 수 없다.'라는 것입니다. 이것은 하나만 알고 둘을 몰라서 그렇습니다.

《주역》에 이르기를 '궁(窮)하면 변(變)하고 변하면 통(通)한다.'[130]라고 하였습니다. 수백 년 동안 막혀 있었으니 이제는 그 궁(窮)함이 극도에 이르렀습니다. 지금이 바로 변하고 통해야 할 시기입니다. 그러므로 '준수(遵守)해야 할 때에 준수하는 것도 바로 계술(繼述)이고, 경장(更張)해야 할 때에 경장하는 것도 계술이다.'[131]라고 하였으니, 어찌 오늘날을 두고 하는 말이 아니겠습니까. 그리고 법제(法制)가 오래

• • • • •

130 궁(窮)하면……통(通)한다 : 《주역》 〈계사전 하(繫辭傳下)〉에 "신농씨(神農氏)가 돌아가자 황제(黃帝)와 요순(堯舜)이 일어났다. 그 변을 통하게 하여 백성을 게으르지 않게 하고, 신묘함으로써 변화시켜 백성을 도리에 맞게 하였다. 역(易)은 궁하면 변하고 변하면 통하고 통하면 오래간다. 그러므로 하늘이 보우하여, 길(吉)하여 이롭지 아니함이 없다. 황제와 요순이 옷깃을 드리우고 있음에 천하가 잘 다스려졌다. 대개 〈건괘(乾卦)〉와 〈곤괘(坤卦)〉에서 취한 것이다." 하였다.

131 준수(遵守)해야……계술이다 : 송(宋)나라 진덕수(眞德秀)의 《대학연의(大學衍義)》에 계지술사(繼志述事)를 설명하면서 "지수해야 할 때에 지수하는 것이 본디 계술이지만, 변통해야 할 때에 변통하는 것 또한 계술이다.〔當持守而持守, 固繼述也. 當變通而變通, 是亦繼述也.〕"라고 하였다. 이 구절이 이이(李珥)의 《성학집요(聖學輯要)》에 인용되면서, 이 말이 조선 시대에는 이이의 말로 인용되기도 하였다. 지수(持守)가 준수(遵守)로 쓰인 곳도 있다. 계술(繼述)은 《중용장구》 제19장에 "효라는 것은 사람의 뜻을 잘 잇고 사람의 일을 잘 전술하는 것이다.〔孝者, 善繼人之志, 善述人之事者也.〕"라고 한 데에서 나온 말이다.

되면 문제가 생기는 것은 고금의 공통된 병통입니다. 법제가 피폐해졌는데도 오히려 경장하지 아니하고, 조종조로부터 내려오는 옛 제도라고 하여 못 고치게 한다면, 200년 동안 오래도록 금고되었던 서얼을 선묘(宣廟) 때에 이르러 허통하였는데 이것 또한 옛 제도를 변경했다고 하여 그르다고 할 수 있는 것입니까. 선묘께서 윤허하지 않았던 삼조(三曹)를 인묘(仁廟) 때에 이르러 허통했는데[132] 이 또한 옛 제도를 변경했다고 하여 그르다고 할 수 있는 것입니까. 이번 이 변통이 또 선묘 때와 인묘 때에 옛 제도를 변통했던 것과 무엇이 다르겠습니까. 예로부터 명철한 임금과 올바른 군주로서 옛 제도를 변경한 자가 참으로 한둘이 아니었으니, 이 또한 비난할 수 있겠습니까. 만약 그렇다면, 공자(孔子)가 지은 〈계사전(繫辭傳)〉에 이른바 '변(變)과 통(通)은 때를 따르는 것이다.'[133]라고 한 것 또한 본받을 만하지 못한 것입니까.

둘째, '명분을 문란하게 해서는 안 되기 때문이다.'라고들 합니다. 신은 그것은 전혀 그렇지 않다고 생각합니다.

예법은 분수보다 더 중요한 것이 없고 분수는 명칭보다 더 중요한 것이 없습니다. 명칭과 분수가 파괴되었는데도 나라가 잘 다스려진 경우는 없었습니다. 오늘날 사족(士族)은 자칭 양반(兩班)이라 하고 또 사부(士夫)라고도 합니다. 양반이라는 것은 동반(東班)과 서반(西班)을 이릅니다. 사대부(士大夫)라는 것은 하사(下士) 이상이니 대개 경대부(卿大夫)를 이릅니다. 사족이 비록 귀한 신분이지만, 벼슬하여 조정에 오르기 전에는 서인(庶人)일 뿐입니다. 그들이 명칭을 빌려 양

•••••

132 삼조(三曹)를……허통했는데 : 삼조는 호조, 형조, 공조를 말한다. 이조, 병조, 예조의 낭관 자리는 청직(淸職)이고 호조, 형조, 공조의 낭관 자리는 요직(要職)인데, 1625년(인조 3) 서얼 허통 사목을 만들어 요직은 허통하기로 하였으나 제대로 실행되지 않았다. 《인조실록》 11년 10월 15일 기사에, 다시 이 사목대로 시행하기를 청하는 내용이 실려 있다.

133 변(變)과……것이다 : 《주역》 〈계사전 하〉에 "강과 유는 근본을 세우는 것이고, 변과 통은 때를 따르는 것이다.〔剛柔者, 立本者也; 變通者, 趣時者也.〕"라고 하였다.

반이라 일컫고 더러 사대부라고 일컫기까지 하는 것은 사실 참람하게 분수를 넘어 잘못 쓰고 있는 것이고 마땅히 그 명칭과 분수를 개정해야 하는 것입니다. 옛날에 이른바 적자(嫡子)니 서자(庶子)니 하는 명분은 바로 사가(私家)의 종족(宗族) 간의 명분이며, 귀하느니 천하느니 하는 명분은 바로 공가(公家)의 관위(官位)의 명분입니다. 그 실제가 각기 다른데 어찌 사가의 명분을 뒤섞어 가리키며 그것을 공가의 명분으로 돌릴 수 있단 말입니까. 이것은 사람에게 관직(官職)을 주고 작위(爵位)를 주는 명분의 권한이 윗사람에게 있지 아니하고 단지 신하의 문벌에 있는 것입니다.

그리고 사족이 양반이라는 명칭을 빌려 쓴 것이 습속을 이룬 지가 오래되었습니다. 서울에서는 서인(庶人)의 지위에 있으면서도 조관(朝官)을 능멸하고 등급(等級)을 무시하여 조정이 존엄하지 않고 기강이 떨쳐지지 못하게 하며, 지방에서는 향곡(鄕曲)에서 멋대로 위세를 부리며 관청의 명령을 거역하고 백성을 침학하는 일이 한두 가지가 아닙니다. 시골 사람들이 이것을 두고 말하기를 '한 고을의 양반의 위세는, 강물은 흘러가지만 돌은 구르지 않는다는 것과 같다.[134]'라고 합니다. 그 호강(豪强)하고 존귀하기가 이와 같습니다. 명칭은 비록 서인이지만, 사가에 있으면서 오정(五鼎)[135]의 요리를 차려서 먹으며, 필부의

• • • • •

134 강물은……같다 : 세월이 흐르거나 상황이 바뀌어도 전혀 변화하지 않는 것을 뜻하는 말이다. 《승정원일기》 영조 4년 5월 21일 기사에 "관원은 과객이고 이서가 주인이니, 비유하자면 '강물은 흐르지만 돌은 구르지 않는다.'라는 것과 같다.〔官員爲過客, 吏胥爲主人, 比如江流石不轉故耳.〕" 하였으니, 지방 고을 수령들은 임기가 차면 바뀌지만 아전들은 지속적으로 토색질을 일삼는다는 뜻이다. 《고종실록》 3년 2월 27일 기사에는 "고을에 사는 토호들을 두고 '강물이 흘러도 돌은 구르지 않는다.'라고 한다. 한 고을의 삼정과 크고 작은 공사에 간섭하지 않는 일이 없어서, 수령은 소신껏 공무를 처리하지 못하며 이민은 분주히 수발하느라 시달린다.〔居鄕之土豪, 謂之以江流石不轉. 一邑之三政與大小公事, 無不干預, 主倅難於左右, 吏民疲於奔走.〕"라고 하였다.

135 오정(五鼎) : 다섯 가지 고기를 요리하는 솥을 말하는데, 고대에 대부(大夫)는 제사할

신분인데도 공후(公侯)와 같은 안락을 즐깁니다. 또 무슨 거리낌 관령(官令)이 있겠으며 존중할 관인(官人)이 있겠습니까.

신의 생각으로는 이러한 상황이 지속되는데도 바로잡지 않는다면 단지 명분을 손상할 따름이니, 어찌 명분을 바로잡을 길이 있겠습니까. 이제 마땅히 사족(士族)을 막론하고 한결같이 모두 교안(校案)에 기록하여, 공부한 바를 고과(考課)해서 통과한 자는 남기고 통과하지 못한 자는 도태해야 합니다. 음덕(蔭德)이 있는 자손을 제외하고, 학문도 없고 음덕도 없으면서 양반이라는 명칭을 가탁하여 일컫는 자들은 모두 각기 해당하는 부역(賦役)을 정해 주고 어질고 재능이 있어서 쓸 만한 자가 있으면 문벌을 따지지 말고 모두 등용해야 합니다. 그렇게 한 뒤라야 공경대부(公卿大夫) 및 유생 서인(儒生庶人)의 명분이 정해져서, 사람들이 모두 관작이라는 것이 현능함으로 얻는 것이지 문벌로 얻을 수 있는 것이 아님을 알게 될 것입니다. 그리되면 사람마다 모두들 분발해서 자신을 수양할 것이며, 난극(欒郤)·요행(僥倖)의 폐단[136]이 영원히 끊어질 것입니다.

셋째, '주공(周公)이 예법을 제정할 때에 적서(嫡庶)의 분별을 엄격하게 하였다.'[137]라고 하는 것입니다. 이것 또한 깊이 연구해 보지 아니하고 하는 말입니다.

•••••

때에 오정의 요리를 올려 제사하였다고 한다. 고관대작의 호사스러운 식생활을 비유할 때에 쓰는 말이다. 《사기》 권112 〈주보언열전(主父偃列傳)〉에 "대장부가 살아서 오정의 음식을 먹지 못하면, 오정에 삶기는 혹형을 당하여 죽을 뿐이다." 하였다.

136 난극(欒郤)·요행(僥倖)의 폐단 : 난(欒)과 극(郤)은 춘추 시대 진(晉)나라의 대표적인 대부(大夫)의 가문이었던 난씨(欒氏)와 극씨(郤氏) 가문을 말한다. 진나라가 쇠퇴하여 기강이 없어지자 이들이 하찮은 관직으로 밀려났다. 요행은 현능(賢能)함이 아닌 문벌의 도움으로 벼슬을 차지하는 것을 말한다.

137 주공(周公)이……하였다 : 대개 조선 시대에는 《의례(儀禮)》를 주공의 저작이라고 알고 있었는데, 이 《의례》에는 초상 때의 복제(服制) 등에서 적자(嫡子)와 서자(庶子)를 차별하여 기술해 놓았다. 《의례》는 주(周)나라 사대부들의 각종 예의를 기록해 놓은 책이다.

삼대(三代) 이전에는 관작이 대부분 세습되었기 때문에 성인께서 법도를 밝혀서 참람하게 탈취하는 재앙을 단절하였습니다. 이것이 또한 신이 이른바 '종족(宗族)의 명분(名分)'이지 작인(爵人)의 명분은 아닙니다. 시세(時世)로 말해 보자면, 장자(長子)가 사고가 없으면 차적(次嫡) 이하는 모두 세습을 하지 못합니다. 어찌 첩자(妾子)만 그러하겠습니까. 또한 '현직(顯職)에 있는 이도 분명하게 살펴 천거하고 신분이 미천한 인재도 잘 살펴서 천거하라.〔明明揚側陋〕'라든지 '일반 백성 중에서 준수한 자들이 모두 태학에 들어간다.'[138]라든지 어진 이를 가려 썼고 부류를 따지지 아니하셨다.'[139]라는 등의 말로 살펴보건대, 벼슬을 줄 때에 벌열을 가리지 않았음을 또한 알 수 있습니다.

넷째, '서얼을 등용하면, 양반에 대해서는 또 무엇으로 더해 줄 수 있겠는가.'라고 하는 것입니다. 이것 또한 탐구해 보지 않고 하는 말입니다.

대저 관작(官爵)이라는 것은 옛날의 훌륭한 황제와 명철한 임금이 이것을 제정하여 성현(聖賢), 군자(君子), 덕망을 갖춘 자, 재능이 있는 자를 대우한 것입니다. 비록 판축(板築)하던 사람[140]이거나 위수(渭水)

• • • • •

138 일반……들어간다 : 〈대학장구서(大學章句序)〉에 "15세가 되면 천자의 원자와 중자(衆子)로부터 공경대부와 원사의 맏아들과 일반 백성들로서 준수한 자들에 이르기까지 모두 태학에 들어간다.〔及其十有五年, 則自天子之元子、衆子以至公卿大夫元士之適子與凡民之俊秀皆入大學.〕" 하였다.

139 어진……아니하셨다 : 《맹자》 〈이루 하(離婁下)〉에 "탕 임금은 지나치거나 못 미치는 것이 없는 중도를 지켰으며, 어진 이를 가려 썼고 부류를 따지지 아니하셨다.〔湯執中, 立賢無方.〕" 하였다.

140 판축(板築)하던 사람 : 부열(傅說)을 말한다. 판축은 널빤지를 대고 흙담을 쌓아 올린다는 뜻이다. 은 고종(殷高宗)이 꿈에 성인(聖人)을 만나고서 그 모습을 그림으로 그려, 부암(傅巖)에서 담 쌓는 막노동을 하고 있던 부열을 찾아내서 재상으로 삼았다고 한다. 이 이야기는 《서경》 〈열명(說命)〉, 《맹자》 〈고자 하(告子下)〉, 《사기》 권3 〈은본기(殷本紀)〉 등에 실려 있다.

에서 낚시하던 사람[141]일지라도 한번 등용되면 온 나라 사람들이 존경하는 까닭은, 벼슬이 낮은 사람은 높은 사람을 넘을 수 없고 천한 사람은 귀한 사람을 넘을 수 없다는 명분이 있기 때문입니다. 조정의 관작은 사가(私家)의 종족(宗族) 간에 차례를 매기는 자리가 아닙니다. 현능하면 등용하고 현능하지 아니하면 버려야 합니다. 어찌 이것이 귀한 집 자제들만 관례에 따라 받을 수 있는 물건이겠습니까. 임금 또한 어찌 현인을 대우하는 데에 써야 할 관작을, 단지 문벌이 높은지만 따져 보고 사용해서야 되겠습니까.

주공(周公)이 《의례(儀禮)》에서 적서(嫡庶)를 분명히 밝힌 것과 악의(樂毅)가 이른바 '서얼을 신중하게 다뤄야 한다.'라고 한 것[142]은 바로 국가의 세습하는 작위를 함부로 빼앗는 재앙을 방비하고자 한 것이었습니다. 주자(朱子)가 이른바 '적서(嫡庶) 간에는 모름지기 약간의 등차를 두어야만이 예법에 합당할 것이다.'[143]라고 한 것도 종족 간에 예

• • • • •

141 위수(渭水)에서 낚시하던 사람 : 여상(呂尙)을 말한다. 서백(西伯)이 사냥을 나갔다가 위수 가에서 낚시를 하고 있던 여상을 만나 함께 돌아와 사(師)로 삼았다. 서백이 죽은 뒤에 아들 발(發)이 뒤를 이었는데, 이가 주나라 무왕(武王)이다. 여상은 무왕이 은나라 주왕(紂王)을 정벌하고 주나라를 세우는 일을 도왔다. 《사기》 권32 〈제태공세가(齊太公世家)〉에 나온다.

142 악의(樂毅)가……것 : 악의는 전국 시대 연(燕)나라 장수이다. 소왕(昭王) 때 상장군(上將軍)이 되어 조(趙)·초(楚)·위(魏) 연합군으로 제(齊)나라를 대파하고 창국군(昌國君)에 봉해졌다. 소왕이 죽고 혜왕(惠王)이 즉위한 뒤에 제나라의 이간책으로 혜왕의 의심을 받자 조나라로 망명했다. 나중에 혜왕이 후회하고 악의를 다시 불러들이려 했을 때에 악의가 혜왕에게 올린 글에 "선왕의 가르침이 쇠해지지 않았으니, 정사(政事)를 맡은 신하가 법령을 잘 정비하고 서얼 문제를 신중하게 처리하여 백성들에게까지 잘 적용하면 모두 후세(後世)에 교훈을 줄 수 있을 것입니다." 하였다. 《사기》 권80 〈악의열전(樂毅列傳)〉에 나온다. '수법령신서얼(脩法令愼庶孼)'이 《전국책(戰國策)》 〈연책(燕策)〉에는 '순법령순서얼(循法令順庶孼)'로 되어 있다.

143 적서(嫡庶)……것이다 : 《주자어류》 〈잡류(雜類)〉에 "적모(適母)와 소생모(所生母)의 봉증(封贈)의 은례(恩例)가 동일한 것은 온당치 못하다. 적서 간에 조금 등차를 두는 것이 이치에 합당할 것이다." 하였다.

절을 조절해야 한다는 것으로 말한 것입니다. 만약 종족에서의 적서 사이가 아니라면, 사우(師友) 간의 교제(交際)라든지 조정(朝廷)에서의 관위(官位)는 일찍이 이것 때문에 강쇄하는 일이 없었습니다.

그것이 왜 그런지는 다음의 이야기를 보면 알 수 있습니다. 유송(劉宋)[144]의 최도고(崔道固)[145]가 벼슬이 현달한 뒤에 사명(使命)을 받들고 청주(青州)로 갔더니, 장사(長史) 이하가 모두 최도고에게 나아갔습니다. 최도고의 적형(嫡兄)들이 최도고의 생모(生母)를 시켜서 손님에게 술을 대접하게 하니, 최도고가 놀라 일어나서 말하기를 '집안에 일손이 없어서 늙은 어머니께서 노고하십니다.' 하니, 손님들이 모두 그의 형들이 한 짓임을 알고, 모두들 그 어머니에게 절을 하였습니다. 그의 어머니가 최도고에게 이르기를 '내가 천하여 귀한 손님에게 답배할 수 없으니, 네가 답배하라.' 하였습니다. 손님들이 그 어머니와 아들을 훌륭하다고 칭송하고 그의 형들을 천박하게 여겼습니다. 이것은 역사책에 실려 전하는 이야기입니다. 최도고의 형들은 적모 소생으로 신분이 귀하였는데도 역사책에서는 도리어 적자를 가리켜 천하다고 하였으니, 그 까닭이 무엇이겠습니까?

치당(致堂) 호인(胡寅)은 적통을 이어받았다는 이유로 친모(親母)를 위해서 상복을 입지 않았습니다.[146] 오늘날 세속의 예법으로 말하자면, 반드시 노(奴)라고 일컫거나 놈〔漢〕이라 일컫기에도 겨를이 없어

• • • • •

144 유송(劉宋) : 중국 남북조 시대의 송나라를 말한다. 동진(東晉)이 망하자 유유(劉裕)가 나라를 건국하여 국명을 송(宋)이라 하였다. 후대에 조광윤(趙匡胤)이 세운 송나라와 구별하기 위해 유송이라고 부른다.

145 최도고(崔道固) : 유송 때의 사람이다. 최도고에 대한 이야기는 《산당사고(山堂肆考)》, 《북사(北史)》 권44 〈최도고열전(崔道固列傳)〉, 《통지(通志)》, 《고금사문유취(古今事文類聚)》 등에 실려 있다.

146 호인(胡寅)은……않았습니다 : 호인은 송나라 학자이다. 호인은 호안국(胡安國)의 아들로 입적하여, 친모를 위한 상복을 입지 않으려 했다. 이런 내용은 《자치통감후편(資治通鑑後編)》, 《송명신언행록(宋名臣言行錄)》 등에 나온다.

야 할 판인데, 주자가 말하기를 '내가 일찍이 모시고 함께 앉아 있었던 적이 있는데, 호걸(豪傑)의 선비라고 이를 만하였다.'라고 하였습니다.[147] 모시고 함께 있는 예법이 이 얼마나 공경하는 예법입니까. 사우(師友) 간에도 이것 때문에 낮추지를 않았던 것을 아주 잘 알 수가 있습니다.

조정의 벼슬을 낮추지 않았다는 것은, 신이 역대 명신의 이름에서 이미 분변하였습니다. 이것으로 보건대, 의논하는 자들이 말하는 '양반에 대해서는 또 무엇으로 더해 줄 수 있겠는가.'라고 한 것은 탐구도 안 해 보고 하는 주장이라고 할 수 있겠습니다.

다섯째, '동한(東漢) 이후로는 차츰 세가(世家)를 중시하여 강좌(江左) 및 당(唐)나라에서는 더욱 문벌을 숭상하였다.'라고 하는 것입니다. 이것 역시 깊이 탐구해 보지 아니하고 하는 말입니다.

동한의 원소(袁紹)는 4대(代)에 걸쳐 다섯 명의 공(公)을 배출한 명문가 출신으로서, 추대받아서 맹주(盟主)가 되었는데 원소는 사실 비첩(婢妾) 소생입니다.[148] 이것으로 미루어 보건대, 한(漢)나라에서 문벌

•••••

147 주자가……하였습니다 : 《주자어류(朱子語類)》 권101 〈정문(程門) 호강후(胡康侯)〉와 《송원학안(宋元學案)》 〈형록학안(衡麓學案)〉 등에 "호치당(胡致堂)은 의론(議論)이 영발(英發)하고 인물이 의젓하였다. 전에 그분을 모시고 있을 때에 보았더니, 술을 몇 잔 마신 뒤에 공명(孔明)의 〈출사표(出師表)〉를 노래하고, 장재숙(張才叔)의 〈자정인자헌우선왕의(自靖人自獻于先王義)〉와 진요옹(陳了翁)의 주장(奏狀) 등을 암송하였다. 참으로 호걸스러운 인물이었다." 하였다.

148 원소(袁紹)는……소생입니다 : 《자치통감》 〈한기(漢紀)〉에 "원씨(袁氏)들이 한(漢)나라를 섬겨서 4세(世) 동안에 다섯 공(公)을 배출했다."라고 하였는데, 그 자주(自注)에 "원안(袁安)에서 원외(袁隗)에 이르기까지 4세 동안에 원안이 사도(司徒)를, 아들 원창(袁敞)이 사공(司空)을, 손자 원탕(袁湯)이 사공을, 증손자 원봉(袁逢)이 사공을, 증손자 원외가 태부(太傅)를 지내어 모두 다섯 명의 공(公)을 배출했다." 하였다. 《후한서(後漢書)》 권74 상 〈원소열전(袁紹列傳)〉과 《삼국지》 권6 〈위서(魏書)〉에 의하면, 원소는 원봉의 서얼로서 백부 원성(袁成)의 후사가 되었다고 한다. 원소는 조조와 함께 동탁(董卓)을 토벌할 때에 맹주로 추대되었다.

을 논한 것은 단지 본종(本宗)만 따진 것임을 대개 알 수가 있습니다.

강좌의 주의(周顗)가 자기 문벌에 대한 자부심으로, 모족(母族)과 혼인을 하지 아니하려 하자 그 어머니 이씨(李氏)가 말하기를 '내가 절개를 굽히고 너희 가문에 첩으로 들어온 것은 우리 문호(門戶)를 위하는 생각에서였다. 네가 만약 우리 가문과 친족이 되지 않으려 든다면 나도 여생을 아까워하지 아니할 것이다.' 하니, 주의가 어머니의 명을 따랐습니다. 그래서 이씨가 드디어 세상으로부터 정당한 예우를 받게 되었습니다. 이로써 미루어 보면, 강좌에서 문벌을 논할 때에 외가(外家)를 따지지 않았음을 또한 알 수 있습니다.

더구나 오늘날은 시절이 어려워 인재를 시급히 구해야 하는 때이니, 또 어찌 마치 태평 시대처럼 한결같이 옛 제도를 고수하면서, 고무시킬 기회를 놓쳐서야 되겠습니까. 신이 들으니, 한 지어미가 원한을 품으면 3년 가뭄이 든다고 합니다.[149] 오늘날 서얼과 한족(寒族)의 부류들을 계산해 보면 필시 수십만 명을 밑돌지 아니할 것이니, 그 원통함이 어찌 한 지어미 정도일 뿐이겠습니까. 이어 삼가 생각건대, 일반적으로 인정(人情)은 기대한 바가 크면 그것이 이루어지지 않았을 때에 원망하는 바가 또한 깊습니다. 지금 우리 성상께서 어질다는 명성[150]이 즉위하신 초기에 널리 퍼졌으니 저 금고를 당하고 있는 수만 명의 백성들이 전하께서 금고를 풀어 주시기를 밤낮으로 간절히 바

• • • • •

149 한 지어미가……합니다 :《한서》 권71 〈우정국전(于定國傳)〉에 "동해(東海) 지역에 한 효부(孝婦)가 젊어서 과부가 되어 아들 없이 살면서 시어머니를 정성껏 봉양하였는데, 시어머니가 젊은 효부에게 짐이 되기 싫어서 자결하니, 시누이가 관아에 무고하였다. 우공(于公) 즉 우정국의 아버지가 무고임을 말하였으나 태수가 듣지 않고 효부를 사형시키자, 그 지역에 3년이나 가뭄이 들었다." 하였다.

150 어질다는 명성 :《맹자》〈진심 상(盡心上)〉에 "백성들을 따뜻한 말로 보살펴 주는 것은 어질다는 명성이 사람들의 마음에 깊이 들어간 것만 못하다.〔仁言, 不如仁聲之入人深也.〕" 하였다. 주주(朱註)에 "인성(仁聲)은 인문(仁聞)과 같으니, 인(仁)의 실상이 있어서 사람들에게 칭도(稱道)받는 것을 말한다." 하였다.

라고 있습니다. 지금 만약 즉시 변통하지 않고 동인(同仁)[151]의 은택을 베풀지 않으신다면, 그들의 한탄과 원한이 필시 평상시의 희망이 끊어진 것에 견줄 바가 아닐 것이니, 이것 또한 염려해야 할 일입니다. 지난번의 가뭄이 비록 이 무리들의 원한에서 말미암은 것은 아닐지라도, 화기(和氣)를 부르는 방도는 아마도 이들에게 수백 년간 막혔던 기운을 풀어 주는 것에 있을 것입니다.……"

하였다.

숙묘(肅廟) 을해년(1695, 숙종21) 영남(嶺南)의 생원(生員) 남극정(南極井) 등 988인이 상소하기를,

"삼가 아룁니다. 신들은 모두 영외(嶺外)의 미천한 신하들입니다. 뜻을 펴지 못하고 숨죽이고 살면서[152] 세상의 죄인이 되어, 나아가도 조정 신료들 사이에 끼지 못하고 물러나도 향당에서 핍박을 면치 못합니다. 가슴속에 비록 충성을 다하고자 하는 한 줄기 진심을 날 때부터 받아 지니고 있기는 합니다만, 끝내 전하께 조금이나마 실천할 수 있게 될 가망이 없음을 스스로 헤아리고, 슬프게 노래하고 길이 개탄하며 수치심을 품은 채 살고 있습니다. 매양 국가에서 구언(求言)하는 하교를 받들어 죽음을 무릅쓰고 그 원통함을 한번 토로하고자 하다가도, 분수를 헤아려 보고 황공하고 위축되어 또 감히 선뜻 호소하지 못한 지 여러 해가 지났습니다.

이제 삼가 보건대, 우리 전하께서 근년 이래로 잇달아 비망기를 내

• • • • •

151 동인(同仁) : 당나라 한유(韓愈)의 〈원인(原人)〉에 나온다. 70쪽 주124 참조.

152 숨죽이고 살면서 : 원문은 '국천척지(跼天蹐地)'이다. 국천척지는 머리가 하늘에 닿을까 봐 몸을 굽히고 땅이 꺼질까 봐 조심스럽게 걷는다는 말로, 몹시 두려워 몸 둘 바를 모르는 모양을 형용한 것이다. 《시경》 〈소아(小雅) 정월(正月)〉에 "하늘이 높다 하지만 감히 몸을 굽히지 않을 수 없으며, 땅이 두텁다 하지만 감히 조심스럽게 걷지 않을 수 없네.〔謂天蓋高, 不敢不局; 謂地蓋厚, 不敢不蹐.〕" 하였다. 국(局)은 국(跼)과 같은 뜻이다.

리시어, 천재지변이 이어지는 것에 경계심을 지니고 재앙을 해소할 방책을 듣고자 하여 앞뒤로 내리신 전교에 말씀이 한결같이 간절하시니, 이는 실로 우리 국가가 하늘에 기도하여 국운을 영구하게 할 하나의 큰 기회입니다. 신들은 모여서 받들어 읽고는 눈물을 줄줄 흘렸습니다.

삼가 생각건대, 성명(聖明)의 시대에 필부필부로서 원한을 품은 자가 있다면 모두 정치에 하자가 되고 천지가 감응하여 재앙을 불러올 수 있습니다. 하물며 이렇게 서얼을 폐고하는 일은 천하 만고에 없던 바인데도 수백 년간 그대로 답습하여 수많은 인재들이 머리를 늘어뜨린 채 늙어 죽게 만들어 한 사람도 재능과 사업을 펴 보지 못하게 하였으니, 화기(和氣)를 손상함이 필부필부의 원한과 같을 뿐만이 아닙니다. 또한 모르겠습니다만, 오늘날 응지(應旨)하여 글을 올린 신하 가운데 과연 신들을 위하여 이러한 말씀을 올린 자가 있습니까? 신들이 여기에서 만약 더는 번독스럽게 해 드릴 수 없다고 핑계를 대면서 감히 한마디 말도 스스로 아뢰지 않는다면, 비록 밝은 성총을 지닌 전하이실지라도 필시 고질적인 폐단을 통촉하여 전대(前代)에 인재를 뽑아 쓰던 공공의 제도를 회복하지 못하실 것이고, 신들 또한 끝내 지하에서 눈을 감지 못하는 원귀가 될 것입니다. 이에 감히 뜻을 모아 함께 상소를 지어 천리 길을 발을 싸매고[153] 올라와서, 당초에 폐고되었던 전말 및 우리 열성들께서 변통하도록 명했던 전교들을 갖추어 들어서 우러러 호소합니다. 삼가 성명께서 살펴 주시기 바랍니다.

• • • • •

153 천리……싸매고 : '발을 싸맨다〔裹足〕'라는 것은 발이 부르트고 물집이 생기거나 군살이 박혔을 때에 옷을 찢어 발을 감싸고 달려간다는 뜻이다. 《회남자》에 "옛날에 초나라가 송나라를 공격하려 하자, 묵자가 듣고서 딱하게 여겨 노나라에서 달려갔다. 열흘 밤낮을 달려 발이 누에고치처럼 부르텄는데도 쉬지 않고, 옷을 찢어 발을 싸매고 달려갔다. 영에 이르러 초나라 왕에게 유세하였다.〔昔者楚欲攻宋, 墨子聞而悼之, 自魯趨而十日十夜, 足重繭而不休息, 裂衣裳裹足. 至於郢, 見楚王.〕"라고 하였다.

신들이 삼가 듣건대, 하늘이 인재를 낼 때에는 본래 문벌의 높낮이를 따지지 아니하기 때문에, 제왕이 인재를 등용하는 방도에도 문벌을 따지지 않고 오직 그 재능만을 보고 취한다고 합니다. 이전의 역사를 살펴보면 들에서 농사짓는 이를 등용하기도 하였고[154] 도축을 하고 낚시를 하던 자를 취하기도 하였고[155] 군졸들 중에서 발탁하기도 하였고 노예 가운데에서 발탁하기도 했으며, 공경 가문의 서얼에 대해서는 그 지위가 비록 사부(士夫)와는 차이가 있지만, 족류(族類)와 문호(門戶)가 하천(下賤)과는 전혀 다르므로 임용하는 즈음에 일찍이 가볍게 대우한 적이 없었습니다. 삼대(三代)로부터 한(漢)나라, 당(唐)나라, 송(宋)나라, 명(明)나라에 이르기까지 서얼로서 장군(將軍)이나 재상(宰相)의 지위에 이르고 명예를 드러낸 자가 이루 말할 수 없을 정도로 많습니다.

우리나라에서도 위로 삼국(三國)이 정립(鼎立)하던 시대로부터 아래로 고려(高麗) 500년에 이르기까지 서얼이 벼슬길에 들어가는 것이 또한 중국의 제도를 준용하여 조금도 차이가 없었고, 우리 태조대왕께서 왕업을 여시고 법도를 제정하여 공시하던 때에 이르러서도 벼슬길에 서얼을 차별한 적이 없었습니다.

태종대왕 13년(1413)에 이르러 우대언(右代言) 서선(徐選)이 이전에

• • • • •

154 들에서……하였고 : 들에서 농사짓고 살던 이윤(伊尹)을 상(商)나라 탕 임금이 발탁한 것을 말한다. 《맹자》 〈만장 상(萬章上)〉에 "탕 임금이 세 번 사람을 보내어 초빙하니, 이윤이 이윽고 마음을 바꾸고서 말하기를 '내가 들에서 농사를 지으며 요순의 도를 즐기는 것보다는, 내가 이 군주를 요순 같은 군주로 만들고 내가 이 백성을 요순 시대의 백성으로 만들고 내가 내 눈으로 그러한 현실을 보는 것이 더 낫지 않겠는가.'라고 하였다." 하였다.

155 도축을……하였고 : 위수(渭水)에서 낚시를 하던 강태공 여상(呂尙)을 문왕이 발탁하여 왕사(王師)로 삼은 것을 말한다. 《초사(楚辭)》에 "여망은 조가에서 도축을 하였고 영척은 노래하며 소를 길렀다네.〔呂望屠於朝歌兮, 甯戚歌而飯牛.〕" 하였고, 《한시외전(韓詩外傳)》에 "여망은 나이 70에 조가(朝歌)에서 도축을 하며 살았고 90이 되어서 천자의 스승이 되었다." 하였다.

없던 의론을 처음으로 내어서, 서얼의 자손들을 현직(顯職)에 서용하지 못하게 하였고, 그 뒤에 강희맹(姜希孟)과 안위(安瑋) 등이 《경국대전》을 편찬하면서 또 현직 이외에 그들이 벼슬길에 들어가는 것과 과거에 응시하는 것까지 아울러 금고하였습니다.

성묘(成廟) 을사년(1485, 성종16) 여름에 《경국대전》을 반포한 뒤로 해가 다하도록 가뭄이 들어 주려 죽은 자가 즐비하자, 의견을 내는 자들이 모두 그 원인을 서얼을 금고한 것에다가 돌렸습니다. 성묘께서 측은하게 여겨 제도를 고치고자 하셨는데, 미처 시행하지 못하고 갑자기 세상을 떠나셨습니다.

선묘(宣廟) 초년에 신분(申濆) 등 1600여 인이 글을 올려 원통함을 호소하니, 선묘께서 보고 감동하시어 이에 하교하시기를 '미자(微子)는 상왕(商王)의 서자(庶子)였는데도 공자가 인(仁)하다고 일컬었고, 자사(子思)는 공자의 서손(庶孫)이었는데도 도통(道統)이 그를 통해 전해졌다. 해바라기〔葵藿〕가 태양을 향함에 곁가지를 가리지 않는다. 신하가 충성을 하고자 함에 어찌 반드시 정적(正嫡)이라야 하랴.' 하셨습니다. 여기에서 성인의 대공지정한 마음을 볼 수 있습니다.

만력 계미년(1583, 선조16)에 이르러, 문성공(文成公) 이이(李珥)가 처음으로 통용(通用)하자는 의론을 주창하였는데, 조정이 찬성하지 아니했으므로 이이가 부득이 곡식을 바치고 과거(科擧)에 응시하게 하자고 요청하여, 선묘께서 윤허하셨습니다. 이로 말미암아 비로소 서얼 중에 과거에 급제한 자가 있게 되었습니다만, 오랫동안 폐고된 이후인데도 오히려 벼슬길을 넓게 열지 못하여 식견이 있는 많은 이들이 유감으로 여겼습니다.

인묘(仁廟) 때에 이르러, 부제학 최명길(崔鳴吉)이 동료 심지원(沈之源), 김남중(金南重), 이성신(李省身), 이경용(李景容) 등과 함께 응지(應旨)하여 글을 올려, 서얼을 통용하자고 건의하였습니다. 그 글에

'예법 제도의 정비가 삼대(三代)보다 엄한 적이 없는데 서얼이라는 명칭은 사가(私家)에서만 행해졌지 공조(公朝)에서는 행해지지 않았으며, 문벌에 대한 차별은 육조(六朝) 때보다 세밀한 적이 없는데 인재를 등용하는 즈음에는 오직 그 아버지의 성씨만을 따졌지 그 어머니 쪽 계통을 따져 묻지 않았습니다. 대개 하늘이 인재를 낼 때에는 귀하거나 천하거나에 차별을 두지 않으며, 왕자(王者)가 인재를 등용할 때에는 문벌에 구애받지 않습니다. 이것은 천리(天理)의 당연함이고 백세대가 지나도 왕들이 바꾸지 못하는 것입니다. 우리나라에서 서얼을 현직에 서용하지 말자는 의론은 서선에게서 처음 나왔는데 그 뒤로 한 단계씩 더욱 강화되어 결국은 자자손손 영구히 금고를 당하는 지경에 이르렀습니다. 비록 재주와 덕망이 있더라도 대부분 억눌리고 막혀서 세상에 이름을 내지 못하고, 배척을 당하여 사람들 축에 끼이지 못하고, 큰 죄를 지은 것처럼 고개를 떨구고 풀이 죽어서 다시 부자간의 윤리와 군신간의 의리도 없게 되었으니, 인륜의 기강을 손상시키고 하늘의 이치를 거역하는 것이 이보다 심한 것이 없습니다. 아, 필부(匹婦)가 원한을 품어도 화기(和氣)를 손상하기에 충분한데, 하물며 수많은 사람들이 원망을 품은 경우이겠습니까? 삼가 원하건대 전하께서는 재능에 따라 거두어 녹용하심으로써 막혔던 기운을 펴고 인재를 등용하는 길을 넓히소서. 그렇게 하시면 세도(世道)를 도와서 인화(人和)를 이룰 수 있을 것입니다.' 하였습니다.

신풍부원군(新豐府院君) 장유(張維)도 상소하여 잇달아 건의하자, 인조대왕께서 해당 조(曹)로 하여금 상에게 물어 처리하게 하셨습니다.

이조 판서 김상용(金尙容)이 회계(回啓)하기를 '하늘이 인재를 낼 때에 본디 적자와 서자를 차별하지 않습니다. 그런데도 서얼을 금고하는 것은 곧 우리나라의 잘못된 제도이며 고금 천하에 없던 일입니다. 우리나라는 땅이 좁고 인재가 적으니, 비록 한 시대의 인재를 모두 쓰더라도 오히려 부족할까 염려가 되는데, 제도가 지나치게 엄격하고 차별이 매우 심하여 하늘이 내려 주신 인재에 대해서도 오히려 그들의 재주를 다 쓰지 못하고 있습니다. 이전 고려 시대에는 일찍이 서얼을 금고하는 제도가 없었는데, 국초에 서선이 현직(顯職)에 서용하지 말자는 의론을 처음으로 꺼내었고, 그 뒤 조금씩 강화되어 강희맹(姜希孟)에 이르러 폐고하는 것이 더욱 심해졌습니다. 천인(賤人)의 자손들도 오히려 벼슬길에 소통이 되기도 하는데, 사부(士夫) 집안의 서얼은 자자손손 한결같이 단단히 금고를 당해서, 비록 남다른 재주와 지혜를 지닌 인재일지라도 하류에 침체되어 평생을 마치니, 참으로 애석한 일입니다. 옥당(玉堂)은 공론이 있는 곳인데, 묵은 폐단을 통렬히 혁신하고자 하여 이렇게 진달한 것이니, 이대로 시행하여 인재를 등용하는 길을 넓히는 것이 마땅할 듯합니다. 다만 일이 중대한 변통에 관계되는지라 본조에서 감히 마음대로 결단할 수 없으니, 대신들에게 의견을 묻는 것이 어떻겠습니까?' 하니, 묘당에 계하하였습니다.

그 당시의 상신(相臣) 이원익(李元翼)과 윤방(尹昉) 등이 헌의(獻議)하기를 '서얼을 업신여기고 박대하는 것은 천하 만고에 없던 제도입니다. 부류를 따지지 않고 현인을 등용하는 왕자(王者)의 법도에 큰 흠결이 되니, 유신(儒臣)들이 차자를 올린 것은 소견이 있는 것입니다.' 하였고, 상신 오윤겸(吳允謙)이 헌의하기를 '서얼을 금고하는 것은 고금 천하에 없던 제도이니 참으로 변방의 편협한 식견입니다. 만물을 내고 이루어 주는 천지자연의 뜻을 손상할 수 있으니 성왕(聖王)의 공명정대한 정사가 아닙니다. 통용하여 등용하는 것이 매우 이치에 합당합니다. 세속에서 시행하기를 꺼리며 곤란하다고 하는 자들은 모두들 명분이 문란해진다는 이유를 댑니다. 그러나 적자와 서자의 명분은 단지 자기들 문호에서나 해당하는 일입니다. 조정에서는 어질고 재주 있는 인재를 거두어 쓸 따름입니다. 비록 귀하게 된 뒤라도 적서

간에 만약 명분을 범하는 일이 있으면, 그것을 바로잡을 나라의 법도가 매우 엄격하니, 문란해질 것은 걱정할 일이 아닙니다.' 하였습니다.

그 뒤에 최명길(崔鳴吉)이 전조(銓曹)의 판서로 있을 때에 또 아뢰기를 '일찍이 을축년(1625, 인조3) 연간에 영부사 이원익이 홍문관의 차자로 인하여, 서얼이 과거에 급제하면 요직(要職)은 허락하되 청직(淸職)은 허락하지 아니하는 것으로 성상께 여쭈어 재결을 받고 양사(兩司)의 서경(署經)을 거쳐 예조에 보관하여, 한 시대의 제도로 삼았습니다. 그런데 이제 9년이 지났는데도 한번도 거행하지 않아서, 성명께서 강구해서 결정한 제도를 헛되게 하였으니, 일이 매우 온당치 못합니다. 서얼이 과거에 급제한 뒤에 으레 제수하는 직책은 봉상시(奉常寺)와 교서관(校書館)의 서너 자리일 뿐입니다. 비록 재능이 있는 인재일지라도 공부한 것을 펼 길이 없으니 참으로 애석한 일입니다. 사목(事目)에 이른바 「요직은 허락한다.」라는 것은 호조, 형조, 공조 등 삼조(三曹)의 낭청(郎廳) 및 각 시(寺)의 대등한 벼슬자리를 말합니다. 지금 이후로는 수교(受敎)대로 재능에 따라 의망하는 것이 어떻겠습니까?' 하니, 성상께서 윤허하셨습니다. 이에 신희계(辛喜季), 심일준(沈日遵) 등 몇몇 사람이 형조·공조의 낭관에 제수되었습니다만 그렇게 하고는 그쳤으니, 서얼이 삼조에 들어가지 못한 지가 이제 이미 3, 4십 년이 되었습니다.

성상께서 즉위하신 초기에 고 참판 김수홍(金壽弘)과 대사헌 이무(李袤)도 상소하여 서얼을 허통하여 쓰자고 청하였으나, 일이 결국 시행되지 못하였습니다. 이것은 전하께서도 틀림없이 기억하고 계실 터이니 신들이 덧붙여 진달할 것도 없습니다.

아, 전하께서는 이이와 이원익 등의 신하들을 어떠한 사람이라고 생각하십니까. 모두들 국가의 주석(柱石)이고 조정의 시귀(蓍龜)로서, 그들이 낸 계책은 나랏일을 바로잡을 수가 있고 그들이 낸 의견은 인륜을 지탱할 수가 있었는데 모두 서얼을 통용하고 인재를 거두어 쓰는 일을 급선무로 삼았으니, 그 지공 지정하여 차별 없이 인재를 취하려는 뜻을 또한 알 수가 있습니다. 만약 이러한 신하들이 오늘날의 조정에 있다면, 부류를 따지지 않고 현능한 인재를 등용하는 방도로 그들의 의견을 채용해서 쓰시겠습니까, 아니면 그들의 의견을 무시하고 배척하시겠습니까? 옛날에 한(漢)나라의 위상(魏相)[156]은 가의(賈誼),[157] 조조(鼂錯),[158] 동중서(董仲舒) 등이 한 말을 편차하여 일체 시행하기를 청하였습니다. 그들이 죽은 뒤였는데도 말입니다. 그 계책과 건의가 정말이지 나랏일에 유익하고 세도(世道)에 보탬이 된다면, 어찌 그 사람들이 있고 없음에 따라 취하거나 버리거나 하겠습니까.

아아, 선비가 세상에 태어나면 충효(忠孝)의 마음을 모두가 지니고 있을 것이니, 누군들 충성을 다하여 군주를 섬기고 이름을 날려 부

•••••

156 위상(魏相) : 한(漢)나라 때의 명신이다. 대사농(大司農), 어사대부(御史大夫), 승상(丞相) 등을 지냈고 고평후(高平侯)에 봉해졌다. 위상은 《역경(易經)》에 밝았고 한나라 고사(故事)를 살펴보기를 좋아하였다. 현신(賢臣) 가의(賈誼), 조조(鼂錯), 동중서(董仲舒)가 과거에 건의했던 정책들을 시행하기를 주청하였다. 《한서》 권74 〈위상전(魏相傳)〉에 나온다.

157 가의(賈誼) : 기원전 200~기원전 168. 서한(西漢) 초의 문학가이자 정치가로서, 20세에 문제(文帝)의 부름을 받아 박사(博士)가 되었고 곧이어 태중대부(太中大夫)가 되었다. 복색, 제도, 관명, 예악 등을 정비하는 데에 많은 의견을 올렸다. 주발(周勃), 관영(灌嬰), 장상여(張相如), 풍경(馮敬) 등의 시기를 받아 장사왕(長沙王)의 태부(太傅)로 좌천되었다가, 돌아와 양 회왕(梁懷王)의 태부가 되었다. 33세로 죽었다. 〈복조부(鵩鳥賦)〉, 〈조굴원부(弔屈原賦)〉, 〈과진론(過秦論)〉, 〈논적저소(論積貯疏)〉, 〈진정사소(陳政事疏)〉 등의 작품이 유명하다. 《한서》 권48 〈가의전(賈誼傳)〉에 자세하다.

158 조조(鼂錯) : 서한 문제(文帝)와 경제(景帝) 때의 인물이다. 조조(晁錯)라고도 한다. 문제 때에 태상장고(太常掌故)가 되어, 복생(伏生)에게 가서 《상서(尙書)》를 받아 적어 왔다. 글을 올려, 제후들의 권세를 줄이고 법령을 개정할 것을 청하였으나 문제가 받아들이지 않았다. 경제가 즉위한 뒤에 어사대부가 되어, 다시 제후의 영토를 줄이고 그 부속 군(郡)을 회수할 것을 청하였다. 오(吳)와 초(楚) 등 7개국이 조조를 죽여야 한다는 명분으로 반란을 일으키자, 경제가 그를 처형하였다. 《한서》 권49 〈조조전(鼂錯傳)〉, 《사기》 권101 〈조조열전〉 등에 자세하다.

모를 드러냄으로써[159] 분수로 보아 자신이 응당 해야 할 일을 다하려고 하지 아니하겠습니까? 신들은 모두 벼슬한 집안의 후손으로서 어릴 적부터 힘써서 《시경》과 《서경》을 공부했고, 과거에 급제하여 이름이 사적(仕籍)에 오르게 되어서는, 그 마음이 또 모두들 각기 합당한 직무를 맡아서 열심히 노력을 다하여 조금이나마 신하로서의 지극한 소원을 펴고자 하였습니다만, 이른바 작명(爵名)이라는 것이 내직(內職)으로는 오직 주부(主簿)와 전적(典籍)이고 외직(外職)으로는 찰방(察訪)과 현감(縣監)이며 무변(武弁)으로는 또한 첨사(僉使)와 만호(萬戶)에 불과할 따름이니, 이 두세 곳의 낮은 자리가 어찌 재주 있는 사람들이 재능과 기량을 펴 볼 자리가 될 수 있겠으며, 국가가 인재를 등용하는 방도 또한 어찌 이토록 편협해야 한단 말입니까. 군문(軍門)인 경우에는 숭상해야 할 것이 지략과 용맹이고 문벌은 논할 일이 아닌데도, 혹 응당 양반을 차임하는 자리가 따로 있고 혹 서얼을 으레 제수하는 직임이 따로 있어서, 관직을 출신 부류에 따라 모이게 하고 사람들을 끼리끼리 나누어 배치합니다. 비록 남다른 용맹과 뛰어난 재주를 지닌 이가 있더라도 침체되어 발탁되지 못한 채 끝내 그 재주와 지략을 써 보지 못하니, 국가가 인재를 등용하는 방도를 헤아려 보건대 애석하지 아니할 수 있겠습니까?

신들이 삼가 보건대, 역대의 명신(名臣)과 석보(碩輔)들은 서얼에서 많이 나왔습니다. 중국으로 말해 보자면, 한나라에는 위청(衛青)과 곽거병(霍去病)이 있고, 진(晉)나라에는 배위(裴頠)와 도간(陶侃)이 있습니다. 당나라에는 소정(蘇頲), 이소(李愬), 두순학(杜荀鶴)이 있

•••••

159 이름을……드러냄으로써 : 《효경》 〈개종명의장(開宗明義章)〉에 "몸뚱이와 털과 살갗은 부모에게 받은 것이니 감히 손상하지 아니함이 효도의 시작이고, 입신출세하여 도를 행하여 후세에 이름을 날려 부모를 드러냄이 효도의 끝이다.〔身體髮膚, 受之父母, 不敢毁傷, 孝之始也. 立身行道, 揚名於後世, 以顯父母, 孝之終也.〕"라고 한 데에서 따온 말이다.

습니다. 송(宋)나라의 한기(韓琦)와 범중엄(范仲淹)은 모두 어머니가 천하였는데, 범중엄은 심지어 타인의 성씨를 빌려 썼으니 더욱 천합니다. 주수창(朱壽昌)의 효성, 진관(陳瓘)의 명절(名節), 호인(胡寅)의 학문은 모두 높아서 백세 인물들의 으뜸이 될 수 있습니다. 이 밖에도 명위(名位)가 드러난 자가 이루 기록할 수가 없을 정도로 많습니다.

우리나라로 말하자면, 고려 때의 정문(鄭文)은 정배걸(鄭倍傑)의 첩의 아들인데도 지위가 예부 상서(禮部尙書)에 이르렀고, 이세황(李世黃)은 이인로(李仁老)의 서자인데도 관직이 합문 지후(閤門祗候)[160]에 이르렀고, 권중화(權仲和)[161]는 권한공(權漢功)의 서자인데도 고려 때에는 대사헌을 지냈고 조선에 들어와서는 도평의사(都評議使)를 지냈습니다. 그밖에도 이름이 드러난 자들이 역사에 기록이 끊어진 적이 없습니다.

아, 서얼을 서얼이라 하는 것은 옛날이나 지금이나 본디 다름이 없습니다. 국가가 오늘날에는 과연 이러한 남다른 재능을 지닌 자가 없으리라는 것을 어찌 단정하고서 금령을 제정하여 그들을 막는 것입니까. 신들이 삼가 들으니, 제왕(帝王)이 인재를 등용하는 방도는 널리 취함을 귀히 여기고 좁게 취함을 귀히 여기지 않았다고 합니다. 인재를 취하는 대상이 많을수록 얻는 인재가 풍부해지기 때문에, 한마디로 결단하여 말하기를 '부류를 따지지 아니하고 현능한 자를 등용한다.'라고 한 것입니다.

전하께서는 우리 국토의 넓이와 인물의 번성함이 중국에 견주어서

160 합문 지후(閤門祗候) : 각문 지후(閣門祗候)와 같다. 고려 때 각종 의식을 담당하던 각문(閣門) 즉 통례원(通禮院)의 정7품 벼슬이다.

161 권중화(權仲和) : 1322~1408. 공민왕 때에 과거에 급제하였고, 공양왕 때에 삼사좌사(三司左使), 문하찬성사(門下贊成事) 등을 지냈다. 조선조에 들어와 태조(太祖) 때 예천백(醴泉伯)에 봉해지고 태종 때 영의정부사를 지냈다. 《고려사》에 내용이 나온다.

어떻다고 여기십니까? 중국은 준걸들이 배출되는 지역인데도 임용하는 즈음에는 오히려 그 신분의 귀천을 따지지 않습니다. 더구나 우리나라는 국토가 중국의 10분의 1도 안 되는데도 그간에 양반(兩班)과 상인(常人)으로 나누어 놓고 또 양반의 가문에서 취하면서 그 서얼은 배척합니다. 그러니 온 나라 전체를 놓고 보면 규제를 받지 아니할 자는 그 숫자가 10분의 1도 되지 못합니다. 이와 같은데도 인재를 모두 찾아서 훌륭한 정치를 이루려고 한다면 또한 어렵지 않겠습니까.

문정공(文正公) 조광조(趙光祖)가 일찍이 중묘(中廟)께 고하기를 '중국은 인물이 본래 많아서 가려 쓰기가 쉬운데, 우리나라는 인물이 본래 적은 데다 서얼을 차별하는 제도까지 있습니다.'라고 하였으니, 이는 참으로 절실한 의논이었습니다.

신들이 삼가 들으니, 성묘(成廟) 이후로 서얼이 과거에 응시하지 못한 지가 몇백 년이 되었다고 하는데, 그사이 왕왕 걸출한 인재가 있었습니다. 이를테면, 이대순(李大純), 박지화(朴枝華), 어숙권(魚叔權), 조신(曺伸), 이달(李達), 정화(鄭和), 임기(林芑), 양대박(梁大樸), 권응인(權應仁), 김근공(金謹恭), 송익필(宋翼弼) 형제 등 수십 인인데 어떤 이는 문장(文章)으로, 어떤 이는 학문(學問)으로 오늘날까지도 후인들의 추모를 받습니다. 만약 조정에서 등용하여 그들의 포부를 펼 수 있게 해 주었더라면, 그들이 국가를 빛낸 일이 또한 어찌 이루 말할 수 있겠습니까.

무변(武弁)으로서 일컬을 만한 자는 임진란 때의 서얼 이산겸(李山謙), 홍계남(洪季男), 유극량(劉克良)인데 모두 의병을 규합하여 적군의 예봉을 격파하였으며, 갑자년(1624, 인조2)의 변고에 정충신(鄭忠信)은 대의(大義)를 창도하여 적을 섬멸하였습니다. 병자년(1636)에 남한산성으로 피란하던 위급한 때에 고립된 군사를 거느리고 산성 아래에 나아가 싸운 자는 서얼 권정길(權井吉) 한 사람뿐이었습니다.

이것으로 보면, 서얼 가운데에는 문인이든 무인이든 인재가 또한 적지 않은데, 도리어 국가가 그들을 취하여 쓰지 못하는 것일 뿐입니다.

지금 서얼로서 문과에 오른 자가 100여 인을 밑돌지 않고 무변은 또 수십 수백 명일 뿐만이 아닙니다. 그중에 어찌 남다른 재능을 지녀서 일을 맡으면 공적을 이룰 만한 자가 한두 사람이 없겠습니까. 설령 반드시 특별한 재주를 지닌 자가 아니더라도 이미 발신하여 벼슬길에 올라 국가의 은혜에 보답하겠다는 뜻을 품고 있다면, 국가는 또한 마땅히 그 능력의 여부를 고찰하여 진퇴시켜서, 국량의 크기에 따라 각각 그 분수에 맞는 일을 하도록 해야 하니, 이것이 바로 성덕(盛德)의 일입니다. 어찌 반드시 문벌로 제한을 두어서 한결같이 버리고 배척한단 말입니까.

부모가 여러 아이를 차례로 낳아서 한 이불 안에서 기를 때에는 혈맥이 같은 데다 사랑하는 마음이 차별이 없습니다. 일국(一國)은 전하의 이불이고 신들은 사부(士夫)들과 함께 다 같이 전하의 어린아이들과 같습니다. 신들이 우러러 전하께 호소하면서 또한 그 길러 주는 은혜를 고르게 받고자 하는 것이 어찌 인정으로 볼 때 반드시 그럴 수밖에 없는 일이 아니겠습니까. 또 하물며 먼 시골의 평민(平民)들은 부모가 모두 천하여 조금도 양반 가문과는 연관이 없는데도 문과로는 성균관에 들어갈 수 있고 무과로는 혹 곤수(閫帥)에 오르기도 하는데, 신들은 일체 막혀 있습니다. 심지어 인묘 때에 이미 허통했던 삼조(三曹)의 직책에도 다시 의망되지 못하고 외관(外官)은 또 주목(州牧)에도 오르지 못하니, 이것은 국가가 신들을 대우하는 것이 도리어 평민보다도 못한 것입니다. 신들은 더욱 억울함을 이기지 못하겠습니다.

또 한 가지 드릴 말씀이 있습니다. 중국에서 이른바 서얼로서 곽거병(霍去病), 진관(陳瓘), 호인(胡寅) 등 여러 신하처럼 역사책에 일컬어지는 자들은 그 당사자만 모두 서자라고 합니다. 서자의 아들과 손자들은 또 일찍이 서출이라고 배척받은 적이 없고 역사책에서도 다시 식별하지 않았습니다. 우리나라는 그렇지 아니하여, 한번 서얼 계파에 소속되면 그 자손들은 비록 수십 대에 이르더라도 매양 서얼이라고 일컬어집니다. 이러한 까닭으로 서얼의 숫자가 날로 더욱 불어나 거의 온 나라의 절반에 이르렀는데도, 유독 그들의 한 갈래 벼슬길은 날로 더욱 좁아지고 있습니다. 향곡(鄕曲)에서의 딱한 정상은 이무(李袤)의 상소에 갖추 실려 있습니다. 이른바 '오륜도 없으며 사람축에 끼이지 못한다.'라는 한마디 말은 곧 정말 아주 비통해하는 말입니다. 다른 판본에 '온 나라의 절반에 이르렀는데도' 아래에서부터 '신들이 매양 한 번씩 읽을 때마다' 위까지가 "호소할 데가 없는 일개 곤궁한 백성이 되어, 집이 가난하여 스스로 살아갈 수도 없고 사람들에게 버림을 받아서 더불어 무리를 이루지도 못하니 그 곤고하고 불쌍한 정상은 말로 할 수 없을 정도입니다. 고 상신(相臣) 최명길(崔鳴吉)이 이른바, 고개를 떨구고 기가 죽어서 마치 큰 죄를 지은 것과 같다는 등의 말은 신들의 불쌍한 처지를 위하여 꺼낸 말입니다."라고 되어 있다. 신들이 매양 한 번씩 읽을 때마다 자신도 모르게 눈물을 흘립니다. 맹자가 이르기를 '정말이지 제대로만 기른다면 자라지 않을 사물이 없고 제대로 기르지 못한다면 소멸하지 않을 사물이 없다.'[162]라고 하였습니다. 신들은 이미 국가에서 배양해 주는 은택을 입지 못하였으므로, 비록 뛰어난 재능과 아름다운 자질이 있더라도 모두 시속의 하찮은 일에 골몰하느라 성취하는 바가 있을 수 없습니다. 그리하여 지기(志氣)가 꺾여 마치 서리 맞은 초목과 같으니 그 실정이 딱하다고 할 만합니다. 이 한 가지 일만 해도 어찌 전하께서 측은한 마음으로 유념하셔야 할 곳이 아니겠습니까.

•••••

162 정말이지……없다 : 《맹자》 〈고자 상(告子上)〉에 나온다.

오늘날 통용을 어렵게 여기는 자들은 반드시 '조종조의 옛 제도를 가벼이 폐지해서는 안 된다.'라고 하는데 신들은 삼가 그렇지 않다고 생각합니다. 옛사람이 말하기를 '마땅히 준수해야 할 일을 준수하는 것도 계술이며, 마땅히 변통해야 할 일을 변통하는 것 또한 계술이다.'라고 하였습니다. 대저 법제가 오래되어 폐단이 생기면, 비록 조종조의 옛 제도라 하더라도 참으로 한결같이 고집하면서 시대에 따라 변통해야 하는 의리를 잃어서는 안 됩니다. 하물며 서얼을 금고하는 이 제도는 단지 한두 사람의 사사로운 소견에서 나온 것으로써 이미 우리 태조대왕의 옛 제도가 아니고 또한 우리 태종대왕의 본의도 아닙니다. 100년이 지난 뒤에는 선조(宣祖)께서 다시 벼슬길을 허통하셨고 인묘께서 또 삼조(三曹)의 자리에 등용하는 것을 허락하셨습니다. 그렇다면 오늘날 일체 통용하는 것은 한갓 옛 제도를 변통하는 것이 아닐 뿐만 아니라, 바로 선묘와 인묘 두 임금께서 남기신 유지를 계승하는 것입니다. 한갓 선묘와 인묘의 유지일 뿐만 아니라, 실로 우리 태조대왕께서 통용했던 옛 제도입니다. 어찌 명분과 실제를 따져보지 않고 도리어 옛 제도를 가벼이 변경한다고 의심할 수 있겠습니까. 그리고 반드시 기간을 비교하여, 오래도록 허통하지 않던 일이라고 하고자 한다면 우리나라에서 서얼을 통용한 것은 이미 수천 년이 지났고 통용하지 못한 지는 겨우 수백 년이 되었을 뿐이니, 어느 것이 과연 가까운 것이며 어느 것이 오래된 것입니까?

혹 또 '서얼을 통용하지 아니한 지가 이미 오래되었으니, 지금 만약 갑자기 그 제도를 변경한다면 명분이 반드시 무너질 것이다.'라고 하기도 하는데, 신들은 또 그렇지 않다고 생각합니다. 존비(尊卑)의 등분(等分)은 각기 차서가 있고 구분이 명확하여 범할 수 없는 것입니다. 고 상신 오윤겸(吳允謙)의 의론 중에 이른바 '나라의 법도가 참으로 엄격하니, 문란해질 것은 염려할 바가 아닙니다.'라고 한 것이 정말

적확한 의논입니다. 그러므로 성인이 비록 상하(上下)를 분변하고 백성의 뜻을 안정시키는 일에 신중하였지만 인재를 등용함에 미쳐서는 반드시 부류를 따지지 말고 인재를 등용하라고 교훈을 남겼으니, 그 뜻은 본디 나란히 행하여서 서로 어그러지지 않게 하는 것입니다. 지금 비록 공조(公朝)에서 서얼을 통용하더라도, 물러나 사실(私室)로 돌아가게 되면 적서의 분별은 참으로 그대로 있는 것입니다. 어찌 반드시 벼슬길을 끊은 뒤라야 명분이 비로소 그에 의지하여 무너지지 아니하는 것이겠습니까.

신들은 삼가 들으니, 《주역》에 이르기를 '궁하면 변하고 변하면 통한다.'라고 하였습니다. 신들 또한 수백 년 동안 제한을 받아 그 곤궁함이 이미 궁극에 이르렀으니, 지금이 바로 변통해야 할 시기입니다. 그리고 예로부터 성스러운 황제와 명철한 군왕은 마음에 측은한 생각이 한번 들면, 일찍이 옛 제도를 변경하여 천지(天地)의 생성(生成)하는 덕을 본받지 아니한 적이 없습니다. 이를테면 육형(肉刑)[163]의 형법은 삼대(三代)에 처음으로 만들어졌으니 한나라 초기에 이르러서는 그 시행이 오래되었다고 할 만하였는데 문제(文帝)가 소녀의 말을 듣고 결단하여 제거하였습니다.[164] 편배(鞭背)의 형법 또한 역대로 고식적으로 답습해 오던 것이었는데 당(唐)나라 태종(太宗)이 《명당경(明

•••••

163 육형(肉刑) : 몸에 손상을 주는 형벌로써, 묵(墨), 의(劓), 비(剕), 궁(宮), 대벽(大辟)을 말한다.

164 문제(文帝)가……제거하였습니다 : 한 문제 때에 태창령(太倉令) 순우의(淳于意)가 범죄에 연좌되어 형벌을 당하게 되자 그의 딸 제영(緹縈)이 문제에게 글을 올려 "죽은 자는 다시 살아날 수 없고 육형을 받은 자는 다시 붙일 수가 없으니, 비록 허물을 고쳐 새로운 사람이 되고자 해도 방법이 없습니다. 제가 대신 관비(官婢)가 될 터이니, 아비가 형벌을 면하여 새로운 사람이 될 수 있게 해 주소서."라고 하였다. 문제가 그 효심에 감동하여, 순우의의 육형을 사면하였다. 《사기》 권105 〈창공열전(倉公列傳)〉, 《한서》 권23 〈형법지(刑法志)〉 등에 내용이 나온다.

堂經)》을 열람하고는 즉시 명하여 혁파하였습니다.[165] 이 일을 역사책에 기록하여 미담으로 남겼습니다. 더군다나 오늘날 서얼을 금고하여 제한하는 것은 사실 만고에 온 천하를 통틀어 없던 제도입니다. 전하께서 이에 대해 또 무엇이 의심스러워서, 속히 변통하여 수많은 사람들의 소망을 위로하는 일을 망설이신단 말입니까?

쌀을 받고 허통하는 규정은 더욱 원통한 것입니다. 정말이지 막는 것이 옳으면 막고 허통하는 것이 옳으면 허통하는 것이지, 어찌 반드시 대가를 받은 뒤에 과거 응시를 허락하여 마치 사삿집에서 노예에게 허락하는 것처럼 한단 말입니까. 동일인의 딸이 한 사람은 평민(平民)의 처(妻)가 되고 한 사람은 사부(士夫)의 첩(妾)이 되면, 평민의 아들은 문과와 무과를 막론하고 곧바로 과거에 응시하는데, 사부의 아들은 반드시 쌀을 바친 뒤에야 비로소 문과나 무과를 볼 수 있습니다. 그 어미가 미천한 신분임은 동일하고 그 아비는 존비(尊卑)가 현격히 다른데도 조정에서 사부의 아들을 도리어 평민의 아들만도 못하게 대우하니, 신들은 실로 이해하지 못하겠습니다.

아, 하늘과 사람이 감응하는 기틀은 터럭만큼도 오차가 없습니다. 신들이 근심 걱정 속에 답답해하며 밤낮으로 그 금고(禁錮)가 풀리기를 희망하는 자가 이토록 많으니, 삼가 생각건대 자애로운 하늘이 필시 이 일에 감응하여 매우 안타깝게 여기는 바가 있을까 두렵습니다. 전하께서 서둘러 자신에게 돌이켜 원인을 찾으시어 하늘을 감격시키고 화기(和氣)를 불러올 방책은 사실 다른 데에서 구할 것이 없습니

• • • • •

165 편배(鞭背)의……혁파하였습니다 : 편배는 태배(笞背)라고도 한다. 채찍으로 등을 내려치는 형벌이다. 《신당서(新唐書)》 권56 〈형법지(刑法志)〉에 "태종(太宗)이 《명당침구도(明堂針灸圖)》에서 사람의 오장(五臟)이 모두 등에 연결되어 있음을 보고, 편배의 형벌을 금지하였다." 하였다. 침을 잘못 놓으면 오장에 손상이 가서 사망할 수도 있음을 알고, 오장이 연결되어 있는 등에 매질을 하지 못하도록 한 것이다.

다. 삼가 바라건대, 성명께서는 직접 통쾌히 결단하시어 군왕의 도량을 넓히소서. 우러러 열성들이 남긴 뜻을 깊이 유념하시고 신료들의 지론(至論)을 굽어살피시어, 쌀을 받고 통용을 허용하는 규정을 우선 없애고 벼슬길을 넓게 열도록 왕명을 속히 내리시어, 신들로 하여금 재주에 따라 갈고닦아서 헛되이 늙어 가지 않도록 해 주소서. 그리하시면 왕명이 한번 내리자마자 억울함이 모두 풀릴 것이니, 어찌 유독 신들의 한때의 다행만 되고 말겠습니까. 수백 년 이래로 원망을 품고 죽어 간 허다한 인재들이 또한 감격하고 고무되어 지하에서 성명께 보답하고자 할 것이고 하늘도 저절로 형통하여 화기가 흘러넘칠 것이니, 인재를 얻어 화육을 돕는 방도에 반드시 작은 도움이 없지는 않을 것입니다.

신들은 초야에 살면서 나랏일에 대해 제대로 듣고 본 것이 없습니다만 수년 이래로 삼가 듣건대 우리 전하께서 하늘의 재앙이 잇달아 일어나는 것을 진념하시고 재앙을 해소할 좋은 방책을 듣고자 하신다기에, 신들이 속으로 강구해 보기를 '재변이 일어나는 의미는 심원하여 알기 어렵지만 놀랄 만한 재변이 모두 한 시기에 집중되어 일어나 마음이 놀라고 보기에 두려우니, 한 사람의 원한이 초래할 수 있는 재앙이 아니다. 반드시 여러 세대 동안 이어져 온 폐정(弊政)을 혁신하여 온 나라의 원통하고 억울한 것을 모두 풀어 준 뒤라야 바야흐로 하늘의 노여움을 해소하고 사람들의 화합을 이룰 수 있을 것이다.' 라고 생각하였습니다.

드디어 한 도(道) 70주(州)의 1000여 인이 뜻을 합치고 말을 합하여 대략 한 통의 상소문을 엮어서 대궐에 와서 누차 정원에 올렸으나 끝내 성상께 올라가지 못하였습니다. 신들이 궐문 밖에서 방황하며 호소한 지가 전후로 4개월인데 성상께서 계신 곳이 천리처럼 멀어서 진달할 방법이 없는지라, 바야흐로 통곡하고 눈물을 흘리며 서로들

이끌고 시골로 돌아가려고 하였습니다. 그런데 전하께서 구언(求言)하라는 하교를 마침 이때에 내리셨습니다. 이는 피눈물로 쓴 상소를 성상께 전달하고자 하는 신들의 처지를 하늘이 돌보아 준 것이 아니겠습니까.

아, 한때의 억울한 일도 오히려 원통함을 풀고자 하는 법인데, 하물며 수백 년이나 오래 지속된 일이겠습니까? 한 사람이 원통함을 품은 것도 오히려 변설되기를 생각하는데 하물며 수많은 사람들이 품은 원통함이겠습니까? 대저 수백 년 묵은 고질적인 폐단이자 수많은 사람들이 억울하게 여기는 일을 반드시 오늘날 풀고자 하는 것은 바로 이른바 그 시기를 고찰해 보면 지금이 그러할 만한 때이기 때문이며, 조금이나마 하늘을 감동시키는 일단의 일이 반드시 아니되지는 아니할 것이기 때문입니다.

신들은 모두 미천하고 보잘것없는 신하들로서 우러러 성상을 번거롭게 해 드리는 일이 몹시 외람된다는 것을 알고 있으니 죄가 만번 죽어 마땅합니다만, 원통한 소회가 북받쳐 부득불 천지 부모와 같은 성상 앞에 큰 소리로 호소합니다. 삼가 바라건대 성명께서는 그 참람함을 용서하시고 특별히 불쌍히 여겨 살펴 주소서."

하였다.

같은 해, 진사 유일상(柳日祥) 등이 상소하였다. 소본(疏本)은 남극정(南極井)의 상소문과 대동소이하다. 그 대략에 "신들이 이 억울함을 품고 지내 온 지가 하루 이틀이 아닙니다. 아비에게서 손자에게로 전해져서 대대로 원통함을 품고 있으니, 한번 다 토로하고 싶은 마음이 없는 자가 누가 있겠습니까? 그러나 세속의 고질이 되었는지라 스스로 나서지 못하고 있었습니다. 또한 혹시라도 조정에서 변통해 주기를 기다리며 묵묵히 때를 기다린 지가 오래되었습니다. 지금 영남 생원 남극정이 도내의 1000여 인과 합사하여 상소를 엮어서 대궐에 와서 올렸습니다. 신들은 모두 같은 처지에 있는 사람으로서, 의리상 행동을 다르게 할 수 없기에 드디어 남극정 등과 한목소리로 천지 부모와 같은 성상 앞에 다 함께 호소합니다. 지금 신들이 구구절절 진달하는 바는 모두 가슴속에서 나온 것이어서 실로 나라를 다스리는 대체(大體)에 관계되고 훌륭한 정치를 이루는 본원(本源)에 관계되니, 참으로 중차대한 것입니다. 만약 다른 사람이 이런 말을 올린다면 올바른 말이요 강직한 의논이라 국가를 위한 깊고 원대한 생각에서 나온 말이라고 하겠습니다만, 신들의 입에서 나왔으니 자신들의 문제를 호소한다는 혐의가 있지 않겠습니까. 그러나 무릇 바른말을 듣는 도리는 단지 의리가 어떠한지만 볼 따름입니다. 정말이지 이치에 합당하다면 각각 그 원통함을 호소하더라도 무슨 문제가 있겠습니까. 하물며 고금에 군주에게 진언했는데 그 지위를 벗어났다는 기롱을 받으면 '대신(大臣)이 말하지 않기 때문에 소신(小臣)이 말하는 것일 뿐입니다.'라고 했다고 들었습니다. 지금은 단지 다른 사람이 말하지 않기 때문에 신들이 스스로 말하는 것일 뿐입니다. 삼가 원하건대 전하께서는 유념하여 살펴 받아들이시어, 사람이 하찮다고 해서 그 말까지 폐기하지 마시기 바랍니다.……" 하였다.

숙묘(肅廟) 병자년(1696, 숙종22) 7월, 명곡(明谷) 최석정(崔錫鼎)이 차자를 올렸다.[166] 그 내용에,

"신이 삼가 생각건대 우리나라는 인재를 등용함에 오로지 문벌만을 숭상하여 서울 명문가를 우선하고 지방 인재를 뒤로 돌리니, 이미 옛날의 '부류를 따지지 아니하고 현능한 자를 등용한다.'라는 의리에 어긋납니다. 서얼의 진출을 막는 일에 이르면, 이는 본래 옛 제도가 아니고 본조(本朝)에서 시작되었습니다. 본조의 중엽 이전에 우대언(右代言) 서선(徐選)이 창도하였고, 찬성(贊成) 강희맹(姜希孟)이 그것을

• • • • •

166 명곡(明谷)……올렸다 : 이 내용은《명곡집(明谷集)》 권15 〈진서관구재지방차(陳序官求才之方箚)〉에 전문(全文)이 실려 있고,《숙종실록》 22년 7월 21일 기사에 축약된 내용이 실려 있다.

이어서 100여 년 동안에 금고하는 것이 습속을 이루었습니다.

선묘(宣廟) 때에 이르러 선정신 이이(李珥)가 처음으로 '쌀을 받고 허통하자는 의논'을 꺼내어, 이로부터 문무과(文武科)에 응시하는 것을 허락하였는데, 여러 청요직(淸要職)에는 허락하지 않고 막았습니다.

인묘(仁廟) 때에 신의 조부 최명길(崔鳴吉)이 부제학으로 있을 때에 차자를 올려 12조항을 진달하였는데, 서얼을 허통하자는 것이 그 한 조항이었습니다.[167] 의논을 묘당(廟堂)에 내려 결정하여 사목(事目)을 만들어서 '과거에 급제한 뒤에 요직을 허락하고 청직은 허락하지 않는다.'라는 내용으로 성상의 뜻을 여쭈어 결재를 받아 양사(兩司)의 서경(署經)을 거쳤지만, 오래도록 거행하지 않았습니다.

신의 조부 최명길이 전조(銓曹)의 장관으로 있을 때에 사목을 인용하여 진계하기를 '서얼이 과거에 급제한 뒤에 으레 제수하는 관직은 봉상시와 교서관의 서너 자리에 불과할 뿐이어서, 비록 재능을 지닌 인재가 있더라도 그 온축한 것을 펼 수가 없습니다. 사목에 이른바, 요직을 허락한다는 것은 바로 호조·형조·공조의 낭관 및 각 관사(官司)의 대등한 벼슬자리를 말합니다. 수교(受敎)에 의거하여 재능에 따라 의망하게 하소서.'라고 하여, 윤허를 받았습니다.[168] 그 뒤 서너 사람이 낭관에 주의(注擬)되었습니다. 그 뒤 인순고식적으로 지내면서 시행하지 않은 채 오늘날에 이르렀고 또 60년이 지났습니다.

하늘이 인재를 내는 것은 신분의 귀천에 따라 다르지 않습니다. 중국에도 없고 고려 때에도 없었던 제도를 우리 조선에서만 유독 시행하고 있으니, 많은 사람들 중에 어찌 재능을 갖춘 뛰어난 인재로서

•••••

167 최명길(崔鳴吉)이……조항이었습니다 : 《인조실록》 3년 9월 23일 기사에, 홍문관이 임금을 경계하는 12조목의 말을 진달하였다는 간단한 기록이 실려 있다.

168 최명길이……받았습니다 : 《인조실록》 11년 10월 15일 이조의 계사에 나온다.

비쩍 마른 목과 누렇게 뜬 얼굴로[169] 초야에 묻혀 죽어 가는 자가 없겠습니까. 필부(匹夫)가 원한을 품어도 하늘의 화기(和氣)를 손상하기에 충분한데, 하물며 이렇게 서얼의 숫자가 매우 많은 경우이겠습니까?

선조대왕께서 일찍이 말씀하시기를 '해바라기〔葵藿〕가 태양을 향함에 곁가지를 가리지 않는다. 신하가 충성을 하고자 함에 어찌 반드시 정적(正嫡)이라야 하랴.'라고 하셨습니다. 여기에서 대성인(大聖人)의 마음 씀이 참으로 깊은 생각에서 나왔음을 알 수 있습니다. 그러나 열조(列朝)의 성군(聖君)들과 훌륭한 선배 신료들도 끝내 변동하지 못하였습니다. 송익필(宋翼弼)은 학술이 뛰어나 세상의 큰 유학자였는데도 포의(布衣)로 평생을 마감하였고, 근세에 신희계(辛喜季)는 문장(文章)으로, 우경석(禹敬錫)과 유시번(柳時蕃)은 재능으로 뛰어난 인재들이었는데도 모두 그 뛰어난 재주를 펴지 못하고 말단 관직이나 작은 고을의 벼슬에 그치고 말았습니다. 애석함을 이루 말할 수 있겠습니까?

옛사람들은 낚시하고 도살하던 현인[170]도 등용하였고 도적이나 창고지기 중에서도 인재를 취하였습니다.[171] 선유(先儒)들도 서리나 상

•••••

169 비쩍……얼굴로 : 《장자》 〈열어구(列禦寇)〉에 "송(宋)나라 조상(曹商)이라는 자가 진(秦)나라에 사신으로 가서 수레 100대를 받아 돌아와서 장자에게 말하기를 '궁벽한 시골에서 짚신이나 삼으며 비쩍 마른 목과 누렇게 뜬 얼굴로 곤궁하게 살아가는 것은 내가 잘하지 못하는 것이고, 한번 만승의 군주를 깨우쳐서 내 뒤에 수레 100대를 따르게 하는 것은 내가 잘할 수 있는 일이라네.' 하였다." 하였다. 비쩍 마른 목과 누렇게 뜬 얼굴은 곤궁하여 안색이 초췌한 모습을 형용하는 말이다.

170 낚시하고 도살하던 현인 : 강태공(姜太公) 여상(呂尙)을 말한다. 84쪽 주155 참조.

171 도적이나……취하였습니다 : 《예기》 〈단궁 하(檀弓下)〉에 의하면, 춘추 시대 진(晉)나라 조문자(趙文子)가 진나라에 천거한 사람 중에는 창고지기〔管庫〕가 70명이나 있었다고 한다. 《예기》 〈잡기(雜記)〉에 의하면, 관중은 도적 떼 중에서 두 사람을 환공(桓公)에게 천거하였다고 한다. 43쪽 주30 참조.

인 같은 천인 중에서도 인재를 취해야 한다고 주장하였습니다. 현인을 얻고 인재를 등용하는 방법이 이와 같이 넓었습니다. 오늘날 서류(庶流)에 소속된 사람들이 비록 사족(士族)과 똑같을 수는 없겠지만, 그래도 천한 서리나 상인보다야 낫지 않겠습니까?

오늘날 세도가 야박하고 습속이 이미 고질이 되었으니 비록 묵은 폐단을 통렬히 혁신할 수는 없더라도, 서얼 부류들 가운데 만약 쓸 만한 재능을 지닌 자가 있으면 그에 상당하는 관직을 주어서 볼만한 공효를 이루도록 해 보는 것이 마땅하다고 생각합니다. 과거(科擧)에 급제한 사람은 정해진 제도에 따라 그대로 삼조(三曹)와 각 시(寺)의 자리에 제수하고, 이재(吏才)가 있는 자는 주군(州郡)의 벼슬을 주되 무리 중에서 남다른 재능이 있는 자는 이런 제한에 구애받지 않게 하는 것이 마땅할 것입니다. 음관과 무관도 그 길을 조금 넓혀서, 인재를 버린다는 탄식이 없게 하는 것이 마땅할 것입니다.

쌀을 받고 허통하는 일은 애초에는 북변 이호(尼胡)의 변란[172] 때문에 이 제도를 만들어 군흥(軍興)을 보조하였던 것인데 그대로 서얼을 허통하는 계제가 되었으니, 때에 맞게 잘 조처한 것이라 하겠습니다. 다만 생각건대 받아들인 약간의 쌀은 유사(有司)의 경비에 귀속되지 아니하고, 가난하여 곡식을 바칠 수 없는 자는 스스로 발신할 수가 없으며, 시행한 지가 오래되어 폐단도 많이 생겼습니다. 마땅히 관대한 은전을 특별히 베풀어서, 쌀을 바치는 제도를 없애 허통한다는 명분을 개혁해야 한다고 생각합니다.

이렇게 하면 많은 사람들이 기뻐할 것이고 화기(和氣)가 저절로 돌아올 것입니다. 오직 전하께서 사리를 깊이 살피시어 속히 시행하시

• • • • •

172 이호(尼胡)의 변란 : 1583년(선조16) 2월 함경도의 여진족 이탕개(尼湯介) 무리가 경원(慶源)을 공격하자 경원 부사 김수(金璲)가 패하여 성이 함락되었다. 이탕개는 여세를 몰아 종성(鍾城)을 포위하였다가 온성 부사(穩城府使) 신립(申砬) 등의 군대에 의해 평정되었다.

기에 달려 있습니다. 이것이 신이 이른바 '원통함의 단서〔冤屈之端〕' 라는 것입니다. 막혀서 침체되어 있는 자를 소통하여 진작시키고 원통하게 억압받는 자를 펴서 통하게 하면, 정치에 작은 도움이나마 없지 않을 것입니다. 삼가 원하건대 성명께서는 묘당에 하문하시어 재결하여 처리하소서."

하니, 답하기를,

"묘당과 의논하여 처리하도록 하겠다."

하였다.

우암(尤庵) 송시열(宋時烈)의 〈의소(擬疏)〉[173]에,

"서얼의 진출을 제한하는 제도는 애당초 조종조에서 정한 제도가 아닙니다. 그러므로 국초(國初)에 정도전(鄭道傳)은 그 어미가 사실은 사비(私婢)였는데도 정도전은 대제학이 되었습니다. 그렇다면 제한을 두게 된 이유는 아마도 중간에 나온 것인 듯합니다. 맹자는 성탕(成湯)의 성스러움을 일컬으면서 '부류를 따지지 아니하고 현인을 등용하였다.'라고 하였습니다. 하물며 오늘날은 인재가 드물어서 항상 부족함을 염려해야 하는 때입니다. 저 서얼 중에 만약 쓸 만한 인재가 있다면 버려두는 것은 아깝습니다. 그래서 신이 일찍이 이 일을 탑전에서 진달했더니 전하께서도 옛 제도가 너무 각박하다고 탄식하셨습니다……"

하였다.

•••••

173 송시열(宋時烈)의 의소(擬疏) : 《송자대전(宋子大全)》 권13에 실려 있는 〈의소〉를 말한다. 의소는 올릴 목적을 두지 아니한 채 상소문의 형식과 동일한 형식으로 작성한 문장을 말하는데, 때로는 지어 놓고 올리지 아니한 상소문을 가리키는 말로 쓰이기도 한다.

남계(南溪) 박세채(朴世采)가 주강(晝講)에 입시했을 때에 아뢰기를,[174]

"우리나라는 인재를 등용하는 길이 너무나도 좁아서, 문벌 이외에는 비록 남달리 특출한 인재가 있더라도 다 등용할 수가 없습니다. 만약 통상적인 관행만 따르고 묵은 제도만을 지키려 한다면 끝내 서울과 외방의 인재들을 거두어 모으지 못할 것입니다. 통상적인 규정을 따지지 말고 크게 변통하여 널리 인재를 취하도록 하는 것이 온당할 듯합니다."

하였다. 박세채가 일찍이 《계고록(稽古錄)》을 올렸는데,[175] 중봉(重峯)의 《동환봉사(東還封事)》의 통용서얼조(通用庶孽條)[176]를 취하여 덧붙여 엮었다. 이 아래에는 응당 〈진계고록차(進稽古錄箚)〉가 있어야 한다.

• • • • •

174 박세채(朴世采)가……아뢰기를 : 《남계집(南溪集)》 권17 〈연중강계(筵中講啓) 이월이십육일희정당주강(二月二十六日熙政堂晝講)〉에 실려 있다.

175 일찍이 계고록(稽古錄)을 올렸는데 : 《숙종실록》 20년 11월 21일 기사에 의하면 좌의정 박세채가 차자를 올리면서 《계고록》을 함께 올렸다.

176 중봉(重峯)의 동환봉사(東還封事)의 통용서얼조(通用庶孽條) : 중봉 조헌(趙憲)은 1574년(선조7) 5월 성절사 박희립(朴希立), 서장관(書狀官) 허봉(許篈)과 함께 질정관으로 북경에 갔다가 그해 11월에 돌아왔다. 조헌은 중국 제도를 우리나라에 적용하고자 하여 8조와 16조 시무(時務) 상소 두 종을 지었다. 먼저 8조 상소를 올리자 선조가 수용하지 않았다. 16조 상소는 올리지 않았다. 1622년(광해군14) 안방준(安邦俊)이 조헌의 이 두 상소를 편차하여 《동환봉사》라고 제명하고 1626년(인조4) 목판으로 간행하였다. 《동환봉사》 16조 상소의 제8조가 '취인지방(取人之方)'인데, 서얼 허통에 대한 내용이다. 《중봉집》 권3과 권4에도 이 두 상소가 실려 있다.

통색촬요

제2권

영조(英祖)

영조가 등극한 갑진년(1724, 영조 즉위년) 12월 17일, 유생 정진교(鄭震僑)[1] 등이 상소하기를,

"삼가 아룁니다. 윤음[2]을 선포하여 널리 직언을 구하시니, 자신을 책망하고 폐단을 바로잡으려는 뜻이 성상의 윤음 속에 넘쳐났으며 곤궁한 이를 불쌍히 여기고 원통함을 하문하는 교시가 8조항[3] 중에 밝게 게시되었습니다. 반복한 말씀이 자상하고 글의 뜻이 간절하였으니, 오늘날 신하 된 자치고 누군들 한결같이 순수한 마음으로 우리 전하께서 재앙을 일소하려는 정책을 받들려 하지 않겠습니까.

군사와 국가의 기밀한 정무는 묘당에서 말하고 관리의 잘못은 대각에서 논하고 백성의 고통은 지방 장관이 아뢰고, 유학의 시비는 사림이 변론하여 각자 자신의 직분을 수행해서 크고 작은 일에 빠뜨림

•••••

1 정진교(鄭震僑) : 1660~?. 통덕랑(通德郎) 정중윤(鄭重胤)의 아들로 1683년(숙종9) 진사시에 합격하였다. 정진교 등이 승정원에 상소를 올렸으나 받아 주지 않자, 영조가 경종(景宗)의 초상에 반우(返虞)를 위해 거둥할 때 작문(作門)에 난입하여 올렸는데 그 내용은 《통색촬요》 제1권의 남극정(南極井) 상소와 유사하다.

2 윤음 : 《영조실록》 즉위년 9월 22일 기사를 보면 영조가 신포(身布) 징수 문제와 곤궁한 사람들의 실정에 대하여 의견을 구하는 윤음을 내렸다.

3 8조항 : 《영조실록》 즉위년 11월 1일 기사를 보면 영조가 전날 벼락이 친 것으로 인하여 "내가 수기의 공에 아직 능하지 못한 바가 있는가? 마음을 비우고 받아들이는 도량에 미진한 바가 있는가? 자봉하는 절도에 사치한 바가 있는가? 신하를 대우하는 도리에 성실하지 못한 바가 있는가? 어진 이가 재야에 있는데 능히 수용하지 않는 바가 있는가? 궁박한 사람이 원망을 품고 있는데 구중궁궐까지 알려지지 못한 것인가? 조정의 기상이 화평하지 못하여 천기를 감상시킨 것인가? 공의가 가리어져 막히고 사의가 횡행하는 것인가?[修己之功有所未能歟? 虛受之量有所未盡歟? 自奉之節有所侈奢歟? 待臣之道有所不誠歟? 賢人在野, 未能收用歟? 窮人抱冤, 未達九重歟? 朝象不和, 感傷天氣歟? 公議壅閼, 私意縱行歟?]"라는 8가지 항목에 대하여 반성하고 의견을 구하는 비망기를 내렸다. 정진교 등이 상소를 올릴 때 장대에 궁박한 사람이 원망을 품고 있다는 '궁인포원(窮人抱冤)' 네 글자를 쓴 종이를 매달아 영조의 눈에 띄게 하였다.

이 없을 것입니다. 그러나 신들이 수백 년 동안 금고되어 억울한 사정이 있는데도 신원되지 못하고 있는 것은 바로 곤궁한 백성이 원통함을 품은 중대한 사안인데도, 한쪽에 제쳐 둔 채 한번도 임금께 아뢴 적이 없습니다. 원통함을 품고 있어도 임금께 알릴 길이 없어 고개를 숙이고 뜻을 억누른 채 제대로 어찌해 보지도 못하고 천지 사이의 죄인이 되었습니다. 아, 천지 사이에 있는 것들은 날벌레도 그 조화 안에 포함되고, 비와 이슬이 적셔 주는 데에는 쑥바귀도 그 은택을 입습니다. 미물도 그러한데 하물며 사람은 어떻겠습니까?

이런 까닭에 성명(聖明)한 시대에는 필부필부(匹夫匹婦)가 원통함을 품고 있어도 모두 정치에 누가 되기에 충분하여 천지가 감응하여 재앙을 불러옵니다. 하물며 서얼의 벼슬길을 막는 이 법은 천하 만고에 없던 바인데도, 지금까지 답습하여 수많은 인재가 누추한 집 안에서 머리를 산발한 채 늙어 죽어서 생전에 재능을 펴 보지 못하게 하고 있습니다. 화기(和氣)를 손상시키는 것이 어찌 다만 필부필부가 원통함을 품은 정도에 그치겠습니까.

신들이 이에 대해 다시 전하를 귀찮게 해 드린다는 핑계로 자신의 불행을 표현하는 것을 꺼려하여 눈치나 보고 두려워만 하다가 끝내 딱한 사정을 한번 아뢰지 않는다면, 아무리 성명하신 전하일지라도 필시 고질적인 폐단을 통촉하여 전대의 공정한 인재 등용 제도를 회복하지 못하실 것이며, 신들도 끝내 지하에서 편히 눈을 감지 못하는 죄인이 될 것입니다. 이에 감히 합사(合辭)하여 한목소리로 당초 폐고된 전말과 전대 성왕께서 변통한 명을 모두 갖추어 우러러 호소합니다. 삼가 바라건대 성명께서는 불쌍히 여겨 살펴 주시기 바랍니다.

신들이 삼가 듣건대, 하늘이 인재를 낼 때에는 본래 문벌에 따라 차별을 두지 아니하며, 제왕이 인재를 등용할 때도 문벌을 따지지 아니하고 그 재능 여부만 보고서 취한다고 하였습니다. 예전의 역사를 두루 살펴보면, 들에서 농사짓는 자나 도축이나 낚시하는 자 가운데서 뽑기도 하고 항오의 군졸이나 노예 중에서 발탁하기도 하였습니다. 공경(公卿) 집안의 서얼은 처지가 비록 적자와는 차별이 있다 하더라도 가문이 본래 하천(下賤)과는 매우 다르므로 임용할 즈음에 구별한 적이 없었습니다. 삼대(三代) 이래로 한(漢)·당(唐)·송(宋)·명(明)에 이르기까지 서얼의 신분으로서 장상(將相)이 되어 명성과 공적을 드러낸 자는 다 기록할 수 없을 정도입니다. 우리나라도 위로 삼국(三國)이 정립(鼎立)하였을 때부터 아래로 고려(高麗) 500여 년 동안의 인재 등용 제도 또한 한결같이 중화(中華)의 제도를 준행하여 적서(嫡庶)에 조금도 차별을 두지 않았습니다.

우리 태조대왕(太祖大王)께서 대업(大業)을 창건하여 전장(典章)을 정리할 때에도 벼슬길에 구별을 두지는 않으셨습니다. 그런데 태종조(太宗朝)에 이르러 우대언(右代言) 서선(徐選)이 처음으로 전에 없던 의론을 주창하여 서얼의 자손을 현직(顯職)에 서용하지 못하게 하였습니다. 그 뒤 강희맹(姜希孟) 등이 《경국대전(經國大典)》을 편찬할 때는 벼슬자리에 나아가는 길과 과거에 응시하는 길까지 아울러 금고하여 막았습니다. 이런 까닭으로 《경국대전》을 반포하던 해에 가뭄이 혹심하여 굶어 죽는 사람이 즐비하자 의견을 내는 자들이 모두 이 문제 때문이라고 탓하였습니다. 그러므로 성묘(成廟)께서 가엾게 여겨 마음을 쓰셔서 경장(更張)하고자 하였으나, 미처 시행하지 못하고 갑자기 세상을 떠나셨습니다.

선묘(宣廟) 초기에 신분(申濆) 등 1000여 인이 글을 올려 원통함을 호소하자, 선묘께서는 보시고 불쌍히 여겨 이에 하교하시기를 '해바라기가 태양을 향함에 곁가지를 가리지 않는다. 신하가 충성을 하고자 함에 어찌 꼭 정적(正嫡)이어야만 하겠는가.'라고 하셨습니다. 여기서 대성인(大聖人)의 대공지정(大公至正)한 마음을 볼 수 있으며 신들이 죽을 때까지 엄숙히 읽으며 흠송하고 있습니다. 만력(萬曆) 계미년(1583, 선조16)에 이르러 선정신(先正臣) 이이(李珥)가 비로소 옛 제도를 회복하여 통용하자고 건의하였는데, 마침 변경의 위급한 보고가 있던 탓에 갑자기 변경할 겨를이 없어 먼저 허통(許通)하는 길과 과거에 응시하는 길을 열었으니, 그 뜻은 대개 차례로 소통하고자 한 것이었습니다.

인묘조(仁廟朝)에 이르러서는 부제학(副提學) 최명길(崔鳴吉)이 동료인 김남중(金南重), 이성신(李省身), 이경용(李景容) 등과 더불어 응지(應旨)의 글을 올리면서 통용할 것을 힘써 청하였습니다. 그 글에 '예제(禮制)의 규정을 삼대(三代)보다 엄격히 세웠던 때가 없었으나, 적서의 명칭은 사실(私室)에서만 행해지고 조정에서는 시행되지 않았습니다. 문벌의 구별을 육조(六朝)보다 심하게 따진 적이 없었으나, 인재를 등용할 때는 아비의 성(姓)만 묻고 어미의 일가붙이는 묻지 않았습니다. 대개 하늘이 인재를 낼 때 귀천에 따라 차이를 두지 않았고, 왕자(王者)가 인재를 등용할 때 문벌에 구애받지 않았으니, 이것은 천리상 당연한 일이고 백대가 지나도 왕들이 바꾸지 못하는 바입니다.

우리나라에서 서얼을 현직에 서용하지 말자는 의론은 서선에게서 처음 나왔는데, 그 뒤로 갈수록 한 단계씩 더욱 심해져 마침내 자자손손 영구히 금고(禁錮)되기에 이르렀습니다. 비록 재주와 덕이 있더라도 모두 억눌리고 막혀 세상에 이름을 떨치지 못하고 배척받아 사람들 사이에 끼이지 못한 채, 고개를 숙이고 기가 죽어 마치 큰 죄를 지은 것 같습니다. 그래서 다시 부자간의 윤리도 군신(君臣)의 의리도 없게 되어 버려 인륜의 기강을 해치고 천리를 거스르는 것이 이보다 심한 것이 없게 되었습니다. 아, 필부가 원망을 품어도 화기를 손상시키기에 충분한데, 하물며 그 수가 헤아릴 수 없을 만큼 많은 데야 더 말할 나위가 있겠습니까. 삼가 바라건대, 전하께서 재주에 따라 거두어 녹용(錄用)하심으로써 막혀 답답한 기운을 풀어 주고 인재를 등용하는 길을 넓힌다면, 세도(世道)를 도와서 인화(人和)를 이루기에 충분할 것입니다.……'라고 하였습니다. 신풍부원군(新豐府院君) 장유(張維)도 상소를 올려 이어서 논하자, 인조대왕께서 해당 조(曹)로 하여금 상께 여쭈어 처리하게 하셨습니다.

이조 판서 김상용(金尙容)이 회계(回啓)하기를 '하늘이 인재를 낼 적에는 진실로 적서에 차이를 두지 않았는데, 서얼을 금고하는 것은 곧 우리나라의 나쁜 법으로 고금 천하에 없던 일입니다. 우리나라는 땅덩어리가 치우쳐 있고 작아 인재가 매우 적으므로 당대의 인재를 모두 등용하더라도 오히려 부족할까 근심스러운데 법을 너무 엄격히 만들고 심하게 차별하여, 하늘이 낸 인재도 다 등용하지 못하고 있습니다. 옛날 고려 왕조에서는 서얼을 금고한 적이 없는데, 본조 초기에 서선이 현직에 서용하지 말자는 의론을 처음으로 제기하였으며, 그 뒤로 점차 심해져 강희맹에 이르러서는 폐고하는 것이 더욱 심해졌습니다. 천인(賤人)의 자손도 벼슬길에 나아갈 수 있는데 사대부의 서얼은 자자손손 한결같이 굳게 막혀 있어 비록 보통 사람을 뛰어넘는 재지가 있더라도 종신토록 하류(下流)에 침체되어 있으니, 애석함을 이루 말할 수 있겠습니까. 옥당은 공론(公論)을 논하는 곳인데 묵은 폐단을 통렬히 혁파하고자 하여 이렇게 의견을 개진하였으니, 이대로 시행하여 인재를 등용하는 길을 넓히는 것이 마땅할 듯합니다.……'라고 하고, 이어 대신(大臣)의 의견을 종합한 다음에 결정할 것을 청하였습니다.

그 당시 상신(相臣)이었던 이원익(李元翼)·윤방(尹昉) 등이 헌의(獻議)하기를 '서얼을 비천하게 여기고 박대하는 것은 천하 만고에 없던 법으로, 왕자(王者)가 부류를 따지지 않고 현인을 등용하는 도리에 자못 흠이 됩니다. 유신(儒臣)이 올린 차자에 아주 대단한 소견이 있습니다.'라고 하였습니다. 그리고 상신(相臣) 오윤겸(吳允謙)이 헌의하기를 '서얼을 금고하는 것은 고금 천하에 없던 법으로, 실로 지나치게 편향되고 속 좁은 견해입니다. 이는 천지가 낳고 이루어 주는 뜻을 해치고, 선왕(先王)의 공평하고 정대한 정사가 아니니, 통용하는 것이 실로 이치에 맞습니다. 세간에서 행하기 어려운 게 문제라고 걱정하는 사람은 모두 명분이 문란해질 것을 말합니다만, 적서의 명분은 단지 자기 집안 내부에서의 일일 뿐이고, 조정에서는 현재(賢才)를 거두어 쓸 뿐입니다. 비록 귀하고 현달하게 된 뒤라 할지라도 적서 사이에 만일 명분을 범하는 일이 생긴다면 나라의 법이 진실로 엄하게 적용될 것이니, 문란해질 것에 대해서는 염려할 바가 아닙니다.'라고 하였습니다. 해당 조의 복계(覆啓)와 대신의 헌의는 모두 일체 통용하자는 뜻에서 나온 것이었으며, 2품 이상 여러 신하의 의논 또한 모두 하나로 귀착되었습니다. 다만 몇 사람이 이견(異見)을 세워, 삼조(三曹)[4]에만 허통(許通)하기로 하였습니다.

그 뒤에 고(故) 상신 최명길이 전조(銓曹)의 판서로 있을 때 또 아뢰기를 '일찍이 을축년(1625, 인조3)에 영부사(領府事) 이원익(李元翼)이 홍문관의 차자로 인해, 서얼이 등과(登科)한 뒤에는 요직(要職)은 허용하되 청직(淸職)은 허용하지 않는다는 것으로 성지(聖旨)를 여쭈어 재가를 받자, 양사(兩司)가 서경(署經)하고 예조에 간직해 두어 백대의 성법(成法)으로 삼았습니다. 그런데 지금 9년이 지났건만 하나도 거행하지 않아 성조(聖朝)에서 강구하여 정한 제도를 빈말로 만들고 말았으니, 매우 온당치 못한 일입니다. 삼가 생각건대, 서얼이 등과한 뒤 으레 제수받는 직임은 봉상시와 교서관의 서너 자리에 불과할 뿐입니다. 비록 재능이 있는 사람이라 할지라도 평소 축적해 둔 바를 펼

• • • • •

4 삼조(三曹) : 호조, 형조, 공조를 말한다.

칠 수가 없으니, 참으로 애석한 일입니다. 사목(事目) 안에 이른바 요직에 허용한다는 것은 곧 호조, 형조, 공조의 낭청과 각 관사의 장관(長官)을 말하는 것입니다. 지금부터는 수교(受教)대로 재능에 따라 의망하는 것이 어떻겠습니까?'라고 하여 상께서 윤허하셨습니다.

이때에 신희계(辛喜季), 심일준(沈日遵), 김굉(金宏), 이경선(李慶善) 등 몇 사람이 형조와 공조의 낭청에 제수되는 데 그치고, 그 뒤로 더 이상 삼조에 발을 들여놓지 못한 지 거의 50년째입니다. 숙종조에 이현(李礥) 한 사람이 겨우 호조 낭청에 제수되었는데, 사람들이 떼 지어 일어나 배척하는 바람에 결국 정고하여 체직(遞職)되었고 그 뒤로는 지금까지 잠잠하기만 합니다.

아, 문성공(文成公) 이이는 바로 선묘(宣廟) 때의 대현이었고, 완성부원군(完城府院君) 최명길 이하 여러 대신(大臣) 또한 모두 인묘(仁廟) 때의 명신으로서 나라의 주춧돌이고 조정의 시귀(蓍龜)였습니다. 그들이 낸 계책은 세도(世道)를 보필할 만하고, 그들이 낸 의견은 인륜을 떠받칠 만하였는데, 서얼을 통용하고 인재를 거두어 쓰는 것을 급선무로 여기지 않은 이가 없었으니, 지극히 공정하게 하여 차별없이 인재를 등용하려는 뜻을 또한 알 수 있습니다. 만약 저 신하들이 오늘날의 조정에 있다면, 부류를 따지지 않고 어진 이를 등용하는 전하의 은덕으로 장차 그 의견을 채택하여 시행하시겠습니까, 아니면 그들의 의견을 비난하고 배척하시겠습니까. 옛적에 한(漢)나라 신하 위상(魏相)[5]은 명신 가의(賈誼), 조조(晁錯), 동중서(董仲舒) 등이 말한 것을 차례로 뽑아 일체 시행하기를 청하였습니다. 만약 그 계책과

•••••

5 위상(魏相) : 한(漢)나라 때의 명신이다. 대사농(大司農), 어사대부(御史大夫), 승상(丞相) 등을 지냈고 고평후(高平侯)에 봉해졌다. 위상은 《역경(易經)》에 밝았고 한나라 고사(故事)를 살펴보기를 좋아하였다. 현신(賢臣) 가의(賈誼), 조조(晁錯), 동중서(董仲舒)가 과거에 건의했던 정책들을 시행하기를 주청하였다. 《한서》 권74 〈위상전(魏相傳)〉에 나온다.

건의가 나라를 이롭게 하고 치도(治道)에 보탬이 된다면, 어찌 그 사람이 있고 없음에 따라 취하거나 버리거나 하겠습니까.

아, 선비가 세상에 태어나면 충효의 마음은 모두가 같은 것이니, 누군들 충성을 다하여 군주를 섬기고 이름을 날려 부모를 드러냄으로써 나의 분수에 해야 할 일을 다 하려고 하지 않겠습니까. 신들은 모두 높은 벼슬아치의 후예로서 어려서부터 열심히 노력하여 가정에서 익히고 배우며 시서(詩書)를 갈고닦았습니다. 과거에 급제하여 이름이 사적(士籍)에 오르게 되어서는 또한 모두 각각 자신의 직무를 소임으로 삼아 부지런히 재능을 펼쳐 티끌만큼의 보답이라도 바치고 싶어 하는 마음이었습니다. 그런데 벼슬의 이름이라는 것이 내직으로는 주부(主簿)나 전적(典籍)에 그치고, 외직으로는 찰방(察訪)이나 현감(縣監)에 불과하며, 무직(武職)으로는 단지 첨사(僉使)나 만호(萬戶)에 그칠 뿐입니다. 이런 몇 개의 미관말직이 어찌 재능을 펼치기에 충분한 자리이겠습니까. 간혹 화려한 문장이나 치적(治績)으로 통정대부(通政大夫)의 자급(資級)을 받는 경우에도 옥관자(玉貫子)를 붙이는 것 외에 달리 몸담을 곳이 없습니다. 그저 내장(內將)이나 가장(假將)의 자리를 옮겨 다니다 먼 시골구석의 비천한 백도(白徒)로서 가자(加資)된 자와 조금도 차등 없이 어깨를 나란히 하고 다니게 됩니다. 나라에서 인재를 쓰는 방법이 어찌 이다지도 편협하단 말입니까.

군문(軍門)의 경우 재주와 용맹으로 인재를 취하므로 문지(門地)는 논할 바가 아닌데도, 양반과 서얼에게는 각기 응당 차임되는 자리가 있어 관직은 부류별로 모이고 사람은 무리별로 나뉩니다. 비록 달리는 수레에 뛰어오르는 용맹과 버들잎을 꿰뚫는 재주[6]가 있더라도 거

6 버들잎을 꿰뚫는 재주 : 춘추 시대 초(楚)나라의 명궁인 양유기(養由基)는 100보 밖에서 버들잎을 백발백중시켰는데 이를 '백보천양(百步穿楊), 천엽지공(穿葉之功)'이라고도 한다.

의 다 사장되어 세상에서 빛을 볼 수 없게 됩니다. 과거 합격자 명단이 발표된 뒤에는 귀속되는 곳이 없어 산지(散地)에 머물다가 한세상을 허송하게 되니, 어찌 매우 애석할 만한 일이 아니겠습니까.

신들이 역대의 명신(名臣)과 석보(碩輔)를 삼가 살펴보니, 서얼 출신이 많았습니다. 중국의 경우로 말하자면, 한(漢)나라 때는 위청(衛青), 곽거병(霍去病)이 있었고, 진(晉)나라 때는 배위(裴頠), 주의(周顗), 도간(陶侃), 환석건(桓石虔), 배수(裴秀), 완부(阮孚)가 있었습니다. 당(唐)나라 때는 소정(蘇頲), 이소(李愬), 두순학(杜荀鶴), 영호창(令狐彰)이 있었고, 송(宋)나라 때는 한기(韓琦), 범중엄(范仲淹), 진영중(陳瑩中), 추지완(鄒志完)이 있었습니다. 주수창(朱壽昌)의 효성, 진관(陳瓘)의 명분과 절개, 호인(胡寅)의 학문에 이르러서는 모두 탁월하여 백대의 인물 가운데 으뜸이며, 이 밖에도 명성과 지위가 두드러지게 빛나는 자를 다 기록할 수 없을 정도입니다.

우리나라의 경우로 말하자면, 고려의 정문(鄭文)은 정배걸(鄭倍傑)의 서자(庶子)인데 예부 상서(禮部尙書)의 지위에 올랐고, 이세황(李世黃)은 이인로(李仁老)의 서자인데 합문 지후(閤門祗候)의 관직에 이르렀고, 권중화(權仲和)는 권한공(權漢功)의 서자인데 고려조에서는 대사헌의 지위에 있다가 우리 왕조에 들어와서는 도평의사(都評議使)의 벼슬을 지냈습니다. 그 밖에 두드러지게 일컬어지는 자들이 역사서에 기록이 끊이지 않습니다.

아, 서얼을 서얼이라 하는 것은 예나 지금이나 진실로 차이가 없는데, 나라에서 어떻게 이런 걸출한 인재가 지금 세상에는 정말로 나오지 않을 줄 알아서 법을 세워 벼슬길을 막았단 말입니까. 신들이 삼가 제왕이 인재를 취하는 방도를 생각해 보니, 넓게 취함을 귀하게 여기고 좁게 취함을 귀하게 여기지 않았습니다. 취하는 바가 넓을수록 얻는 바가 더욱 풍성해지므로 부류를 따지지 않고 현재를 등용하는 것을 제왕의 대법(大法)으로 여겼습니다. 전하께서는 우리나라의 토지의 넓이와 인물의 수가 중국에 비해 어떻다고 생각하십니까. 중국은 산하(山河)가 만 리나 되어 준재가 무리 지어 나오지만 임용할 때는 오히려 문지를 따지지 않았습니다. 하물며 우리나라는 토지와 인물이 중국의 10분의 1에도 못 미치는데 양반과 상인(常人)으로 나누어 놓고, 또 양반 가문에서도 서얼은 벼슬길을 막아 버립니다. 그런즉 온 나라를 통틀어 벼슬길이 제한에 들어가지 않는 자는 그 수가 열에 하나도 되지 않습니다. 이와 같은데도 한 시대의 인재를 전부 얻어 한 시대의 쓰임에 갖추고자 한들 될 수가 있겠습니까?

예전에 문정공(文正公) 조광조(趙光祖)가 일찍이 중묘(中廟)께 고하기를 '중국은 인물이 본래 많고 발탁해 등용하기도 쉬운데, 우리나라는 인물이 본래 적은 데다 서얼을 차별하는 법까지 있습니다.'라고 하였으니, 이는 참으로 매우 절실한 말입니다.

신들은 삼가 듣건대, 성묘(成廟) 이후로 서얼이 과거에 응시하지 못한 지 이미 몇백여 년이 되었다고 합니다. 그사이 왕왕 걸출한 인물들이 있었으니, 박지화(朴枝華), 어숙권(魚叔權), 조신(曺伸), 이달(李達), 정화(鄭和), 임기(林芑), 양대박(梁大樸), 권응인(權應仁), 김근공(金謹恭), 송익필(宋翼弼) 형제 등 수십 인이 학문과 문장으로 그 시대에 이름을 드러냈고, 후인(後人)들의 추앙을 받았습니다. 만약 벼슬길에 나가 조정에서 입신양명하여 그 포부를 펼칠 수 있게 하였다면 국가의 영광을 어찌 이루 다 말할 수 있겠습니까. 무관으로서 일컬을 만한 자로는 임진왜란 때의 이산겸(李山謙), 홍계남(洪季男), 유극량(劉克良) 등으로, 모두 의병을 규합하여 적의 선봉을 깨뜨렸습니다. 병자년(1636, 인조14) 남한산성(南漢山城)에서 위급하던 날 고립된 군사를 거느리고 성 아래에 나아가 싸운 자는 오로지 권정길(權井吉) 한 사람뿐이었습니다. 이것으로 보건대, 문무의 인재가 역시 본래 적지 않은데, 도리어 나라에서 취하여 등용하지 않았을 뿐입니다.

아, 전하께서는 어찌 신들의 부모가 아니겠습니까. 신들 또한 어찌 전하의 적자(赤子)가 아니겠습니까. 사랑으로 덮어 주시는 전하께 울면서 호소하여, 길러 주는 은혜를 균등하게 입기를 바라는 것이 가능합니까, 불가합니까. 또 평민에게 두 딸이 있는데, 한 명은 평민의 처가 되고 다른 한 명은 사부(士夫)의 첩이 되었다고 가정해 보겠습니다. 평민의 자식은 문직(文職)으로는 화현직(華顯職)에 오르고 무직(武職)으로는 녹봉이 후한 벼슬에 이르는데 막힐 것이 없으나, 사부의 자식은 서얼이라 일컬어져 모든 것이 막힙니다. 인묘조에 이미 허통하기로 한 삼조(三曹)의 직책에도 더 이상 의망되지 못하고, 외관(外官)은 주목(州牧)에도 오르지 못합니다. 지어미는 같은데 지아비의 존비가 매우 현격하여 조정에서 사부의 자식인 신들을 대우함이 도리어 평민의 자식보다 못한 것입니다. 신들이 아무리 생각해 보아도 참으로 그 까닭을 이해하지 못하겠습니다.

다시 한 가지 말씀드릴 것이 있습니다. 중국은 역사 전기(傳記)에서 서얼이라 일컬어지는 자들은 그 사람만 서얼이라고 일컫지 그 자손까지 아울러 서얼이라 이름하는 것은 들어본 적이 없습니다. 우리나라는 그렇지 않아 한번 서얼 계파에 속하면 비록 여러 대에 이르더라도 그 굴레에서 벗어날 수가 없습니다. 이 때문에 서얼의 수가 날로 늘어 나라의 절반에 이르는데도 호소할 데 없는 한낱 곤궁한 백성이 되어 버릴 따름입니다. 나아가면 조정에서 업신여김을 당하고 물러나서는 향당(鄕黨)에서 핍박을 당하여 발걸음조차 조심하여 몸을 숙이고 걷고 그림자만 위로하며 부끄러운 마음으로 지낼 뿐입니다. 요행히 과거에 급제하더라도 낮은 지위에서 지내다가 한 번도 성상을 가까이하지도 못하며, 곤궁하여 실의(失意)하게 되면 세속에 골몰하다가 반평생을 정처 없이 떠돌게 됩니다. 그리하여 집은 가난하여 스스로를 보존할 수 없고, 사람들에게 버림을 받아 더불어 그 사이에 끼지도 못하게 되니, 그 곤궁하고 불쌍한 모습은 다 말할 수 없습니다. 그래서 고(故) 진사 이휘(李翬)는 아들을 낳고 시를 짓기를 '아들을 낳았다고 남들은 모두 기뻐하나, 내 마음 홀로 그렇지 않다네. 세간의 한없는 괴로움이, 앞으로 너에게 또 전해지리라.'라고 하였습니다. 그리고 고 군수 권칙(權侙)은 그의 벗 박안기(朴安期)를 애도하는 만시(挽詩)에서 '저승에서는 문지를 논할 필요가 없을 테지, 글을 잘 짓기로는 박사인(朴舍人)이라네.'라고 하였습니다. 이 시 두 편을 살펴보면, 그 애통하고 절박한 뜻이 읊조리는 사이에 이처럼 나타나니, 궁한 자의 글이지만 측은한 마음이 일어 감동하기에 충분하다고 할 수 있습니다.

아, 연(燕)나라 신하가 통곡하자 오뉴월에도 서리가 내렸고, 제(齊)나라 여인이 하늘에 울부짖자 벼락과 폭풍이 궁전을 덮쳤습니다.[7] 한 사람이 원통함을 품어도 오히려 이와 같은데, 더구나 천만 사람이 수백 년 동안 품어 온 억울한 기운이 천지의 화기(和氣)를 상하게 하고 재앙을 불러오는 것은 당연하고 괴이할 것이 없습니다. 맹자가 이르기를 '정말이지 제대로만 기른다면 자라지 않을 사물이 없고, 정말이지 제대로 기르지 못한다면 없어지지 않을 사물이 없다.'라고 하였습니다.[8] 신들은 이미 나라에서 길러 주는 은택을 입지 못하여 비록 영

•••••

7 연(燕)나라……덮쳤습니다 : 당(唐)나라 이백(李白)의 시 〈고풍(古風)〉 제37수에 "연나라 신하가 지난날을 통곡하자 5월인데도 가을 서리가 내리고, 서녀가 하늘에 울부짖자 벼락과 폭풍이 제나라 궁전을 덮쳤다네.〔燕臣昔慟哭, 五月飛秋霜, 庶女號蒼天, 震風擊齊堂.〕"라고 한 데서 나온 말이다. 연나라 신하는 추연(鄒衍)을 말한다. 그가 충성을 다하였지만 무함을 받아 옥에 갇히자, 하늘을 향해 통곡하니 한여름인데도 서리가 내렸다고 한다. 제(齊)나라 여인은 제나라의 효부(孝婦)를 말하는데, 시누이가 어머니의 재산을 탐낸 나머지 어머니를 죽이고 과부의 짓이라고 무함하자, 과부가 원한이 맺혀 하늘에 울부짖으니, 제 경공(齊景公)의 궁전에 벼락이 쳤다고 한다. 여기서는 모두 억울함으로 인해 재변(災變)이 생긴 일을 말한다.

8 맹자가……하였습니다 : 《맹자》 〈고자 상(告子上)〉에 나온다.

특한 재주와 아름다운 자질이 있더라도 비천한 데서 빠져나와 성취할 수가 없습니다. 그리하여 지기(志氣)가 꺾임은 서리 맞은 초목과 같으니, 그 정황이 서글프다 하겠습니다.

지금 통용을 어렵게 여기는 자들은 반드시 '조종조의 옛 제도를 바꾼다.'라는 것을 가지고 말하는데, 신들은 삼가 그렇지 않다고 생각합니다. 옛사람의 말에 '마땅히 준수할 것을 준수하는 것도 계술(繼述)이며, 마땅히 변통할 일을 변통하는 것 또한 계술이다.'라고 하였습니다.[9] 법이 오래되면 폐단이 생기게 되니, 비록 조종조의 옛 제도라 할지라도 진실로 한결같이 고집하여 시대를 따라 변화하는 의리를 잃어서는 안 됩니다. 더구나 이 금고의 법은 애초 한두 사람의 사견(私見)에서 나온 것으로 이미 우리 태조대왕의 옛 제도가 아니며, 또한 우리 태종대왕의 본뜻도 아닙니다. 그리고 100여 년 뒤에는 선묘(宣廟)께서 벼슬길을 회복하여 주셨고, 인묘(仁廟)께서도 삼조에 허통하도록 하셨으니, 전하께서 오늘날 수용(收用)하시는 것은 옛 제도를 바꾸는 것이 아닐 뿐만 아니라, 사실은 선묘와 인묘께서 남긴 뜻을 계승하는 것이며, 사실은 우리 태조대왕께서 통용하신 옛 제도를 회복하는 것입니다. 어찌하여 옛날의 실제 정치를 구하지 아니하고 도리어 가볍게 바꾼다 의심할 수 있겠습니까. 그리고 세월의 가깝고 먼 것으로 말하더라도 우리나라에서 서얼을 통용한 것은 이미 수천 년이 넘었고 중간에 폐고한 것은 겨우 200년일 뿐이니, 과연 어느 것이 가깝고 어느 것이 오래된 것입니까? 《주역》에 '궁(窮)하면 변하고, 변

9 옛사람의……하였습니다 : 송(宋)나라 진덕수(眞德秀)의 《대학연의(大學衍義)》에, 계지술사(繼志述事)를 설명하면서 "지수해야 할 때에 지수하는 것이 본디 계술이지만, 변통해야 할 때에 변통하는 것 또한 계술이다.〔當持守而持守, 固繼述也. 當變通而變通, 是亦繼述也.〕"라고 하였다.

(變)하면 통(通)한다.'[10]라고 하였습니다. 모두 똑같은 사람인데 구분해 차별하여 매우 엄하게 제한한 지 거의 서너 갑자(甲子)가 지났습니다. 이제는 정말로 변통할 때입니다.

그렇지만 전대(前代)에 없던 신법(新法)이 온 나라의 고질적인 폐단이 되어 이미 오랫동안 행해져 사람들의 이목을 가리고 있습니다. 만일 크게 경장하고 크게 변통하고자 한다면, 잘못된 인습에 물든 나머지 또 다른 의론이 없지 않겠으나, 신들이 바라는 바가 또한 어찌 화현직(華顯職)이나 높은 지위에 있겠습니까. 생각건대, 저 궁벽한 시골 구석 출신으로 내력도 알지 못하는 사람에 대해서도 근본을 따지지 않고 명기(名器)를 아끼지 않는데, 유독 경화 세족(京華世族)의 후손인 신들에 대해서만은 일절 금지하는 법을 시행하니, 이 때문에 원통하여 죽고 싶은 것입니다. 아, 하늘과 사람이 감응하는 이치는 털끝만큼의 오류도 용납하지 않습니다. 신들이 근심하고 답답해하며 밤낮으로 해금(解禁)을 바라는 것이 큰 가뭄에 비구름을 바라는 것 이상이니, 아마도 낮은 곳의 소리도 들어주는 하늘이 반드시 이를 심히 아파하여 우리 전하께 경고하였을 것입니다. 돌아보건대 오늘날 하늘을 감동시켜 화기(和氣)를 불러들일 계책으로는 이밖에 따로 구할 것이 없습니다.

삼가 바라건대 성상께서는 마음에서 결단하여 속히 위엄 있는 처분을 내리소서. 위로는 열성(列聖)의 유지를 따르시고, 아래로는 선현의 지론을 거둬들여 인재 등용의 길을 크게 열어 주어 재주에 따라

•••••

10 궁(窮)하면……통(通)한다 : 《주역》 〈계사전 하(繫辭傳下)〉에 "신농씨(神農氏)가 돌아가자 황제(黃帝)와 요순(堯舜)이 일어났다. 그 변을 통하게 하여 백성을 게으르지 않게 하고, 신묘함으로써 변화시켜 백성을 도리에 맞게 하였다. 역(易)은 궁하면 변하고 변하면 통하고 통하면 오래간다. 그러므로 하늘이 보우하여, 길(吉)하여 이롭지 아니함이 없다. 황제와 요순이 옷깃을 드리우고 있음에 천하가 잘 다스려졌다. 대개 〈건괘(乾卦)〉와 〈곤괘(坤卦)〉에서 취한 것이다." 하였다.

발탁하신다면, 덕음(德音)을 한번 내리자마자 원통하고 억울함이 완전히 풀릴 것입니다. 어찌 다만 신들에게 한때의 다행일 뿐이겠습니까. 수백 년 이래로 허다하게 원망을 품고 죽어 간 자들의 넋 또한 장차 감격하고 고무되어 구천에서 성상께 보답하고자 할 것이고 하늘이 절로 흡족해하여 화기가 흘러넘칠 것이니, 인재를 얻고 화육(化育)을 돕는 방도에 필시 보탬이 없지 않을 것입니다.

신들이 이런 억울한 심정을 품은 것이 하루 이틀이 아닙니다. 아비가 자식에게 전하고 자식이 손자에게 전하여 대대로 통한을 품고 있으니, 누군들 한번 속마음을 드러내고 싶은 생각이 없겠습니까마는 기가 꺾이고 억눌린 나머지 사람들이 스스로 떨쳐 일어나지 못하고, 게다가 말할 수 있는 기회를 얻지 못한 채 위축되어 망설이다가 아직까지 구중궁궐에 아뢰지 못하였습니다. 그러나 지금 밝은 교지가 내려진 마당에 끝내 차마 침묵하고 고개를 숙인 채 배회만 할 수 없어 이렇게 참람되고 번독스럽게 해 드립니다. 삼가 생각건대, 전하께서는 그 곤궁함을 애처로이 여기어 그 죄를 용서해 주시고 유념하여 밝게 살펴 주소서.

신들이 피눈물로 쓴 상소를 가지고 궐 아래로 나아와 엎드린 지 한 달이 다 되어 갑니다. 소장(疏章)을 모두 열세 번 올렸으나, 한 승지가 힘써 배척하는 바람에 끝내 물리게 되었습니다. 아, 설령 신들의 말에 참람함이 있더라도 승정원의 도리로 볼 때 마땅히 봉입하여 어떤 처분을 내리실지 기다려야 합니다. 그런데 자신의 처지를 하소연한다는 핑계를 대고 배척하고 봉입하지 않음으로써 성상께서 구언(求言)하신 성대한 뜻이 막혀 행해지지 않게 되고, 수백 사람들이 원통함을 하소연하는 상소가 저지되어 성상께 알려지지 않게 되었습니다. 이는 신들을 천하게 여기고 박대하여 사람 축에 끼워 주지 않아 몸을 금고해 놓았을 뿐만 아니라 입에 재갈을 물리고서 '내가 봉입하지 않은들 저들이 나를 어떻게 하겠는가?'라고 생각한 것에 불과합니다. 그러나 그

것이 성상의 눈과 귀를 가리고 막아 버리는 결과가 됨을 깨닫지 못한 것이니, 왕명의 출납을 오직 진실하게 한다는 도리가 과연 어디에 있단 말입니까. 신들이 궐문 밖에서 곧장 통곡하며 이 원통함을 전달하고 싶었지만, 분수를 헤아려 보니 황송하고 위축되어 감히 하지 못하였습니다. 이에 법가(法駕)가 교외로 나올 때를 만나 감히 다시 서로 이끌고 와 거둥하시는 길가에서 부르짖게 되었습니다. 반우(返虞)[11]함에 애통해하시느라 경황없는 중에 번거롭게 해 드리는 것이 죄가 됨을 모르지 않으나, 이 한 번의 기회를 놓친다면 하늘과 땅에 사무치도록 원통한 것을 끝내 성상께 아뢸 길이 없을 것이기에 어쩔 수 없이 외람됨을 무릅쓰고 올립니다. 참으로 '궁지에 몰린 원숭이는 나무를 가리지 않고, 곤경에 처한 새는 소리를 가리지 않는다.'라는 경우일 것입니다……"

하니, 답하기를,

"상소를 보고 잘 알았다. 우리나라는 본래 치우쳐 있는 작은 나라인데 인재를 등용하는 것 또한 매우 넓지 못하니, 내 깊이 개탄하였다. 하늘과 사람은 하나이다. 해와 달이 비추는 것은 정밀하거나 거칠거나를 가리지 않는다. 왕자(王者)가 인재를 등용함에 어찌 그 가운데 차이를 두는가. 지금 너희들의 상소를 보니 인용한 바가 근거가 있다. 그러나 다만 이 일은 그 유래가 이미 오래되었으니, 갑자기 바꿀 수는 없고 신중히 하는 도리에서 마땅히 천천히 궁구하여 처리해야 할 것이다. 삼조의 낭관에 관한 일은 해당 조로 하여금 한결같이 인묘의 수교에 따라 가려 의망하게 하겠다."

하였다. 소는 모두 열세 번 올렸으나 승정원이 받아들이지 않았다. 대가(大駕)가 의릉(懿陵)의 신주를 맞이하여 곡하고 반우(返虞)할 때에 길가에서 올렸다. 비답을

• • • • •

11 반우(返虞) : 장사 지낸 뒤에 신주를 모시고 집으로 돌아오는 것, 또는 그 절차를 말한다.

내린 후 상소를 봉입하지 않은 승지를 특별히 추고(推考)하니, 윤유(尹游)를 현고(現告)하게 하였다. 대간 윤유가 피혐하는 계사에 "……정진교(鄭震僑)의 상소를 봉입하지 않은 승지를 특별히 추고하라는 명은 더더욱 황송하기 그지없습니다. 지난번에 후원(喉院)의 직임을 맡고 있을 때에 정진교 등이 와서 상소 한 통을 올렸는데, 저들이 벼슬길의 일로 하소연하면서 끝에 '일찍이 숙묘조(肅廟朝)에 이 일로 10번 상소를 올렸는데 상달(上達)되지 못하였습니다.'라고 하였습니다. 이 때문에 신은 과연 '그때 봉입하지 않은 것이 참으로 의미가 있었을 것이다. 저들이 비록 미천하기는 하지만 염치를 권장하는 도리상 어찌 스스로 통청되기를 구할 수 있겠는가.'라고 생각하였습니다. 그리하여 이런 뜻으로 물리쳐 보냈습니다. 신의 본뜻은, 본래는 조정의 체모를 보존하려고 한 것이었으니, 이것은 언사(言事)를 막아서 위에 아뢰지 못하게 하는 것과는 차이가 있습니다. 그러나 밝으신 성상께서 사람들의 뜻이 상달되도록 힘쓰라고 승지를 꾸짖는 엄한 하교를 내리기까지 하셨으니, 신이 어찌 스스로 옳다고 여겨 편안히 이 자리에 있겠습니까.……" 하였다.

영조 병진년(1736, 영조12) 5월, 주강에 입시하였을 때에 상이 이르기를,

"문벌로 인재를 취하여 큰 고을과 좋은 벼슬자리는 오로지 명망 높은 가문에 돌아가니 이는 고질적인 폐단이다. 청현직은 조정에 본래 정해진 제도가 있으나, 고을 수령의 자리를 맡기는 데에까지 그 사람의 가문의 높낮이에 따라서 풍요하고 척박한 고을을 가려서 주니 잘못된 일이다. 김윤(金潤)과 이용신(李龍臣)은 사람됨이 착하고 재주가 많아서 가는 데마다 잘 다스리니, 내가 이들을 주읍의 수령으로 제수(除授)하려 한다. 이로써 볼 때 사람을 씀에 어찌 문벌만을 보고 취할 수 있겠는가. 재능은 있으나 세력이 없는 사람은 늘 작고 척박한 고을을 택하여 맡기므로 그 재주를 펴지 못하는 것이다. 주읍을 맡길 때에는 마땅히 사람의 능력 유무만을 보아야 한다고 생각한다."

하였다.

기미년(1739, 영조15) 2월 10일, 춘당대(春塘臺)에 친림하여 별시재(別試才)를 열었을 때에, 우의정 송인명(宋寅明)이 아뢰기를,

"신이 전날 차대에서 서얼 출신 무신을 변통하는 일에 대해 아뢰었더니 '병조 판서에게 하문한 뒤에 판단하여 처리하겠다.'라는 하교가 있었습니다. 일이 변통과 관계되니 깊이 따져 보지 않으면 안 될 것입니다. 병조 판서와 여러 무장이 입시하였으니 모두에게 하문하여 처리하는 것이 좋을 듯합니다."

하니, 상이 이르기를,

"장신(將臣)과 시위(侍衛) 중에서 2품, 곤수(閫帥)[12]를 지낸 사람은 각각 소견을 개진하라."

하였다. 부사직(副司直) 구성임(具聖任)이 아뢰기를,

"전날 경연 중에 대신이 이 일을 아뢰었을 때에, 신이 수문장 네댓 자리를 허통하면 소통하려는 뜻에 매우 부합할 것이라고 일찍이 아뢰었습니다."

하고, 화천군(花川君) 김협(金浹)이 아뢰기를,

"서얼 문신은 으레 돌아갈 곳이 있는데 서얼 무신은 끝내 돌아갈 곳이 없어서 그들이 원통함을 호소한 지 참으로 오래되었습니다. 임금이 백성을 차별 없이 대하는 도리로 볼 때 변통하는 일이 있어야 합니다만, 만약 자릿수를 정해두지 않으면 나중에 폐단이 생길까 두렵습니다."

하고, 부총관 허린(許繗)이 아뢰기를,

"옛날에는 서얼로서 높은 벼슬을 한 자가 있었는데 유자광(柳子光)이 나온 뒤로 영구히 막혔습니다. 신들의 의견 또한 수문장을 허통함이 지극히 합당합니다."

•••••

12 곤수(閫帥) : 조선 시대, 평안도와 함경도의 병마절도사(兵馬節度使)와 수군절도사(水軍節度使)를 통틀어 이르던 말이다.

하고, 부총관 홍원익(洪元益)이 아뢰기를,

"시골 사람은 군역에 들어간 자라도 모두 수문장이 되지만, 서얼 무신들은 끝내 돌아갈 곳이 없으니 참으로 매우 원통할 것입니다."

하고, 부총관 이의풍(李義豐)이 아뢰기를,

"지금 이 소통의 논의에는 신들은 별다른 이견이 없습니다만, 혹 숫자를 덜어 내어 미리 서얼의 벼슬자리를 정해 놓으면, 그곳의 관료가 반드시 편을 가르는 폐단이 있을 것입니다. 그러면 그들에게 통청(通淸)하는 뜻이 없게 됩니다. 그 자리를 미리 정해 두지 말고, 하나의 관청마다 네댓 사람씩 할당해 두면 넘치는 폐단도 없고 또한 소통하는 도리도 있게 됩니다."

하니, 상이 이르기를,

"근래에 기강이 무너지고 인정이 너무 앞서가고 있다. 만약 숫자를 정하지 않으면 세력 없는 시골 사람은 끼지 못할 것이니, 네댓 자리를 넘지 않도록 하고 허통하는 것을 정식으로 삼는 것이 좋겠다."

하였다. 송인명이 아뢰기를,

"이것은 처음 시작하는 일입니다. 사례로써 말씀드리면 천거가 있고서 거행할 수 있는데, 어찌 여기에 천거된 사람이 있겠습니까. 처음부터 차출하는 것은 어려울 듯합니다."

하고, 병조 판서 조상경(趙尙絅)이 아뢰기를,

"이 일은 신이 대신과 상의하여, 내삼청(內三廳)에는 반드시 저들을 천거하기로 했는데, 회권(會圈)하는 일은 체모가 매우 중대하고 지금 천거한 사람이 없는 상황에서 갑자기 갖추어 의망하는 것은 어떨지 모르겠습니다."

하니, 상이 이르기를,

"병조 판서가 참하관(參下官) 1원(員)을 천거하여 먼저 차출하라."

하였다. 조상경이 아뢰기를,

"그렇다면 망단자(望單子)에 본조 천거라고 주석을 답니까?"

하니, 상이 이르기를,

"그리하라."

하였다. 이후 정사에서 수문장 망에 유연지(柳延之), 한부(韓桴), 오명삼(吳命三)이 올랐는데, 말망에 낙점하였다.

신유년(1741, 영조17) 3월 26일, 주강에 입시하였을 때 참찬관(參贊官) 원경하(元景夏)가 능력이 있으면 등용해야 한다는 뜻을 진달하였다. 상이 이르기를,

"비록 문벌을 보지 않을 수 없으나, 최립(崔岦) 또한 재상이 되었다. 비록 근래 사람으로 말하더라도 김창언(金昌彦)은 일찍이 예장관(禮葬官)으로 출사하였기에 만나 보았고, 김윤(金潤) 또한 내가 만나 보았다. 만약 일명(一名)[13]이 아니라면 어디든 불가할 데가 없는데, 이런 사람을 어찌 쓰지 않을 수 있겠는가."

하니, 우상 조현명(趙顯命)이 아뢰기를,

"김윤은 고 판서 김동필(金東弼)의 삼촌인데, 재능이 있어서 쓸 만합니다. 그는 고을의 수령을 역임하여 모두 명성과 치적이 있었습니다."

하였다.

을축년(1745, 영조21) 7월 4일, 이조 판서 이주진(李周鎭)이 상소하기를,

"삼가 아룁니다. 우리 성상께서 근래 재난을 당하여서 덕을 닦고 반성하시는 날에, 신료들이 적체되는 폐단이 없도록 특별히 진념해 주

• • • • •

13 일명(一名) : 조선 전기 서얼은 대개 사족의 혈통과 양천인(良賤人)의 혈통을 섞어 받은 중간 신분층으로서 반사(半士) 또는 일명이라 불리며 가문이나 사회에서 멸시와 천대를 받았다. 반사는 '반쪽 선비'라는 뜻으로 양반의 서자(庶子)를 얕잡아 이르던 말이다. 이인직(李人稙)의 《혈의누》에서는 서얼을 가리키는 말로 '일명(逸名)'을 사용하고 있다.

시어 문관안(文官案), 음관안(蔭官案), 무관안(武官案)을 써서 들이라는 명령을 내리셨습니다. 지금 성상의 하교는 참으로 억울한 것을 풀어 주려는 지극한 뜻에서 나온 것이니, 무릇 아래에 있는 신하들이 누군들 삼가 우러르지 않겠습니까. 오랫동안 적체되었던 사람은 뭔가 얻은 것이 있는 듯 더욱 축원하고 앙망합니다. 본조(本曹)에서 지금 정서하여 올리려고 합니다만, 생각건대 문관으로 출신(出身)한 자와 무관과 음직으로 통사(通仕)한 자는 그 수가 거의 1000여 명이나 됩니다. 그런데 경외(京外)의 관직의 빈자리는 매우 적으니, 비록 밝고 지혜로운 자가 전형(銓衡)을 맡아서 채워 보임한다 하더라도 별달리 다른 데서 방법을 찾을 수 없을 듯한데, 더구나 신과 같이 우매한 자는 밤낮으로 생각하여도 끝내 좋은 계책을 얻을 수 없었습니다.

서얼의 벼슬길을 막은 것은 전대에 없었던 규정으로, 우리 왕조에서 서선(徐選)이 처음으로 제창하여 그대로 성법(成法)이 되었습니다. 이것이 어찌 부류를 가리지 않고 현명한 자를 등용한다는 뜻이겠습니까.

선정신(先正臣) 이이(李珥)가 처음 허통의 의논을 내어 놓았고, 문충공(文忠公) 김상용(金尙容)이 이조 판서 때에 인묘(仁廟)께 헌의하기를 '서얼을 금고하는 것은 고금 천하에 없는 나쁜 법입니다. 우리나라는 인재가 적은데, 하늘이 내어 준 사람도 다 쓰지 못하니 성왕의 공명정대한 정치가 아닙니다.'라고 하였습니다. 고 상신 최명길(崔鳴吉) 또한 차자를 올려 요직을 허통할 것을 청하였으니, 요직을 허통한다는 것은 삼조와 각 관사의 관원을 말합니다. 선정신 박세채(朴世采)는 인재를 찾아내는 사목(事目)을 기록하여 올렸는데, 역시 서얼까지 아울러 적용할 것을 청하였습니다.

전후의 명신(名臣) 석보(碩輔)가 이에 대하여 말한 사람이 많이 있어서, 처음에 혹 한두 차례 뽑아 쓰기는 하였으나 끝내 모두 다 막혀서 행해지지 않았고, 고질적인 폐단이 관습으로 굳어졌으나 변통하는 조치가 없었습니다. 비록 아무리 빼어난 인물이 나온다 하더라도 모두 막아서 제한하고, 시험 삼아 쓰는 곳이라곤 보잘것없는 우역(郵驛)이나 작은 고을에 지나지 않습니다. 예로부터 재능을 가지고도 침체된 자들을 손가락으로 이루 다 꼽을 수 없습니다. 예를 들어 송익필(宋翼弼)의 경학, 박지화(朴枝華)의 절의, 신희계(辛喜季)의 문장, 최명룡(崔命龍)의 지략, 우경석(禹敬錫)의 재서(才諝), 양사언(楊士彦)의 사화(詞華) 등의 재주로 일생 동안 벼슬을 하지 못하고 마쳤거나 혹은 말단 관원에 그치고 말아 마침내 그 품은 뜻을 펴지 못하였으니, 신은 실로 민망하게 여깁니다. 옛날 선조대왕이 일찍이 하교하기를 '해바라기가 태양을 향함에 곁가지를 가리지 않듯이, 신하가 충성을 하려고 함에 어찌 반드시 정적(正嫡)이라야만 하랴.' 하였으니, 여기에서 대성인이 천하를 차별 없이 보는 성대한 뜻을 볼 수 있습니다. 지금 살펴보면 습속이 이미 고질이 되어 지금의 제도에 구애되는 것이 많아서 비록 하루아침에 바꿀 수는 없을 것이나, 신의 어리석은 의견으로는 조금씩 그 등용하는 길을 넓히고 너무 심하게 구속하지 않으면, 원통함을 풀어 주는 방법이 될 뿐 아니라 인재를 성취시키는 방도에도 도움이 없지는 않을 것이라 생각됩니다. 아울러 묘당(廟堂)으로 하여금 상의하여 확정한 다음 법식으로 삼아서 꼭 준행(遵行)할 수 있도록 하소서.……"

하니, 답하기를,

"상소를 보고 잘 알았다. 진달한 것은 입시할 때에 하교하겠다."

하였다.

판서 이주진(李周鎭)이 상소하기를,

"……역대로 명신과 석보가 서얼에서 많이 나왔습니다. 한(漢)나라에는 위청(衛青)과 곽거병(霍去病)이 있으며, 진(晉)나라에는 배위(裵

頠), 주의(周顗), 도간(陶侃), 환석건(桓石虔), 배수(裴秀), 완부(阮孚)가 있었습니다. 당(唐)나라에는 소정(蘇頲), 이소(李愬), 두순학(杜筍鶴), 영호창(令狐彰)이 있으며, 송(宋)나라에는 한기(韓琦), 범중엄(范仲淹), 진영중(陳瑩中), 추지완(鄒志完)이 있었습니다. 주수창(朱壽昌)의 효성과 진관(陳瓘)의 명절(名節), 호인(胡寅)의 학문은 세상에 모두 우뚝하여 백대 인물의 으뜸이 됩니다. 고려 때의 정문(鄭文)은 정배걸(鄭倍傑)의 첩의 아들인데도 관직이 예부 상서(禮部尙書)에 이르렀고, 이세황(李世璜)은 이인로(李仁老)의 첩의 아들인데도 관직이 합문 지후(閤門祗候)에 이르렀습니다. 권중화(權仲和)는 권한공(權漢功)의 첩의 아들인데도 고려 때에는 대사헌을 지냈고 조선에 들어와서는 도평의사(都評議使)를 지냈습니다. 그 밖에도 이름이 드러난 자들이 역사에 기록이 끊어진 적이 없습니다.

비록 금고(禁錮)된 이후로 말하더라도, 그사이 왕왕 걸출한 인재가 있었습니다. 이를테면 박지화(朴枝華), 어숙권(魚叔權), 조신(曺伸), 이달(李達), 정화(鄭和), 양대박(梁大樸), 권응인(權應仁), 이중호(李仲虎), 김근공(金謹恭), 송익필(宋翼弼) 형제(兄弟) 등 수십 인은 혹은 문장(文章)으로, 혹은 절의(節義)로, 혹은 학문(學問)으로 당대에 저명하였고 후인들의 추중을 받았습니다.

이산겸(李山謙), 홍계남(洪季男), 유극량(劉克良), 권정길(權井吉)의 무리와 같은 경우는 모두 의병을 규합하여 왕실의 원수에 대적하였습니다. 근래의 일로 말하면 홍림(洪霖)[14]은 일개 편비(偏裨)로서 반란이 일어나자 동요하지 않고, 몸을 잊고 나라에 목숨을 바치니 사람들로 하여금 그 이름을 들어도 머리털이 쭈뼛 서게 합니다. 그런데도 어

14 홍림(洪霖) : 1685~1728. 1728년(영조4) 이인좌(李麟佐)의 난으로 청주성이 함락되었을 때 항복하지 않고 반란군을 꾸짖고 죽었다. 뒤에 호조 참판에 증직되고 정문(旌門)이 내려졌다.

찌 벼슬을 못하게 막아 놓고서 오직 재능에 따라 등용하는 방도를 다시 생각하지 않을 수 있단 말입니까. 여항의 비천한 무리에게도 마땅히 벼슬길을 넓혀야 할 것입니다."

하였다.

영조 23년(1747) 하교하기를,

"옛 제도에 감흥이 일어서 생원·진사의 방(榜)을 보고자 한다. 매우 개탄스러운 것은 생원 3등과 진사 6등에 관한 것이다.[15] 아, 천지의 비와 이슬은 땅을 가리지 아니하고 내리는데, 왕자가 하늘을 본받았으니 어찌 출신에 따라 인재를 선택할 수 있겠는가. 그런데 봉미(封彌)를 뜯기도 전에 그 사람을 찾아서 억지로 그 차례에 둔다니, 이것이 어찌 바른 것인가. 생원 · 진사의 제일인(第一人)은 예전에는 비록 문장의 명성과 지망을 모두 갖춘 자라 하더라도 이는 그 사람의 재예와 문벌이 자연히 부합되어서 그러한 것에 지나지 않았다. 한결같이 그릇된 풍습을 따르니, 이것이 어찌 임금이 삼무사(三無私)[16]의 도리를 받드는 것이겠는가. 이제부터 봉미를 뜯기 전에 그 사람을 찾아서 등급을 정하는 자에게는 과장(科場)의 율(律)[17]을 시행할 것이다."

하였다. 이에 앞서 생원 · 진사의 장원은 반드시 당시 명망과 문화(文華)

•••••

15 생원……것이다 : 《성호사설(星湖僿說)》 〈인사문(人事門) 생삼진육(生三進六)〉에, 사마시(司馬試)는 시관(試官)이 먼저 밀봉해 놓은 것을 떼어 보고서 문벌이 좋고 당시 명성이 있는 자를 가려서 우두머리로 삼는다. 그리고 반드시 미천한 자를 뽑아 생원(生員) 급제의 최하위인 3등, 진사(進士)의 마지막인 6등을 삼았다고 한다.

16 삼무사(三無私) : 세 가지 사심이 없는 것으로 지극히 공평한 것을 말한다. 《예기(禮記)》 〈공자한거(孔子閑居)〉에, 공자가 말하기를 "하늘은 사사로이 덮어 주는 것이 없으며, 땅은 사사로이 실어 주는 것이 없고, 해와 달은 사사로이 비춰 주는 것이 없는데, 이것을 세 가지 사사로움이 없는 것이라 한다."라고 하였다.

17 과장(科場)의 율(律) : 과거 시험에서 부정을 저지르면 변방에 충군(充軍)시키는 처벌을 내렸다.

가 있는 자로 하였기 때문에 온 세상이 다투어 서로 부러워하고 사모했으므로, 시관이 된 자도 반드시 극선(極選)으로 하려고 했다. 생원 3등과 진사 6등은 또한 처지가 낮고 한미하여도 글이 조금 뛰어난 자로 하였기 때문에, 시권(試券)의 밀봉을 엿보는 관례가 있었는데, 이에 이르러 혁파하였다. 《문헌비고(文獻備考)》

부사직(副司直) 이수득(李秀得)이 상소하기를,

"삼가 아룁니다. 성상께서 장수하시고 법연(法宴)도 순조롭게 열려서, 상하가 같이 즐거워하고 신령과 사람이 모두 기뻐하니 실로 종묘사직의 억만년토록 무궁할 복입니다. 신은 몸은 시골에 있지만 마음은 궁궐에 매어 있어 뛸 듯이 기쁜 마음이 절실하기만 합니다.

삼가 생각건대 본래 변변찮은 신은 늦은 나이에 과거(科擧)에 합격하여 앞뒤로 지낸 자리가 크나큰 은혜가 아님이 없는데, 조금의 보답도 하기 전에 늙고 쇠하여 버리더니 어느덧 73세가 되었습니다. 분주하게 힘써서 만에 하나라도 우러러 보답하기를 바랐으나 또한 할 수가 없습니다. 성명(聖明)의 시대에 조정을 떠나서 이제 고향 선영(先塋)에 엎드려 있지만, 나라를 걱정하고 성상을 사랑하는 구구한 마음이 어찌 재야에 있다 하여 다름이 있겠습니까.

신이 일찍이 우리나라의 첫째가는 고질이 된 폐단을 생각해 보았더니 그것이 관계된 것이 매우 중대하므로 깊이 근심하고 장탄식을 이기지 못하여 전하께 한번 평생 마음에 간직한 것을 통렬하게 진달하고자 합니다. 앞으로 살날이 많지 않으니 끝내 말하지 못하고 아침 이슬처럼 갑자기 사라진다면, 이는 위로는 성명을 저버리고 아래로는 본래 지녔던 마음을 저버리는 일입니다. 이에 감히 외람되고 참월함을 피하지 않고 우러러 진달합니다.

나라를 다스리는 방도는 인재를 등용하는 것보다 앞서는 것이 없고, 인재를 등용하는 방도는 널리 취하는 것보다 앞서는 것이 없습니다. 무릇 하늘이 인재를 냄에 본래 귀천을 따라 구분하여 내지 않고, 사람이 재능을 성취하는 데에도 존비의 구별이 없습니다. 성인이 그러한 연유를 알았기에 인재를 택하고 버리는 기준을 현명한지 아닌지에 두었고 문지(門地)는 따지지 않았습니다. 요(堯) 임금이 미천한 자도 천거하고[18] 탕 임금이 어진 이를 등용할 때 부류를 따지지 않은 것도 모두 이 때문입니다. 우리나라는 그렇지 못하여 사람을 등용할 때에 여러 가지 제약을 두었고, 사대부 중에서 다시 서얼을 구분하여 벼슬길을 막기까지 합니다. 이는 참으로 천하 만고에 없는 법입니다. 옛날의 곽거병(霍去病) 같은 명장, 한기(韓琦) 같은 현상(賢相), 주의(周顗)와 도간(陶侃) 같은 절의(節義) 있는 사람, 진관(陳瓘)과 호인(胡寅) 같은 학행이 있는 사람들도 모두 서출입니다. 기타 서출의 명신과 석보를 이루 다 꼽을 수 없습니다. 서얼이라고 해서 어찌 재능이 없었던 적이 있으며 어찌 국가를 저버린 적이 있습니까.

무릇 중국은 토지가 넓고 백성이 많은데도 인재를 등용함에 구애됨이 없었습니다. 그런데도 오히려 재능 있는 자를 등용하기 어렵다는 탄식이 있었습니다. 우리나라는 땅이 치우쳐 있고 사람이 적은데, 차별하여 막는 것은 매우 많습니다. 신라와 고려, 국초에는 본래 이러한 법이 없었는데, 일찍이 듣기에 서선(徐選)이라는 자가 정도전(鄭道傳)과 사이가 좋지 않았다 합니다. 정도전이 서얼인 까닭에 주벌을 당하여 죽게 되자, 서선이 이를 틈타 원한을 풀려고 서얼 자손을 현직

18 요(堯) 임금이……천거하고 : 《서경》 〈요전(堯典)〉에 나온다. 요 임금이 사악(四岳)에게 말하기를 "현달한 자도 밝혀 주고 미천한 자도 천거하라.〔明明揚側陋〕"라고 하였다. 이때에 사악이 "아버지는 소경이고 완악하며 어머니는 어리석으며 아우 상(象)은 오만한데, 효성으로 그들과 화합하여 간악한 데에 이르지 않게 했습니다."라고 하며 순(舜)을 천거하였다. 여기서는 순 임금이 미천한 신분에서 천거되었음을 말한 것이다.

에 서용하지 말자는 의논을 처음 주장하였고, 강희맹(姜希孟)이 따랐다 합니다. 그 후 서출이던 유자광(柳子光)이 무오사화(戊午史禍)를 일으키자, 선비의 무리가 모두 분노하여 서얼을 막아 금고하게 된 것이 이로 인하여 더욱 심해졌습니다.

송익필(宋翼弼)·이중호(李仲虎)·김근공(金謹恭)의 학문, 어숙권(魚叔權)·양대박(梁大樸)·차천로(車天輅)·신유한(申維翰)의 문장, 박지화(朴枝華)·양사언(楊士彦)·신무(愼懋)의 유아(儒雅)함으로도 혹은 궁벽한 골목에서 굶어 죽었고 혹은 천거되지 못한 채 평생을 마쳤습니다. 홍계남(洪季男)과 권정길(權井吉)은 공렬(功烈)이 혁혁하여 이목을 끌었지만 살아서 한 번도 부절(符節)과 부월(斧鉞)을 얻지 못하였고 그 자손은 모두 죽어서 시신이 산골짜기에 나뒹굴게 되었습니다.

아, 옛날에는 존중하는 예절과 후한 폐백으로 이웃 나라의 어진 선비를 대우하고도 오히려 오지 않을까 걱정하였지만, 지금은 법으로 제한을 정하여 나라 안의 인재를 금고하고 혹시라도 벼슬에 나아올까 걱정합니다. 그 일이 거꾸로 되어 버렸는데도 매양 준걸한 인재를 얻지 못한다고 걱정합니다. 아, 그것이 참으로 인재가 없는 것입니까.

더 이상한 것은, 향곡의 천한 무리의 자손은 때로 현달한 벼슬을 하기도 하는데, 세족 명가의 서자 후손들은 자자손손 길이 금고가 되어서 버려지게 되니, 인재를 등용하는 데 있어 전도된 것이 매우 심합니다. 이 때문에 선정신인 문정공(文正公) 조광조(趙光祖), 문성공(文成公) 이이(李珥), 문간공(文簡公) 성혼(成渾), 문열공(文烈公) 조헌(趙憲), 문정공(文正公) 송시열(宋時烈), 문순공(文純公) 박세채(朴世采)와 고(故) 상신(相臣) 이원익(李元翼), 김상용(金尙容), 오윤겸(吳允謙), 윤방(尹昉), 최명길(崔鳴吉)과 고 판서 이주진(李周鎭)이 경연에서 아뢰고 상소로 아뢰고, 헌의하여 앞뒤로 부지런히 힘쓴 것은 모두 변통(變通)의 의견을 진달한 것이었습니다. 그러나 세속의 논의가 이미 고질이 되어 공의를 시행하기 어렵게 되다보니 오류를 인습하여 지금에 이르렀습니다.

이 부류들은 벼슬을 해도 문관의 경우 내직으로는 교서관(校書館), 봉상시(奉常寺)의 네댓 자리에 불과하고, 외직으로는 작은 고을이나 변변찮은 역참일 뿐입니다. 무반의 경우 귀속될 곳이 없다가 근래 겨우 수문장 한 자리를 허락하였을 뿐입니다. 음관은 상환(相換)하는 규정에 막혀 있고 송사를 담당하는 벼슬길은 열려 있지 않습니다. 선비로서 태학에서 학문하려고 하여도 나이 순서를 따지지 않는 법이 있어서 들어가기가 껄끄러워 몸 둘 곳이 없습니다. 조금이라도 자신을 아낄 줄 아는 사람은 과거와 벼슬에 대한 뜻을 버리고 문을 닫고 틀어박혀 자신의 지조를 지키는데, 억지로라도 세상에 나가 보려고 한 사람은 고개를 떨구고 기가 죽어서 마치 큰 죄를 지은 듯합니다.

무릇 적서의 구분은 삼대가 가장 엄하였는데 다만 사실(私室)에서만 행해졌고 공조(公朝)에서는 행해지지 않았습니다. 문벌로 등용한 것은 육조 시대에 가장 극성하였으나 다만 그 아비의 성만 묻고 어머니 집안은 묻지 않았습니다. 그렇다면 우리나라에서 서얼의 벼슬길을 막는 것은 어떤 의리입니까? 신하 된 자로서 임금의 광휘를 직접 가까이하지 못하면, 군신 사이의 의리는 멀어지게 되는 것을 면할 수 없습니다. 자식으로서 아버지를 아버지라 부르지 못한다면 부자간의 친밀함도 어긋나 버릴 것입니다. 심하게는 자신의 서자를 버려두고 길 가는 행인과 다름없는 동성(同姓) 친척을 데려다 후사를 잇게 하니, 인륜을 해치고 천리를 거스름이 극에 달했습니다.

아, 비록 성인이 제정하였어도 오래되면 반드시 가감하여 현실에 맞도록 하여야 합니다. 저 서선(徐選)은 소인입니다. 그가 한번 제창한 의롭지 않은 주장을 삼가 받들어 행한 지 300년에 이르렀습니다. 인재를 폐고한 유폐가 이에 극에 달했으니, 실로 이웃 나라에 알려지지 않도록 해야 할 것입니다. 혹자는 '서얼을 통용(通用)하면 명분이 문란하게 될 것이다.'라고 말하는데 이는 그렇지 않습니다. 고 상신 오윤겸이 헌의하기를 '적서의 명분은 자기 집안 내부에서의 일일 뿐이고, 조정에서는 현재(賢才)를 거둘 뿐입니다. 비록 귀하고 현달하게 된 뒤라 할지라도 명분을 범하는 일이 생긴다면 나라의 법이 진실로 엄격하게 적용될 것이기에 문란해질 것에 대해서는 염려할 바가 아닙니다.'라고 하였습니다. 현명한 재상이 이미 정론을 냈으니 혹자의 말은 지나친 걱정입니다.

어떤 이는 '유자광의 화를 경계하지 않을 수 없다.'라고 하는데, 이는 더욱 가소롭습니다. 우리나라에서 소인이 사림에 화를 끼친 경우로는 김안로(金安老), 윤원형(尹元衡), 남곤(南袞)과 같은 무리들이 셀 수 없이 많은데, 모두 서얼의 무리가 아닙니다. 그러니 일개 유자광으로 인하여 온 나라의 서얼을 폐기(廢棄)하는 것이 옳습니까.

어떤 이는 '조종의 옛 법을 고칠 수 없다.'라고 하는데, 이는 세속의 견해입니다. 《주역》에 '궁하면 변하고 변하면 통한다.'라고 하였습니다. 300년 동안 막았으면 궁함이 극에 달했다 할 수 있습니다. 지금이 바로 변통할 때입니다. 진덕수(眞德秀)가 말하기를 '마땅히 지켜야 할 것을 지키는 것은 계승하는 것이요, 마땅히 고쳐야 할 것을 고치는 것 또한 계승하는 것이다.' 하였습니다. 하물며 우리 선묘(宣廟)께서 일찍이 전교하시기를 '해바라기는 태양을 향함에 곁가지를 가리지 않는다. 신하가 충성을 바치려 함에 어찌 적자일 필요가 있겠는가.' 하셨고 우리 숙묘께서 일찍이 전교하시기를 '문벌로 사람을 등용하는 것은 자체가 우리나라의 고질적인 폐단이다.' 하셨습니다. 양조(兩朝)의 임금님께서 남기신 가르침이 해와 별처럼 밝으니, 서얼을 청현직에 자유자재로 통용하는 것은 바로 조종의 성대한 뜻을 본받는 것입니다.

삼가 생각건대 우리 전하께서 즉위하여 다스리신 지 40여 년이 되었는데, 무릇 시폐를 개혁하여 법 제도를 보완하는 일을 지극하게 하지 않은 적이 없습니다. 다만 아직 실행하지 못한 것은 오직 이 일뿐입니다. 신이 생각하기에 우리 전하께서 즉위하신 초기에 정진교(鄭震僑) 등의 상소에 비답하시기를 '해와 달이 비추는 것은 정밀하거나 거칠거나를 가리지 않는다. 왕자가 인재를 등용함에 어찌 그 사이에 차이를 두겠는가.'라고 하였습니다. 아, 훌륭합니다. 우리 선묘와 숙묘의 가르침도 앞뒤로 시기는 다르지만 서얼을 허통하려는 계책은 하나인데 변통하라는 법령은 아직까지도 들리지 않으니, 어쩌면 기다리는 것이 있어 그러한 것입니까. 만약 변통하려 한다면 그 방도는 어렵지 않습니다. 문관은 그 재능에 따라 삼관(三館)에 나눠 배치하고, 무반은 그 재능에 따라 삼청(三廳)에 나눠 배속시키고, 음관은 상환(相換)의 법과 사송(詞訟)의 제한을 없애며, 태학은 나이순으로 앉게 하면 될 뿐입니다.

신 또한 감히 오늘 소통하고 내일 그 효과를 보기를 바라지는 않습니다. 대개 등용하는 길이 넓어지면 진작하여 발흥하도록 하는 교화가 성대하게 되고, 등용되는 은혜를 입게 되면 격려하여 권면함에 감격하는 마음이 절실하게 될 것입니다. 어찌 곽거병과 한기 같은 무리가 이들에게서 나오지 않는다고 장담하겠습니까. 지금 황극(皇極)[19]을 세우신 교화가 나라 안에 두루 미치는데 오직 이 무리만이 은택을 골고루 입지 못하니, 비유하자면 화창한 봄이 왔는데 그늘진 벼랑 밑에 오히려 얼음이 남아 있고, 햇살이 두루 비추는데 깊은 계곡은 유독 어두운 것과 같습니다. 속담에 '필부가 원한을 품어도 하늘의 재앙을

•••••

19 황극(皇極) : 황(皇)은 군주이고 극(極)은 표준(標準)이다. 즉 군주가 천하를 통치하는 대중지정(大中至正)한 원칙을 말한다.

부른다.'라고 하는데 하물며 이 무리처럼 그 수를 다 헤아릴 수 없는 경우는 어떠하겠습니까?

아, 하늘이 이미 돈독하게 우리 전하께 300년 동안 있지 않았던 큰 복을 내리셨으니, 전하께서는 마땅히 300년 동안 없었던 어진 정치를 베푸셔서, 위로는 하늘의 돌보시는 뜻에 답하시고 아래로는 사방팔방에서 잘 되게 해 달라고 비는 마음을 위로하셔야 합니다. 신이 남의 손까지 빌려 나라에 보답하려는 일도 오직 이것뿐입니다.

삼가 전후의 여러 신하가 말로 의견을 아뢴 것과 상소로 아뢴 것을 모으고 또 문답한 것을 붙여서 책자로 만들었으니, 혹여 살펴보신다면 그 의리의 당연함과 공론의 바꿀 수 없음을 살필 수 있을 것입니다. 신이 짧은 상소를 대략 갖춰 책자와 함께 올립니다. 그런데 신이 매우 늙고 병이 심하여 도성 문에 나아갈 수가 없어 외람되게 선정신 문성공 이이의 옛 사례를 본떠 감히 가동(家僮)을 시켜 직접 올립니다. 엎드려 바라건대 성명(聖明)께서는 어리석은 신의 정성을 헤아려 성지(聖志)를 굳게 정하고, 세속의 논의 따위에 구애받지 말아서 묘당(廟堂)에 하문하시어 변통하는 법을 서둘러 내려 주시면 매우 다행이겠습니다."

하였다.

영조 임진년(1772, 영조48) 8월 15일, 창덕궁(昌德宮)에 거둥하였을 때에 전교하기를,

"서얼이 되면 통청(通淸)을 금한 것은, 아, 국초에 어찌 이런 일이 있었겠는가. 유자광(柳子光) 이후로 그렇게 된 것이다. 일개 유자광으로 인하여 통청을 금했는데도 아, 무신년(1728)과 을해년(1755)의 변고[20]

•••••

20 무신년과 을해년의 변고 : 무신년의 변고는 1728년(영조4)의 무신란을 말하고, 을해년의 변고는 1755년에 일어난 나주괘서(羅州掛書)의 변을 말한다.

에 일명(一名)들이 가담하지 않았으니 모두 충신이로다.

이로써 볼 때 유자광의 일은 옛일이라 할 만한데도 이와 같이 업신여겨서 '강물은 흘러도 돌은 구르지 않아 모두 이 테두리 안에 있다.'[21] 라고 하였으니, 방자하기 이를 데 없다. 아, 이는 임금이 한번 호령함에 달린 일이다. 아, 양인도 천인도 아니면, 모두 창씨(倉氏)와 고씨(庫氏)[22]처럼 대대손손 누리는 자리로 여겨 이처럼 방자하였으니, 이 또한 임금의 조화를 실현할 하나의 큰 기회이다. 하물며 어제와 오늘 이미 마음을 드러내는 교시가 있었음에랴. 종신(宗臣)이 제거(提擧)로서 연경에 가는 일로 또한 이 벼슬길이 열렸으니, 하물며 조신(朝臣)이겠는가? 이후에는 일절 얽매이지 말아서 국초의 기풍을 보존하도록 하라."
하였다.

같은 날, 궁으로 돌아온 뒤에 전교하기를,

"정관(政官)을 패초(牌招)하여 정사를 열어 모두 시행하라."
하였다. 또 전교하기를,

"만약 나와 겨루려 한다면 마땅히 잠저(潛邸)로 갈 것이다."
하였다. 영의정 신회좌(申晦左), 좌의정 이은(李溵), 우의정 이사관(李思觀)을 신칙하여 같은 날 밤에 정사를 열었다. 이조 판서 원인손(元仁孫), 참판 이담(李潭), 병조 판서 구선행(具善行)이 입시하였다. 지평에 유환덕(柳煥德), 노윤중(盧允中), 여귀주(呂龜周)를 의망하였다. 정언 두 자리에 각각 윤밀(尹謐), 박준원(朴浚源), 신흔(申昕)과 성대중(成大中), 이언

•••••

21 강물은……있다 : '강물은 흘러도 돌은 구르지 않는다'는 두보(杜甫)의 시 〈팔진도(八陣圖)〉에 나오는 말이다. 이 두 속담은 여기서는 임금은 바뀌어도 양반의 세력은 바뀌지 않는다는 의미로 쓰였다.

22 창씨(倉氏)와 고씨(庫氏) : 한 문제(漢文帝) 때에 창씨와 고씨가 있었는데, 그 집안이 대대로 곳집을 맡아 보았으므로 자손들이 창(倉)과 고(庫)를 성씨로 삼은 데서 유래하였다. 여기서는 양반이 대대로 특권을 누리는 것을 말한다.

일(李彦一), 오준근(吳濬根)을 의망하였고, 선전관에 김취대(金就大), 나윤록(羅潤祿), 홍언욱(洪彦彧) 어떤 본에는 신륜(申崙)으로 되어 있다. 을 의망하였다. 지평에 여귀주를, 정언에 윤밀과 오준근을, 선전관에 김취대를 낙점하였다.

16일, 해가 뜰 때에 비답을 내려, 승정원에서 아뢴, 양사에 새로 제수된 사람을 패초(牌招)하는 일을 윤허하였다. 같은 날 정언 윤밀과 지평 여귀주가 사은(謝恩)하였다.

같은 날, 대사간 홍억(洪檍)이 아뢰기를,

"새로 제수된 정언 오준근이 현재 경기도 양성(陽城)에 있으니 역마를 타고 올라오라고 하유하소서."

하니, 윤허하였다.

8월 16일, 전교하기를,

"아, 개탄스러운 마음을 품은 지 왕위를 이은 뒤로 몇십 년이 되었구나. 지금 이후에야 수교로 정한 정책이 거의 빛이 날 수 있게 되었으니 이는 나의 절박한 마음이었다."

하였다. 같은 날, 또 하교하기를,

"일명(一名)이 있다는 것은 실로 적서(嫡庶)의 구분이 있다는 것이다. 적서는 적서라고 일컫되, 부자 관계에서는, 하늘을 하늘이라 하고 임금을 임금이라 하는 예에 따라서 부형이라 부르도록 하라."

하였다.

같은 해 9월 9일, 윤음으로 전교하기를,

"아, 경향(京鄕)의 적자와 서자의 등급을 나누어 같은 족보에서 한 글자로 구분하는 것을 매우 문제로 여겼는데, 아, 49년 동안 왕위에 있어도 교화되었다는 풍문은 들리지 않는도다. 내가 그 까닭을 생각해 보면 적자와 서자가 서로 말을 주고받을 때 겉마음과 속마음이 달라 겉모습으로 드러나는데, 한집에서 동석할 때에 서자가 굴욕을 당하는 것은 상상해 보면 알 수 있다. 이제는 탕평의 시대이니 모든 일에 차별하는 것을 일절 엄금하여 아랫사람의 마음이 잘 결집되게 하라. 만약 천륜을 나누어 위아래의 차등을 두는 자가 있으면 역류(逆類)로 다스릴 것이다. 유사(有司)가 혹 진달하지 않으면 형조에서 규례대로 죄를 다스려서 천륜을 나누는 폐단이 없게 함으로써 남북으로 당론을 이루는 일이 없게 하라.

아, 서자도 양반이 아니던가? 서자도 양반이 아니던가? 경향의 사민(士民)이 모두 서로 혼인하게 되면, 내 마음에 어찌 후련함이 없겠는가. 천하에 일이 없게 된 뒤에야 나라가 안정되고, 나라가 안정된 후에 백성이 안정된다. 윗사람은 윗사람답고 아랫사람은 아랫사람다워지면 풍속이 돈후해져서 위에서는 백성을 근심하지 않아도 되고, 아래에서는 원망하는 백성이 없게 된다면 유독 내 마음이 기쁠 것이다. 아, 적서간에는 차이가 없으니 차별을 두는 자는 역류로써 잡아들이고, 잡아들인 무리는 하나하나 아뢰어라. 이대로 시행하라."

하였다.

같은 해 11월 15일, 차대에 입시하였을 때에 영의정 김상복(金相福)이 아뢰기를,

"지난번 성상의 처분으로 전에는 그러한 관직에 몸담을 수 없었던 사람들에게 전에는 허통하지 않았던 관직을 주도록 특별히 명하신 것은 성대한 덕을 베푼 일입니다. 수백 년 동안 막혀 눌려 있던 것이 이제야 확 뚫렸으니, 신은 성상의 덕화가 황극을 세우신 공과 함께 만세

에 전해지리라 생각합니다. 다만 몇몇 사람이 대간에 의망된 것 이외에는 연속성이 없다 보니, 성상의 넓게 소통시키려는 정사가 유시무종이 되지는 않을까 걱정입니다. 이후로 문신과 음직과 무신을 막론하고 점차 감별하여 녹용(錄用)하도록 이조와 병조에 신칙하는 것이 어떻겠습니까?"

하니, 상이 이르기를,

"상주한 것이 진실로 옳다. 이것은 내가 늘그막에 한 큰일 중의 하나이다. 이조와 병조에 신칙하라."

하였다. 이어서 이조 판서와 병조 판서를 앞으로 나오라 명하여, 한계를 두지 말고 각별히 가려 쓰라고 하교하였다.

같은 해 12월 28일, 영남 선비인 진사 전성천(全性天)과 황경헌(黃景憲) 등이 상소하기를,

"삼가 아룁니다. 신들은 먼 시골의 곤궁한 백성으로 오랫동안 깊은 한을 품고 있다가 새롭게 성상의 은혜를 입었습니다. 한 나라의 수많은 백성이 모두 다행히도 잠시나마 죽지 않고 살아서 덕화의 융성함을 볼 수 있게 되었기에, 북쪽 궁궐을 우러러보며 서로 앞다투어 만수무강하시기를 축원하려 합니다. 신들이 함께 상소를 지어 발을 싸매고 천리 길을 올라온 것은 실로 은혜에 감복한 작은 정성에서 나온 것으로 참으로 어쩔 수 없었기 때문입니다.

삼가 생각건대 우리 주상 전하께서는 덕은 천지와 짝을 이루고 해와 달처럼 영명하신 분으로 황극(皇極)을 세우는 정치에 힘쓰시고 즉위 초기의 정사를 행하시니, 탕평의 교화가 사방의 백성에게 미쳐서 모든 혈기가 있고 생명이 있는 자들이 모두 성덕을 노래하고 있습니다. 비천한 신들까지도 똑같이 보아 화육(化育)하시고 특별히 사면의 은택을 내려서 곧바로 벼슬길을 막았던 법을 없애셨습니다. 현자를

등용함에 부류를 따지지 말라고 하시고 청현직을 허통하신다는 윤음은 탕 임금이 사냥할 때 세 면의 그물을 걷어 낸 것과 같은 정도가 아니니,[23] 우리나라 수천 리에서 바큇자국에 고인 물속에서 고생하는 물고기[24] 같던 백성이 바야흐로 은혜로운 물결 속에서 헤엄치게 된 것과 같습니다.

아, 성대합니다. 대성인의 행위는 뜻밖이었는데 수많은 사람이 목을 빼고 기다렸지만 300년 동안 못 고치던 법을 오늘에야 이루게 되었습니다. 신들은 명을 들은 이후로 머리를 맞대고 감격하여 눈물을 흘리고 성상의 은혜를 칭송하고 축하하며, 살아서는 분골쇄신하고 죽어서는 결초보은하려 하나 보답할 방도가 없습니다. 인하여 손발이 덩실거리고 기쁘기가 마른나무에 꽃이 핀 듯합니다. 이후로는 신들의 지극한 소망이 비로소 이루어져서 사람 무리에 끼일 수 있게 되었으니, 자손 대대로 성상께서 길러서 이뤄 주시는 은택을 입어 다시는 벼슬길이 막혀 있다는 탄식을 하지 않을 것입니다.

다만 성상의 하교가 한번 내림에 온 나라 사람들이 들었으니 서울과 지방이 다름이 없어야 할 것인데, 유독 향곡(鄕曲)에서는 아직도 유적(儒籍)에 올리는 것을 막고 있습니다. 신들이 진달하려는 것은 향곡의 고질적인 폐단에 대한 것입니다. 영남은 평소 인재의 보고라 일컬어져서, 열읍(列邑)에는 본래 향규가 있고 향숙(鄕塾)에는 안(案)이 있고 향교와 서원에는 교록(校錄)과 원록(院錄)이 있습니다. 이는 삼소(三所)에 세 등급을 설치하여 가르친다는 의미로, 인재를 북돋아

• • • • •

23 탕 임금이……아니니 : 탕 임금이 사냥을 나갔을 때 사면에 그물을 설치하고 사냥하는 광경을 보고 삼면의 그물을 걷어 내고 한 면의 그물만 남겨 두고 짐승을 잡게 했다는 고사로, 어진 마음이 동물에까지 미쳤다는 뜻이다. 《史記 卷3 殷本記》

24 바큇자국에……물고기 : 《장자(莊子)》 〈외물(外物)〉에 나오는 고사로, 수레바퀴 자국의 고인 물에 있는 붕어처럼 몹시 곤궁하거나 위급한 처지에 있는 사람을 비유한다.

길러 국가의 쓰임에 이바지하려 함입니다.

강학으로 완성하고 예양(禮讓)으로 가르쳐서 학교에서 진작하도록 하고 관직에서 공효를 요구하는 것은 삼대에 백성 중 빼어난 이를 태학에 입학시키던 뜻과 같습니다. 국초에는 신들과 같은 이가 본래 신분이 차별받고 벼슬길이 막힌 적이 없었습니다. 어느 날 조정에서 통청을 금한 이후 향곡의 선비들 역시 같이 명부에 못 올리게 했으니, 새로운 규칙을 처음 만들어 일체 배척했습니다.

아, 신들은 비록 일명(一名)이지만, 신들의 조상은 많은 공적이 충훈부(忠勳府)에 기록되어 있습니다. 어떤 이는 도덕과 문장으로 백세의 사표가 되었고, 어떤 이는 청명 직절(淸名直節)이 해와 별처럼 빛나며, 혹은 전공과 전략이 나라의 간성이 된 자도 있습니다. 그러나 한번 서자가 되어서 자손에게 전해지면, 유자의 옷을 입고도 향교와 서원의 뜰에 가지 못하고 유자의 관을 쓰고도 제사 지내는 예(禮)를 보지 못합니다. 심지어는 방을 붙여 금하고 문에서 막고 야단치며 온갖 교만한 짓을 다 하고 있습니다. 여염의 일반 백성이 신들을 동류로 여기고 조례(皁隷) 하천(下賤) 또한 능멸하니 삼소를 두어 인재를 기르는 뜻이 그 도(道)를 얻었다 하겠습니까.

이것이 신들이 평일에 억울하게 여겨 애통해하고 탄식한 것입니다. 지금 매우 다행히도 신들이 요순 같은 임금님의 백성으로 태어나 풍속이 화목하게 변하는 교화를 다시 보게 되었습니다. 관리 명부에서 청직이 이미 허통되었다기에 향곡에서도 유안(儒案)기[25]에 같이 기록되면 성상의 조정과 재야를 똑같이 대하는 지극한 뜻에 진실로 부합될 것으로 여겼습니다. 그런데 향인의 논의는 혹자는 태학에서 아직

•••••

25 유안(儒案) : 성균관, 향교, 서원 등에 소속된 유생(儒生)들의 이름을 적은 《청금록(靑衿錄)》을 가리킨다.

나이순으로 차례를 정하지 않는다 하고, 혹자는 끝까지 기다려 본 뒤에 논의해서 처리해야 한다고 하며 혹자는 조정만 통청된 것이고 향곡은 해당되지 않는다 하고, 혹자는 다시 공문이 내려오기를 기다려 보자고 합니다. 아직도 삼소의 목록에 나란히 수록하지 않아 넘쳐흐르는 성은은 막혀서 흐르지 못하고 크게 탕평한 어진 정치는 막혀서 행해지지 못하니, 어찌 조정과 재야를 똑같이 대하는 성상의 지극한 뜻이라 하겠습니까.

아, 조정에서는 삼사(三司)의 관직이 청직이고, 향곡에서는 삼소(三所)의 명단[26]이 청직입니다. 이미 조정에서 통청하였으니 삼소의 청직을 어찌 향곡에서만 허통하지 않는 것입니까. 조정도 전하의 조정이고, 향곡도 우리 전하의 향곡이니, 조정과 향곡이 본래 두 갈래가 아닙니다. 또한 교화는 위에서 아래로 전파되는 것인데, 전하는 교화의 주인입니다. 이번의 통청하는 규정은 역시 풍화의 큰 기틀이니, 향인들이 관습을 따른다는 핑계를 대며 향록에 통청하는 것을 허락하지 않는다면, 어찌 우리 성상의 풍화의 도를 받들어 따르는 것이라 할 수 있겠습니까.

예전에 통청을 금했을 때에는 애초에 유록(儒錄)에 금하라는 사목이 없었는데도 향인이 유록에 금하는 것을 어찌 그리 쉽게 하였습니까. 이제 통청을 허락하는 날에 이르러 이미 엄하고 분명한 성상의 하교가 있는데도 향인이 유록에 같이 기록하는 것을 어찌 그리 어렵게 여긴단 말입니까. 끝내 이와 같다면 신들은 전하의 위대한 법(典)이 조정에서만 행해지고 향곡에서는 행해지지 않을까 걱정됩니다. 그렇다면 신들이 어찌 성상께서 도야하시는 교화를 입어서 양성되기를 바랄 수 있겠습니까.

•••••

26 삼소(三所)의 명단 : 여기서는 서원과 향교의 문인록과 향안(鄕案)을 말한다.

신들이 생각하기에, 대개 조정에서 명을 내리면 반드시 해당 조에서 도신에게 명령을 반포하고 도신은 열읍에 선포하니, 이는 국가의 규정입니다. 그런데 이제 통청하라는 하교를 해당 조에서 반포한 일이 없었으므로 향인들이 사목(事目)을 보지 못했다는 핑계를 대고 통청의 명을 끝내 봉행할 뜻이 없습니다. 애통합니다. 신들은 장차 어느 때에야 차별 없이 똑같이 대우하는 은택을 입겠습니까. 엎드려 바라건대 성상께서는 굽어살피셔서 한 사람이라도 어진 정치의 은택을 입지 못할까 걱정하시어 만물이 모두 잘 이루어지게 하시고, 특별히 삼소의 명부에 통청하도록 사목을 내려 조야의 신민이 모두 우리 전하의 크나큰 은택이 모든 곳에 두루 미치고 다스려지지 않음이 없음을 알게 하소서. 그러면 어찌 신들의 지극한 소원만 펴지는 것이겠습니까. 국가에서 인재를 기르는 도가 이로부터 점차 넓어져서 인재를 기르는 임금님의 교화가 또한 미천한 신들에게까지 미칠 것이니 어찌 성대하지 않겠으며 어찌 아름답지 않겠습니까. 신들은 모두 초야의 천한 신하로 감히 전하를 번거롭게 하였으니 그 죄는 만번 죽어도 합당합니다. 신들은 구구한 마음을 이기지 못하겠습니다."

하니, 답하기를,

"상소를 보고 잘 알았다. 아, 하늘의 이슬과 비는 땅을 가리지 않고 내리고, 임금이 하늘을 받들어 정치를 행하는 것 또한 이러한 뜻이다. 아, 국초 이래 어찌 금령이 있었겠는가. 그런데 일개 유자광이 나온 뒤로 너희들이 억울한 마음을 펴지 못한 지 이제 300년이 되었다. 궁하면 반드시 통하는 것 또한 이치이다. 그래서 늘그막에 느낀 바가 있어서 이러한 명을 내렸으니 처음에는 사람들이 혹여 놀라지는 않을까 걱정하였으나, 그 기상을 보고는 사람들이 모두 만족해하였으니 여기에서 본연의 어진 마음을 볼 수 있다. 하교를 한번 내려 동전(東銓)을 먼저 통청하고 서전(西銓) 또한 그렇게 하였다. 그런데 이전 일은 대신이 향당의 무리가 혹 싸우게 될까 봐 상주한 일이 있었기에 또한 하교한 것이다. 지난 을해년(1695, 숙종21)에 너희들이 글을 올렸는데 말이 매우 절실하여 잠저(潛邸)에 있을 때 베껴다가 보았다. 지금 너희들의 상소를 보니 이전 상소가 지금의 상소와 그 청은 같지 않지만 뜻은 하나이다.

요즘 세도는 날로 곤두박질치고 인심은 날로 무너지고 있다. 늘그막에 조물주가 오지는 않을까 두려워서, 찾아온 유생이 없는지 궐 안팎에다 매일 묻다시피 하고 있다. 아, 올해도 다 저물어 80이 낼모레이니 이 마음을 만 곱절이라는 말로도 표현하기 부족하다. 이러한 때에 세도를 생각하면 마음을 어찌 풀 수 있겠는가.

오늘 저녁을 먹고 난 뒤에 이전처럼 물으니 유생이 찾아온 것을 봤다고 하기에 승정원에 물었더니, 경기 유생에 대해, 애초 얼마나 중대한 사안을 아뢰려고 하는 것인줄 몰랐는데 알고 나서[27] 깨달아 마음이 움직였다고 하였다. 또 영남의 유생은 유안(儒案)에 같이 기록하게 해 달라고 말한다기에, 듣고 매우 이상하여 대궐 문을 열고 불러들여 경기 유생이 먼저 들어왔다. 경기 유생에게 묻고서, 그대들의 사안이 막중하나 함께 거론할 수 없으니 우선 물러가라고 하였다. 비록 그 마음은 가상하나 무슨 일인지 알 수가 없었는데 그 상소문을 읽어 가는 소리를 듣고 보니 바로 그대들의 상소였다. 관직은 이미 통청되었는데 유록은 어찌 참여할 수 없는가 하면 이는 다름이 아니라 또한 그대들과 같은 자들이 관직에서는 비록 거리낌 없이 아무 지평과 정언에 통청되지만 유안은 그때 동시에 허통하라는 하교가 없었기 때

27 경기……나서 : 《영조실록》 48년 12월 28일 기사를 보면 경기 유생 정집(鄭㙫)이 상소하여 숙종의 존호를 추상(追上)할 것 등을 청하였다. 영남의 유생이 서얼 허통 문제로 상소를 올리려다, 숙종의 존호에 관한 상소를 올리려는 경기 유생에게 양보하고 나중에 올렸다.

문에 이렇게 되었다. 이미 들었으니 어찌 한 시각이라도 지체할 수 있겠는가. 외방(外方)에 신칙하고 먼저 서울에서 실시하되, 태학에 분부하여 지금 이후 자리를 정할 때 나이순으로만 하고 일절 구애받지 말라. 태학에서 이렇게 하면 향학 또한 그렇게 될 것이다. 팔도에 이 예를 따라 시행하도록 분부하여 수천의 많은 선비들이 마음 편히 경향의 학교에서 노닐게 하라.

아, 당 태종(唐太宗)은 한(漢)·당의 중간 등급의 임금이었는데 문화와 학문을 크게 일으키자 고려와 교지(交趾)[28]에서 자제를 보내어 입시하게 하였다. 그대들의 상소를 올려 그 근본을 따진다면 하물며 공경 세족의 자손임에랴. 아, 이러한 처분은 내가 중년 이후 바로잡은 것이 많았는데도 오히려 오늘에 이르기까지 억눌리고 답답한 마음을 누구도 펴지 못하였다. 조정 관리부터 유생까지 모두 허통하는 것이 또한 내가 늘그막에 펴는 하나의 중요한 정사이다. 신칙하지 않고 다만 분부를 명하는 것은 '임금이 한번 호령하면 그만일 뿐 번다한 말이 필요없다.'는 뜻이다."

하였다. 전교하기를,

"내가 눈앞에 영남 유생의 상소가 있는 것을 보고 비답을 하였다. 다시 생각해 보니 이러한 곳에 이처럼 마음을 쓸 일이 아니다. 다시 써 내리되, 처음 비답은 시행하지 말라고 영남의 유생에게 분부하라."

하였다. 같은 달 30일 차대에서 호조 판서 채제공(蔡濟恭)이 아뢴 것으로 인하여, 처음의 비답은 시행하지 말라고 비답을 고쳐서 내렸다. 답하기를,

"임금은 삼무사(三無私)를 본받는 법이 아, 국초에 어찌 서자를 차별하였겠는가? 유자광 이후로 억울함을 품게 된 것이 300년이나 되었기에 삼무사를 받드는 뜻으로 늘그막에 처분을 내린 것이다. 너희들의

-----

28 고려와 교지(交趾) : 고려는 고구려를 말하며, 교지는 베트남이다.

상소를 들으니 비록 딱하기는 하나, 조정은 조정이고 향당은 향당이다. 아, 늘그막에는 의당 대체(大體)를 지켜야 하니 내가 어찌 이러한 자잘한 일에까지 간여하겠는가."
하였다.

같은 날, 영남 유생이 봉장(封章)을 가지고 입시하니, 영남 유생과 승지를 같이 입시하라 명하였다. 상이 이르기를,
"상소를 읽으라."
하니, 제소(製疏)가 상소를 읽었다. 상이 이르기를,
"너희들은 서얼인가?"
하니, 제소가 일어섰다 엎드려 대답하기를,
"그렇습니다."
하였다. 상이 이르기를,
"너희들이 상소에서 나를 과찬했기에 이상하다 했더니 과연 너희들이구나."
하였다. 상이 이르기를,
"너희들의 상소가 매우 좋다."
하고, 누차 하교하였다. 상이 이르기를,
"영남은 본래 인재가 많은데, 이 상소가 특히 좋다."
하고, 또 하교하기를,
"영남의 유생은 너희들을 생원이라 칭하지 않는가?"
하니, 제소가 대답하기를,
"그렇습니다."
하였다. 상이 이르기를,
"소과에 합격한 뒤에도 생원이라 부르지 않는가?"
하니, 제소가 대답하기를,

"합격한 자는 그러하지 않습니다."

하였다. 상이 이르기를,

"삼사(三司)가 무엇인가?"

하니, 승지가 대답하기를,

"양사와 옥당입니다."

하였다.

"삼소(三所)가 무엇이냐?"

하니, 제소가 대답하기를,

"향교와 서원과 향안입니다."

하였다. 또 하교하기를,

"태학은 아직도 나이순으로 차례를 정하지 않는가?"

하니, 소두(疏頭)가 대답하기를,

"그렇습니다."

하였다. 상이 이르기를,

"너희들의 벼슬길이 막힌 지 몇 년이나 되었느냐?"

하니, 대답하기를,

"300년입니다."

하였다. 상이 이르기를,

"이렇게 오래되었느냐?"

하니, 대답하기를,

"270여 년입니다."

하였다. 상이 이르기를,

"유자광(柳子光)이 나오기 이전에는 너희 서얼도 유안에 올랐느냐?"

하니, 대답하기를,

"국초에 어찌 구별을 둔 일이 있었겠습니까."

하였다. 상이 이르기를,

"알았다. 너희들이 경기 유생에게 막중한 상소를 양보했다니, 훌륭하고 훌륭하다. 당초 통청할 때에 함께 살피지 못한 까닭에 이들이 이렇게 청하였구나."

하였다. 또 하교하기를,

"하늘이라고 부르는 것을 내가 감당할 수 없다. 하늘이라는 것은 단지 '하늘은 아버지이고 땅은 어머니이다.'는 뜻이다."[29]

하였다. 또 승지에게 하교하기를,

"이 상소가 매우 좋으니 응당 일기에 올리라."

하였다. 또 하교하기를,

"너희들의 상소는 승정원에서 등사해 낸 후 원래의 상소는 너희들이 가져가라."

하였다. 승지에게 명하여 비답을 쓰게 하니, 소두(疏頭) 등이 절하고 엎드려 만세를 불렀다. 경기 유생이 이때 숙종대왕의 존호에 관한 봉장(封章)을 가지고 입시하였는데, 영남 유생이 중대한 일이라 여겨 사양하고 물러난 것이다. 영의정 김상복(金相福)이 상주하기를,

"이번에 통청한 사람은 이름만 있을 뿐 실상이 없으니 문무의 벼슬자리에 차차 수용(收用)하는 것이 어떠하겠습니까?"

하니, 상이 이르기를,

"이 역시 내가 늘그막에 펴는 일대 정사이니 특별히 윤허한다."

하였다. 《연설(筵說)》

계사년(1773, 영조49) 1월 26일, 영남 유생 황경헌(黃景憲) 등이 다시 상소하기를,

"삼가 아룁니다. 신들이 전날에 향곡(鄕曲)의 통청에 관한 일로 상소

•••••

29 하늘이라고……뜻이다 : 장재(張載)가 지은 〈서명(西銘)〉에 나오는 말이다.

를 올려 부름을 받고 은혜롭게도 비답을 받았습니다. 신들 억만 생령(生靈)에게 이슬과 비와 같은 성상의 은택을 고루 입게 하시어, 막히고 제한되었던 것을 틔우고 없애서 오랫동안 맺힌 마음을 비로소 펼 수 있게 하셨으니 아, 성대합니다. 우리 전하의 크나큰 은덕은 부모가 어린아이를 돌보는 것 같고 천지가 만물을 기르는 것 같습니다. 미천한 신들이 외람되게 세상에 없는 은혜를 입고는 감격하여 눈물을 흘리며 모두 일제히 천세를 외치면서 각자 서로 격려하여 나라를 위해 한번 죽을 수 있기를 바랄 뿐이었습니다. 그런데 생각지도 못하게 어제저녁에 한 중신(重臣)이 혹시 장래에 향곡의 폐해가 있을까 염려하는 상주를 하여, 다시 이전의 비답을 시행하지 말라는 하교를 받았습니다.[30]

신들은 명을 듣고 몹시 두려워 몸 둘 바를 몰랐으나 실로 응당 조용히 물러나 기다리면서 신하의 분수에 맞게 해야 할 것입니다. 그런데 다시 전하를 번거롭게 하였으니 죄가 만번 죽어 마땅한 줄 압니다만, 아파서 부모를 부르는 자가 어찌 한 번만 부르고 말겠습니까. 곤궁하여 하늘에 호소하는 자가 어찌 한 번만 호소하고 말겠습니까. 이렇기에 신들이 외람되다는 주벌을 피하지 않고 다시 간절한 마음을 아뢥니다. 삼가 바라건대 전하께서는 더욱 불쌍히 여기시어 굽어살피소서.

무릇 지극히 높은 것이 하늘인데 사람은 모두 하늘을 하늘이라 부르고, 지극히 높은 분이 임금인데 사람은 모두 임금을 임금이라 부릅니다. 불쌍한 신들은 사람의 도리가 거의 없어서 자식이 아버지를 아버지라 부르지 못하고 동생이 형을 형이라 부르지 못하니 이는 부자형제의 인륜이 무너진 것입니다. 머리가 하얗게 되어도 소년의 아랫자리

• • • • •

30 중신(重臣)이……받았습니다 : 《영조실록》 48년 12월 28일 기사를 보면 채제공(蔡濟恭)이 영남의 풍습을 말하며 유안(儒案)에 대해 조정이 개입하면 분란이 생길 우려가 있다고 말하여 영조가 비답을 고쳐서 내렸다.

에 있고, 나이가 같은데도 같은 줄에 나란히 서는 것을 배척당합니다. 이는 장유(長幼)와 붕우(朋友)의 인륜이 끊어진 것입니다. 사람이 금수와 다른 것은 오륜이 있기 때문입니다. 그런데 오륜이 이미 없어졌다면 금수가 나다니는 것과 무엇이 다르겠습니까? 팔다리와 이목은 하늘로부터 같이 타고났고 언어와 행동거지도 역시 다 같은 사람인데 사람들로부터 버림을 받고 사람 축에 못 드는 사람으로 취급당하니, 신들의 원통하고 억울함이 어찌 그 끝이 있겠습니까. 이는 선정(先正)과 명신들이 모두 불쌍히 여겨 상소에서 간절하게 말한 것입니다.

전에 중묘(中廟) 때에 선정신 문정공(文正公) 조광조(趙光祖)가 이 논의를 주장하였는데 차자로 아뢴 것이 간절하였습니다. 선묘(宣廟) 때에는 유신(儒臣) 신분(申濆) 등 1600인이 상소하여 원통함을 호소하였는데, 이때 비답이 다음과 같았습니다. '해바라기가 해를 향하는데 곁가지를 가리지 않는다. 신하가 충성을 바치기를 원함에 어찌 꼭 적자여야 할 것인가.' 선정신 문정공 이이(李珥) 또한 이 의논을 진달하였으나 허통의 하교를 받지는 못하였습니다. 선정신 문열공(文烈公) 조헌(趙憲)이 〈의상봉사(擬上封事)〉에서 그 문벌에 구애받지 말 것을 청하려 하였습니다. 고(故) 상신(相臣) 문충공(文忠公) 유성룡(柳成龍)이 차자를 올려 또 문벌을 따지지 말 것을 청하였습니다. 인묘(仁廟) 때에는 고 상신 완성부원군(完城府院君) 최명길(崔鳴吉) 등이 연명하여 올린 상소에 아비의 가문만 묻고 어미의 가문은 묻지 말자는 말이 있었습니다. 비답을 내려 해당 조에서 상께 여쭈어 처리하게 하니 상신 문충공 김상용(金尙容)이 회계(回啓)하기를 '서얼을 금고하는 법은 고금 천하에 없는 법입니다.' 하고 인하여 오래된 폐단을 통렬히 개혁할 것을 청하였습니다. 상신 완평부원군(完平府院君) 문충공 이원익(李元翼) 등이 또한 헌의하여 허통할 것을 청하였습니다. 현묘(顯廟) 때에 선정신 문정공 송시열(宋時烈)이 올린 상소에 '서얼을 막는 것은 원래 조종의 정해진 법도가 아닙니다.' 하였습니다.

선왕조의 선정신 문순공(文純公) 박세채(朴世采)가 주강(晝講)하는 자리에서 '상규(常規)에 구애받지 마시고 오로지 성상께서는, 필연의 이치는 확고하여 바꿀 수 없다는 것을 마음으로 깨달아 단행하셔야만 합니다.'라고 아뢰었습니다. 상신 문정공 최석정(崔錫鼎)이 상소를 올려 통용할 것을 청하면서 '먼저 서울에서 시행한 다음 지방에서 시행하는 것은 어진 인재를 등용함에 부류를 따지지 않는다는 뜻에 어긋납니다.' 하였습니다.

이것이 그 대강입니다. 그 외에 고 판서 이무(李袤), 지사 김수홍(金壽弘), 판서 이주진(李周鎭) 등의 상소와 차자를 보면 분명하게 살펴볼 수 있습니다. 우리 전하께서 등극한 초기에 유생 정진교(鄭震僑) 등이 상소하여 원통함을 호소하였는데, 그 비답에 '해와 달이 비추는 것은 정밀하거나 거칠거나를 가리지 않는다. 왕자(王者)가 인재를 등용함에 어찌 그 사이에 차이를 두겠는가.' 하였습니다. 이로써 보면 마땅히 금고가 점차 풀려서 조정과 재야에 구애됨이 없어야 할 것 같은데 여전히 계속 시행되어 이로 인해 300년 동안 미처 고치지 못한 법이 되었고 조정의 벼슬길이 막히게 되면서 향곡의 유안(儒案)에 실리는 것도 막히게 되었습니다.

이제 우리 성상께서 스스로 결단하여 특별히 하교를 내려 이조와 병조로 하여금 청현직을 이미 허통하도록 하셨으니 이는 실로 위로는 열성조(列聖朝)의 유의를 따른 것이요, 아래로는 선정(先正)의 좋은 계책에 부합한 것입니다. 세상에 드문 성덕은 천고(千古)에 뛰어납니다. 신들과 같은 수많은 사람들이 함께 풍속이 화목하게 변화되는 교화의 은택을 입어 사람 무리에 낄 수 있게 되었으니 대동(大同)의 교화는 마땅히 서울과 지방의 차이가 없어야 할 것인데, 유독 향곡(鄕曲)에 구폐가 아직도 남아 있고 열읍(列邑)의 유록(儒錄)에 제한이 있어 풀리지 않고 있습니다. 그래서 신들은 명단을 써서 목록에 실어 주기를, 향인 중에 나이 많은 이에게 청하였더니 그 발문(跋文)을 허락한 사람이 열에 여덟아홉이었는데 어떤 사람은 사목(事目)을 보지 못했다는 것을 이유로 머뭇거리며 서로 미루며 공문이 내려오기를 기다리자고 하였습니다. 신들은 탕평하려는 성상의 뜻을 우러러 따르고 향인의 여론도 따라야 했기에, 천리 길을 와서 궁궐 문에서 호소하여 특별히 은혜로운 비답을 받았습니다. 스스로 생각하기를 이제부터는 인륜을 지닌 떳떳한 사람이 될 것이라 여겨 신들은 만나는 사람마다 서로 축하하며 감축하는 마음 간절하였습니다.

중신(重臣)이 평소의 소문을 거쳐 듣고 말류(末流)의 폐단이 생길까 염려하여서 '향폐(鄕弊)' 두 글자를 주대(奏對)에서 아뢰었습니다. 아, 중신의 뜻도 나라를 위하는 방도에서 나온 것이지 어찌 꼭 신들을 막고자 한 것이겠습니까. 다만 땅이 멀어 영남의 풍습을 자세히 알지 못해서 그렇게 된 것입니다. 대저 영남은 예의를 숭상하는 유학의 본고장입니다. 풍속이 돈후하고 의리도 대략 알아서 비록 도신(道臣)과 읍재(邑宰)의 명이라 해도, 받들어 행할 겨를이 없을 뿐입니다. 하물며 성상의 하교가 한 번 내려지면 향인(鄕人)은 마땅히 받들 뿐이고 신들도 마땅히 중론(衆論)을 따를 뿐이니, 누가 감히 향록을 허통하는 사이에 싸움을 일으키겠습니까. 이것이 향폐가 되지 않는 첫째 이유입니다.

형벌을 두려워하고 죄를 피하려 함은 인지상정이라 유록이 아무리 중요해도 누가 감히 향록에 수록을 청하는 마당에 갈등을 일으켜 스스로 죄를 초래하겠습니까. 이것이 향폐가 되지 않는 둘째 이유입니다. 신들이 만약 조금이라도 서로 견주려는 마음이 있었다면 처음에 왜 명단을 만들어 간절히 청하였겠습니까? 향인이 만약 영원히 막으려는 마음이 있었다면, 애초에 왜 발문을 써서 허락 받으려 하였겠습니까. 이것이 향폐가 되지 않는 셋째 이유입니다. 또 상서(庠序)와 학교(學校)는 본래 책을 읽고 인륜을 밝히는 곳으로, 신들이 원하는 것은 유록에 이름이 올라서 인륜을 밝히는 학교에서 노닐며 사람이 되는 도리를 익히는 것입니다. 향안에 들어가고 말고는 처음부터 관심을 두지 않았으니, 어찌 갈등이 생기겠습니까. 이것이 향폐가 되지 않는 넷째 이유입니다. 하물며 신들은 예절의 고장에서 자랐기에 종가를 중시하는 의리를 익혀서 압니다. 만일 통청된 뒤라도 그 적서의 분수로 볼 때 누가 감히 범할 생각을 하겠습니까. 이것이 향폐가 되지 않는 다섯째 이유입니다. 이 다섯 가지를 지키면 조금의 폐단도 없다는 것을 알 수 있는데, 폐단이 생길까 걱정하여 다시 막아 버리는 지경이 되었으니, 신들의 원통하고 절박하며 안타깝고 답답한 마음은 다시 어떠하겠습니까?

신들이 정리(情理)로 드러난 이러한 사정을 중신에게 밝히고, 아울러 시골에 있을 때 만든 단자와 발문을 올리려 합니다. 그러면 중신 또한 신들이 시골에서 조용히 살려는 뜻을 알게 될 것입니다. 또 영남 향규(鄕規)의 순박함도 알아서 도리어 슬프고 불쌍히 여겨 '이러한 사정을 일찍 알았다면 내 어찌 전날의 상주를 하였겠는가.'라고 말할 것이며, 또 '그 글을 보니 과연 이치가 있다.'라고 할 것입니다. 그렇게 되면 신들의 번뇌하고 원통한 사정을 꼭 일일이 전하께 호소하지 않아도 밝게 굽어살피실 것입니다.

하물며 영남에 향안이 있는 것도 예닐곱 고을에 지나지 않고, 옛날에는 조금 자세하였으나 지금은 점차 무너져서 남아 있기도 하고 없어지기도 하여 유명무실하니, 이것은 원래 말할 것도 없습니다. 지금 처분을 내리셨으니, 신들은 감히 향안에 들어가는 것을 바라지 않겠습니다. 교록(校錄)과 원록(院錄)에는 또 청탁(淸濁)의 구분이 없어, 비록 10세대 동안 관직이 없는 품관(品官)의 자손이나 한미한 가문의 내력을 모르는 자도 모두 다 섞여 들어가서 구애됨이 없으니 유록이 뒤섞여 정밀하지 못함을 이로써 미루어 알 수 있습니다. 신들이 꼭 교록과 원록에 허통해 줄 것을 바라지는 않습니다. 다만 신들이 일명(一名)이라는 이유로 비록 고관과 명현의 후예일지라도 끝내 배척을 받아, 유자(儒子)의 옷과 유자의 관(冠)을 갖추었으나 제사 지내는 예(禮)에는 참여하지 못하니, 이것이 신들이 억울해하는 것입니다.

또 태학으로 말한다면, 서북의 중인으로 거재(居齋)하는 사람은 나이순으로 앉아도 문제될 것이 없는데 신들은 일명이라는 이유로 검버섯 난 늙은이가 되어도 말석에 앉아 수모를 받고 있습니다. 이것이 신들이 억울해하는 이유입니다. 이로 인하여 경향의 학교에서 함께 배척당하여, 인륜을 밝히는 곳에 다시는 발붙이지 못하고 마침내 금수의 지경으로 돌아가게 되었으니, 사람에게 지극한 고통으로 무엇이 사람 축에 끼지 못하는 것보다 더한 것이 있겠습니까. 또 인륜은 유록의 근본이요, 인륜의 도를 익히려면 반드시 유록으로부터 시작해야 합니다. 상서(庠序)의 적(籍)과 학교(學校)의 녹(錄)은 모두 선비를 기르고 사람을 진작시키는 제도이고, 거기에서 부자(父子), 군신(君臣), 부부(夫婦), 장유(長幼), 붕우(朋友)의 윤리를 가르치니, 이것이 옛 성왕이 상서를 세운 본뜻입니다. 이름은 비록 사람이라 하지만 유록에는 끼이지 못하니, 비록 인륜의 도를 배우고 싶어도 장차 어디로 귀의하여 성취하겠습니까. 신들이 또한 같은 동포의 무리[31]로서 상서의 명단에 기록되어 인륜의 도리를 배워 익히기를 바라는 것이 어찌 인정의 지극한 소원이 아니겠습니까. 신이 궁궐 문에서 다시 호소한 것은 참으로 이 때문입니다. 아, 조정과 향곡은 모두 일체(一體)이고,

31 동포의 무리 : 장재(張載)가 지은 〈서명(西銘)〉에 "백성은 나의 동포이다.〔民, 吾同胞.〕"라고 한 데에서 인용한 것으로, 임금은 백성을 동포로 생각하여 두루 아껴야 한다는 뜻이다.

정령과 풍교(風敎)는 본래 안팎이 없으니 가까운 곳을 화평하게 교화하면 반드시 먼 곳도 평안하게 다스려질 것입니다.

전하께서 이미 시대에 드문 탕평의 법을 쓰셨습니다. 조정으로부터 재야까지 함께 기르시는 뜻을 온 나라 안에 반포하십시오. 그래서 향곡의 신민(臣民)으로 하여금 전하의 크나큰 은택이 미치지 않는 사물이 없고 미치지 않는 곳이 없음을 알게 하신다면, 무릇 이 신민이 어찌 감히 가르침을 받들어 교화로 나아가지 않겠습니까. 엎드려 바라건대, 전하께서 한 사람이라도 은택을 입지 못할까 걱정하셔서 만물을 모두 화순하게 하시려면, 다시 온화한 비답을 내려 먼저 태학에서 나이순으로 차례를 정하게 하시고, 모름지기 향학에서 유록을 허통하게 하여 신들을 인륜을 밝히는 곳에 두고 인도의 떳떳함을 갈고닦게 하소서. 이처럼 수백 년 동안 억눌려 억울하고 원통한 기운을 펴게 하시면, 어찌 살아 있는 자들만 성덕을 노래하며 북 치고 춤을 추겠습니까. 또한 원귀들도 뼈에 사무치는 은택을 입어 기뻐할 것입니다. 신들이 머리가 부서지고 몸이 가루가 된다 하여도 어찌 그 만분의 일이나마 보답할 수 있겠습니까.

신들이 대궐을 지키면서 눈물을 흘리며 해가 가고 달이 가도록 방황하며 차마 떠나지 못하는 것은 마음속에 지극한 원통함이 있어 내버려 두고 발걸음을 돌릴 수 없었기 때문입니다. 엎드려 바라건대 전하께서는 가엾고 불쌍히 여기시어, 번독스럽게 한 죄를 용서하시고 이 구렁텅이에 빠진 목숨을 건져 주소서. 신들이 향촌에 있을 때 올린 단자와 발문을 모아 품속에 두고 성상께서 물으실 때를 대비하다가, 이로써 신들의 뜻을 드러냅니다. 신들은 천만번 죽어도 지극히 황공하고 간절한 마음을 금할 수 없습니다."

하니, 답하기를,

"상소를 보고 잘 알았다. 이제 내가 노년에 너희들의 억울한 회포를,

거의 300년이나 지난 뒤에 풀어 주려는 것이 어찌 내 뜻만이겠는가. 이전의 임금들의 성대한 덕을 체득했기에 그렇게 된 것이다. 지금 조정의 벼슬길은 국초와 같이 열려 있다. 동전(東銓)이 이미 구애됨이 없고, 서전(西銓) 또한 구애됨이 없으니, 이제부터는 그 재능만을 가려 택할 뿐 어찌 그 사람의 출신에 구애되겠는가.

또 공자 말씀에 '풀은 그 위에 바람을 불면 반드시 눕는다.' 하였다. 나는 비록 덕이 부족하지만 조정에 기강이 있으니, 풀이 바람을 따르는 교화를 이루도록 어찌 힘써 신칙하지 않겠는가. 또한 국가에서 서얼을 차별하는 일을 없앴는데, 향촌에서 어찌 달리하겠는가. 임금이 존엄하게 된 뒤에야 명령이 아래에서 행해진다. 임금은 다만 조정에서 제도를 만드는 자이고, 아래에서 시행하는 것은 유사(有司)의 직분이니 어찌 구구하게 향촌의 일까지 신칙하겠는가. 이전의 비답에서 말한 것은 다만 큰 원칙을 거론한 것으로, 벼리를 펼치면 그물눈은 펴지게 되는 법이니, 또한 선왕의 법도이다. 너희들의 마음은 참으로 딱하나 또한 어찌 지나치게 걱정하는가. 임금이 인재를 등용함에 피차에 구애됨이 없이 등용하는데 오직 그 향안만 어찌 감히 굳게 지키면서 명을 어기겠는가. 계속해서 상소하지 말고 물러가 본업에 힘쓰라."

하였다. 같은 날, 승지가 영남의 유생을 이끌고 입시하였을 때이다.

같은 해 1월 27일, 비망기에,

"임금의 명은 당연히 엄중한 것이다. 동전(東銓)은 지평(持平)·정언(正言)에 모두 통청(通淸)하였는데 서전(西銓)에서는 한 사람만 천거하였으니, 임금의 명을 어찌 감히 이렇듯 깔아뭉개고 이렇게 천거한단 말인가. 임문(臨門)할 터이니, 훈련도감의 기고관(旗鼓官)은 대령하고 행수 장무 선전관(行首掌務宣傳官)[32]은 기과(記過)하여 대령하게 하라."

하였다.

홍화문(興化門)에 전좌(殿座)하였을 때에 당상 선전관(堂上宣傳官) 백동준(白東俊)을 잡아들여 조리돌린 뒤에 곤장 12대를 치고 거제부(巨濟府)에 충군(充軍)하게 하고, 이문덕(李文德)을 그 자리에 제수하였다. 여러 선전관을 모두 태거(汰去)하고 구전 정사(口傳政事)로 차출하게 하고 인하여 새로 천거하게 하니, 새로 천거된 자가 모두 9인이었다. 이항림(李恒林), 김길행(金吉行), 김익대(金益大)가 모두 수망(首望)으로 의망되었는데 낙점을 받았다. 또 새로 천거된 사람이 적어서 이문덕을 잡아들여 곤장 20대를 치고, 교동(喬桐)에 충군하게 하였다. 서유대(徐有大)를 당상 선전관으로 삼고 더 천거하게 한 후, 여러 선전관을 모두 교동에 충군하게 하였다.

전좌에 태학 유생이 입시하였을 때에 전교하기를,[33]

"지난번 영남 유생의 비답 가운데 '조정은 조정이고, 향당은 향당이다.'라는 하교는 당당한 천승지군(千乘之君)이라도 향안에는 간여할 수 없다는 뜻이었다. 지난밤 비답의 '바람이 불면 풀이 눕는다.'라는 하교는 기강 때문에 내린 것이다. 하늘의 도와 임금의 도는 다르지 않다. 남풍이 불면 풀은 북쪽으로 눕고 동풍이 불면 풀

•••••

32 행수 장무 선전관(行首掌務宣傳官) : 우두머리 역할을 하는 선전관으로 당상 선전관과 같다.

33 전좌에……전교하기를 : 《영조실록》 49년 1월 27일 기사를 보면, 전날 황경헌 등이 성균관에서 나이순으로 앉도록 하기를 청하는 상소를 올린 것으로 인하여 영조가 성균관 동반과 서반 우두머리를 불러서 나이순으로 앉는지 묻는 일이 있었다. 이때 동반 우두머리인 음죽(陰竹) 사람 김식(金植)이 "영남 유생의 상소에 대한 비답에 '조정은 조정이고, 향당은 향당이다.'라고 하신 하교가 있었기 때문에 나이순으로 앉는 것을 허락하지 않고, 일명은 비록 나이가 아무리 많더라도 종전처럼 양반의 아래에 앉게 한 것입니다.〔嶺儒疏批, 有朝廷自朝廷, 鄕黨自鄕黨之敎, 故不許序齒, 一名人年雖老, 依前坐兩班之下矣.〕"라고 대답하자 영조가 노하여 전교한 것이다.

은 서쪽으로 눕는 것이 당연한 이치이다. 임금이 명을 내리면 비록 내가 처음 시행하는 것이라 하더라도 뉘라서 감히 따르지 않겠는가. 더구나 이는 400년 전의 옛 법규를 작년에 복구한 것임에랴. 시종반(侍從班)인 지평과 정언은 모두 통청하였다.

아,《예기(禮記)》〈문왕세자(文王世子)〉에 '장차 우리의 임금이 될 터인데 나이 때문에 내게 사양하는 것은 어째서인가.'라고 하지 않았던가. 비록 존귀한 세자도 유의(儒衣)와 유건(儒巾)을 갖추고 유생과 더불어 학궁에서 나이순으로 차례를 정하였으니, 이는 삼대(三代)의 옛 예법이다. 이미 이렇게 옛 제도를 회복하였는데, 유생이라는 자들이 어찌 감히 자기 마음대로 법을 정하는가. 지금 내가 태학 유생을 부른 것은 말하지 않는 가운데 생각을 살펴보려 한 것이다. 오늘 이런 까닭으로 동반과 서반의 우두머리에게 물었더니, 동반의 우두머리인 김식(金植)이 감히 작년 영남의 유생에게 내린 처음의 비답을 인용했는데, 그것만으로도 이미 방자하였다. 너무도 형편없는 자가 감히 양반을 들먹이는데 듣고서 털이 쭈뼛하고 소름이 돋았다. 유적(儒籍)에서 그 이름을 삭제하고 대정현(大靜縣)에 영구히 충군하되 길을 세 곱으로 잡아 압송하라. 지금 태학에서 숙식(宿食)하고 있는 유생은 모두 정거(停擧)하라. 대사성이 단속하지 못하여 이 유생이 이렇게 어가 앞에서 아뢰는 일을 초래하였으니, 서용하지 않는 법을 속히 시행하라. 태학에 다른 유생을 즉시 권유하여 들어가게 하라. 함부로 구는 이런 자들은 관례에 따라 충군하는 것은 온당하지 않으니, 해당 조에서 한 차례 엄히 형추(刑推)한 뒤에 당일 내로 길을 세 곱으로 잡아 압송하여 대정현으로 유배하여 영구히 서민으로 만들라."

하였다. 전교하기를,

"음죽(陰竹) 한 현(縣)의 유생을 이번 증광시부터 영구히 정거하게 하라. 음죽을 여러 읍의 끝에 두게 하라."

하였다. 이날, 예조 판서에게 명하여 태학에 나아가 유생이 나이순으로 차례를 정하게 하였다.

빈청(賓廳)에서 아뢰기를,

"서민 김식의 죄를 어찌 다 처벌할 수 있겠습니까. 어가 앞에서 하문하신 것은 대개 바람이 불면 풀이 눕는 교화를 펼치려는 성심(聖心)에서 나온 것입니다. 그가 감히 패악스럽기 그지없는 말로 방자하게 답변을 올려 스스로 용서할 수 없는 죄에 빠졌으니, 이를 만약 엄정히 토죄하지 않으면 어찌 나라에 법이 있다고 하겠습니까. 제주도의 백성으로 만드는 것은 그 지은 죄를 징계하는데 부족하니, 대정현의 백성이 된 죄인 김식을 속히 의금부로 하여금 국청(鞫廳)을 설치하고 엄히 신문하여 명백하게 형법을 바로잡게 하소서."

하니, 답하기를,

"내가 비록 쇠하였어도 국법을 다스리는 권한이 아직 내 손에 있다. 이런 하찮은 놈에 대해, 내 비록 쇠하였다고 하나 어찌 고심하겠는가. 지금 이 조치는 내가 새로 만든 법이 아니라 근 400년 전의 옛 법을 회복하려는 것이다. 유생이라는 자들이 어찌 감히 명을 거역한단 말인가. 태학은 나라의 근본이다. 그 근본을 바로잡으려 하였기에 먼저 나이순으로 차례를 정하는지 물었고, 뒤에 신칙하는 하교를 하였으니 이것이 어찌 다른 뜻이 있으랴. 내가 날로 쇠해지니 지금 허송세월할 수가 없다.

이와 같은 상황이라 선전관 무리는 오히려 잘못된 경향을 본받는 것이 더욱 심하다. 지평과 정언을 이미 허통하였는데 선전관청(宣傳官廳)에서는 어찌 감히 명을 따르지 않는가. 만약 이 일이 없었다면, 내가 어찌 알았겠는가. 그러나 이는 한번 호령하는 일에 지나지 않는다. 김식이 대답한 바가 너무나 망측하였으니, 만약 극형을 시행하지 않는다면 어떻게 말세를 면려(勉勵)할 수 있겠는가. 그러나 조정의 논의에 부치려 해도 신하들이 먼저 처분으로 내린 '털이 쭈뼛 서고 소름이 돋는다.'라는 하교를 예사롭게 보고 있으니 나는 한 귀퉁이 조선이 오늘 망했다고 말하겠다. 만고의 신하된 직분이 어찌 임금을 이끌어 성취하게 하는 데 있겠는가. 비록 이와 같더라도 인도하여 성취하게 했든 못 했든 모두 역사에 기록하면 도움이 될 것이다. 이미 두 글자가 그의 단안(斷案)이라고 하니,[34] 어찌 국문(鞫問)할 것이 있겠는가. 하물며 속히 나라의 국법을 바로잡는 것이 그에게 무엇이 너무한 것이겠는가? 내가 이미 국법의 권한을 잡고 있다고 말하였으니 경들에게 무슨 문제가 되겠는가? 그가 비록 망측하나 나라의 국법이 어찌 그로 인해 더럽혀지겠는가. 대정현보다는 오히려 지금 흑산도(黑山島)로 보내 본인에 한해 종신토록 서민(庶民)으로 만들라. 아, 경들은 하교를 듣고도 마음에 여전히 온기가 남았는가. 그래도 예사롭게 처리할 일이 아니다. 역률로 다스리고 연좌된 자는 하나같이 모두 서민을 만들어서 사람 무리에 끼지 못하도록 하라. 아, 지금 이후로는 우리나라에 팔순에도 임금 노릇을 제대로 한 임금이 있다 할 것이다."

하였다.

같은 해 2월, 석채(釋菜)[35] 3일 전에 성균관 식당에서 나이순으로 자리를 잡게 하였다. 제사를 지내는 집사 추천안을 써서 입계하였는데, 봉향(奉香)에 남태시(南泰時), 봉로(奉爐)에 김관진(金觀鎭), 도진설(都陳設)

• • • • •

34 두 글자가……하니 : 《영조실록》 49년 1월 27일 기사에 "좌의정 이은이 아뢰기를 '처분이 이미 엄정하셨는데 성상께서는 어찌하여 지나치게 번뇌하십니까?' 하니, 상이 이르기를 '경은 「엄정」 두 글자로 마감하려 하는가?' 하고, 파직을 명하였다가 다시 충주목에 부처하라고 명하였다.〔李溵曰: 處分已嚴正, 聖心何爲過自煩惱? 上曰: 卿以嚴正二字, 欲爲磨勘乎? 命罷職, 又命忠州牧付處.〕"라는 내용이 나온다.

35 석채(釋菜) : 소나 희생을 생략하고 음악을 연주하지 않고 채소 따위로 간소하게 공자를 제사 지내는 의식이다.

에 유홍지(柳弘之), 전내 집사(殿內執事) 다섯 자리에 유영지(柳泳之), 김상정(金尙廷), 송일휴(宋日休), 송문현(宋文顯), 이장연(李長演)이었다.

같은 해 5월 12일, 전교하기를,

"전에 영남 유생에게 내린 비답에 내 마음이 비록 매우 비통했으나 김식(金植)의 일을 처분한 뒤로 성균관이 이미 안정되었다. 시골 유생 중에 아무리 머리 셋에 팔이 여섯인 사람이 있다 하더라도 어찌 임금의 명을 어길 수 있겠는가. 이번에 여러 장의 상언(上言)을 올린 것은 대개 이 일을 몰라서 그런 것이다. 이미 안정되었는데 어찌 감히 이와 같이 상언을 올리는가. 회계(回啓)하는 것을 그만두라. 시골의 유생에게 겁먹어 시골 유생에게 처음 비답한 것을 두 번의 회계에 올린 것은 일이 번다하게 되었고 또 구차하게 되었다. 해당 예조 판서에게 서용하지 않는 법을 시행하여 팔방의 많은 선비들에게 그 임금이 엄히 신칙하는 방도가 있음을 알게 하라."

하였다. 예조 판서는 조중회(趙重晦)이다.

갑오년(1774, 영조50) 4월 17일, 시원임 대신, 비변사 당상, 삼사(三司)가 입시하였을 때에 전교하기를,[36]

•••••

36 갑오년……전교하기를 : 교하(交河) 유생이 올린 서얼도 대를 이을 수 있도록 해 달라는 상소와 관련된 내용이다. 《영조실록》 50년 4월 17일 기사에 "임금이 교하의 유생 민희천 등의 상소로 인하여 입시한 신하들에게 하문하자, 한익모가 대답하기를 '선정신 문성공 이이와 문경공 김집은 모두 서출로 적자(嫡子)를 계승하였습니다.' 하니, 상이 이르기를 '적실에는 아들이 없으나 첩의 아들이 있는데도 다른 사람의 아들로 후사(後嗣)를 삼는다면 그들이 당연히 원통하게 여길 것이다. 문관과 무관에 이미 통청이 되었는데, 어찌 유독 적자 계승만 하지 못하겠는가. 적실과 첩이 모두 아들이 없다고 말한 것은 임금을 속이는 것이다.' 하였다.〔上因交河儒生閔喜天等疏, 下詢入侍諸臣, 韓翼謩對曰: 先正臣文成公李珥, 文敬公金集, 皆承嫡矣, 上曰: 嫡室無子有妾子, 而以他人子爲後, 渠輩當冤之矣. 文武旣通淸, 何獨不爲承嫡乎? 嫡妾俱無子云者, 是欺君也.〕"라고 하였다.

"아, 늘그막에 유생에게 물었더니, 찾아온 뜻이 매우 깊었다. 이제 그 대략을 들으니 이륜(彝倫)을 칭하였다 하기에 감동하여 특별히 불러서 만났다. 이른바 이륜은 아마도 그의 입장에서 말한 듯하다. 처음에는 영남의 유생이라서 그런 것처럼 하다가 끝에 가서 후사를 세우는 것을 언급하기에 해괴하다는 생각이 들어 읽기를 그만두라 명하였다.

대개 말은 바로 해야 한다. 첩의 아들이 있는데도 정실이나 첩실 모두 아들이 없다고 말하니 그 심보를 알 수 있다. 아, 수백 년이 지난 뒤에야 이렇게 허통하였다. 전에 김식(金植) 사건 뒤로 어찌 영남만 그러하겠는가. 태학에서도 나이순으로 차례를 정했는데, 또 어찌 원통하다고 하는가. 지금 감히 작은 것을 준다고 큰 것까지 바라니 경악스러운 일이다. 또 이전 선정들의 전례가 있기는 하지만 이는 모두 한때의 권도로 한 것인데, 이처럼 장황(章皇)하니 그래서 물러가라 명하였다.

처분하려 해서 불러 주고 이미 반쯤을 썼는데, 다시 생각하니 문관은 시종을 허통하고 무관은 선전관을 허통하여 더는 논할 만한 것이 없다. 대개 첩에서 난 아들이 있는데 정실이나 첩이나 다 아들이 없다고 한다. 옛사람이 말하기를 '상소에 절 한 번도 하지 않으면서 백 배라 칭하는데, 이것은 임금을 속이는 것이다.' 하였으니, 이는 참으로 격언이다. 정실과 첩으로 말하면, 첩에게서 난 아들이 있는데 아들이 없다고 하는 것이 임금을 속이는 것이 어찌 아니겠는가. 어째서 그렇게 말하는가. 정실에게 자식이 없는 것은 옳지만 서자가 이미 있는데 정실과 첩에게 모두 자식이 없다고 말하는가. 또 문관과 무관을 이미 통청하였는데 대를 잇는 것을 허락하지 않고 다른 친척에게서 양자를 들인다면 서자들은 아비가 없다 할 만하다. 어찌 이것만이랴? 지금 이 하교는 이륜을 정하는 것이니 보통 일로 여겨서는 안 된다. 하문하고 싶으니 시원임 대신과 비변사 당상, 삼사 모두 입시하라 명하라. 서자가 있는데 없다고 한 것이 어느 해부터 유래하였는가? 선정들의 고사(古事)를 보면 알 수 있을 것이다. 예관에게 널리 고찰하여 아뢰게 하라."

하였다.

같은 날, 비망기에,

"'적첩' 두 글자를 보면 옛 법을 알 수 있다. 어찌 다시 살펴볼 필요가 있겠는가. 살펴보고 아뢰라는 명을 중지하라."

하였다.

같은 날, 전교하기를,

"어찌 이 일에 대해 하문할 필요가 있겠는가. 마음에 항상 개탄스러웠다. 하교한 뒤에 법전에 실린 것을 보고 크게 깨달았는데, 이미 입시하라고 명했기에 한번 하문하였다. 이후에는 마땅히 법전대로 시행하라는 승전(承傳)을 받들라. 이처럼 하교한 뒤에도 잘못된 관례를 따라서 속이고 숨기는 자를 어찌 선비라 하겠는가. 사람 무리에 끼이지 못하게 하라고 분부하라."

하였다.

같은 해 6월 18일, 경상도 경주 유생 이희겸(李希謙)이 상소하기를,

"삼가 아룁니다. 신들이 살아서 요순의 세상을 만나 비와 이슬 같은 성상의 은택을 고루 받았습니다. 학교에서는 나이순으로 차례를 정하라 하시니 나라를 세운 초기의 기풍을 회복하고, 우역(郵驛)을 두고 왕명을 사방에 전하시니 우리나라의 풍속이 변하였습니다. 비천한 신들도 임금께서 인재를 육성하는 교화를 베푸셨기에 바람 따라 풀을 눕게 하는 교화를 받았습니다. 그래서 읍하고 사양하며 의례를 행하고, 시와 예로 인품을 갈고닦는 사이에 이러한 교화를 보고 느낀 바

가 있어서 의지를 갖고 일어나 스스로 변화하여 성취하려 합니다. 집에서는 효제의 도리를 다하고 조정에서는 충성을 바쳐서 우리 전하의 기르고 도야하는 은덕에 보답할 수 있기를 바라고 있습니다.

다만 신들이 사는 땅이 서울에서 꽤 멀어 왕의 교화를 더디게 받습니다. 향교와 서원의 인명록에 이름을 올릴 수 없어서 신들이 유의를 입은 유생과 학교에 들어가 나란히 서지 못하게 막고 있습니다. 신들은 다른 사람이 모두 즐거워하는 가운데서 홀로 슬피 탄식함을 이기지 못하여 감히 상소를 올려 번거롭게 하였으니 만번 죽어도 오히려 처벌이 가벼울 것이고 아파서 부르짖는 것은 인지상정입니다. 삼가 바라건대 천지 부모와 같은 성상께서는 불쌍히 여겨 살펴 주소서.

신들은 모두 향록(鄕錄)과 원록(院錄)에 기록된 사람들의 아들과 손자로서, 그중에는 선정의 후예도 있고 명사의 자손도 있습니다. 널리 은혜를 베푸는 이때에 조상과 부형이 있던 곳에 들어가기를 바라는 것이 인정과 사리로 따져 보아도 어찌 지나친 것이 있겠습니까. 향인이 말하기를 '청직과 현직이 조정에서는 비록 허통되었지만, 적서의 차별이 사실에는 존재하였다. 이미 그 집안 적자가 그 명부에 올랐으니 그 집안 서자가 어찌 감히 그 명부에 나란히 오르겠는가?' 하고 방자하게 말을 지어내고 망녕되게 서로 부화뇌동하여 화답하여 말하니 견고하여 깨뜨릴 수가 없습니다. 진실로 향인의 말과 같다면 지금의 조정에서 그 적자가 통청(通淸)되었다고 그 서자 또한 감히 통청하지 않을 수 있겠습니까? 태학에서 그 적자가 나이순으로 차례를 정하였다고 그 서자도 나이순으로 차례를 정하지 않을 수 있겠습니까? 조정은 전하의 조정이고 태학도 전하의 태학이며 향교와 서원도 전하의 향교와 서원입니다. 조정에서도 이미 청직과 현직을 허통하여 구애됨이 없고, 태학에서도 나이순으로 차례를 정하는 것을 허용하여 구애됨이 없는데, 오직 저 향교와 서원에서만 무엇이 조정과 태학보다 존엄하고 중요하여서 이렇게 엄격히 막는단 말입니까?

작년 6월 향교와 서원의 1000여 사람이 관아 아래서 집회를 하여, 둘러앉아 발언하기를 '이 가운데에 일명(一名)들을 막겠다는 사람이 있으면 모두 일어서시오.' 하니, 이에 1000여 사람이 모두 함께 일어나 모두 '옳소, 옳소.' 하였습니다. 이윽고 신들을 금고하는 절목이 만들어져 향교와 서원에 게시되고 온 고을에 두루 보이게 되다 보니 천대하고 미워하여 배척하는 것이 도리어 전일보다 심해졌습니다. 아, 원통합니다. 어찌 추로(鄒魯)의 선한 풍속이 변하여 호향(互鄕)[37] 사람들처럼 함께 말하기 힘들게 될 줄 알았겠습니까.

신들이 사는 고을도 같이 우리 전하의 판적(版籍) 안에 있는데, 허통을 막는 자들은 모두 딴 세상 사람들이라 교화에 저항하여 성상의 하교를 업신여기고 아래에서 멋대로 하고 있습니다. 도신(道臣)과 본읍의 수령이 성상의 하교를 선포하고 간곡히 면칙(面飭)하였는데도 한결같이 굳게 거부하여 봉행할 뜻이 없으니, 이 지경에 이르러서는 감영과 군읍도 어찌할 수 없습니다. 아, 이렇게 그치지 않는다면 신들 가운데 늙은이는 죽고 어린이는 창창하던 머리가 변해서 희끗해져도 끝내 같은 하늘에서 내리는 은택을 고르게 누리지 못하고, 사방으로 미치는 교화를 같이 입지 못할 것입니다. 그렇다면 서주(西周)의 어진 정치가 융성해지더라도 남쪽 나라에는 교화가 행해지지 않는 것입니다. 여기까지 생각하니 어찌 슬프지 않겠습니까.

천리 산천은 그 길이 아득하고, 구중궁궐에는 호소할 길이 없어 은하수만 바라보며 피눈물만 삼킬 뿐입니다. 이에 감히 서로 이끌어 발을 싸매고 와서 감히 슬프고 고통스러운 실정을 아룁니다. 엎드려 바

•••••

37 호향(互鄕) : 《논어》 〈술이(述而)〉에 "호향 사람은 함께 말하기 어렵다.〔互鄕難與言〕"라고 하였는데, 공자와 같이 훌륭한 사람도 교화를 시킬 수 없는 사람들이 사는 고장이라는 뜻이다.

라건대 자애로운 성상께서는 굽어살피고 불쌍히 여겨 속히 명을 내리시어, 도신에게 본읍에 신칙하여 신들이 향록과 원록에 들어가는 것을 허락하도록 하소서. 그리하여 이후로는 성상의 교화가 넉넉히 젖어들기를 축원해 마지않습니다……"

하니, 비답하기를,

"상소를 보고 잘 알았다. 공자께서 '풀 위에 바람이 불면 풀은 꼭 눕는다.' 하였다. 아, 성인이 어찌 나를 속이겠는가. 대저 이 법은 유자광(柳子光) 이후로 이렇게 되었으니 옛날에 어찌 이런 법이 있었겠는가. 속으로 늘 안타깝게 여겼다. 아, 만년에 강개(慷慨)하여 옛 제도를 회복하였으니 이는 '위에서 행하면 아래가 본받고 풀 위에 바람이 불면 풀이 꼭 눕는다.'라고 할 만하다. 범사에 임금 된 자가 명하면 신하들이 꼭 따르는 것은 모두 좋은 것이라 그러한 것이겠는가. 이것이 신하의 본분이라 그런 것이다. 하물며 이번 일은 내가 새로 만들어 행하는 것이 아니라 옛 제도를 회복하여, 100여 년 동안의 억울함을 소통시켜 비록 시종이라도 통청하고 선망(宣望)에 구애됨이 없게 하려는 것이다. 임금의 명은 금석(金石)과 같으니 감히 달리 논하지 말라.

전에 영남 유생의 상소를 보고 매우 놀라서 하교하려고 하였는데 다시 생각하니 향교와 서원의 일은 조정에서 따져 살필 일은 아니었기 때문에 이미 그 대략을 효유한 것이다. 그러나 그 뒤에 다시 생각해 보아도 여전히 속시원하지 못했는데 뜻밖에 김식(金植)이 나와 사건이 안정되었으니 이후로 어찌 조정과 유안(儒案)의 문제가 있는가. 이 사안은 이미 원만하게 정리되었다고 여겼는데, 지금 너희들의 상소를 들은 것이다. 아, 조정에서 문관직과 무관직을 이미 옛 제도를 회복하여 통청한 이상 이는 오히려 조정에서 시행한 것인데, 막중한 태학에서 이미 나이순으로 차례를 정한 이상 향안(鄕案)만 어찌 감히 다르게 하는가. 또 내가 듣건대 영남의 72고을이 모두 이런 폐단이 없는데, 다만 몇 고을만 이러한 해괴한 일이 있다고 한다. 아, 저들이 비록 양반이나, 그 근본을 따져 보면 하나일 뿐이다.

아, 여든한 살 임금이 100여 년 동안 막혀 있던 것을 소통시키려 한다면, 비록 신법이라도 신하들이 어찌 따르지 않을 수 있겠는가. 하물며 고례임에랴? 아, 영남은 예의의 고장인데, 감히 임금의 명을 어기고 태학의 규례를 따르지 않았다. 만약 삼국 시대처럼 본도가 수십여 나라로 나뉘어 1000여 호, 100여 호를 거느릴 때라면 그럴 수도 있을 것이다. 아, 조선은 나라도 하나요, 임금도 하나인데 어찌 감히 이렇게 한단 말인가. 또한 《시경》 300편은 한마디로 요약하면 사특함이 없는 것이라 하였다. 우리나라에서 지금 적서의 차별을 없애는 문제는 임금의 명을 따르는 것이 옳겠는가, 아니면 자기 고집대로 하는 것이 옳겠는가. 이 무리들이 만약 자식 중에 서자가 있어서, 이런 폐단을 만들게 되면 그 폐해를 자식들이 받게 될 터인데, 어찌 이렇게 한단 말인가. 어찌 이렇게 한단 말인가.

아, 지난번 영남 유생의 상소는, 내가 비록 자세히 비답을 하지는 않았으나 김식의 일이 있고 난 뒤로 국시가 크게 정하여졌고, 처분도 매우 엄정하였다. 그래서 비록 머리가 셋이고 팔이 여섯인 사람이라 해도 임금과 신하의 분의(分義)는 천지에 도망갈 곳이 없다. 스스로 엄격히 단속하여 왕명을 따를 것이지 어찌 자기 마음대로 법을 만들 수 있겠는가. 왕자의 처분이 어찌 좁은 지역에 국한되겠는가. 해당 고을과 여러 도를 막론하고 이후에 이 일로 원통함을 호소하게 하는 폐단이 있다면, 한 번은 관대했다가 한 번은 엄격한 것이 문왕과 무왕의 정치 방식이니, 귀한 것을 천하게 만들고 천한 것을 귀하게 만드는 것쯤이야 임금이 한번 호령하면 될 일이다.

하물며 이제 1000사람이 모두 일어났다 하나 참람하고 방자하기가 그 우두머리 당사자보다 심한 이가 없다. 아, 김식이 비록 우두머리를 대신하여 벌을 받았다 하나 내가 비록 쇠하였다 하더라도 그런 범법자에게 사형을 아끼겠는가. 태학에 명하여 이러한 내용으로 여러 도에 신칙하고, 마땅히 조심하고 스스로를 단속하여 늘그막에 있는 임금의 뜻을 저버리지 말게 하라."

하였다.

같은 날, 비망기에,

"아, 늘그막에 있는 임금의 명령을 어찌 감히 이렇게 하느냐. 김식의 사건이 있고 나서 상소를 들었을 때 한심함을 어찌 이겨냈겠는가. 이후에 이러한 일이 생기면 3대까지 파면하여 향민으로 삼되, 이 명령을 여러 도(道)에 일체 신칙하라. 만약 상소로 항거하는 자가 있으면 김식을 다스렸던 법을 적용한다고 일체 신칙하라. 임금의 명을 무시하면 주발(周勃)이 기강을 확립했던 것처럼 할 것이다.[38] 저들이 임금이 있는 것을 안다면 어찌 감히 이처럼 임금의 명령과 겨루려 하겠는가."

하였다.

•••••

38 주발(周勃)이……것이다 : 주발은 여 태후(呂太后)가 죽은 뒤 여씨 일족을 진평(陳平)과 함께 제거하여 유씨(劉氏)의 한나라 왕조를 재건하였다. 여씨 일족을 몰아내려 군령을 장악할 때 군사들에게 유씨에게 충성하려는 자는 왼쪽 어깨를 드러내라고 하자 병사들은 모두 왼쪽 어깨를 드러내고 유씨에게 충성할 것을 맹세했다.

통색촬요

제3권

정조(正祖)

당저(當宁) 정유년(1777, 정조1) 3월 21일, 주강을 행하러 입시한 자리에서 전교하기를,

"그 옛날 우리 선조대왕(宣祖大王)께서 하교하시기를 '해바라기가 태양을 향함에 곁가지를 가리지 않는다. 신하로서 충성하고자 하는데 어찌 반드시 적자라야 하겠는가.' 하셨다. 성인의 말씀이 참으로 위대하시다.

그러나 우리나라가 나라를 세울 적에 내세운 원칙은 명분을 중시하고 문벌을 앞세우는 것이어서 서얼을 요직(要職)에는 기용해도 청직(淸職)에는 기용하지 못하도록 정한 옛사람의 논의가 있었다. 지난해 대각(臺閣)에 통청(通淸)하게 하신 것은 실로 우리 선대왕의 고심 끝에 내려진 결정이었으나 견제가 많다 보니 도리어 유명무실하게 되었고 반쯤 진행되다 중도에 그치고 말았다.

아, 일개 필부가 원한을 품어도 천지의 화기(和氣)를 해칠 수 있는데 더구나 허다한 서얼이겠는가. 그 수가 몇십만에 그치지 않으니 그들 중에 재주가 나라에 쓰임이 될 만한 뛰어난 선비가 어찌 없겠는가. 그런데 지금 전조(銓曹)에서는 시종신(侍從臣)에 통청하지도 않을뿐더러 봉상시(奉常寺)나 교서관(校書館) 자리에도 처치해 주지 않고 있다. 나아가기도 물러가기도 어려운 데다 적체를 해소할 길이 없어 쭈글쭈글한 목덜미에 누렇게 뜬 얼굴로 자기 집 아랫목에서 보통 사람과 나란히 누워 죽고 말 것이다.[1]

아, 저들 서얼도 나의 신하인데 제자리를 얻지 못하고 그 포부를 펼

•••••

1 쭈글쭈글한……것이다 : 1696년(숙종22) 이조 판서 최석정(崔錫鼎)이 차자를 올려 관제(官制)를 논하면서 서얼의 고통을 대변하여 한 말이다. 《肅宗實錄 22年 7月 21日》

칠 수 없게 한다면 이 또한 과인의 잘못이다. 양전(兩銓)의 신하들에게, 대신에게 나아가 의논하여 이들을 소통시킬 방도와 장려하여 발탁할 방안을 특별히 더 강구하게 하되, 문관은 아무 관직까지 음관은 아무 관직까지 무관은 아무 관직까지로 제한을 둘 것인지 그 계제직(階梯職)을 가늠하여 차등을 두고 절목을 상세히 마련하여 벼슬길을 넓혀 주라고 분부하라."

하였다.

정유년 절목(丁酉年節目)[2]

1. 서얼의 벼슬길을 막는 것은 우리나라에만 존재하는 법으로서 한 사람의 건의[3]에서 시작된 것이 결국 100년의 고질적인 폐단이 되고 말았다. 재주와 학식이 동류 중에 뛰어난 선비라 할지라도 모조리 버리고 등용하지 않으니, 이것이 어찌 하늘이 인재를 낸 뜻이겠으며 왕자(王者)가 현자를 등용하는 원칙이겠는가. 그러므로 선정신(先正臣) 조광조(趙光祖)가 서얼을 차별하는 폐단에 대해 진달하였고 선정신 이이(李珥)도 벼슬길을 터 주자는 논의를 주창하였다. 그 밖에 저명한 석학들의 장주(章奏)와 연품(筵稟)에서 살펴보고 징험할 수 있다. 청직에는 기용하지 않는다는 것은 바로 인조조(仁祖朝)에 계하(啓下)한 규정으로서, 시행한 지 얼마 안 되어 그마저도 폐기되고 말았다. 세속의 관습은 고치기 어렵고 묵은 폐단은 없애기 어려운 법이라 참으로 어찌해 볼 수 없다.

•••••

2 정유년 절목(丁酉年節目) : 서얼 허통에 관한 세칙으로써 양전(兩銓)에서 마련하였다 하여 '양전절목(兩銓節目)'이라고도 한다. 《해좌장고(海左掌攷)》에 따르면, 해당 세칙을 작성하는 데 이조 판서 정홍순(鄭弘淳), 병조 판서 이휘지(李徽之), 예조 판서 홍낙성(洪樂性)이 주관하였다고 하였다.

3 한 사람의 건의 : 1413년(태종13) 우대언(右代言) 서선(徐選)의 요청으로 서얼 자손을 현직(顯職)에 등용하지 말도록 명한 사실을 가리킨다. 《통색촬요》 제1권에 내용이 나온다.

우리 전하께서 열성조가 시행하려던 뜻을 이어받고 명신들이 확정했던 의론을 채택하여 덕음(德音)을 내리셨다. 내용이 세밀하고도 간절하여 인재를 등용하고 국가 기강을 바로잡는 두 원칙을 병행해 나가면서도 어긋남이 없게 되었으니, 참으로 성대한 일이다. 기왕의 일을 살펴보건대 낭서(郎署)로서 주목(州牧)이 된 사람이 한둘이 아니다. 비록 그들의 문벌 문제로 인하여 비상한 재주와 학식을 지니고도 모두 중간에 막혀 버리고 말았지만, 그것은 입법하여 금한 것이 아니라 유사(有司)가 제한을 두고 집행하지 않았으며 그것이 그대로 관습이 되어 버린 탓이다. 이번에 내린 명은 전에 없던 법규를 신설한 것이 아니라 실은 예전 규정을 준수하려는 의도를 따른 것이다. 이것을 예조와 병조의 판서와 상의하고 대략 참작하고 결정하여 조목별로 열거한다.

2. 문과 출신의 분관(分館 견습 배치)과 무과 출신의 시천(始薦 후보 추천)은 전례대로 운각(芸閣 교서관(校書館))과 수문장이나 부장 자리에 추천하는 것으로 시행한다.

3. 요직에 기용한다는 것은 문관(文官)의 참상(參上)[4]은 호조·형조·공조의 낭관 자리에 한한다는 것을 말한다.[5] 음관과 무관도 자연히 논하지 않는다. 해당 관사의 판관(判官) 이하 자리는 음관과 무관이라 하더라도 구애를 받지 않는다. 능(陵), 종묘서(宗廟署), 전(殿), 사직서(社稷署), 종부시(宗簿寺) 등 오상사(五上司)의 낭관,[6] 사헌부 감찰(司憲府監

•••••

4 참상(參上) : 조선 시대 6품 이상 종3품 이하의 벼슬로서, 조회(朝會)에 참석할 수 있으며 목민관으로서 지방민을 다스릴 수 있었다.

5 문관(文官)의……말한다 : 《대전통편(大典通編)》 〈이전(吏典) 한품서용(限品敍用)〉에 "서얼이 문과에 급제하여 참상관(參上官)이 되면 호조, 형조, 공조 삼조의 정랑(正郎), 좌랑(佐郎)이 되는 것을 허용한다.〔文參上許戶、刑、工三曹.〕"라고 하였다.

6 오상사(五上司)의 낭관 : 오상사는 '다섯 개 상급 관청'이라는 뜻으로, 《여유당전서(與猶堂全書)》 〈경세유표(經世遺表) 천관이조(天官吏曹)〉 '종친부(宗親府)'에 의하면 "종친부, 충훈부, 의빈부, 돈녕부, 중추부를 오상사라고 하는데 육조에 예속되지 않는다.〔宗親府、忠勳府、儀賓府、敦寧府、中樞府, 謂之五上司, 不屬於六曹.〕"라고 하였다.

察), 의금부 도사(義禁府都事) 등의 자리는 논하지 않는다.

4. 오위장(五衛將)은 문관, 무관, 음관의 당상관이 모두 구애받지 않으며 무관을 우후(虞候)로 임명하는 것도 같은 예로 허용한다.

5. 이번 조항들은 상례나 일반 규정을 말한 것일 뿐이다. 학식과 품행이 출중하고 재능과 기량이 뛰어난 자는 의당 특례로 선발하여 감별하여 녹용하는 방도가 있어야 하는데, 반드시 세상 사람들의 공론의 지지를 받은 다음에 묘당(廟堂)과 이조에서 상의 뜻을 여쭈어 시행한다.

6. 우리나라는 인재를 등용할 때 문벌을 앞세웠는데, 같은 서인(庶人)이라 하며 구분을 두지 않는다면 신중히 하는 취지에 어긋난다. 그 본 가문의 계통에 따라 차등을 두도록 한다.

7. 문무 당하관(堂下官)은 도호부사(都護府使)까지 제한하고 당상관(堂上官)은 목사(牧使)까지 허용한다. 음관으로서 생원·진사 출신은 군수(郡守)까지 허용하고, 치적(治績)을 세운 자는 도호부사까지 허용한다. 생원·진사 시험에 합격하지 못했거나 인의(引儀) 출신인 자는 현령(縣令)까지 제한하며 치적을 세운 자는 군수까지 허용한다.

8. 문관의 분관을 교서관에 제한한다고 하지만 직강(直講) 이하 자리는 모두 구애를 받지 않는다. 무신은 도총부(都摠府)와 훈련원 부정(訓鍊院副正)은 거론할 수 없지만 중추부(中樞府)는 다 구애를 받지 않는다.

9. 지방 향임(鄕任) 자리의 경우, 수임(首任)을 제외하고는 다른 여러 자리에는 섞어 쓰는 것을 허용한다.

10. 미진한 조항은 추후 마련한다.

무술년(1778, 정조2) 5월 22일, 영상(領相) 김상철(金尙喆)이 아뢰기를,

"작년에 일명(一名)[7]을 허통(許通)하는 일로 특별히 윤음(綸音)을 내리셨는데 그 내용이 간절하였습니다. 이를 들은 자 누군들 감탄하지 않았겠습니까마는 양전(兩銓)의 신하들이 아직도 받들어 처리하지 않고 있습니다. 지방에서는 계하한 절목을 미처 반포하지도 않아 조정에서 어떻게 처분했는지도 모르고 서울로 몰려와 기필코 호소하고자 달포가 되도록 성상을 번거롭게 하고 있으니 듣기에 놀랍습니다. 이는 제생(諸生)들이 이처럼 스스로 해명할 일이 아닙니다. 안으로는 전조와 밖으로는 열읍(列邑)이 성상의 뜻에 보답하여 막힌 숨통을 잘 틔운다면 조처가 합당하고 민심이 절로 안정될 것입니다. 이러한 뜻으로 다시 서울과 지방에 신칙하는 것이 어떻겠습니까?"

하니, 상이 이르기를,

"주달한 말이 참으로 옳다. 그대로 시행하라."

하였다.

같은 해 봄, 삼남(三南)의 유생 이지충(李之忠) 등이 상소하기를,[8]

"삼가 아룁니다. 신들이 요행히 성인의 백성이 되었으나 불행히도 서얼이라는 명칭을 얻었습니다. 살아서는 인륜에 속하지 못하고, 죽어

• • • • •

7 일명(一名) : 조선 전기 서얼은 대개 사족의 혈통과 양천인(良賤人)의 혈통을 섞어 받은 중간 신분층으로서 반사(半士) 또는 일명이라 불리며 가문 안이나 사회에서 멸시와 천대를 받았다. 반사는 '반쪽 선비'라는 뜻으로 양반의 서자(庶子)를 얕잡아 이르던 말이다. 이인직(李人稙)의 《혈의누》에서는 서얼을 가리키는 말로 '일명(逸名)'을 사용하고 있다.

8 같은……상소하기를 : 해당 상소가 《승정원일기》나 실록, 《일성록》에는 실려 있지 않다. 대신 1778년(정조2) 8월 1일 경상도(慶尙道), 공충도(公忠道), 전라도(全羅道)의 유학(幼學) 황경헌(黃景憲) 등 3268명이 연명 상소하여 벼슬길이 막힌 원통함을 진달하고, 이어서 상서(庠序)의 치록(齒錄)에 올려 줄 것을 요청한 데 대해, 상소와 그에 대한 정조의 비답이 실려 있다. 연명한 인원수 표기에 차이가 있어 실록에는 3272인, 《일성록》에는 3738인으로 되어 있다. 《李鍾日, 朝鮮後期 庶孼身分變動史 硏究, 동국대 박사학위논문, 1987》

서도 원한을 풀지 못한 귀신이 되어 사람 축에 끼지 못한 지 거의 몇 백 년이 되었습니다. 우리 열성조의 간절하고 측은하게 여기는 전교(傳敎)와 선정신(先正臣)의 허통시키자는 논의가 한두 번에 그치지 않았으나 그때마다 당시 여론이 통일되지 않아 가로막혀 시행되지 못한 지 오래되었습니다. 다행히도 선대왕께서 똑같이 대하고 두루 생육하는 성덕(盛德)을 베푸시어 특별히 신들의 깊이 맺혀 있는 원통함을 진념하시고 마침내 소통시키라는 명을 내리셨습니다. 드넓은 천지간에 이 한 몸 둘 곳 없던 신들로 하여금 지방 수령의 반열에 서게 하고 집안의 제사에 참여하게 하여 성세(聖世)에서 버림받은 물건이 되지 않도록 하셨으니, 아, 성대합니다.

비유하면 천지가 만물에 대해 초목과 곤충에게도 모두 양육하는 은택을 입히고 부모가 자식에 대해 귀머거리, 봉사, 절름발이에게도 모두 젖을 먹여 키우는 은혜를 베푸는 것과 같습니다. 신들이 감격하여 눈물을 흘리며 조금이라도 성상의 은혜에 보답할 방법을 생각하는 것이 어찌 저희 한 대(代)에서 그치고 말겠습니까. 아버지가 자식을 훈계하고 형이 아우를 깨우칠 때 모두 이를 면려할 급선무로 삼을 것이니 우리 선대왕의, 하늘에 계신 선조를 영광스럽게 하고 지하에 계신 조상에게까지 미치게 한 은택을 저버리는 일이 없게 될 것입니다.

우리 전하께서 즉위하던 날에 만물을 인자하게 보살피고 팔방을 밝게 비추어 선대왕의 업적을 이어받으니 크나큰 은택이 두루 입혀졌고 전대 왕의 모훈(謨訓)을 계승하니 새로운 교화가 밝고 융성하였으며, 미천한 신들까지도 교화하고 길러 주셨습니다. 거듭 내린 윤음이 절실하고 간곡하여 봄을 맞아 만물이 소생하는 뜻이 덕음에 성대히 드러났습니다. 이는 참으로 전대의 성인과 후대의 성인이 그 법도는 똑같다는 뜻입니다. 신들은 모두 양조(兩朝 영조와 정조)의 은혜를 칭송하며 천세를 누리시기를 다투어 축원하면서, 민심이 모두 기뻐하고 만복

이 가득 깃들어 종묘사직의 억만년토록 무궁한 경사가 되리라 생각하였습니다.

그런데 뜻밖에도 작년 겨울에 갑자기 태학(太學)의 통문(通文)이 삼남에 전파되었는데, 그 내용 중에 '사림은 서얼과 명분이 엄격하고 등급이 존재한다.'라는 말이 있었습니다. 아, 우리나라는 풍습이 비록 문벌을 앞세우지만 신들 역시 모두 충현의 후예이며 사대부의 족속이니 실로 일반 백성과는 차이가 있습니다. 평민 중의 우수한 인재들도 오히려 태학에 입학하여 사림의 반열에 서는데, 더구나 신들은 충현과 사대부의 후예인데도 서얼이라고 하여 사림에서 배척을 당하고 있으니 또한 원통하지 않겠습니까. 한집안을 가지고 예로 들면 적자와 서자의 구분이 있다 해도 향당을 예로 들면 장유의 순서를 따르면 그만이지 또 어찌하여 엄격한 명분을 적용한단 말입니까.

그 통문에 또 '이조는 대망(臺望)에 주의(注擬)하지 않았고 태학은 치좌법(齒坐法)을 혁파하였으니 기강이 다시 확립되고 등급이 전처럼 회복될 것이다.' 하였습니다. 아, 대망에 주의하느냐 마느냐 하는 사안은 신들이 실로 주제넘게 논하지 않겠습니다만, 태학에서 나이순으로 자리를 배치하는 문제는 삼대의 훌륭한 제도입니다. 존귀한 천자도 직접 희생을 가르는 예식에 참여하였고, 귀중한 왕세자도 유생의 도포를 입고 나란히 서는 것을 꺼리지 않았으니, 태학에 들어간 자는 똑같이 사(士)여서 문벌의 고하에 구애되지 않고 나이의 다소로만 순서를 매겼습니다. 그런데 저 반임(泮任)들이 멋대로 치좌법을 혁파하고 신들을 도리어 서북의 중인(中人)과 호남과 영남의 한품(閑品) 아래에 앉히고자 하면서 이를 무너진 기강이 다시 확립되고 무너진 명분이 다시 바로잡히는 것이라 여기고 있으니 그들이 고집하는 의리가 또한 거꾸로 된 것이 아닙니까.

그 통문에 또 '그 유폐(流弊)가 윤상(倫常)을 멸절시키고 말 것이다.' 하였습니다. 아, 신들이 벼슬길에 진출하여 유적(儒籍)에 올라 진정한 충성을 대략 바치고 다행히 인재를 육성하는 교화를 입게 되었으니 이는 바로 윤상을 돈독히 하는 방법입니다. 저들이 되레 인륜을 무시하는 언설로 아직 일어나지 않은 폐단을 억지로 들먹이는 것 또한 무고가 아니겠습니까.

그 통문에 또 '이들이 제멋대로 배척하며 거리낌이 없는 것은 애당초 조정의 본래 의도가 아니니, 모두 골라내어 향교와 서원에 발을 들여놓지 못하게 해야 한다.' 하였습니다. 아, 신들이 유록(儒錄)에 이름을 올린 지 햇수로 겨우 5, 6년입니다. 신구(新舊)라는 명칭이 다를 뿐만 아니라 주객의 형세도 상대가 되지 못하여 위로 양성하는 교화를 체찰(體察)하고 아래로 부지런히 신칙할 방도를 생각하며 혹여 언행을 잘못할까 걱정할 뿐이었는데, '배척하고 거리낌이 없다.'라는 무고가 어찌 이 지경에 이르렀단 말입니까. 신들이 만일 조금이라도 승부를 다툴 생각이 있다면 어찌 유록에서 삭제되는 모욕을 감수하며 손을 거두고 숨을 죽인 채 감히 한마디도 항거하지 않겠습니까.

대개 반임은 선(善)을 앞장서는 자리에 앉아 눈으로 예의의 방법을 익히는데 선조(先朝) 때 완성된 법제와 나라의 문서화된 법안을 무너뜨리는 짓을 어찌 기꺼이 하겠습니까. 이는 필시 향곡(鄕曲)의 무지한 한두 사람이 남몰래 시기를 부리는 마음을 키우고 다른 이를 배척하는 모략을 펼쳐 백방으로 비방하며 문자를 날조하고 반임을 종용하여 수결하도록 만들었을 것입니다. 그러나 이 통문이 나온 뒤에 열읍에서 역마를 전해 보냈는데, 일 만들기 좋아하고 불화를 야기하는 무리들이 이를 빌미로 주장을 내세워 대중들을 현혹하고 향교와 서원을 움직이고 구임(舊任)을 충동질하고 유록을 불사르고 향안(鄕案)을 물속에 빠뜨리고 임장(任長)을 파면하며 자기 하고 싶은 대로 하였습니다. 간간이 식자다운 견해와 성숙한 논의가 있었으나 그 누구도 막지 못하여 신들로 하여금 마음이 뒤숭숭하여 살 낙이 없도록 만들었습니다. 글 읽는 자들은 책을 덮은 채 학문을 중지하고 활 쏘는 자들은 활을 놓은 채 물러나 천장을 쳐다보며 장탄식을 하는 것이 열 집에 다섯 집이 그러하고 온 나라에 절반이 그러합니다. 이는 마치 된서리가 내리자 온갖 풀들이 모두 말라 죽고 약간의 물이 마르면 온갖 물고기들이 모두 수면 밖으로 주둥이를 빠끔거리는 것과 같습니다. 한 사내가 품은 한도 애처롭기 그지없는데 하물며 신들과 같은 천만 서얼의 원통함이 어떠하겠습니까.

대저 선대왕의 처분이 저처럼 탁월하였으며 우리 전하의 효유(曉喩) 또한 저처럼 간절하였습니다. 그러나 태학에서 발송한 이 통문만은 조정의 명령이 아닌데도, 단지 몇 줄의 문자에 기대어 많고 많은 서얼을 유록에서 삭제하였으니 그 독단성이 어떠하며 그 무엄함이 어떠합니까. 신들이 행장을 꾸려 천리 길을 와 총명한 전하께 원통함을 호소하였으니 외람된 죄를 피할 수 없다는 것을 잘 알고 있습니다. 병이 나 아플 때 부모를 찾고 곤궁할 때 천지에 호소하는 것이 인지상정입니다. 신들이 모두 두려움에 위축되어 함구하고 침묵한다면 해와 달처럼 밝은 전하라 할지라도 어떻게 굽어살필 수 있겠습니까.

신들은 버려진 지 실로 오래되었습니다. 이제 또 허통했다가 다시 막고 개방했다가 다시 금고한다면 시골 사람들의 능멸과 스스로의 불안감이 전날에 비해 백배나 더할 것입니다. 신들도 사람인데 어찌 살고 싶은 마음이 나겠습니까. 이에 감히 삼도(三道)에서 한마음으로 곡반(哭班)의 말석에 달려가 참여하여 상소 한 통을 피눈물을 흘리면서 성상께 올려 번거롭게 합니다. 삼가 원하건대, 성상께서는 제 살 곳을 잃은 백성들을 구휼하시고 보답받지 못할 자리에 은덕을 베푸시어 분명히 처분을 내려 주소서. 안으로 국학(國學)과 밖으로 향읍(鄕邑)까지 모두 참록(參錄)되어 나이순으로 앉게 하고 유안(儒

案)[9]에 나란히 이름을 올려 동등한 지위를 얻게 하소서. 각각 예전 규정을 정정하고 다듬게 하여 신들이 한결같은 은택을 입을 수 있게 하소서. 신들이 감정이 격해지고 원통함이 쌓이다 보니 말이 거칠고 망녕됩니다. 삼가 바라건대, 신들의 죄를 용서하시고 충심을 불쌍히 여기소서.……"

하였다. 무술년(1778, 정조2) 봄부터 복합(伏閤)[10]하여 엎드려 있기도 하고 철회하기도 하였는데 임인년(1782)에 와서도 끝내 전달되지 못하였다.

경자년(1780, 정조4) 12월 20일, 도목 정사(都目政事)가 열렸을 때, 전교하기를,

"서얼을 거두어 등용하는 문제에 대해 여러 차례 간곡하게 신칙한 바 있었다. 더구나 연전에 사목(事目)[11]이 완성된 뒤로는 통의(通擬)[12]하는 데에 또 방해될 것이 없어졌건만 근래에 정안(政眼)[13]을 살펴보면 이들을 내직이건 외직이건 막론하고 전혀 살펴 의망하지 않아 되레 사목이 나오기 전보다 못하다. 나는 '해바라기가 태양을 향한다.'라는 전교와 '목덜미는 쭈글쭈글하고 얼굴은 누렇게 뜬다.'라는 한탄을 조정 신하들에게 되뇐 바 있는데, 나의 이러한 의도가 어찌 그들을 발탁하는 데에만 있었겠는가. 실은 우리 성조(聖祖)의 거룩한 뜻

• • • • •

9 유안(儒案) : 성균관, 향교, 서원 등에 소속된 유생(儒生)들의 이름을 적은 《청금록(靑衿錄)》을 가리킨다.

10 복합(伏閤) : 나라에 큰일이 있을 때 조신(朝臣)이나 유생이 대궐 문 밖에서 상소한 뒤에 엎드려 허락을 기다리는 일을 말한다.

11 사목(事目) : 정유년(1777, 정조1)의 절목을 가리킨다. 176쪽 주2 참조.

12 통의(通擬) : 벼슬아치를 뽑을 때, 천거된 후보자의 이름을 모두 한데 모아 적어 놓고 뽑는 사람들이 한자리에 모여 의논하여 적임자를 가려 뽑는 일을 말한다.

13 정안(政眼) : 현직 관원의 임명과 해임 등을 기록한 문서로, 해당 건이 있는 날에 조보(朝報) 형식으로 기록하여 이조와 병조에 비치해 두고 참고하게 하였다. '정목(政目)'이라고도 한다.

을 추숭하고 옛사람의 격언(格言)에 느낀 바가 있어서였다. 그런데 지금까지 몇 년이 지나도록 전조(銓曹)에서 나의 명을 이행할 생각을 않고 있으니 어찌 개탄할 노릇이 아니겠는가. 이러한 내용으로 양전(兩銓)에 신칙하여, 서얼로서 아직 벼슬 임명을 받지 못한 자들을 이번 정사에서 그에 상당하는 자리에 유의하여 조용(調用)하게 하라."

하였다.

신축년(1781, 정조5) 6월 22일, 친정(親政)했을 때 전교하기를,

"지난겨울 도목 정사 때 서얼을 거두어 등용하는 문제에 대해 연석(筵席)의 하교가 매우 간곡하였건만 이후의 주의(注擬)에서 교시를 받들어 시행한 효과를 보지 못하였다. 지난여름 도목 정사에서 또 '문관(文官)의 참상(參上)은 궐원(闕員)이 나는 대로 안배하여 승진시켜 서용(敍用)하고, 무관의 참상은 품계에 따라 이직시키라.'라는 수교(受敎)를 내렸는데도 문관과 무관이 현직에 침체된 채 오랫동안 소통되지 못하는 것은 되레 정식(定式)이 없던 때만 못하다. 전조에 있는 자들이 나의 성의를 저버린 것이 또한 작지 않다고 하겠다. 아, 너희 전조의 신하들은 이 전교를 형식적인 행위로 간주하지 말고 반드시 유념하라고 양전에 신칙하라."

하였다.

임인년(1782, 정조6) 6월 10일, 대신과 비국 당상(備局堂上)이 입시했을 때 전교하기를,

"내가 서얼을 소통하는 문제로 연석에서 간곡하게 신칙한 것이 벌써 몇 번이었던가. 그런데 이른바 전조에서 받들어 집행한 것은 늘 한두 사람 조용하는 것으로 책임을 때우고 말 뿐이니 어찌 개탄스러운 노릇이 아니겠는가. 통망(通望)을 정지하는 한 가지 사안을 놓고 말하

더라도 옛날에 통망을 정지한 것은 경계로 삼고자 한 것이었는데 반해 지금 통망을 정지한 것은 서얼의 출사를 막으려는 것이다. 이후로는 전조의 신하들은 사심 없는 마음으로 모두 모여 충분히 논의하여, 일체 통망을 중지한 사람과 이 밖에 서얼의 앞길을 틔워 줄 방도에 대해 이전의 투식을 따르지 말고 유념하여 거행하라. 전에 없던 잘못된 규례는 즉시 일체 혁파함으로써 모든 사람을 융합시키고 화합시키려는 조정의 고심(苦心)을 저버리지 말라."

하였다.

같은 날, 전교하기를,

"우리나라의 제도는 명분이 일정하게 정해져 있어서 각자 자신의 처지를 감수하고 있는데, 그중 가장 불쌍하고 가장 애처로운 자들이 세속에서 말하는 일명(一名)이다. 위쪽은 저들이 끼어 주지 않고 아래쪽은 이쪽에서 같이하려 하지 않아 양쪽 사이에서 오락가락하면서 마치 의지할 데 없는 곤궁한 사람과 같으니, 이 어찌 화기(和氣)를 해치는 단서가 아니겠는가.

아, 일명의 부류들치고 누군들 사족(士族)의 후손이 아니겠는가. 위항(委巷)의 천류(賤流)들과 어찌 나란히 동급으로 취급할 수 있겠는가. 그런데도 400년 동안 그들의 앞길을 틔웠다 막았다 여러 번 변경하면서 아직까지도 결론짓지 못하고 있다. 이리하여 조정에서 이들에 대해 불쌍히 여겨 위로 정식 관직부터 아래로 유임(儒任)과 향임(鄕任)에 이르기까지 유사(有司)에게 거듭 명하여 일정한 제도를 정해서 팔방에 반포하게 한 것이다. 일명들은 나의 의도가 어디에 있는지를 알아서 각자 목표를 두었을 것이다. 전조에서 실행하다 말다 하는 문제는 내가 그런 일이 생기는 대로 신칙하려고 하지만 지방 고을에서 한결같이 법령을 준수하여 혹여라도 이를 어기지 않는지에 대해서는 내가 알 수가 없다.

더구나 저 영남은 우리나라 유학의 본고장이고 인재의 창고이다. 일명 중에 조상이 남긴 교훈을 실천하고 평소의 큰 뜻을 품은 자가 어찌 없다고 하겠는가. 그러나 벼슬하고 못 하고는 운명에 달린 일이라서 만일 꼭 사판(仕版)에 다 오르는 것이 아니라면 유임이나 향임도 잠시 능력을 시험해 볼 수 있는 자리가 될 수 있을 것이다. 그런데도 수임(首任) 이외의 여러 자리에 임명하는 것조차 막고 시행하지 않으니, 일명의 부류들은 죄다 벼슬길이 막히고야 말 것이다. '쭈글쭈글한 목덜미에 누렇게 뜬 얼굴로 초야에 묻혀 죽어 가는 자가 없겠습니까.'라는 옛사람의 말이 어찌 실상을 표현한 말이 아니겠는가.

이들에게만 억울함을 감내하는 탄식이 있을 뿐 아니라 침체된 사람을 터 주는 조정의 정사로 따져 보아도 어찌 공조(功曹)나 집강(執綱)[14]의 무리가 조종하는 대로 모조리 내맡길 수 있겠는가. 우선 영남을 시작으로 도백(道伯)이 각 고을을 엄히 신칙하여 다시 법령을 거듭 밝혀 즉시 임명하게 함으로써 전처럼 질질 끄는 폐단이 없도록 하며 이어 여러 도(道)로 하여금 이에 의거하여 시행하게 함으로써 내가 고심해서 법제를 제정한 뜻에 부응하게 하라."

하였다. 이어 전교하기를,

"이 전교 한 통을 유지(有旨)로 만들어 여러 도의 도백에게 하유(下諭)하라."

하였다.

계묘년(1783, 정조7) 1월 5일, 조참(朝參)에 입시했을 때 교리(校理) 홍

•••••

14 공조(功曹)나 집강(執綱) : 공조는 중국 한(漢)나라 때에, 군(郡)에 속하여 군리의 임면(任免) 및 상벌에 관한 일을 맡아보던 구실아치를 가리키며, 집강은 면(面), 리(里)의 행정 사무를 맡아보던 사람을 가리키는 말이다. 모두 인재를 선발하는 권한을 틀어쥔 사람들이다.

인호(洪仁浩), 부교리(副校理) 김익휴(金翊休)·윤확(尹曤), 수찬(修撰) 이도겸(李度謙)·서미수(徐美修), 부수찬(副修撰) 김이정(金履正)·윤득부(尹得孚) 등이 올린 소회(所懷)에,

"서얼을 선별하여 녹용하는 일에 대해 말씀드리면, 성상께서 한두 번 하교하신 것이 아닌데도 정주(政注)할 때마다 거두어 등용하는 효과가 없으므로 재주를 지닌 자들로 하여금 끝내 헛되이 늙고 말게 하였으며, 본래 서얼에게 요직을 터 주는 제도도 막혀 시행되지 않고 있습니다. 의당 전조에 신칙하여 일체 선별하여 녹용하게 하는 것이 좋겠습니다."

하니, 상이 이르기를,

"아뢴 바가 모두 절실한 사안들이다. 이대로 신칙하라."

하였다.

같은 해 6월 24일, 친정(親政)할 때 전교하기를,

"서얼을 선별하여 녹용하는 한 가지 문제로 말하더라도 그동안 하유에서 거듭 간곡하게 말했는데 전관(銓官)이 인사행정을 할 때 책임만 때우려다 보니 한갓 형식이나 차리는 것으로 귀착되고 말았다."

하였다.

갑진년(1784, 정조8) 4월 모일, 유생의 응제(應製)에 내린 교서에,

"왕은 이르노라. '현인을 기용하는 데 출신을 따지지 않는다.'라는 말은 인재를 등용하는 중요한 도리이다. 당우(唐虞) 시대의 인재 등용은 이 때문에 훌륭하였는데, 16명의 재자(才子) 외에 순(舜)·우(禹)·고요(皐陶)·기(棄)는 모두 제왕의 계통에서 나왔으니, 등용된 현인들 가운데 미천한 데에서 발탁된 자도 있는가? 주(周)나라에는 난신(亂臣) 10인이 있는데, 10인 중에 누구를 소원한 곳에서 얻었는가? 춘추 시대의 세경(世卿)은 본디 출신을 따지지 않는 의리에 어긋나며, 유세하

는 선비는 한마디의 말로 공경(公卿)도 되고 승상도 되었으니 이들에 대해 현인을 기용했다 할 수 있는가? 패현(沛縣)의 도필리(刀筆吏)들은 모두 장군과 재상의 자질을 갖추었고, 남양(南陽)의 옛 친구들은 광무제(光武帝)를 옹립한 공적을 이루었으니, 어찌 하늘이 현인을 낼 때 마침 제왕의 고향에 많이 있어서 다른 데서 찾을 필요가 없었던 것이겠는가, 아니면 작은 고을이 모두 충성하고 신실하였으며, 당시 군주가 남긴 것이 본디 많았던 것일까? 복식(卜式)은 꼴 베는 목동에서 발탁하였고, 상홍양(桑弘羊)은 장사꾼 무리에서 발탁하였는데, 사서(史書)에는 한 무제(漢武帝)가 인재를 얻었다고 칭하고 있으니, 이것이 현인을 등용하는 술책을 과연 터득한 것이겠는가. 왕씨(王氏)와 사씨(謝氏) 집안의 자제가 남조(南朝)를 독단하였고, 구품중정법(九品中正法)은 위(魏)나라와 수(隋)나라 때에 처음 시행되었으니, 출신을 따지지 않는다고 할 수는 없으나 한 시대의 일을 충분히 마쳤으며 인재를 빠뜨린다는 한탄은 듣지 못하였다. 어째서인가?

당 태종(唐太宗)이 사부(詞賦)로 치르는 과거법을 창설하여 천하의 영웅을 얻었는데, 선비를 시험하여 뛰어난 자를 선발하는 것이 과연 출신을 따지지 않는 데 일조가 되었는가? 우이(牛李)의 당(黨)[15]에 현인과 그렇지 못한 이가 섞여 있는데, 매번 이 당에서 취하면 저 당을 버리게 되는 것을 근심하면서도 공정하게 선발하고 한꺼번에 등용하지 못한 것은 모두 현인을 등용하는 방법을 몰라서 그러하겠는가? 포의(布衣)에서 파격적으로 등용하기도 하고 하위에서 발탁하여 요직

• • • • •

15 우이(牛李)의 당(黨) : 당나라 목종(穆宗) 때부터 무종(武宗) 때까지 우승유(牛僧孺)와 이덕유(李德裕)가 서로 뜻이 맞지 않아 알력이 심했는데, 그로 인해 결국 우승유·이종민(李宗閔)을 우두머리로 하는 당과 이길보(李吉甫)·이덕유 부자를 우두머리로 하는 당으로 갈라져서 40년간 대립하였다. 당시 이를 일러 '우이의 당[牛李之黨]'이라 불렀다. 《新唐書 卷180 李德裕列傳》《通鑑節要 卷47 穆宗紀》

에 두기도 하여, 현인을 등용한 방법은 같았으나 주나라와 송나라 왕업의 수명이 현격히 다른 것은 어째서인가? 인종(仁宗)은 왕소(王素)와의 세교(世交)에 힘써 기구(耆舊)만을 위임하였으니 출신을 따지지 않은 것은 아니었으나 가우(嘉祐) 연간의 신하들은 충신이 많았다. 신종(神宗)은 남인을 발탁하여 승상을 삼고 등용한 자들이 모두 신진 사류였으니 출신을 따지지 않은 듯하지만 희풍(熙豐) 연간의 신하들은 소인이 많았다. 이 또한 어째서인가?

대저 군주는 현인이 아니면 나라를 다스리지 못하고, 현인은 군주가 아니면 녹을 먹지 못한다. 하늘이 인재를 내는 것은 출신과 무관하므로 현인을 등용하는 도리는 출신을 따지지 않는 것이 가장 훌륭하다. 그러므로 부열(傅說)은 건축 공사장에서 천거되고 관중(管仲)은 감옥에서 발탁되어, 왕자(王者)는 왕업을 이루고 패주(覇主)는 패업을 이루었다. 그 밖에 김일제(金日磾)는 휴도왕(休屠王)의 자식으로서 조정에 참여하여 고명(顧命)을 받았고,[16] 배도(裴度)는 뱃사공의 형으로서 장상의 이름을 차지하였다. 한 위공(韓魏公)은 천첩에게서 나왔으며, 범 문정(范文正)은 주가(朱家)에서 생장하였으며[17] 심지어 한 어미에 각각 성씨가 다른 세 자식들이 모두 명사(名士)가 된 경우도 있다. 상하 천고에 이 같은 부류를 이루 다 셀 수 없으니, 현인을 등용하는 도리가 문벌에 구애받을 수 있겠는가.

• • • • •

16 김일제(金日磾)는……받았고 : 김일제는 본래 흉노(匈奴) 휴도왕(休屠王)의 태자였으나, 그의 아버지가 항복하지 않고 살해되었다는 이유로 한(漢)나라에 끌려가 관노(官奴)가 되어 말을 길렀다. 그 뒤 무제(武帝)에게 발탁되어 벼슬길에 올라 신임을 받았고, 무제에게 버릇없이 구는 자신의 아들을 살해하여 임금을 일깨우기도 하였으며, 망하라(莽何羅)의 반란을 진압한 공으로 상장군(上將軍)이 되었던 매우 강직한 사람이다.

17 범 문정(范文正)은 주가(朱家)에서 생장하였으며 : 범 문정은 범중엄(范仲淹, 989~1052)을 가리킨다. 북송의 명신이다. 부친 범용(范墉)이 사망하자 어머니 사씨(謝氏)가 2살 된 범중엄을 데리고 주문한(朱文翰)에게 개가하였다. 이때 범중엄도 성을 주씨로 바꿨다. 《宋史 卷314 范仲淹列傳》

우리나라는 비록 문벌을 중시하였지만 예를 들어 정도전(鄭道傳)은 서얼로서 삼정승의 자리에 올랐고, 유극량(劉克良)은 노비로서 곤수(閫帥)가 되었으며, 구종직(丘從直)은 변방의 보잘것없는 선비로서 갑자기 화현직(華顯職)에 올랐다. 이것은 실로 열성조가 현인을 기용하는 데 출신을 따지지 않는 성대한 덕에서 나온 것이며 옛 풍속이 지금과 달랐음을 상상해 볼 수 있다. 대체 어쩌다 근래 들어 속습(俗習)이 점차 고질화되어 평민 중 준수한 이는 우선 차치하고, 서얼이라고 이름하면 비록 기이한 재능이 있다 해도 명현(名顯)의 반열에 낄 수 없고, 향곡(鄕曲)에 살면 비록 평소에 인재의 창고라고 일컬어지는 영남과 호남 출신일지라도 삼사(三司)의 지평과 정언 자리에 막힘이 많게 되었는가.

대저 우리나라는 변방에 치우쳐 있고 지역이 협소하여 비록 온 나라를 통틀어 현인을 선발한다 해도 많지 않을까 걱정인데, 더구나 이런 변방의 소국에서 서얼을 제한다면 이미 온 나라의 절반은 상실한 것이고, 그 절반 중에 또 향곡 출신을 제한다면 남는 것은 반의반도 되지 않는다. 여기에서 또 문벌로 이편저편 나눈다면 국가에 임용될 자가 몇이나 되겠는가. 그러므로 현인을 모두 다 등용할 수 없고 등용하는 이가 반드시 현인은 아니니, 문장과 정사가 한 사람에게 갖추어지기를 요구하고 병조, 호조, 이조, 예조를 일시에 두루 시험하는 것은 형세상 어쩔 수 없다. 이것이 어찌 국가에서 현인을 등용하는 도리이겠는가. 게다가 저 재능을 지닌 이가 문벌에 국한되고 시대에 가로막혀 모두 가난한 집에서 곤궁하게 늙어 간다면, 역시 천지의 화기를 해치는 하나의 일이다.

이 때문에 나의 일념은 항상 현인을 얻어 함께 다스려 시대를 구제하고 세속을 바로잡으려는 데 있지만, 이리저리 생각해도 방법을 얻지 못하였다. 만일에 문벌과 지역을 불문하고 직접 발탁하고자 할 경우에는 혹여 현인을 반드시 얻지도 못하고 한갓 세속만 놀라게 하지 않을까 걱정된다. 만약 조금씩 소통시켜 나가 바로잡기를 점차적으로 할 경우에는 그동안 묘당(廟堂)과 전조에 칙유한 것이 한두 번이 아니었으나 끝내 형식적인 것이 되고 말 것이다. 앞으로 어떻게 하여야 되겠는가? 재야에 버려진 현인이 없는 것은 오히려 논하지 않더라도, 지금 10명을 선발하여 5명의 현인을 얻고 작금의 세태를 바로잡아 옛날로 복귀하고자 한다면, 무슨 방법을 써야 하겠는가?"

하였다.

초계 문신(抄啓文臣) 김희조(金熙朝)의 대책(對策)에,

"서얼이라고 하면 규례에 얽매이고 문벌에 구애되어 특별한 재능을 지닌 자가 사대부 사이에 끼지 못하고 특이한 재주를 품은 자가 높은 자리에 오르지 못하니, 어쩌면 이리도 우리나라의 규모가 협소하고 기상이 낮습니까."

하였다. 《임헌공령(臨軒功令)》[18]

갑진년(1784, 정조8) 6월 29일, 전교하기를,

"서얼의 벼슬길을 터 주는 문제는 바로 내가 고심하던 일이다. 이미 연석에서 언급하였고 또 윤음을 통해 나의 뜻을 보인 바 있다. 심지어 뽑아내어 문의한 일도 있었는데 묘당과 전조에서는 한결같이 관심이 없어 믿을 만한 근거가 없는 것처럼 하고 있다."

하였다.

•••••

18 임헌공령(臨軒功令) : 임헌은 임금이 어좌에 앉지 않고 평대(平臺)에 거둥하여 앉는 것이고, 공령은 고과(考課)의 법령을 가리킨다. 즉 《임헌공령》은 1777년(정조1)부터 1874년(고종11)까지의 응제문(應製文)을 모아 연대순으로 엮은 74책의 필사본(筆寫本)으로, 모든 응제문에는 연대와 시명(試名), 장소 등이 밝혀져 있다.

병오년(1786, 정조10) 1월 16일, 입시했을 때 봉조하(奉朝賀) 김치인(金致仁), 능은군(綾恩君) 구윤명(具允明)이 아뢰기를,[19]

"《대전통편(大典通編)》 한품서용조(限品敍用條)에 '능(陵), 전(殿), 종묘서(宗廟署), 사직서(社稷署), 종부시(宗簿寺) 등 오상사(五上司)의 낭관, 사헌부 감찰(司憲府監察), 의금부 도사(義禁府都事)를 제외하고 호조, 형조, 공조 삼조의 문관이나 해당 관사의 판관(判官) 이하의 음관과 무관은 구애를 받지 않는다.'라고 새로 규정으로 정해졌으니 경사(京司) 사송(詞訟) 자리도 의당 구애를 받지 않는 자리에 속해야 할 것입니다. 경사의 사송 자리를 허용했다면 굳이 찰방이나 감목관(監牧官)을 거쳐야만 비로소 수령에 의망하는 것은 아닐 것입니다.

《대전통편》의 증보된 항목에 '중인과 서얼은 찰방이나 감목관을 거쳐야만 비로소 수령에 의망한다.'라고 한 것과는 현격한 차이가 있습니다. 사송 자리를 거쳐야만 수령에 의망한다는 법규에 어긋나는 데다가 '품계를 제한하여 서용한다.'라는 새 절목의 의미에도 어긋납니다. 중인의 경우는 물론 '비로소 의망한다.'라고 해야 하겠지만, 서얼은 경사의 사송 자리를 거쳐야만 수령에 의망할 수 있으며 지방의 사송 자리를 거쳤어도 수령에 의망할 수 있을 것입니다. 이제 '비로소 수령에 의망한다.〔始擬守令〕'의 '시(始)' 자를 '역(亦)' 자로 고치는 게 어떻겠습니까?"

하니, 상이 이르기를,

"그대로 하라."

하였다.

• • • • •

19 병오년……아뢰기를 : 이 소계(所啓)는 1786년(정조10) 1월 16일 성정각(誠正閣)에서 봉조하(奉朝賀) 김치인(金致仁), 능은군(綾恩君) 구윤명(具允明)을 소견했는데, 그 자리에서 구윤명이 아뢴 내용이다. 이에 따라 비로소 경사의 사송관을 거친 사람은 곧바로 수령에 의망하도록 허여하였다.

을사년(1785, 정조9) 2월 6일, 대신이 입시한 자리에서 좌의정 홍낙성(洪樂性)이 아뢰기를,

"신은 마음에 항상 애석한 점이 있어 매번 한번 진달하고자 하였는데 지금 말을 꺼낸 김에 감히 이렇게 우러러 아뢰니다. 벼슬길이 제대론지 문란한지를 구분하는 것은 한계가 매우 분명하여, 중인과 서얼로 소과(小科)로 참봉이 된 자는 한번 쫓겨나면 그것으로 끝이어서 도리어 인의(引儀)나 학관(學官)이 누차 찬의(贊儀)나 제술관(製述官) 자리에 감별하여 복직되는 것과 같지 않습니다. 이는 본래 원정과(元定窠)가 없기 때문입니다. 게다가 하고많은 사람 중에 백집사(百執事)를 감당할 만한 재능이 어찌 없겠습니까. 한번 관직을 잃으면 한평생 불우하게 되니 이 때문에 마음이 아플 뿐만 아니라 어찌 성세(聖世)의 '한 사람도 제 살 곳을 얻지 못하는 이가 없게 하는' 도리이겠습니까. 만일 전옥서(典獄署)나 예빈시(禮賓寺)의 주부(主簿) 한 자리를 참봉 출신에서 감별하여 복직시키는 자리로 정하기를, 인의가 찬의에, 학관이 제술관에 복직되는 규례와 같이 한다면 소통시켜 안위하는 방도가 될 것입니다."

하니, 상이 이르기를,

"경이 아뢴 바가 참으로 일리가 있으니 이렇게 변통하는 것이 좋기는 하겠다만, 초사기(初仕岐)[20]를 예빈시와 전옥서에 소속시키는 것만도 특정인을 위해 자리를 정해 준다는 혐의가 있는데 6품으로 올린 후에는 또 이 두 관사의 주부를 그들이 최종적으로 가는 자리로 만든다면 약원(藥院)이나 주원(廚院) 등에 있는 참상(參上)의 모든 자리를 장차 융통하여 뽑아 의망할 수 없을 것이니, 내 생각은 자리를 지정하여 작정(酌定)할 필요는 없다고 본다. 그러나 근래의 일은 반드시 통

•••••

20 초사기(初仕岐) : 처음 벼슬하는 자리라는 뜻이다.

제 영역을 정해야만 해결할 수 있다. 방금 전에 경들에게 상세히 유시하였으니, 경들은 물러나 대신들과 의논하여 훗날 입시할 때 내게 물어 처리하라. 서얼의 소통은 제일가는 급무인데 정유년(1777, 정조1) 절목이 나온 뒤로 양전의 주의에 끝내 한 사람도 나의 뜻을 받든 이가 없으니 조정이 몹시도 신용을 잃었다. 근본을 바로잡는 정치는 정해진 법식을 천명하는 데서 벗어나지 않는다. 참으로 그렇게 한다면 예전에 등용되지 못한 관원이 모두 차례대로 승진할 것이니 화합으로 이끌고 적체를 소통하는 방법으로 이번 거조(擧條)보다 훌륭한 것이 없다. 마침 말이 나온 김에 다시 이렇게 거듭 당부하니, 이러한 뜻으로 거조를 내어 특별히 전조에 신칙하여 유념하여 준행하게 하라. 이렇게 신칙했는데도 효과가 없다면 양전의 신하들이 직무를 제대로 수행하지 못한 죄과를 어찌 피할 수 있겠는가."

하였다.

같은 달 17일, 차대(次對)하기 위해 입시한 자리에서 상이 이르기를,

"정유년 절목을 지금까지 준행하지 않고 있으니 참으로 개탄스럽다. 삼조(三曹)의 낭관 및 판관 등의 자리에 우선 의망하여 이를 차차 소통하는 방도로 삼는 것이 좋을 듯하다. 경들은 각자 소견을 말해 보라."

하니, 영의정 서명선(徐命善)이 아뢰기를,

"전관이 정사를 물을 때마다 '절목을 어찌하여 준행하지 않는가.'라고 반문하면 모두 '판관이나 군수 자리는 갖추어 의망할 사람이 없어 의망하고 싶어도 그러지 못한다.'라고 합니다. 만일 반드시 의망할 뜻이 있다면 어찌 갖추어 의망하는 것을 어렵게 여겨 이때까지 질질 끌고 있겠습니까. 이는 실로 그동안의 전관들이 유념하여 거행하려 하지 않은 소치이니 신은 늘 개탄스럽게 여깁니다."

하고, 좌의정 홍낙성(洪樂成)이 아뢰기를,

"정유년 절목의 완성은 성상의 뜻이 너무도 예사롭지 않은 것이었는데, 전조가 아직도 그 뜻을 받들지 않고 있으니 매우 개탄스럽습니다. 전조에 신칙하여 유념하여 준행하게 하는 것이 좋겠습니다."

하였다. 상이 이르기를,

"안배하여 의망하는 문제를 놓고 말하더라도 참하를 연차대로 승진시킬 때에는 애당초 구별하지 않는데 유독 참상의 자리에 통틀어 의망하는 것만 안 되는 것인가. 이렇게 한 뒤에야 서얼을 요직에 기용하는 한 방도라 할 수 있다. 경들의 생각은 어떠한가."

하니, 서명선이 아뢰기를,

"참하는 그 벼슬한 날수를 따져 연차대로 승서하여 의망하므로 구별을 하지 않고 함께 섞어서 의망하는 것이 그동안의 격식이지만, 참상의 경우는 이와 달라서 안배하여 의망하는 바가 전적으로 전관(銓官)의 취사에 달렸습니다. 지금 통틀어 의망한다면 필시 많은 불편한 일이 생길 것이고 요직을 허용하는 도리 역시 안배를 어떻게 하는가와는 상관이 없습니다."

하고, 홍낙성이 아뢰기를,

"섞어 의망하는 문제는 명분이 매우 엄격하여 결코 이런 문란한 단계를 만들어서는 안 됩니다. 섞어 의망하지 않더라도 어찌 방편으로 안배하여 의망할 도리가 없겠습니까. 게다가 요직을 허용할지 여부는 안배하여 의망할 때 섞었는가 섞지 않았는가의 문제가 아니라 절목을 한결같이 준행하여 거행하는 데 있을 뿐이니 이것이 요직에 기용하는 실질적인 정사가 될 것입니다. 섞어 의망할 때에는 본래 견제와 저항에 부딪쳐 불편한 일이 없지 않으며 절목과 함께 준행하게 되면 쉽게 폐각될까 염려됩니다. 그렇다면 서얼 입장에서도 장구한 계책이 아닐 것입니다."

하고, 이조 판서 이명식(李命植)이 아뢰기를,

"벼슬길을 터 주는 문제는 성상의 하교대로 거행해야 합니다만 섞어 의망하는 일은 전조가 안배하여 의망하는데 원래 그 대상자가 있습니다. 참하를 연차대로 승급시킬 때는 통틀어 안배하여 의망하지만 낭서(郎署) 등의 자리에 의망하는 것은 이와 같지 않아 대번에 의망하기가 아직 어렵습니다. 이들 서얼 중에 이미 매우 뛰어난 사람이 없는데 갑자기 의망할 때 유독 차이를 두지 않는다면 이 또한 공평함과는 거리가 멀 듯 싶습니다."

하고, 예조 판서 김노진(金魯鎭)이 아뢰기를,

"연차대로 승급시키는 자리에는 이미 구애가 없으나 6품으로 올린 뒤 의망할 때에는 연차대로 승급시키는 문제와는 차이가 있을 듯하니, 전조가 참작하여 안배하여 의망하는 데 달렸습니다."

하고, 행 사직(行司直) 정창성(鄭昌聖)이 아뢰기를,

"사대부 일명(一名)은 섞어 의망할 수 없는 것이 요즘 규례이지만 예전에는 꼭 그렇지는 않았던 듯합니다. 이를테면 고 참판(參判) 최립(崔岦)도 예조 아당(亞堂)이 되었는데 당시에 이를 두고 일반인을 갖추어 의망했다는 말은 듣지 못했습니다. 더구나 도목 정사에서 연차에 따라 승급시킬 때는 애당초 구별하지 않았는데 유독 천전(遷轉)하는 자리에 의망할 때 하필 망설인단 말입니까."

하고, 행 사직 서유린(徐有隣)이 아뢰기를,

"정유년 절목 중에 아직 준행하지 않은 조항이 많습니다. 성상의 덕의(德意)를 받드는 도리가 결코 아니니 특별히 전조 당상을 신칙하는 거조가 있어야 할 것입니다. 섞어 의망하는 문제는 으레 연차대로 승급시키는 것과는 다르고 새롭게 시행해야 되는 사안이라 가볍게 의론하기 어려울 듯합니다."

하고, 병조 판서 이재간(李在簡)이 아뢰기를,

"정유년 절목 중에 한두 가지 거행한 것이 있으나 아직도 준행되지 않은 일이 많으니, 이는 전조의 책임입니다. 섞어서 안배하여 의망하는 문제는 연차대로 승급시키는 것과는 다르니 가볍게 의론할 수 없을 듯합니다."

하고, 형조 판서 조시준(趙時俊)이 아뢰기를,

"정유년 절목을 응당 준행해야 하는데, 섞어 의망하는 사안의 경우에 시행된 규례가 없고 연차대로 승급시키는 규례와도 다르므로 가벼이 논할 수 없습니다."

하였다. 상이 이르기를,

"서얼의 벼슬길을 터 주는 문제로 방금 신칙하는 하교를 내렸고 오늘 연석에서도 많은 의견을 주고받았다. 대저 정유년 절목을 아직도 준행하지 않고 있으니 조정이 몹시도 신뢰를 잃었다. 또다시 버려두고 실적을 내게 하지 않는다면 서얼의 낙담은 차치하고라도 벼슬길을 터 주자는 본래의 의도에 매우 어긋나는 것이며 요직에 기용한다는 조항도 유명무실해지고 만다. 문관으로 삼조의 낭관을 거친 자는 겨우 한두 사람뿐이며 음관으로 판관에 뽑혀 의망되었다는 말은 전혀 듣지 못하였다. 오늘 정사를 기점으로 정유년 절목을 한결같이 받들어 유념하여 천명하라.

근래 들어 모든 일을 맡겨도 실효가 없으리라는 것을 잘 알고 있다. 삼조의 낭관이나 해당 관사의 판관 자리는 현재 궐원이 없더라도 자리를 비우게 하고 서얼을 의망하여 들이라. 또 말이 나온 김에 칙유(飭諭)할 것이 있다. 의망할 때에 혹여 이것저것 따지지 말고 다 같이 의망하라고 일체 신칙하라. 다 같이 의망한 뒤에야 서얼을 요직에 기용한다고 말할 수 있을 것이다. 아울러 전조로 하여금 알게 하라."

하였다. 같은 날 이조 판서 이명식(李命植)을 패초(牌招)하여 정사를 열어, 형조 좌랑에 유홍지(柳弘之), 유도홍(劉度興), 석종극(石宗克)을, 군자 판관(軍資判官)에 유득공(柳得恭), 윤광성(尹光星), 이계원(李啓源)을 의망하니, 수망(首望)에 낙점하였다.

같은 날, 전교하기를,

"군자 판관의 망통을 조연(朝筵)에서 이미 다 같이 의망하라는 뜻으로 말을 만들라고 하교하였고 지금 거조를 내라고 분부하였다. 이번 망통을 보니 의망해야 할 사람이 적지 않아서인 듯하나 연석에서 하교의 본뜻과는 약간 다르다. 이렇게 한다면 서얼을 요직에 기용한다는 뜻이 어디에 있는가. 후에 자리가 나기를 기다려 한결같이 연석에서 하교한 대로 거행하라는 뜻으로 전조에 신칙하라."

하였다. 전교하기를,

"빈연(賓筵)에서 삼조 낭관을 절목대로 오늘 의망해 들이라는 명이 있었으니 거조를 계하해야 한다. 형조 좌랑을 개차하고 그 후임을 의망해 들이라."

하였다.

같은 날, 전교하기를,

"지난번에 서얼의 벼슬길을 터 주는 문제로 많은 말을 주고받았으니 이번에 내게 물어 변통하지 않을 수 없으며 전조에서도 유념하여 거행해야 할 것이다. 중인과 서얼 가운데 어찌 수령에 합당한 인재가 없겠는가. 어떤 자리든 막론하고 두세 자리를 만들어 차차 천전하게 하라. 이후로 준행하지 않는 일이 생기면 해당 전관은 파직하더라도 안 될 것이 없다. 좌상이 전에 운운한 바가 있으니 우선 상세히 진달하라."

하니, 홍낙성(洪樂性)이 아뢰기를,

"중인과 서얼을 선별하여 원정과(元定窠)에 복직시키는 일로 신이 성상의 하교대로 여러 대신과 의논하였더니, 영돈녕부사 정존겸(鄭存謙)은 '「인의(引儀) 출신을 제외하고 일명(一名)은 이전 직함을 감별하여 복직시키고 해당 관사 한 자리는 사이가 비지 않도록 번갈아 의망하여 차출하게 하여 소통하는 방도로 삼으라.」라고 이미 선조(先

朝)에서 계하한 거조가 있습니다. 더구나 정유년(1777, 정조1) 절목은 실로 옛 법도를 따랐으며 성상의 뜻도 간절하기 그지없는데 감별하여 복직시켜 조용(調用)하는 일을 아직도 폐하여 두고 시행하지 않는 것은 단지 전조에서 봉행하지 않기 때문입니다. 지금 이것을 다시 천명하자는 논의에 대하여 어찌 이견이 있겠습니까.' 하였고, 판부사 이복원(李福源)은 '찰방(察訪)과 감목관(監牧官)으로 일찍이 감별하여 복직시킨 전례가 있으니 이 중 한 자리를 정하여 감별하여 복직시키는 자리로 삼는 것이 좋을 듯합니다.' 하였으며, 판부사 김익(金熤)은 '평소 생각해 둔 바가 없어서 갑자기 억측하여 대답하기 어렵습니다.' 하였습니다. 영상이 방금 입시하였으니 의견을 진달할 것입니다."

하고, 서명선(徐命善)이 아뢰기를,

"좌상의 생각은 대개 '한 자리를 정해서 영원히 중인과 서얼 몫으로 두지 않으면 아무리 신칙한다 하더라도 끝내 실효가 없을 것이다.'라는 뜻이니 이는 과연 그렇습니다. 그러나 좌상의 말대로 자리를 지정하고 계한을 정해 놓으면 끝내 구차하게 됩니다. 게다가 참봉 출신을 만일 전옥서와 예빈시로 정해 놓는다면 능마아(能麽兒)와 낭청으로 6품에 오른 자들은 어느 자리를 지정해야겠습니까. 전옥서와 예빈시의 자리까지 아울러 정해 두고자 한다면 또한 의의가 없게 되니 이와 같이 견제하는 일이 한둘이 아닐 것입니다. 신의 생각은, 굳이 자리와 인원을 하나로 정할 것이 없으니, 매번 감별하여 복직시킬 일이 생길 때마다 반드시 중인과 서얼 중 오랫동안 침체되어 있던 부류를 참작하여 등용하고 적체되지 않도록 하여 벼슬길을 터 주어야 합니다. 전조가 만일 폐하여 두고 시행하지 않는다면 자주자주 살피고 신칙하는 것이 좋을 듯합니다."

하고, 김노진(金魯鎭)이 아뢰기를,

"감별하여 복직시킬 때 아무 자리로 정해 두는 것은 일의 체모로 볼 때 끝내 구차할 것 같습니다. 아무 자리는 따지지 말고 전조에 신칙하여 자질대로 수용하고 한결같이 정유년 절목을 준행하는 것이 또한 막힌 벼슬길을 터 주는 정사가 될 것입니다."

하고, 서유린(徐有隣)이 아뢰기를,

"자리를 정해 고정시키는 것은 결국 타당하지 않습니다. 지금 감별하여 복직시킬 때 열 자리마다 한 자리씩 덜어 내어 참봉과 낭청으로 산관(散官)이 된 자를 붙인다면 벼슬길을 터 주는 도리에 합당할 것입니다."

하고, 이재간(李在簡)이 아뢰기를,

"'일명이 참봉으로 입사한 경우는 매번 참상(參上) 한 자리를 두어 사이가 비지 않게 하소서.'라고 일찍이 봉조하(奉朝賀) 김치인(金致仁)이 건의한 바가 있습니다. 신이 전조에 있을 당시에 각 관사에서 마침 적당한 사람이 없다고 이렇게 원통함을 호소했기 때문에 즉시 복직(復職)할 한 자리를 뽑았던 것입니다. 이는 전조의 거행에 달린 문제인 만큼 굳이 어느 자리로 지정할 것은 없습니다."

하고, 이명식(李命植)이 아뢰기를,

"중인과 서얼은 한번 벼슬이 떨어지면 감별하여 복직시킬 수 없으니 참으로 안타깝습니다. 현재 각 관사 관원 중에 중인과 서얼이 반을 차지하는데 각기(各岐)[21]에 붙여진 자들이 많고 이로부터 천전(遷轉)하는 자들이 극히 드문 까닭에 들어오는 사람은 있어도 나가는 사람은 없습니다. 무릇 통례(通禮)가 제관(祭官) 등의 일에 차임될 때 채워 차임하는 데 인원이 부족한데 그 폐단의 원인을 살펴보면 창(唱)을 잘하는 인의가 매번 참상 자리에 복직되고 또 얼마 뒤에는 외임을 얻어 떠

21 각기(各岐) : 각종 기술직을 지칭하는 것으로 보인다. 이문학관(吏文學官), 능마아청(能麽兒廳)의 낭청, 관상감 겸교수, 사역원 교수, 사자관(寫字官), 훈장(訓長), 전의감의 치종 교수(治腫教授), 화원, 금루관(禁漏官), 의정부·중추부의 이방 녹사(吏房錄事) 등이 이에 해당되는데, 1350일의 사일(仕日)을 채우면 동반직으로 천전(遷轉)시켰다. 《典律通補 吏典 考課》

나기 때문입니다. 인의 중 어전창(御前唱)은 본래 참하직(參下職)입니다. 입사한 뒤에는 즉시 어전창 역할을 수행하는데, 잘해 내지 못하는 자는 태거(汰去)시키고 반드시 창을 잘하는 자를 얻어 교체합니다.

참상 6원(員)에서 장의(掌儀)와 전의(典儀)를 제외한 나머지 4원은 각기에 감별하여 복직시키는 자리가 정해져 있으니 자리를 정해 전속(專屬)시키는 별도의 거조가 없어도 본래 그렇게 하고 있습니다. 그렇지 않으면 변통에 합당한 별다른 도리가 없으니 신의 생각은 처음부터 이와 같았습니다. 이제 성상의 하교를 받드니 참으로 훌륭합니다. 어전창은, 그 길이 열린 뒤에는 갑자기 혁파하기 어렵고 필시 창자(唱者)가 원통함을 호소하는 단서가 될 것입니다. 지금 실제로 장의 한 자리를 각기로 관원이 된 자들을 감별하여 복직시키는 자리로 삼되, 홀기(笏記)를 호창(呼唱)하는 일은 집례(執禮)와 같아서 수행할 수 있을 것입니다. 비록 창재(唱才)의 부류를 가지고 말하더라도 어전창 두 자리를 혁파하지 않았으니 저들 역시 모두 소통될 것입니다. 이제 이 감별하여 복직시키는 일은 이미 밝으신 하교를 받들었으니 이대로 자리가 나기를 기다려 준행하는 것이 좋을 듯합니다."

하였다.

같은 해 3월 6일, 이문원(摛文院)에 재숙(齋宿)하러 입시했을 때 병조판서 조시준(趙時俊)이 아뢰기를,

"순장(巡將)을 초계(抄啓)할 때 채용하는 기준이 균평하지 못합니다. 먼 시골 사람은 아무리 비천하더라도 조금도 구애를 받지 않는 반면에, 중인과 서얼의 경우는 여러 번 정직(正職)[22]을 거쳐도 뽑히는 사례

• • • • •

22 정직(正職) : 동반(東班)과 서반(西班)의 실직(實職)과 산직(散職)을 말하는 것으로, 주로 동반과 서반의 잡직(雜職)에 대비하여 쓰인다.

가 드물어 저들이 억울한 마음이 없지 않습니다. 이번 연석(筵席)에서의 간절한 하교는 참으로 '비와 이슬이 자리를 가려 내리지 않는' 은혜로운 뜻에서 나온 것입니다. 왕명을 받들어 시행하는 도리로 볼 때 의당 일정한 제도를 두어야겠으나 아래에서 멋대로 처리할 수 없어 감히 이렇게 우러러 아룁니다."

하니, 상이 이르기를,

"이는 대개 자세히 알지 못했기 때문이다. 더구나 근래에 서얼을 수용(收用)하는 일로 하교한 바 있으니, 이 또한 침체된 자들을 소통시키는 일환이 되므로 이후로 구애받지 말고 조용하도록 이로 인해 하교한 것이다. 비록 의관과 역관 출신으로 말하더라도 자급과 이력을 갖춘 자로서 오위장(五衛將) 등의 자리는 본래 배정된 자리인데 수용하는 바가 도리어 먼 지방 사람보다 못하니 이들이 어찌 소외되었다는 탄식을 안 하겠는가. 작년 연석의 하교대로 또한 간간이 의망해서 들이게 하라."

하였다.

같은 해 11월 26일, 형조 좌랑(刑曹佐郎) 정양한(鄭良翰)의 망통(望筒)으로 인하여 전교하기를,

"현재 사진(仕進)하고 있는 참상(參上) 중에서 차출하기로 한다면 늘 적임자를 구하기 어렵게 되어 있다. 게다가 삼조 낭속을 운관(芸館)의 참상으로 의망한 뒤로는 형조 한 자리만 가지고 거의 마감 지은 것처럼 여기고 있으니 일의 체모로 볼 때 몹시도 구차하다. 지금이 저과월(儲窠月)[23]이어서 이들마저 이 자리와 함께 성균관에 양보해 넘겨준다

• • • • •

23 저과월(儲窠月) : 빈자리를 모아 두는 달이라는 뜻으로, 나라에서 벼슬의 빈자리를 도목 정사 때까지 보충하지 않고 모아 두는 것을 말한다. 매년 6월과 12월에 실시하던 도목 정사 이외에는 벼슬의 빈자리를 채우지 아니하였다.

면 이 어찌 수용하도록 신칙한 본의이겠는가. 가려서 차임하고자 한다면 운관이 성균관보다 나을 것이다. 이 자리는 일반적인 격식에 구애받지 말고 각별히 가려 의망하여 들이라고 삼조에 허용한 이상 안배하여 의망할 때에 운관과 성균관의 참상에 대해서도 각각 구별할 필요가 없다. 이러한 뜻을 전조로 하여금 잘 알게 하라."

하였다.

같은 날, 전교하기를,

"근래에 서얼을 소통하는 일로 인하여 얼마 전 양전에 신칙하여 내직(內職)으로는 삼조의 낭관과 판관을, 외직(外職)으로는 군수를 동전(東銓)에서 차례로 수용하게 하였는데, 판관과 군수에 새로 제수된 자를 보니, 하나는 검서관(檢書官)이었고 하나는 별간역(別看役)이었다. 비록 오늘 제수 대상에는 없었지만 아직도 해 볼만한 방도가 있으니, 모쪼록 과거 이외의 다른 경로로 관원이 된 자로서 현재 벼슬자리에 있는 사람 중에서 수용해야 침체된 자들을 기용하는 정사에 부합할 것이다. 대저 칙교는 조금 오래되면 바로 잊히는 법이다. 서얼을 소통시키는 일도 혹 이렇게 된다면 어찌 신칙한 본래 뜻이겠는가. 이러한 뜻으로 특별히 양전에 신칙하여 일을 시작했다 그만두는 폐단이 없게 하라."

하였다. 이 기사가 다른 데에는 '을사년(1785, 정조9) 2월 25일 입시했을 때'로 되어 있다.

정미년(1787, 정조11) 7월 12일, 전교하기를,

"일전에 무관으로서 선천(宣薦)된 사람을 내려 추천한 문제와 관련하여 이미 연석의 하교가 있었으며, 문관으로서 일찍이 대간의 후보자 추천을 받은 사람도 그러하다. 임진년(1772, 영조48) 문관인 대간과 무관인 선전관을 특교(特敎)로 통청(通淸)한 뒤에 임시 자리를 하나 만

들어 놓고 다시 거론하지 않았다. 그들로서는 뜻을 얻지 못한 것이어서 이를 만회하려고 정유년(1777)의 절목이 나오게 된 것이다.

대체로 이 사람들에 대해 일단 일정한 규정이 없을 수 없다. 애초 허통(許通)되지 않은 사람에 대해서는 절목을 준수해야 할 것이다. 임진년에 통청되었던 사람을 애초에 통청되지 못한 사람과 함께 한묶으로 돌리고 구별하지 않은 문제는, 그들이 원통하다 하는 것은 차치하고라도 조정에서 인재를 임용하는 방도로 볼 때 옳은지 모르겠다. 임진년에 통청된 사람들을 수용하는 데 있어 품계를 제한하는 문제와 그들을 통청되지 못한 사람과 구별하는 것이 타당한지를[24] 묘당으로 하여금 사리를 따져 초기하여 내게 물어 처리하게 하라."

하였다.

정미년(1787, 정조11) 8월 20일, 영의정 김치인(金致仁)이 아뢰기를,

"서얼로서, 임진년에 통청(通淸)된 사람들을 품계를 제한하여 등용하는 것과 그들을 아직 통청되지 못한 사람들과 구별하여 서용하는 것이 타당한지를 묘당으로 하여금 사리를 따져 초기하게 하라고 명을 내리셨는데, 이 사안을 한번 입시하여 여쭙고 싶어서 감히 아뢰니다. 정유년의 절목은 대개 누구든 원하는 바가 이루어지도록 하는 성상의 뜻을 받들어 널리 의논하여 만들어 낸 것으로서 거의 미진한 점이 없는 만큼 그저 준행해야 할 뿐입니다. 신은, 이미 통청된 사람과 통청되지 못한 사람을 다시 구별하여 분수에 맞지 않는 기대를 열어 줄 것은 없다고 봅니다."

• • • • •

24 임진년에……타당한지를 : 《정조실록》 11년 7월 12일 기사에 '임진년(1772, 영조48)에 서얼로서 통청된 사람들에 대해 가과(假窠)만 만들고 다시는 거론하지 않았다. 이후 정유년(1777, 정조1)의 절목에 따라야겠지만, 임진년에 이미 통청된 사람들은 이들과 구별하여 품계를 제한하여 수용하는 것이 옳지 않겠는가.'라는 취지로 내린 하교가 있다.

하자, 상이 이르기를,

"좌상과 우상의 생각은 어떠한가."

하니, 좌의정 이재협(李在協)이 아뢰기를,

"전날 신이 이미 진달한 것이 있으며, 품계를 제한하여 서용하는 문제에 관해서는 해당 절목이 있는 만큼 이 밖에 더는 아뢸 말씀이 없습니다."

하고, 우의정 유언호(兪彥鎬)가 아뢰기를,

"이 일은 지난해에 연석에서 하문하여 대략 저의 생각을 진달하였으며 이미 연전에 마련된 절목이 있으니, 그대로 시행할 뿐입니다. 이밖에 특별히 처리할 도리가 없을 듯합니다."

하자, 상이 이르기를,

"그대로 하라."

하였다.

정미년(1787, 정조11) 12월 29일, 대신과 비국 당상이 입시한 자리에서 좌의정 이재협이 아뢰기를,

"이번 도목 정사 때 거제 부사(巨濟府使) 허서(許壻)는 현감을 거쳤을 뿐 품계와 경력이 매우 낮은데도 대번에 이 직임에 의망되었고, 그 말망(末望)인 최진형(崔鎭衡)은 백도(白徒)로 상가(賞加)하여 첨사(僉使)를 거쳤을 뿐이어서 수령에는 논할 바가 아닌데도 곧바로 부사(府使)의 망에 의망되었으니 또한 매우 놀랍습니다. 칠곡 부사(漆谷府使)는 본래 당상직인데 당하관(堂下官)을 차출하였으니 또한 불찰입니다. 두 고을에 새로 제수된 사람을 모두 개차(改差)하고, 해당 정관(政官)을 엄하게 추고하는 것이 어떻겠습니까?"

하니, 상이 이르기를,

"그대로 하라. 허서가 품계가 낮은 것은 경의 말이 옳지만, 정의 현감(旌義縣監)도 수령인 데다 벼슬길을 터 주는 절목이 완성되어 나온

뒤로 전조가 한 사람도 수용한 자가 없는 것이 너무도 놀랍다. 경이 그의 얼굴을 모른다고 하였으니, 그 사람이 감당할 수 있을지 없을지도 말할 만한 것이 없으나 그들에게는 또한 높은 관직으로 올라갈 수 있는 첫 단계가 될 수 있을 것이다. 그렇다면 이미 성문화된 법이 제일 중요하고 정사의 규정은 그다음이다. 어찌 군이 개차할 것이 있겠는가. 이것은 그대로 두라.

일전에 중시(重試)의 과작(科作)을 고열(考閱)하는 김에 연석(筵席)에서 하교를 내린 적이 있었다. 오준근(吳濬根)은 이미 작고(作故)하였으리라 생각하였는데, 뒤에 들으니 그렇지 않다고 하였다. 지난번에도 하교하였지만, 양사(兩司)에 통망된 적이 있는 문신(文臣)과 이미 선천(宣薦)을 거친 무변(武弁)은 결코 그대로 늙어 죽게 해서는 안 되니, 이러한 사람은 전조에서 수용할 때 더욱 다른 사람보다 우선적으로 해야 한다. 이는 인재를 특별한 곳에서 고르지 않고 함부로 버리지 않았던 성조의 뜻을 본받는 것이다. 무슨 일이든 특별히 신칙하지 않으면 실지 성과를 요구하기 어렵다. 문관과 무관으로서 청현직에 터줄 부류는 별도로 성명(姓名)을 등록하고 1통을 써서 들일 것이며, 내직과 외직에 걸맞은 자리가 나는 대로 차례로 조용하되 망통(望筒)에 주(註)를 달라고 분부하라."

하였다.

같은 날, 좌의정 이재협(李在協)이 아뢰기를,

"품계를 제한하여 서용할 때 우후(虞候)만을 말하고 중군(中軍)을 언급하지 않은 것은, 중군은 절목에서 예외라서 소통하려면 실로 묘당과 함께 논의해야 해서입니다. 그런데 이렇게 하지 않고 전라도(全羅道) 중군의 망(望)에 곧장 의망해 들였으니 일 처리가 아주 엉성합니다. 병조 판서 정창순(鄭昌順)을 추고하는 것이 어떻겠습니까?"

하니, 상이 이르기를,

"동전(東銓)이 부사(府使)를, 서전(西銓)이 중군을 의망한 일이 오늘 정사에서 가장 볼만한 부분이라고들 하는데, 경은 도리어 이같이 말하는가. 추고하지 말라."

하였다. 무신년(1788, 정조12) 1월 1일의 조보(朝報)에 나온다.

기유년(1789, 정조13) 1월 22일, 전교하기를,

"승지는 호군(護軍) 윤밀(尹謐)과 함께 입시하라."

하였다. 윤밀이 입시했을 때 전교하기를,

"이미 대시(臺侍)를 역임한 사람이 무슨 관직인들 맡지 못하겠는가. 그런데 돈녕부 도정에 제수하는 것을 곤란하게 여겨 아직도 관직에 의망하지 않고 있으니 옳은 일인가. 비단 오늘 소견(召見)했다고 해서 이렇게 하교를 내리는 것만은 아니다. 호군 윤밀은 도정의 자리가 나기를 기다려 즉시 의망하고, 이밖에 대간에 통망(通望)되었던 사람은 자급이 오른 뒤 절대로 구애받지 말라고 전조에 신칙하라. 이 일을 계기로 한번 분명하게 신칙하고 싶은 것이 있다. 직명(職名)은 곧 조정의 직명으로 사대부와 중인, 서얼 간에 계급의 한계를 두기 위해 설치된 것이 아니다.

지난날 대관의 후보를 통의(通擬)할 때에는 처음 통망되는 것인지 여러 차례 의망되었는지를 막론하고 수망(首望), 부망(副望), 말망(末望)이 모두 동일한 처지인데도 당시에 의망된 사람과 통틀어 안배하여 의망한 적이 없었다. 이 규례가 한번 나오자 가장령(假掌令)이니 가지평(假持平)이니 하는 말이 생겼으니, 일이 어이없기가 이보다 심한 것이 있겠는가. 당시 전관(銓官)이 자신의 행적에 혐의가 될까 봐 이렇듯 성실하지 못한 거조를 내게 된 것이다. 나는, 부류를 구분하여 갖춰 의망하는 것은 도리어 안 하는 이만 못한 일로써 선조(先朝)에서 당파를 초월하여 인재를 등용하려던 성스러운 뜻을 헤아리는

것이 결코 아니라고 생각한다.

과거는 말할 것도 없고 근래에도 이와 같아서, 참하(參下)로서 순차대로 승진하는 자리 이외에 동전(東銓)의 복직과 수령 임용 규례, 서전(西銓)의 내직과 외직에 서용하고 배비(排比)하는 규례가 한결같이 여전하니, 이 때문에 정안(政眼)을 보는 사람은 묻지 않아도 가함(假銜) 자리라는 것을 알 수 있다. 저들의 억울함이야 여사(餘事) 중의 여사일 뿐이지만 조정에서 사람을 기용하는 도리는 결코 이렇게 구차해서는 안 된다. 그의 신분이 감당하지 못하고 적합하지 않다는 것으로 의망하거나 제수하지 말도록 힘써 청하는 것은 그럴 수 있겠으나, 명색이 조정의 공적인 자리를 가지고 어찌 의망하면서 통의하는 것을 꺼리고 제수는 하면서 섞어 제수하는 가운데 까다롭게 가리는 이치가 있단 말인가. 이러한 버릇을 고치지 않는다면 날마다 열 개의 관직과 백 개의 직함을 제수한다 하더라도 저들에게는 가함 한 자리가 돌아올 뿐이다. 이러한 뜻으로 전조에 엄히 신칙하여 잘못된 버릇을 없애게 하라."

하였다. 같은 해 2월 15일 정사에서 돈녕부 도정(敦寧府都正)에 윤밀(尹謐), 오정근(吳正根)을, 이조 판서에 이갑(李玾), 주중순(朱重純)을 의망하였다.

3일 전, 전교하기를,

"조정에서 용사(用捨)하는 것과 인재의 우열이 어찌 나이의 많고 적음과 벼슬의 길고 짧음에 달려 있겠는가. 나이가 많고 벼슬이 막힌 자를 상규(常規)에 구애받지 않고 발탁하는 것은 아름다운 일이 아닐 수 없다. 더구나 임금의 말은 미덥지 않아서는 안 된다. 얼마 전에 여러 도(道)에 명하여 각각 도내 문관, 무관, 음관의 나이, 등과(登科), 서사(筮仕), 작산(作散)을 구별하여 조목별로 나열하여 보고하게 하였는데, 지금 모두 도착하였다. 만약 한 번 보아 넘기고 만다면 팔방의 출사를 고대하던 조사(朝士)들이 진실한 마음이 있고 진실한 정사가 있다고 여기겠는가. 문관·무관·음관으로서 한번 내쳐지고는 복직되지 않아 미련 없이 버려져 임금이 신하의 이름을 알지 못하고, 신하가 임금의 얼굴을 알지 못하는 자가 실로 몇십 명이던가. 더구나 저 이름이 대적(臺籍)에 올랐다면 곧 나의 시종관일 텐데, 즉위한 지 10여 년이 넘었는데도 이름과 얼굴을 모르는 자가 또한 많아서 매번 정사에 임하여 낙점(落點)할 때마다 붓을 멈추고 불쾌할 수밖에 없었던 것이 오래되었다. 내 마음이 이러할진대, 뭇사람의 심정을 알 만하다. 이제 와서 어찌 격례(格例)에만 매일 것이 있겠는가.

일찍이 대시(臺侍)를 역임한 자로서 나이가 70이고 등과한 지 30년 이상 된 사람은 특별히 한 자급을 올려 돈녕부 도정이나 분사(分司)와 한사(閑司)의 차관에 의망하라. 무신으로서 등과한 지 50년 이상 된 사람, 음관으로 나이가 70이고 서사한 지 40년 이상 된 사람도 모두 한 자급을 올려 즉시 상당하는 관직에 조용하라."

하였다. 전교하기를,

"노인의 일은 어떻게 될지 알 수 없는데, 차례차례 자리가 나기를 기다려 안배하여 의망한다면 여름을 넘기고 겨울을 지나게 될 것이다. 시임 돈녕부 도정을 체차하며, 공조 참의도 일체 체차하고 그 후임을 모두 오늘 정사에서 차출하게 하라."

하였다.

전교하기를,

"이번에 수의(收議)한 본뜻은 비단 성대중(成大中) 1인의 번차를 위해서만이 아니다. 한 사람이 종신토록 입번하는 것은 옛날에도 없었고 작금에도 없는 제도이니, 변통하고 조정하는 것을 진실로 하지 않을 수 없으나, 이것은 실교리(實校理) 1인의 번차 횟수에 관한 일일 뿐이다. 나는, 많은 서얼 참상관 중에 적체된 자가 매우 많은데 삼조의 낭관 한 자리를 이획(移劃)하는 것은 조족지혈(鳥足之血)과 다르지 않으며 군수(郡守) 이상에 대해 통의(通擬)를 허락했으나 매번 반드시 시종(侍從)에게 빼앗기고 있어서 일전에 연석에서 교리를 가설하는 것이 혹여 폐단을 구제하는 단서가 되지 않을까 생각해서였다. 영상과 좌상의 의견 또한 실로 상의하지 않아도 일치하고, 다음으로 우상의 수의를 보니 진달한 바가 매우 일리가 있었으나, 잠시 주저하고서 다시 하문하게 된 것이다. 여러 의론을 살펴보니, 그중에 판교(判校) 한 자리를 다시 설치하자는 의론이 가장 타당하다. 이는 항상 두는 자리라서 새로 창설한다는 혐의도 없는 데다, 중간에 줄인 것도 한때의 임시적인 편의에 따른 것일 뿐이다. 더구나 모두 정3품이고, 또 똑같은 판교라서 30삭(朔)이 차면 절로 자급이 오르게 되므로 외직인 목사(牧使)나 부사(府使)보다 낫다. 이런 식으로 복구해 간다면 충분히 소통하는 한 가지 단서가 될 것이고 또 승진하는 한 가지 방법이 될 것이니, 외각(外閣)의 번차가 앞으로 조금 넉넉해지는 것은 두 번째 문제이다. 근래에 소통을, 풍속을 바로잡는 조치로 삼았으나 유독 서얼에 대해서는 합당한 방법을 생각지 못했는데, 이번 거조는 일거양득이라고 할 수 있다. 대신에게 물어보더라도 어찌 의견이 어긋날 리가 있겠는가. 교서관(校書館)의 판교 자리를 다시 설치해서 정사가 열리기를 기다려 차출하고, 준한(準限)과 천전 등의 일은 다른 직책의 정3품인 승문원 판교와 통례원 및 각 관사 정(正)의 예에 따르라고 전조(銓曹)에 분부하라."

하였다. 날짜는 미상이다.[25]

•••••

25 날짜는 미상이다 : 《일성록》과 《승정원일기》 정조 12년 10월 18일 기사에 보인다. 《해좌장고(海左掌攷)》에는 정조 13년 10월 15일 정원의 계사와 이에 대한 비답이라고 되어 있다.

기유년(1789, 정조13) 6월 모일, 전교하기를,

"《해동읍지(海東邑誌)》[26]는 바로 《동국여지승람(東國輿地勝覽)》의 의례(義例)를 모방한 것으로 하나의 믿을 수 있는 문헌이다. 수십 년 전부터 편집하기 시작하였는데 아직까지 두서가 없고 연전에 취합하라는 명을 내렸는데도 지금까지 정리될 기약이 없다. 이를 위해 해당 청(廳)을 설치하게 되면 일이 커지고 한 사람이 전담하게 하면 고단할 것인데 그렇다고 한결같이 이대로 맡겨 둘 수 없다. 이런 뜻을 내각은 잘 알라. 일제학(一提學) 및 검교직제학이 구관(句管)하고, 전(前) 승지 이가환(李家煥), 이서구(李書九)가 교정(校正)을 맡으라. 각신(閣臣)과 초계 문신(抄啓文臣)으로서 이미 감하(減下)된 인원 및 삼사(三司)에서 차출된 사람에게는 한 도(道)씩 나누어 주되 삼남(三南)은 매 도마다 각각 두 사람을 정하여, 각각 분담하는 도를 즉시 취합하고 정리해서 교정하는 곳으로 보내라. 교정하는 곳에서 자세히 살펴본 후에 주관하는 각신에게 보내오면 각신은 취사선택하여 결론이 나거든 입계하라고 분부하라. 인재가 어찌 유독 과문(科文)을 익힌 사람 중에만 있겠는가. 검서(檢書) 무리가 재주를 갖고도 써 보지 못하고 늙어 가는 것을 보면 유추해 볼 수 있다. 각 도에 원래 분담된 한 사람 외에 문관(文官)과 음관(蔭官)에 구애받지 말고 한 사람씩 더 정하라고 분부하라."

하였다.

• • • • •

26 해동읍지(海東邑誌) : 1765년(영조41) 영조는 각 읍에서 개별적으로 편찬한 기존 읍지들을 국가가 재정리하면서 《여지도서(輿地圖書)》를 편찬하였으며, 정조는 《해동읍지》를 편찬하였다. 정조는 이 지지의 이름을 《해동여지통재(海東輿地通載)》(60권)라 하고, 서문을 자신이 직접 쓸 정도로 많은 관심을 가졌다. 《여지도서》는 도로, 면리, 호구, 부세 등 지방 실정의 파악에 필수적인 내용을 담았고, 정조 대의 읍지들은 영조 대의 그것보다 더욱 사실에 치중하는 성격의 읍지를 만들고자 하였다. 이러한 지리서 편찬은 실학적 지리학의 발달, 지도의 발달 등에 힘입은 바도 있으나, 국가가 전체적인 지방의 실정과 현상을 파악하는 과정이기도 하였다. 《이해준, 관 주도 지방지배의 심층화, 조선은 지방을 어떻게 지배했는가, 아카넷, 2000, 183~204쪽》

《해동읍지》 편찬에 참여한 인원 명단

경도(京都)의 성지(城池), 궁궐(宮闕), 원유(苑囿)는 직각(直閣) 이만수(李晩秀), 전 현감 원중거(元重擧)가, 단묘(壇廟), 관서(官署)는 부사과(副司果) 윤행임(尹行任)[27], 교서관 교리(校書館校理) 성대중(成大中)이 담당하였다.

한성부(漢城府)의 분야(分野), 건치 연혁(建治沿革), 형승(形勝), 풍속, 호구(戶口), 궁실(宮室), 산천(山川), 방리(坊里)는 직각 이만수, 전 현감 원중거가, 역참(驛站) 부(附) 봉수(烽燧), 교량(橋梁), 사찰(寺刹), 환적(宦蹟), 성씨(姓氏), 인물(人物) 부(附) 우거(寓居), 효자, 충의(忠義), 열녀, 고적은 부사과 윤행임, 교서관 교리 성대중이 담당하였다.

각 도(道)의 강역(疆域) 부 군명(郡名), 형승, 직관(職官)은 부사과 이동직(李東稷), 오위장(五衛將) 오정근(吳正根)이, 풍속, 성지(城池), 학교, 토산은 전 수찬(修撰) 이지영(李祉永), 전 현감 정현조(丁俔祖)가, 교량, 사찰, 단묘는 전 수찬 이면응(李冕膺), 전 찰방(察訪) 이홍상(李鴻祥)이, 능묘(陵廟)는 전 교리 김방행(金方行), 예빈시 참봉(禮賓寺參奉) 이명규(李命圭)가, 궁실은 부사과 박규순(朴奎淳), 봉상시 주부(奉常寺主簿) 최수옹(崔粹翁)이, 방리는 부사과 김희조(金熙朝), 승문원 교검(承文院校檢) 김홍운(金洪運)이, 관방(關防) 부(附) 진보(鎭堡), 목장(牧場) 은 전 교리 신헌조(申獻朝), 사도시 직장(司䆃寺直長) 남형수(南衡秀)가, 환적은 부사과 이석하(李錫夏), 동부 도사(東部都事) 이가운(李可運)이, 건치 연혁은 급제(及第) 성종인(成鍾仁), 검서관 박제가(朴齊家)가, 산천은 전 군수 이의봉(李義鳳), 검서관 유득공(柳得恭)이, 고적은 부사과 정동관(鄭東觀), 검서관 이덕무(李德懋)가 담당하였다.

•••••

27 윤행임(尹行任) : 1762~1801. 행임(行任)은 초명(初名)이다. 1794년(정조18) 당시 5살이던 원자(元子)인 순조(純祖)가 그의 이름을 '임(恁)' 자로 쓴 것을 계기로 왕명에 의해 행임(行恁)으로 개명하였다. 《碩齋遺稿 · 行狀》

군액(軍額), 조적(糶糴), 창고, 제언(堤堰)은 비국이 자료를 뽑아낸 뒤에 분배하고, 호구, 성씨는 한성부가 자료를 뽑아낸 뒤에 분배하고, 전부(田賦)는 호조가 자료를 뽑아낸 뒤에 분배하고, 사원(祠院)은 예조가 자료를 뽑아낸 뒤에 분배하고, 역참과 봉수는 병조가 자료를 뽑아낸 뒤에 분배하고, 인물, 우거, 효자, 충의, 열녀는 이후에 분배하였다.

경술년(1790, 정조14) 2월 26일, 인일제(人日製)[28]에 내린 교서에,

"왕은 이르노라. 인재를 구하기 어려운 것은 옛날부터 그러하였는데, 더구나 보통 사람을 능가하는 재능이야 말해 무엇하겠는가. 지금 한 사람의 몸으로 문학(文學), 정사(政事), 전곡(錢穀), 갑병(甲兵)을 무엇이든 시험하여 못 하는 것이 없다면 남들을 능가하는 재주일 뿐만이 아니겠으나 어찌 그럴 리가 있겠는가.

고요(皐陶)는 사사(士師)가 되고 백이(伯夷)는 예(禮)를 담당하였고 기(夔)는 악(樂)을 맡았으며 후직(后稷)은 파종(播種)을 담당하였다. 고요가 예를 강구하지 아니한 것이 아니고 후직이 음악에 전혀 어두운 것이 아니었지만, 저것에는 손색이 없으나 이것에는 뒤졌으므로 단점을 버리고 장점을 취한 것이다. 가령 백이가 사사를 총괄하고 후직이 악정(樂正)을 겸했다면, 후세에 어찌 순(舜)이 인재를 알아봤다 할 것이며 백이와 후직이 겸양했다 하겠는가.

•••••

28 인일제(人日製) : 성균관의 원점 유생(圓點儒生)을 대상으로 인일인 1월 7일에 보는 제술 시험이다. 특교(特敎)가 있을 경우에만 방외 유생(方外儒生)까지 통틀어 시험하였다. 의정부, 육조, 홍문관, 예문관, 성균관의 당상이 성균관에 가서 시취하고 나서 왕에게 아뢰는 것이 일반적인 규례이고, 특명(特命)을 내려 시취하게 되면 대제학과 승지가 어제(御題)를 가지고 성균관으로 가서 시험을 보인 뒤 시권(試卷)을 거두어 대궐로 와서 과차(科次)하였다. 대책(對策), 표(表), 전(箋), 잠(箴), 송(頌), 제(制), 조(詔), 논(論), 부(賦), 명(銘) 중 1편을 시험하였으며, 하교에 따라 전시(殿試)나 회시(會試)에 곧바로 응시할 자격을 주기도 하고 소정의 점수를 주기도 하였다.

한(漢)·당(唐) 이후로 인재를 등용하는 데 더는 선왕의 제도를 볼 수 없었으나, 역사가들의 기록을 살펴보면 대개 평생을 하나의 벼슬로 마친 자가 많았으니, 관직을 설치하고 직책을 나눈 의도는 오히려 사라지지 않았다. 그런데 어째서 근래 우리나라 습속은 이것과 일체 반대되는가. 이미 전랑(銓郎) 벼슬을 하고 있는데 사헌부의 수장이 되고 아침에 농정(農政)을 관할하다가 저녁에는 병사(兵事)를 총람한다. 형조와 예조를 으레 겸직하는 것으로 여기고 비변사(備邊司)와 공조(工曹)는 돌려 가며 앉는 자리가 되었다. 홍문관(弘文館)을 차지하고 앉아서 한쪽으로는 병사를 다스리고 청직과 요직을 다 누리고도 지방의 주요 고을을 두루 거친다. 겸임한 직함이 열아홉이 더 되기도 하고 재능도 없이 자리만 꿰차고 있는 자가 한둘에 그치질 않는다. 이 어찌 조종조가 신중히 하고 아끼던 뜻이겠는가. 관직이 어찌 문란하지 않겠으며 사업이 어찌 낭패하지 않겠는가.

이 때문에 등용할 때는 오직 치우치지 않을 것만 생각하고 선발할 때는 늘 남용하지 않을까를 근심하지만 음관, 무관, 서얼, 민간의 미천한 자, 재야의 생소한 자들은 훌륭한 경륜을 간직하고도 누렇게 뜬 얼굴에 비쩍 마른 목덜미로 한번도 그 포부를 펼쳐 보지 못하고 있다. 하늘이 인재를 낸 본의가 어찌 이러하겠는가. 이로 미루어 본다면 수맥(水脈)과 토질의 적합함을 살피고 가뭄과 홍수의 징조를 점치며 사지를 게을리하지 않고 흉년을 겁내지 않는 것은 늙은 농사꾼의 지혜이며, 산택(山澤)의 이익을 분별하고 물건의 귀천(貴賤)을 살펴서 천리 밖의 사정을 가만히 헤아렸다가 솔개처럼 날쌔게 움직이는 것은 장사꾼의 용맹이다. 거북 등껍데기를 사용하거나 시초(蓍草)를 세면서 도시(屠市)에 은거하는 것은 현자가 복서(卜筮)에 몸을 의탁한 것이며, 병을 치료하려고 접신하는 것은 《주례(周禮)》에 실려 있으니 성인도 의술을 행하는 무당은 물리치지 않은 것이다. 심지어 승니(僧尼)의 부류는 실로 이단 중에 으뜸이지만 고단한 계행(戒行)은 보통 사람은 미치기 어렵고 선을 지향하는 마음은 저들도 똑같이 얻었으니, 상황에 맞게 사용한다면 어찌 한 물건이라도 끝내 버릴 수 있겠는가.

대저 왕자는 인재를 등용하여, 마치 천지가 만물을 생장시켜 왕성하게 각기 제자리를 얻게 하되 그 덮어 주는 것이 치우치지 않고 실어 주는 것이 사사로움이 없듯이, 이로써 칠정(七政)을 다스리고 모든 공적을 밝혔으니, 오늘에 와서 본다면 치우쳤는가, 치우치지 않았는가. 사사로웠는가, 사사롭지 않았는가. 인재를 등용하는 도리가 이처럼 편벽되고 사사롭다면 나라가 제대로 다스려질 수 있겠는가. 참으로 순임금의 명관(命官)을 본받고 주(周)나라의 입정(立政)을 본받아 재능을 헤아려 직책을 맡기고 책임을 전담시켜 성적을 책임 지움으로써, 중앙의 서얼과 각기(各岐), 지방의 인재를 모두 교화 양성하는 마당에 참여시키고 영구한 모책을 길이 남기고 싶지만, 습속에 젖어 온 지 오래되어 현혹되기는 쉬워도 깨우치기는 어렵다.

자대부(子大夫)는 평소에 쌓은 경륜으로 바로잡을 대책을 각자 자세히 진술하여 인일(人日)이라는 과거 명칭과 진실로 인재를 찾으려는 고심과 성의에 부응하라. 성인이 말하기를 '선비가 어려서 배우는 것은 장성하여 실행하려는 것이다.' 하였는데, 장성하여 실행하는 도리가 어찌 지금 눈앞의 기회를 빌리는 데 있지 않겠느냐. 제생들은 유념하여 아는 것은 무엇이든 말하고 말하는 것은 자세하게 다 말하라. 내 친히 열람하리라."

하였다. 모두 초계 문신(抄啓文臣)의 대책(對策)이다.

초계 문신(抄啓文臣) 윤광안(尹光顏)의 대책에 이르기를,

"우리나라는 변방에 처해 있고 나라의 풍속이 천박하여 문명(文明)은 소중화(小中華)라 일컬어지지만 규모는 대국에 못 미칩니다. 과거

를 보지 못하니 재주 있는 준걸들이 대부분 음직에 정체되어 있고 사화(詞華)만을 숭상하다 보니 습속이 무사(武士)를 매우 천대합니다. 이외에도 배척하여 종세토록 현직(顯職)에 기용하지 않는 자로는 이른바 서얼이 있고 이른바 중로(中路)가 있고 이른바 향품(鄕品)이 있고 이른바 서북인(西北人)이 있습니다. 이런 모든 부류는 아무리 월등한 재주와 탁월한 행실을 지녔더라도 영영 진탕에 빠져 등용될 가망이 없고 햇수를 한정하여 금고(禁錮)하는 규정이 철석같이 단단하니 쌓인 원한은 서릿발처럼 매섭습니다.

대저 인재 구하기를 목마른 자가 물을 찾듯 하고 인재를 선발할 때 출신을 따지지 않더라도 혹 빠뜨린 인재가 있지 않을까 걱정하는데, 더구나 현우(賢愚)를 불문하고 먼저 취사(取舍)를 정하고 계한을 설정하여 사방을 금고하니 이 어찌 조물주는 치우침이 없다는 뜻이겠습니까. 나라가 어떻게 다스려질 수 있겠습니까. 세속이 갈수록 낮아지고 인물이 흔치 않은 이때에 특별히 편협하고 천박한 풍속을 혁파하여 탕평의 교화를 널리 시행하지 않는다면 장차 팔도의 억눌렸던 자들의 마음을 풀어서 한 세대를 교화에 들게 할 수 없을 것입니다.

지금 폐단을 바로잡을 방법이 세 가지입니다. 첫째는 문벌을 혁파하는 것, 둘째는 가까운 자와 먼 자를 똑같이 대하는 것, 셋째는 사당(私黨)을 제거하는 것입니다. 무엇을 일러 문벌을 혁파한다고 합니까. 응달에서는 새싹이 쉽게 우거지는데 난꽃은 피지 않으니 지세(地勢)의 차이가 예로부터 그러했습니다. 이는 단지 그 일반적인 경우를 말한 것일 뿐입니다. 그 재지(才智)와 덕행이 남다르고 기예와 재능이 탁월하여 스스로 한미한 가문에서 떨쳐 일어나 청운에 이른 자들로서 간책에 실려 있는 사례를 이루 다 헤아릴 수 없습니다. 근래 습속이 편협하고 저급해서 이와는 상반될 뿐만 아니라 전조의 통색(通塞)과 대단(臺端)의 논폄(論貶)이 양반 벌열들은 품계에 따라 승진시키고 한미한 자들은 저지하는 것에서 벗어나지 않습니다. 무릇 화현직(華顯職)의 선발에 관계된 것은 권점(圈點)으로 하거나 천망(薦望)을 하거나 대체로 권문자제에게 돌아갑니다. 또 서경(署經)하는 방식이 있는데 사친(四親)[29]의 부모와 처당(妻黨)을 나란히 써 놓고 가부를 매겨 신분이 한미하고 하자가 있다고 논박을 받는 경우가 다수를 차지합니다. 이것이 관직에 처해 직무를 맡는 행능(行能)과 무슨 상관이 있겠습니까. 더구나 이른바 하자란 대개 당론(黨論)으로 공격하는 사사로움에서 나온 것이며 아무리 명현(名賢)의 후손이라도 몇 대에 걸쳐 이름난 벼슬을 못했으면 한미하다는 지목에서 못 벗어나니 이 정도로 터무니가 없습니다.

대저 세족 거실(世族巨室)은 지망(地望)을 자부하여 청요직이 혹여 오면 보답할 생각이 점점 가벼워지고, 은원(恩怨)이 대대로 전해져 당원(黨援)이 서로 세워지면 간책을 부려 모함하는 습관이 점점 자라납니다. 이는 모두 세족 벌열이 너무 기승한 폐해인데 어찌 조금 경계할 만한 일이 아니겠습니까. 서얼의 경우, 이들은 모두 사대부의 후예로서 사가(私家)에서는 실로 적서를 구분하겠지만 조정에서 벼슬하는 것은 일을 맡기 위함인데 재능을 논하지 않고 적서를 따진다면 되겠습니까. 이와 같다면 왕부(王符)[30]와 주의(周顗)[31]의 무리가 현직에 오

•••••

29 사친(四親) : 부(父), 조(祖), 증조(曾祖), 고조(高祖)의 직계 4대를 가리킨다.

30 왕부(王符) : 82?~167. 아버지에 대해서는 알려진 바가 없고, 기록에 의하면 모계(母系)가 분명치 않은 서출(庶出)이었다. 한(漢)나라는 적서(嫡庶)의 구분이 분명하여 서출은 계승권이 없었으므로 그를 얘기할 때 '외가가 없다'고 한 것이다.《後漢書 卷49 王符列傳》

31 주의(周顗) : 269~322. 동진(東晉)의 안동장군(安東將軍) 주준(周浚)의 아들이다. 어머니 이낙수(李絡秀)가 쇠락한 가문을 위해 자진해서 첩이 되었다. 이낙수가 낳은 세 아들은 그를 포함하여 둘째 주숭(周嵩)과 셋째 주모(周謨)까지 모두 귀하게 되었다.《晉書 卷69 周顗列傳》 한나라와 진나라 이래로 서얼을 허통하는 규정이 있었지만, 왕부와 주의 말고는 현저하게 지칭할 만한 자가 거의 없었다.《桐溪集 卷3 辭都承旨疏》

르지 못하고 서기(徐起)[32]와 송익필(宋翼弼)[33]이 헛되이 늙어 가는 것은 애석히 여길 일도 못됩니다. 더구나 후손에게까지 전해져 백세토록 길이 폐고되었으니 이는 더욱 예전에는 들어보지 못한 바입니다.

문성공(文成公) 이이(李珥)와 문충공(文忠公) 이원익(李元翼) 등 여러 사람이 서얼을 기용하자고 한 의론을 이제 살펴볼 수 있습니다. 우리 성상께서 특별히 서얼의 소통에 마음을 써 여러 차례 애써 신칙하셨는데 내직으로는 삼조의 낭관과 판관에, 외직으로는 수령 자리에 의망하는 것으로 겨우 책임을 때우고 있어 재능에 따라 선발하는 실효를 보지 못하고 있습니다. 묵은 관습은 실로 대번에 바꾸기 어려우나 점점 길을 열어 성인은 버리는 물건이 없다는 것을 보여야 합니다. 살펴보니, 국법에 선조의 제사는 3세(世)에 그치고 장적(帳籍)에도 고조(高祖)는 언급하지 않습니다. 아무리 천한 노예라도 삼대가 양역(良役)하였으면 종량법(從良法)[34]에 따라 면천하는데 더구나 사대부의 후손이 대대로 길이 폐고되는 것이 옳습니까. 이제 규례로 명시하여 현손(玄孫) 이후로는 청직에 기용하는 것을 구애받지 말고 중로(中路)와

•••••

32 서기(徐起) : 궁가(宮家)의 사노(私奴)였던 서귀령(徐龜齡)의 아들이다. 훗날 지평(持平)에 추증되었고, 공주(公州) 충현사(忠賢祠)에 제향되었다. 《星湖僿說 卷17 徐孤靑》《記言 別集 卷26 徐孤靑事》

33 송익필(宋翼弼) : 1534~1599. 서얼 송사련(宋祀連, 1496~1575)과 정인년(鄭麟年)의 서녀(庶女) 사이에서 4남 중 3남으로 태어났다. 문헌에서 그를 '사노'라고 한 것은 송사련이 감사(監司) 안관후(安寬厚)의 여종이었던 중금(重今)의 손자이기 때문이다. 송사련은 중금의 아들인 직장(直長) 송린(宋璘)과 좌의정 안당(安瑭)의 서얼 누이동생 사이에서 태어났다. 《己卯錄 續集 宋祀連傳》《沙溪全書 卷1 伸辨師冤疏》 천인(賤人)으로서 학식과 문장이 있는 사람을 들 때 서기와 송익필을 거론한다. 《澤堂集 別集 卷15 追錄》

34 종량법(從良法) : 양인과 천인 사이의 혼인으로 인한 양산(良產)을 노비 신분에서 양인 신분으로 바꾸는 법을 말한다. 노비가 증가하고 양역(良役)을 부담하는 양인이 줄어들자, 1414년(태종14) 노비종부법(奴婢從父法)을 도입하여 양인 남자와 혼인한 계집종의 자녀를 부계에 따라 양인으로 삼았으며, 조선 후기에는 노비종모법(奴婢從母法)을 따라 사내종과 혼인한 양인 여자의 자녀를 모계에 따라 양인으로 만들어 양역 인구를 증가시켰다.

잡기(雜岐)의 경우도 기한을 상정하여 스스로 벗어날 수 있게 한다면 하늘은 천지의 조화를 돕는 공을 세우고 사람은 음덕을 받을 것이니 어찌 보탬이 적다고 하겠습니까.……"

하였다.

같은 해 11월 10일, 경상 우도 병마절도사 오재휘(吳載徽)의 계본(啓本)에 "함안 군수(咸安郡守) 심인(沈鏔)이 성첩과 군기를 스스로 비용을 마련하여 수보(修補)했습니다. 논상하는 일을 해당 조로 하여금 규례를 살펴 상께 여쭈어 처리하게 하소서." 하였는데, 전교하기를,

"함안 군수 심인이 이렇게나 많이 성첩을 수선하고 군기를 개조한 것은 근래 보기 드문 일이다. 그 사람이 일 처리가 분명하다는 것을 익히 알았지만 봉공(奉公)의 성심이 매우 아름답다. 이와 같은 사람을 부사로 올려 제수하는 것이 조령(朝令)에 분명히 있는데도 연전의 허서(許墅) 이외에는 한 사람도 품계를 올려 천전(遷轉)시켰다는 말을 듣지 못하였으니 이것이 어찌 정식으로 삼은 본뜻이겠는가. 더구나 치적을 낼 수 있는지의 여부를 어찌 신분에 관련시킬 것인가. 그리고 더구나 이와 같이 이미 드러난 실적에 있는 경우이겠는가. 후일의 정사 때 당하 부사의 자리를 만들어 조용하라. 대정(大政)이 머지않았으니 이로 인하여 신칙할 것이 있다. 근년의 습속으로 사람을 가로막는 폐해에 대해 누차 바로잡아 고치라고 칙교를 내렸다. 그것에 대해서도 오히려 그렇게 신칙하였는데 하물며 이 무리가 실적이 있으면서도 공연히 가만히 앉아 정폐(停廢)되는 경우이겠는가. 금번 대정에는 미리 유의하여 자리가 나는 대로 소통함으로써 왕명을 받들어 펴는 실효가 있게 하라고 전조(銓曹)에 엄히 신칙하라."

하였다.

통색촬요

제4권

정조(正祖)

당저(當宁) 신해년(1791, 정조15) 3월 모일, 지사(知事) 신의청(申義淸)을 중희당(重熙堂)[1]에서 소견(召見)하였다.[2] 그의 아들 신병권(申秉權)을 시켜 아버지를 부축하여 들어오게 하였다. 하교하기를,

"오늘 100세 노인 지사 신의청을 만났더니 근력의 강건함이 6, 7십 나이의 사람보다 나았고, 아이처럼 이가 새로 나고 머리카락이 검으며 얼굴 가득 환한 기운을 띠고 있었다. 더구나 79세에 회혼례(回婚禮)[3]를 하였고 70년을 해로(偕老)하였으며, 그의 아들과 손자, 증손, 현손들이 74명이나 되었다. 또 그의 집안 살림도 그런대로 탄탄하여 음식과 기거에 불편이 없고, 자급이 숭품(崇品)에 올랐고 관직이 총관(摠管)에 이르렀다.[4] 그러니 장수(長壽)와 부귀(富貴)와 다남자(多男子)[5]를 다 갖추었다고 하겠다. 이와 같이 복 받은 사람이 어찌 옛날에만 드물었겠는가. 이것은 또한 국가의 상서로운 징표이다.

그가 어전에 나아와서는, 먼저 백성을 위해 감사와 수령을 신중하

• • • • •

1 중희당(重熙堂) : 창덕궁의 성정각(誠正閣) 동쪽에 있었다. 1782년(정조6) 문효세자가 태어나자, 정조가 세자를 위해 지은 동궁(東宮)이다. 문효세자가 1786년에 요절하였으므로 그 뒤로 정조가 사용하였다. 순조 때에는 효명세자가 사용하였다.

2 당저(當宁)……소견(召見)하였다 : 정조가 신의청을 접견하여 주고받은 대화 및 그에 대한 전교 내용이 《일성록》과 《승정원일기》 정조 15년 3월 6일 기사에 실려 있다.

3 회혼례(回婚禮) : 혼인한 지 61년째 되는 해를 기념하여 혼인식의 형식을 빌려 의식을 행하고 잔치를 여는 것을 말한다.

4 숭품(崇品)에……이르렀다 : 《정조실록》 15년 2월 8일 기사에 의하면, 이날 신의청은 100세 노인을 우대하는 특별 왕명에 의해 도총관에 제수되었다. 《승정원일기》 정조 15년 2월 8일 기사에 "지난해에 숭록(崇祿)에 올랐다."라고 하였으니 1790년 숭품인 숭록대부가 되었고, 그 이전에 숭정대부에 올랐다.

5 장수(長壽)와 부귀(富貴)와 다남자(多男子) : 《장자》 〈천지(天地)〉에 "요 임금이 화(華) 땅을 유람할 때에 화 땅의 봉인(封人)이 요 임금을 위해 수(壽), 부(富), 다남자(多男子)로 축원을 하였다." 하였다. 이를 '화봉삼축(華封三祝)'이라 하며, 사람이 누릴 수 있는 최고의 복을 의미하는 말로 쓰였다.

게 선발해야 한다는 방책을 진달하였고, 다음으로 자기의 나이와 많은 자손의 숫자를 들어 임금과 원자에게 축수(祝壽)하는 말을 하였다. 걸언(乞言)[6]을 기다리지 않고, 이와 같이 질박하고 진실한 말을 주달하였으니, 내가 마땅히 보답하는 거조가 있어야 하겠다.

노인이 고향으로 돌아가거든, 지방관으로 하여금 쌀과 고기를 넉넉하게 보내게 하고, 이어 잔치 물품을 보내도록 하라. 서울에 올라온 자손들 중에서 진사 신병권을 해당 조(曹)로 하여금 즉시 조용(調用)하게 하라."

하였다.

100세 노인 지중추부사(知中樞府事) 신의청(申義淸)에게 임금이 지어준 서(序)[7]에,

"국가의 대업(大業)이 크게 번창하는 운세는 대체로 보아 반드시 덕을 100년쯤 쌓은 뒤에야 만나게 되고, 동천복지(洞天福地)[8]가 이때에 열린다. 그러므로 그 원기(元氣)가 넉넉하게 펴지는 곳에 태화(太和)가 무르익어, 백신(百神)이 지하에서 돕고 만물이 영험함을 드러낸다. 이를테면, 뜰에 단 이슬이 내리고 못에 거북이가 나타나고 봉황이 오

• • • • •

6 걸언(乞言) : 덕망이 높은 노인에게 좋은 말을 해 주기를 청한다는 뜻이다. 《예기》 〈내칙(內則)〉에 "무릇 노인을 봉양할 때에, 오제는 노인의 덕행을 모범으로 삼았고, 삼왕은 좋은 말을 해 달라고 노인에게 청하였다. 오제는 노인의 덕행을 모범으로 삼으면서 그 기체를 잘 봉양하였고 좋은 말을 해 달라고 청하지 않았다. 좋은 언행을 기록하여 돈사로 삼았다. 삼왕도 노인의 덕행을 모범으로 삼았지만, 노인을 잘 봉양한 다음에는, 좋은 말을 해 달라고 청하였다. 그러나 또한 은미하게 청하였고, 삼왕 모두 돈사가 있었다.〔凡養老, 五帝憲, 三王有乞言. 五帝憲, 養氣體而不乞言, 有善則記之爲惇史. 三王亦憲, 旣養老而后乞言, 亦微其禮, 皆有惇史.〕"라고 하였다.

7 100세……서(序) : 이 서는 1791년(정조15) 지어 준 것으로써, 《홍재전서》 권9 〈서인2(序引二)〉에도 실려 있다.

8 동천복지(洞天福地) : 도교 용어로, 신선과 도사들이 산다는 명승지를 말하는데, 여기서는 국가의 터전이라는 뜻으로 사용한 듯하다.

동나무에 와서 집을 짓고 영지버섯이 뜨락에 피어나, 더러 자랑스럽게 그것을 큰 상서로움으로 여겨 돈사(惇史)[9]에 기록으로 남겼다. 그러나 군자는 '그러한 일이 있기야 하겠지만, 그 비슷한 것을 포장하여 지나치게 과장한 것이 아닐까?'라고 하기도 하니, 이는, 거짓으로 꾸며 내기가 쉽고 현혹하기가 쉬워서 사람으로 하여금 의심이 없게 할 수 없기 때문이다. 그러나 사람이 상서가 되는 경우는 이와는 다르다.

거북이와 봉황을 귀하게 여기는 것은 그들이 장수하기 때문이다. 영지(靈芝)를 먹고 이슬을 마시고자 하는 것은 그렇게 하면 사람이 장수할 수 있기 때문이다. 하물며 사람은 만물의 영장이고 100세는 최대치의 장수라서 그렇게 장수하는 자가 1000명에 1명도 없음에랴![10] 지금 만물의 영장인 사람이 영지도 안 먹고 이슬도 안 마시고 거북이나 봉황처럼 장수한 사람으로 한(漢)나라 때에 두공(竇公)[11]이라는 사람이 실제로 있었고 강현(絳縣)의 노인[12]도 실제로 오래 살았으

• • • • •

9 돈사(惇史) : 돈후(惇厚)한 사람의 언행(言行)을 기록한 역사책을 말한다.

10 100세는……없음에랴 : 《열자(列子)》 〈양주(楊朱)〉에 "100년은 최대치의 장수여서 100년을 살 수 있는 자는 1000명에 1명도 없다.〔百年, 壽之大齊. 得百年者, 千無一焉.〕"라고 하였다.

11 두공(竇公) : 전국 시대 위(魏)나라 문후(文侯)의 소경 악관(樂官)으로서 한 문제(漢文帝) 때 대사악장(大司樂章)을 바쳤다고 한다. 당시의 나이가 180세였다고도 하고, 280세까지 살았다고도 한다. 《한서》 권30 〈예문지(藝文志)〉의 안사고(顔師古) 주(注)에 실려 있고, 《태평어람(太平御覽)》, 《자사정화(子史精華)》, 《패문운부(佩文韻府)》 등에 장수한 인물로 실려 전한다.

12 강현(絳縣)의 노인 : 춘추 시대 진(晉)나라 강현에 살았던 노인이다. 《춘추좌전》 양공(襄公) 30년에 "2월 계미일에 진(晉)나라 도부인(悼夫人)이 기(杞) 땅에 성을 쌓는 사람들에게 음식을 먹였는데, 강현의 노인이 나이가 많은데도 아들이 없어서 대신 부역에 나왔다가 함께 음식을 먹으러 갔다. 그의 나이가 의심스러워서 물었더니, 그가 말하기를 '신은 하찮은 백성인지라 나이를 모릅니다. 신이 태어난 해는 정월 초하루가 갑자일이었습니다. 이제 445번째의 갑자인데, 마지막 갑자는 3분의 1이 지나갔습니다.' 하였다. 사광(師曠)이 계산하여 73세라고 하자, 조무(趙武)가 노인을 부역시킨 것이 자신의 잘못이라고 하면서, 부역을 면제하고 벼슬을 주었다." 하였다. 1갑자는 60일이므로 444번의 갑자에 마지막 갑자 20일을 더하면 대략 2만 6660일이 되며, 이것을 365로 나누면 대략 73세가 된다.

니, 그 상서롭기가 어찌 하찮은 조수(鳥獸)나 초목(草木)의 상서로움과 같을 뿐이겠으며, 비록 크게 쓰고 특별하게 쓰고 누차 쓰더라도 누가 감히 돈사의 단안에 이의를 제기하겠는가.

노인 신의청은 호서(湖西) 문의현(文義縣) 사람이다. 숙묘(肅廟) 임신년(1692, 숙종18)에 태어나 지금 신해년(1791, 정조15)이니 그 나이가 꼭 100세가 되었다. 부인과는 70년을 해로하였고, 슬하에는 자손들이 거의 80인이나 된다. 살림이 넉넉하여 살아가는 데에 부족함이 없고 수직(壽職)으로 천거되어 숭정대부(崇政大夫) 지중추부사(知中樞府事)에 이르렀다. 참으로 대단히 상서롭고 아름다운 일이니, 송도(頌圖)에서도 쉽게 볼 수 없는 일이다.

내가 듣고 경이롭게 여겨 특별히 오위도총부 도총관(五衛都摠府都摠管)에 제수하고 아들 하나를 음직 벼슬에 보임하게 하고 수신(守臣)에게 명하여 예절을 갖추어 올려보내게 하여, 3월 상순(上旬)에 편전(便殿)에서 접견하며 원자(元子)에게 곁에서 모시게 하였다.

노인은 이가 새로 났고 머리는 허옜으며 얼굴이 불그스레 윤택하였고, 검버섯이 조금도 없었고 허리도 굽지 아니했다. 이야기를 나누어 보았더니, 맨 먼저 백성들의 질고(疾苦)를 염려하면서 감사(監司)와 수령(守令)을 잘 가려서 보낼 것을 원하였고, 스스로 장수한 100세 나이와 많은 자손의 숫자를 나와 원자를 위해 바쳐 축수하였다. 그의 말이 질박하여 꾸밈이 없었고, 간략하면서도 체통이 있었다. 《예기(禮記)》를 살펴보면, 오제(五帝)는 노인의 언행을 모범으로 삼았고 삼왕(三王)은 노인에게 좋은 말을 해 주기를 청하여, 좋은 언행을 모두 기록하였다. 이 노인의 말도 기록할 만하지 아니한가.

비록 그렇지만, 양로(養老)의 예(禮)는 순(舜) 임금 때에 시작되어 아래로 주(周)나라에 이르러 그 예문(禮文)이 차츰 갖추어져, 무릇 비단옷 입고 고기 먹는 것, 지팡이를 내리고 수레를 내리는 것 등이 50세에서부터 90세에 이르기까지 하나도 빠짐없이 구비되어 있는데,[13] 유독 100세에 대해서만 빠져 있다. 그 까닭이 무엇일까? 그런 사람이 나오는 것은 국가의 운수와 관련이 있고 동천복지는 세상에 항상 있는 것이 아니며 조물주가 또한 그를 위해 모아 주고 길러 주는 것임을 이제야 알겠다. 그러니 만세불변의 법전에서 100세 나이를 응당 보통 사람처럼 취급할 수밖에 없음이 당연하다.

옛날에는 천자(天子)가 순수(巡狩)할 때에 그 나라에 100세 노인이 있는지를 물어서 찾아가 만났고,[14] 명(明)나라 초기에는 100세를 산 노인이 있으면 그를 위해 인서방(人瑞坊)을 세워 정표(旌表)하였다.[15] 그러한 노인을 내가 이미 만나 보았으니, 그가 돌아갈 때에, 고을에 정표를 세워 주었던 옛 고사를 대신할 수 있는 한마디 말을 어찌 해 주지 아니할 수 있겠는가. 그래서 이것을 적어서, 그 상서로움과 아름다운 일을 서술한다.

노인이 마을로 돌아가는 날에 관청에서 음식 물품을 보내고 마을에서 술잔치를 베풀어 축하를 하게 하여, 친척과 친구들이 집안의 경

• • • • •

13 양로(養老)의……있는데 : 《예기》 〈내칙(內則)〉에 "무릇 노인을 봉양할 때에, 유우씨(有虞氏)는 연례(燕禮)를 썼고 하후씨(夏后氏)는 향례(饗禮)를 썼고 은(殷)나라 때에는 사례(食禮)를 썼고 주(周)나라 때에는 이 예들을 정비하여 다 함께 사용하였다."라고 하고, 이어서, 50세, 60세, 70세, 80세, 90세에 각기 봉양하는 방법들을 나열해 놓았으며, 《예기》 〈왕제(王制)〉에도 유사한 내용이 실려 있다.

14 천자(天子)가……만났고 : 《예기》 〈왕제〉에 의하면, 천자는 5년에 한 번씩 제후국을 순수(巡狩)하는데 그 나라에 들어가면 나이가 100세 이상인 자가 있는지 물어서 찾아가서 만났다고 하였다.

15 명(明)나라……정표(旌表)하였다 : 인서(人瑞)는 사람에게 나타나는 길상(吉祥)의 징조를 뜻하는데, 특별한 덕행이 있거나 장수하는 사람을 가리키는 말이다. 명나라 때에 이러한 사람이 있는 마을을 정표하여 인서방이라 불렀다. 《복건통지(福建通志)》에 "명나라 임춘택(林春澤)이 1480년에 태어나 1579년에 나이가 100세가 되었으므로 유사(有司)가 건의하여 인서방을 세웠다."라고 하였고, 이 내용은 《속문헌통고(續文獻通考)》, 《연감유함(淵鑑類函)》 등에도 실려 있다.

사가 나라의 길상(吉祥)의 바탕이 된다는 것을 전파하게 하라. 필시 빈아(豳雅)의 노래[16]를 이어 한 지방의 풍속을 관찰할 자가 있을 것이다. 이것을 외사(外史)[17]가 채택하여 올리거든 동관(東觀)[18]에 보관하여, 나이 100세인 자를 기다렸다가 마치 서역목(西域木)[19]을 하사하듯이 하도록 하라. 때는 내가 즉위한 지 16년째 되는 해 6월 18일이다."

하였다. 이해 7월에, 내각(內閣) 검서(檢書) 이공무(李功懋)에게 역마를 타고 가서 신의청에게 전해 주게 하였다.[20]

같은 해 4월 9일, 이조가 아뢰기를,

"오부(五部)의 영(令) 및 도사(都事)를 오늘 정사에서 모두 하비(下批)하였는데, 그 가운데 중부 도사(中部都事) 조광존(趙光存)은 아직 한 번도 고과(考課)를 거치지 않았으므로 규례로 보아 5품으로 승진시킬 수 없으니 다른 관사로 자리를 바꾸고, 북부 도사(北部都事) 정창모(鄭昌謩)는 작질이 낮은 사람이라서 이번 변통하는 시기에 영으로

•••••

16 빈아(豳雅)의 노래 : 《시경》 〈빈풍(豳風) 칠월(七月)〉을 말한다. 이것은 주나라 주공(周公)이 섭정을 할 때에, 옛날의 후직(后稷)과 공류(公劉)의 훌륭했던 교화를 서술하여 성왕(成王)을 경계시킨 시이다.

17 외사(外史) : 주(周)나라 때의 관직명이다. 지방에 왕명을 선포하는 일을 담당하거나 각 지역 국가에서 역사를 기록하는 일을 담당하였다. 여기서는 역사를 기록하는 자를 가리키는 말로 쓰인 듯하다.

18 동관(東觀) : 동한(東漢) 때에 낙양의 궁궐에 있던 건물 이름으로, 이곳에서 국사를 찬수하였으므로, 후대에는 국사를 찬수하거나 궁중의 서책을 보관하는 장소를 가리키는 말로 쓰였다. 여기서는 국가 기록물을 보관하는 곳을 가리키는 말로 쓰인 듯하다.

19 서역목(西域木) : 고대 인도에서 불경(佛經)을 기록한 패다라(貝多羅)를 뜻하는 것인 듯하다. 패다라는 산스크리트어 pattra의 음역인데, 인도에서 이 나무의 잎을 가공하여 불경을 서사(書寫)하였으므로, '불경'이라는 의미로도 쓰였다. 패다라 잎에 기록된 불경을 패엽경(貝葉經)이라고 한다.

20 이해……하였다 : 이 내용은 《일성록》과 《승정원일기》에는 정조 15년 8월 2일 기사에 나온다. 이공무(李功懋, 1757~?)는 이덕무(李德懋)의 아우이다. 정조 때에 부사과, 검서관, 송라 찰방(松羅察訪), 순조 때에 조지서 별제(造紙署別提), 양천 현령(陽川縣令) 등을 지냈다.

승진시키기 어려운데 현재 서로 바꿀 만한 곳도 없으니 우선 천전(遷轉)하기를 기다린 뒤에 거행하소서."

하니, 답하기를,

"윤허한다. 작질이 낮은 사람을 경사(京司)의 사송(詞訟) 담당 자리에 허통하는 것은 수령(守令)의 계제(階梯)이기 때문이다. 또 영 자리가 비록 주부(主簿)나 판관(判官)과는 다르지만 부관(部官)은 묘령(廟令)이나 침령(寢令)과는 일의 체모가 차이가 있다. 이것이 구애를 받는다면, 참하(參下)의 부관 자리는 초사(初仕)라는 이유로 맡을 수 없고 참상(參上)의 자리는 영의 자리라고 하여 또한 맡을 수 없다. 작질이 낮은 사람이 허다한 사송 담당 자리에 헛되이 버려지는 것은 법식(法式)을 정한 본뜻이 아니다. 이 한 가지 일은 대신에게 물은 다음 다시 이치를 논하여 초기(草記)하라."

하였다.

같은 달 11일, 이조가 아뢰기를,

"대신(大臣)에게 가서 문의했더니 '이번에 부관을 변통하여 잘 가려 차출하는 때를 만나서는 더욱 마땅히 지처(地處)를 잘 살펴야 합니다. 다만 생각건대 작질이 낮은 사람을 의망할 수 있는 사송 자리는 단지 부관으로 가는 한 가지 길뿐인데 지금 만약 이것까지 아울러 막아 버린다면 이 뒤로는 이들 중에 6품에 오른 자들은 한번 주부(主簿)나 별제(別提)에 제수된 뒤에는 다시 갈 곳이 없게 됩니다. 대개 우관(郵官)이나 목관(牧官)은 본래 이들이 수령으로 가는 계제이니 경사(京司)의 사송 담당 자리와는 본래 관계가 없습니다. 우관과 목관에 자리가 자주 나는 것이 아닌 데다 앉아서 임기가 차면 까닭 없이 산직(散職)으로 옮겨지게 되니 이 부류들이 억울함을 품을 뿐만 이 아니라 정치를 하는 품격에도 장애가 될 것입니다. 하물며 부관은 일의 체면이 묘령(廟令)이나 침령(寢令)과 다르다는 것은 참으로 성상의 하교와 같습니다. 영(令) 자리는 특별히 함께 등용하도록 허락해도 안 될 것이 없을 듯합니다.'라고 하였습니다. 감히 아룁니다."

하니, 비지(批旨)에,

"부관이 비록 사송 담당 관원이라고는 하지만 조랑(曹郎)에도 역시 사송 관원을 쓰니, 이러한 자리에 문관에게는 조랑을 허락하면서 음관에게만 유독 부관을 허락하지 않는 것이 옳겠는가. 하물며 오부(五部)의 영이 비록 매우 엄격히 가려야 하는 자리이기는 하지만, 또한 어찌 수령보다 더 엄격히 가려야 할 자리이겠는가. 이것으로 보나 저것으로 보나 전례대로 통틀어 의망하는 것이 실로 일의 체면에 합당하다. 대신이 하는 말도 옳다. 이대로 잘 알아서 거행하라."

하였다.

같은 해 5월 8일, 시임 대신과 원임 대신이 입시했을 때에, 좌의정 채제공(蔡濟恭)이 아뢰기를,

"신이 마침 생각이 하나 있어서 감히 우러러 아룁니다. 태학(太學) 식당(食堂)에서 귀천을 따지지 않고 한결같이 나이순으로 앉는 것은 사람을 평등하게 대우하려는 성조(聖朝)의 정치이니 신은 참으로 삼가 감탄하였습니다. 대개 천자(天子)의 원자(元子)도 오히려 일반 백성과 더불어 나이순으로 앉습니다. 양반이라는 이름과 서얼이라는 이름은 비록 귀천이 다르지만, 원자와 일반 백성의 경우와 견주어 볼 때에 그 등급의 높낮이가 하늘과 땅 차이일 뿐만이 아닌데, 원자도 실천한 일을 양반이라는 이름 때문에 그것을 실천하는 것을 수치로 여긴다면, 예법의 본뜻으로 헤아려 보건대 어찌 합당함에 어긋나는 것이 아니겠습니까.

대저 조정에서는 재능을 위주로 삼습니다. 서얼이더라도 과연 재능

이 있으면, 그것을 막아 금고시키는 것은 하늘이 인재를 내는 의도에 부합하는 것이 아닌데, 우리나라에서 수백 년 동안 인습해 왔으니, 신은 항상 그르게 여겼습니다. 하물며 유생(儒生)이 나이순으로 앉는 것이야 어찌 당연히 해야 할 일이 아니겠습니까. 다만, 집안에서의 적서(嫡庶) 분별은 본래 등위(等威)가 있는 것이어서 또한 문란하게 해서는 안 됩니다. 서울에 사는 사람들이야 본래 지식(知識)이 있고 또 적가(嫡家)가 반드시 수모를 당하는 것도 아니어서 다른 염려가 없겠습니다만, 먼 외방 같은 경우에는, 태학(太學)에서 나이순으로 앉는다고 해서 집안에서의 분수와 의리에 대해 문란하게 해도 무방하다고 여긴다면, 그 폐단이 이루 말할 수 없을 것입니다. 이 한 가지 일은 한 번 분명하게 알려 주어서, 조정과 사가(私家)에는 각기 정한(定限)이 있다는 사실을 분명히 알게 하는 일을 아니할 수 없을 듯합니다."

하니, 상이 이르기를,

"천자의 원자와 일반 백성 중의 준수(俊秀)한 사람은 그 등급이 하늘과 땅처럼 차이가 나는데도 그러한 예(禮)가 상고(上古)에 있었으니, 이것은 참으로 오래된 제도이다. 우리나라는 오로지 예의(禮義)를 숭상하여, 세자가 학교에 들어갈 때에 생원과 진사들이 명륜당 뜰에 동쪽과 서쪽으로 나뉘어서 나이순으로 도열하면 세자가 문으로 들어가서 나이 많은 이에게 양보하는 예를 표한 뒤에 비로소 당에 올라가 배운다. 그러한 때에는 일명(一名)[21] 출신인지의 여부는 일찍이 구별한 일이 없었다. 유독 식당의 도기(到記)에만 이 잘못된 규례를 인습적으로 따르고 있다. 식당에서도 세자가 입학할 때의 예처럼 나이 순서

21 일명(一名) : 조선 전기 서얼은 대개 사족의 혈통과 양천인(良賤人)의 혈통을 섞어 받은 중간 신분층으로서 반사(半士) 또는 일명이라 불리며 가문 안이나 사회에서 멸시와 천대를 받았다. 반사는 '반쪽 선비'라는 뜻으로 '양반의 서자(庶子)'를 얕잡아 이르던 말이다. 이인직(李人稙)의 《혈의누》에서는 서얼을 가리키는 말로 '일명(逸名)'을 사용하고 있다.

를 우선하는 것에 대해 대체 누가 안 된다고 한단 말인가. 접때 유생이 강(講)하는 날에, 말이 나온 김에 마침 반장(泮長)에게 거듭 하유한 적이 있었는데, 그 뒤에 들으니, 나이 순서를 우선하는 것에 대해 모두 동의하였다고 한다. 유생이 예의를 아니 참으로 기쁘다. 지금 경연에서 경이 아뢴 것 또한 매우 흡족하다. 학교는 학교이고 가정은 가정이다. 만약에 혹시라도 이 말을 끌어오고 저 말을 끌어대며 분쟁의 단서를 만든다면, 지금 100년을 이어져 온 악습을 바로잡으려는 좋은 뜻이 도리어 폐단을 만드는 바탕이 될 것이니, 이것이 어찌 말이 되겠는가. 이 거조를 묘당이 중외(中外)에 알려서, 각기 예법에 맞게 서로를 대접하고 분수에 맞게 몸가짐을 조심하여 다 함께 화목하고 태평한 복을 누리게 한다면, 어찌 참으로 훌륭하지 않겠는가. 이러한 뜻을 아울러 알리도록 하라."

하였다.

같은 해 6월 4일, 우승지(右承旨 이만수(李晩秀))가 입시했을 때에, 전교하기를,

"인재를 등용할 때에 부류를 따지지 아니하는 것은 곧 시조(施措)의 급선무이니, 태학(太學)에서 순서를 나이에 따르는 것은 오히려 옛 법전을 닦아서 밝히는 일이다. 문관(文官)의 돈녕부 도정(敦寧府都正)과 음관(蔭官)의 부령(部令) 자리는 근래에 서얼을 통용해서 등용하라고 모두 신칙하였으니, 각 군문(軍門)의 기사장(騎士將)에 대한 일도 매양 하교하고자 하면서도 아직 하지 못하고 있다. 기사장이 어찌 청현직이겠는가. 설령 정말 청현직 자리라고 하더라도 어찌 오위장(五衛將)보다 나은 자리이겠는가. 오위장은 문관직으로는 이조(吏曹)와 옥당(玉堂)에, 무관직으로는 선천(宣薦)에 중인(中人)과 서얼(庶孼)들을 융통하지 아니함이 없다. 기사장은 이전의 수교(受敎)가 있을 뿐

만 아니라 그 자리가 또한 매우 한직(閑職)이고 보면, 사부(士夫) 무변(武弁) 이외에는 전혀 거론하지 않아서 근래에 오직 왕한정(王漢禎) 및 관서(關西) 출신 한두 사람을 제수한 것을 비록 보기는 했으나 그 외에는 듣지 못하였으니 일이 모양이 없기가 이보다 심할 수 없다. 이 뜻을 대신들은 잘 알아서 두 영(營)에 더욱 엄하게 거듭 신칙하라. 이 뒤로는 중인과 서얼을 천거할 때에는 지처(地處)가 있는 사람인지 이력(履歷)이 있는 사람인지에 구애받지 말고 융통하여 의망하여, 한편으로는 억울함을 해소하는 정사로 삼고 한편으로는 인재를 등용하는 방법을 넓히라고 묘당에 말하라."

하였다.

같은 해 8월 13일, 전교하기를,[22]

"지난번에 장영(壯營)의 초관(哨官)을 특별히 제수할 때에, 그가 외직(外職)에 있다고 해서 지레 체직하였는데, 그 뒤에 훈국(訓局)의 초관(哨官)으로 낙점한 것은 조만간 서용할 기회를 기다리고자 한 것이다. 이 사람이 누구의 후손인데, 아직도 각권(角圈)[23]에 침체되어 있단 말인가. 이것이 어찌 선현의 자손을 거두어 녹용하는 뜻이겠는가. 도감(都監)의 초관 이항림(李恒林)[24]을, 해당 조로 하여금 오늘 정사에서, 임기가 찬 변지의 수령이나 변장 중에 자리를 만들어서 의망하여 들이게 하라. 이 뒤로는 곤임(閫任) 또한 구애받지 말도록 전조(銓曹)에 분부하라."

•••••

22 같은……전교하기를 : 《승정원일기》 정조 15년 6월 4일 기사에 의하면, 이날 전교를 받은 자는 홍인호(洪仁浩)이다.

23 각권(角圈) : 동물의 뿔로 만든 권자(圈子)를 말한다. 권자는 망건(網巾)에 다는 장식인데, 관자(貫子)라고도 한다. 대개 3품 이상은 품계에 맞춰서 금(金)이나 옥(玉)을 사용하여 꽃 모양으로 만들어 달며 4품 이하는 양각(羊角)을 사용한다.

24 이항림(李恒林) : 문성공(文成公) 이이(李珥)의 서계(庶系)이다.

하였다. 같은 날 정사에서 만포 첨사(滿浦僉使)에 이항림, 이정로(李正老), 김종순(金宗淳)을 의망하니, 수망(首望)에 낙점하였다.

같은 해 11월 24일, 정사(政事)에서 전라 우수사(全羅右水使)에, 이항림, 한광제(韓光濟), 이종윤(李宗胤)을 의망하니, 수망에 낙점하였다.

임자년(1792, 정조16) 6월 23일, 사옹원 주부를 서로 바꾸는 망통(望筒)과 관련하여 전교하기를,[25]

"일명(一名)을 주원(廚院)에 허통하는 것은 정식(定式)에 실려 있으니, 뒤섞어 서로 바꾼다면 이 법을 장차 어디에 쓰겠는가. 해당 당상은 엄하게 추고하고 담당 승지는 추고하고, 이 망통은 다시 수정하여 들이라."

하였다.

같은 해 6월 30일, 전라 우수사 이항림이 장계하였다. 그 대략에,

"가리포 첨사(加里浦僉使) 윤영희(尹永僖)가 본영(本營)을 침범하고 핍박하며 스스로 공무(公務)를 내팽개치고 멋대로 소나무를 베어 냈습니다. 기율(紀律)로 논하자면 응당 장파(狀罷)해야 할 일입니다만, 이 사람은 은전(恩典)으로 보임된 사람이기 때문에 파출할 수 없습니다. 그 죄상을 담당 관사로 하여금 상께 여쭈어 처리하게 하소서. 신이 사람들에게 중망을 받지 못하여 관하(管下)의 일개 변장(邊將)에게 수모를 당하였고 성상을 번거롭게까지 하였으니, 신이 직분을 제대로 수행하지 못한 것이 여기에서 더욱 드러났습니다. 황공한 마음으로 대죄합니다."

•••••

25 임자년……전교하기를 : 《승정원일기》 정조 16년 6월 23일 기사에 의하면, 이 전교를 받은 자는 이문회(李文會)이다.

하였는데, 전교하기를,

"그대는 특별히 맡긴 직임을 저버리지 않았다고 이를 만하다. 큰 힘을 지니지 못한 그대가 세력 있는 자를 두려워하지 않고, 이에 경연관 출신으로 외직에 보임된 신하에 대해서, 그가 체례(體例)를 무너뜨리고 법과 기강을 범한 일을 보고, 죄상을 나열하여 죄를 청하여 조금도 용서하지 않았다. 강진(康津)의 일[26]이 이미 명확하였고, 강진 수령인 문신 홍병신(洪秉臣)을 지난번에 또 장파하였다. 이번 일 또한 합당하다. 기세를 부린 흔적은 보이지 않고 공무를 받드는 용기가 드러났으니, 가상하다고 할지언정 어찌 대죄를 한단 말인가. 그대는 우선 대죄하지 말라. 병조로 하여금 임기를 마치면 곧바로 병사(兵使)에 의망하게 하여, 근래 용렬하고 나약한 무관으로 하여금 부끄러움을 알게 하겠다.

수사(水使)의 온돌에 쓰려고 법을 어기고 봉산(封山)에 마구 들어가 나무를 베는 것은 아주 잘못된 규례이다. 묘당으로 하여금 도신(道臣)과 수신(帥臣)에게 물어보게 하여 만약 개혁할 방법이 있으면 속히 개혁하겠다. 해당 진장(鎭將)의 일은, 더없이 엄중한 것이 체통이니, 응당 행해야 할 일을 한 것에 대해 어찌 감히 상급 병영에 보고하는 부첩(簿牒)에 힐난하는 말을 적는단 말인가. 설령 상급 병영에서 착오가 있었다 하더라도 마땅히 평이하게 설명해야 할 따름이다. 더욱이 어찌 감히 신지(信地)를 멋대로 벗어나 스스로 기율을 범한단 말인가. 하물며 사사로이 나무를 베어 낸 일은 죄 위에 죄를 더했다고 할 만하다. 관사를 수리하는 일이 비록 자기가 차지한 것과는 다르지만, 수사의 지휘와 묘당의 허락을 기다리지 않고 오직 자기 생각대로 처리한 것은 참으로 매우 놀랍다. 그대가 비록, 경연관 출신으로 외직에 보

26 강진(康津)의 일 : 《일성록》 정조 16년 윤4월 28일 기사에 의하면, 이항림(李恒林)이, 강진현의 백성이 봉산(封山)의 소나무를 몰래 베어 간 일로, 평소 제대로 신칙하지 못했다는 이유로 신지도 만호(薪智島萬戶) 이성춘(李盛春)을 파출하였다고 치계한 일이 있다.

임된 경우라서 일의 체면이 특별하다는 이유로, 나문(拿問)을 청하고 파직을 청하지 않았지만, 나라의 체통으로 볼 때 엄중히 처리하지 않을 수 없다. 해당 첨사 윤영희를 경기 연해 지역에 정배(定配)하겠다." 하였다.

같은 해 9월 2일, 정사에서 충청도 병마절도사에, 이항림(李恒林), 김인서(金麟瑞), 한광제(韓光濟)를 의망하니, 수망에 낙점하였다.

같은 해 11월 6일, 옥당(玉堂) 이동직(李東稷)의 상소에 대해 비답하기를, "상소를 살펴보고 모두 알았다. 먼저 이가환(李家煥)[27]의 일부터 말해 보려고 한다. 그대가 이가환의 문체(文體)가 경전(經傳)을 하찮게 여겼다는 것으로 화두를 삼았는데, 그것은 내가 한마디 하고자 했으나 아직 그 기회를 얻지 못하고 있던 주제이다. 그대가 말을 꺼냈으니, 참으로 이른바 '가려운 데를 긁어 주는 것'과 같다는 것이다. 대저 우리나라가 비록 작지만 많은 백성들이 팔도에 살고 있다. 그들을 다스리는 방도는 '나는 것은 나는 것대로 잠기는 것은 잠기는 것대로 두어서 그 본성을 어기지 아니하고, 둥근 것은 둥근 대로 네모난 것은 네모난 대로 각기 그 그릇에 알맞게 해 주는 것'일 따름이다. 이것이 바로 형세를 따라 이롭게 인도하는 방술이고, 본래 여기에 황극(皇極)으로 모여들고 황극으로 돌아오는[28] 오묘함이 있다.

•••••

27 이가환(李家煥) : 1742~1801. 본관은 여흥(驪興), 자는 정조(廷藻), 호는 금대(錦帶)이다. 성호(星湖) 이익(李瀷)의 형 이침(李沈)의 손자이며, 혜환(惠寰) 이용휴(李用休)의 아들이다. 정약용(丁若鏞), 이벽(李檗), 권철신(權哲身) 등과 교유하였다. 1771년(영조47) 사마시에 합격하였고, 1777년(정조1) 증광시 문과에 급제하였으며, 광주 부윤(廣州府尹), 대사성, 형조 판서, 충주 목사 등을 지냈다. 천주교인으로 순교하였다.

28 황극(皇極)으로……돌아오는 : 황극은 제왕이 천하를 통치하는 큰 원칙, 표준, 법칙 등이니, 제왕이 탕탕평평한 정치를 하여 사람들이 제왕의 통치 범위로 귀속됨을 말한다. 《서

비유하자면, 광대한 천하에 주 부자(朱夫子)가 있어서, 그 문장에 천지에 있는 바람과 구름이 온갖 기기묘묘한 변화를 구사하는 것과 같은 대역량(大力量)을 갖추어, 오계(五季)[29]의 비루한 풍습을 완전히 씻어 내고 천명의 군사를 깨끗이 쓸어 낸 것과 같다.[30] 그 맛은 맛있는 고기〔芻豢〕와 같고[31] 그 쓰임은 포백(布帛)과 같다.[32] 그 글을 읽어 보면 울림이 맑고 상쾌하여 마치 증점(曾點)의 비파 소리[33]를 듣는 것과 같고 안자(顔子)의 거문고 소리[34]를 듣는 것과 같으며, 한번 책을 펴면

•••••

경》〈홍범〉에 "치우침이 없고 편당함이 없으면 왕의 도가 탕탕하며, 편당함이 없고 치우침이 없으면 왕의 도가 평평하며, 어긋남이 없고 기울어짐이 없으면 왕의 도가 정직할 것이니, 그 극으로 모여들고 그 극으로 돌아올 것이다.〔無偏無黨, 王道蕩蕩; 無黨無偏, 王道平平; 無反無側, 王道正直, 會其有極, 歸其有極.〕"라고 하였다.

29 오계(五季) : 후량(後梁), 후당(後唐), 후진(後晉), 후한(後漢), 후주(後周)를 말한다. 이들은 907년 당(唐)나라가 망하고 960년 북송(北宋)이 세워지기 이전까지의 50여 년간에 명멸했던 나라들이다.

30 천명의……같다 : 힘차고 웅장한 문장을 비유하는 말이다. 당나라 두보(杜甫)의 〈취가행(醉歌行)〉에 "문장의 근원은 삼협의 강물을 쏟아붓는 듯하고, 붓 놀리는 솜씨는 홀로 천명의 군사를 쓸어버릴 듯하구나.〔詞源倒流三峽水, 筆陣獨掃千人軍.〕"라고 한 데에서 따온 말이다.

31 그 맛은……같고 : 주자의 문장이 마치 맛있는 고기를 먹는 것과 같이 좋다는 뜻이다. 추환(芻豢)은 가축 가운데 풀을 먹고 자라는 소와 양 같은 가축을 추(芻)라 하고 곡식을 먹고 자라는 개와 돼지 같은 가축을 환(豢)이라 하는데, 대개 입에 맞는 맛있는 육류를 가리키는 말이다. 《맹자》〈고자 상(告子上)〉에 "의리가 내 마음을 즐겁게 함은 추환이 내 입을 즐겁게 함과 같다.〔義理之悅我心, 猶芻豢之悅我口.〕"라고 하였다.

32 그 쓰임은……같다 : 주자의 문장이 사람들의 생활에 없어서는 안 되는 필수품인 옷과 같다는 뜻이다. 포백(布帛)은 포백숙속(布帛菽粟)으로도 쓰는데, 포백은 일상에서 쓰이는 옷감을 통칭하며 숙속은 일상에 필요한 양식을 통칭한다. 화려한 기교와 수식이 더해지지 않은 순박하고 자연스러운 훌륭한 문장을 비유하는 말로 흔히 쓰인다.

33 증점(曾點)의 비파 소리 : 증점은 공자의 제자이다. 《논어》〈선진(先進)〉에 공자가 제자들과 함께 있으면서 각자 자신의 포부를 말해 보라고 하자, 증점이 비파를 타고 있다가 내려놓고 말하기를 "늦봄에 봄옷을 지어 입고 어른 대여섯과 동자 예닐곱을 데리고 기수(沂水)에서 목욕하고 무우(舞雩)에서 바람을 쐬고 시를 읊으면서 돌아오겠습니다."라고 하였다고 한다. 증점의 비파 소리라 함은, 그의 쇄락(灑落)한 기상을 담은 소리라는 뜻이다.

34 안자(顔子)의 거문고 소리 : 유유자적하며 타는 거문고 소리를 말한다. 《열자(列子)》〈중니(仲尼)〉에 "자공(子貢)이 들어가 중니를 뵈니 근심하는 기색이 있었다. 자공이 여쭙지 못

종묘와 백관의 성대함을 거의 엿볼 수가 있다.[35]

그러나 왕양명(王陽明)[36] 같은 자도 있어서, 그는 도(道)에 가까운 자질을 지니고도, 잘못을 바로잡으려는 생각이 너무 지나쳐서 오로지 양지(良知)[37]에만 집중하였고, 반약(反約)[38]에만 힘을 쓰고 문학(問學)[39]을 전혀 하지 않았다. 태원(太原)에서 뛰놀던 말이 총령(蔥嶺)[40] 사이를 마음껏 내달리고 유래를 알 수 없는 물각(勿脚)[41]의 기치를 내걸어 시내와 못과 벽루(壁壘)에 광채를 더하는 것과 같은 문장이었지만, 마침내는 정학(正學)의 문단에서 물리침을 당하였다.

• • • • •

하고 나와서 안회에게 그 사실을 말하였다. 안회가 (공자를 만날 계책으로) 거문고를 타며 노래를 불렀더니, 공자가 듣고 과연 안회를 불러 물었다. '그대는 어찌 홀로 즐기는가?' 안회가 말하였다. '선생님께서는 어찌 홀로 근심하십니까?' 공자가 말하였다. '네 생각을 먼저 말하거라.……'" 하였고, 《장자》 〈양왕(讓王)〉에 "공자가 안회에게 '집이 가난한데 어찌 벼슬을 아니하느냐?'라고 하자, 대답하기를 '저는 성곽 밖에 50묘(畝)의 밭이 있어서 끼니를 이을 만하고, 성곽 안에 10묘의 밭이 있어서 명주와 베를 마련할 수 있습니다. 거문고를 타며 스스로 즐길 만합니다.' 하였다."라고 하였다.

35 종묘와……있다 : 주자의 문장은 아름다운 종묘와 수많은 백관을 보는 것처럼 훌륭하다는 말이다. 《논어》 〈자장(子張)〉에 "궁장(宮牆)에 비유하자면, 부자(夫子)의 담장은 여러 길이라서 그 문을 찾아서 들어가지 않으면 종묘의 아름다움과 백관의 풍부함을 볼 수가 없다."라고 하였다.

36 왕양명(王陽明) : 1472~1529. 중국 명나라 때의 학자로서, 호가 양명이고, 이름은 수인(守仁)이며, 자는 백안(伯安), 시호는 문성(文成)이다. 그의 사상을 물려받은 학풍을 양명학이라 한다.

37 양지(良知) : 선천적으로 타고난 하늘의 이치, 도덕의식(道德意識)을 말한다.

38 반약(反約) : 핵심으로 돌아간다는 말이다. 《맹자》 〈이루 하(離婁下)〉에 "널리 배우고 이를 자세히 해설하는 것은 장차 이를 돌이켜 그 핵심을 말하기 위해서이다.〔博學而詳說之, 將以反說約也.〕"라고 한 데에서 나온 말이다. 여기서는 왕양명은 널리 배우지도 않고 핵심으로 돌아가는 것만 힘썼다는 뜻으로 인용하였다.

39 문학(問學) : 널리 묻고 배운다는 말이다. 《중용장구》 제27장에 "군자는 덕성을 높이고 문학을 말미암는다.〔君子尊德性而道問學.〕"라고 하였다.

40 총령(蔥嶺) : 파미르고원을 말한다. 이곳이 서역과 교통하는 길목이기 때문에, 대개 불교 또는 선학(禪學)적인 성향을 비유하는 말로 쓰인다.

41 물각(勿脚) : 물(勿)은 깃발을 말한다. 물각은 깃대이다. 이 깃발을 휘둘러 삼군(三軍)을 진퇴시킨다고 한다.

또한 더구나 이보다 아래로 내려와 잗단 패관소품(稗官小品)[42] 같은 비속하고 음탕한 글들이 겉에 달콤한 사탕을 잔뜩 쳐 바른 문자를 엮어 재잘재잘 다투어 울어 댄 것은, 그것을 각각 작으나마 완성을 갖춘 구자(龜玆)나 부여(夫餘)[43]에 견주어 보더라도, 모기의 눈썹[44]이나 달팽이의 뿔[45]처럼 하찮은 것일 뿐만이 아니다. 그런데 집집마다 찾아가서 그 오류를 바로잡고 사람마다 만나서 그 어긋남을 바로잡는다면 윗사람이 된 자가 너무 수고롭지 않겠는가.

내가 근일(近日)에 치세(治世)의 특별한 의견을 듣고자 하여, 먼저 젊은 문신(文臣) 한두 사람을 들어 서용하고 경계시켰다. 대대로 군왕의 조서(詔書)를 담당해 온 집안 출신의 남공철(南公轍),[46] 시례(詩禮)를 전수해 온 집안 출신의 김조순(金祖淳),[47] 주연(胄筵)[48]에 입시했

• • • • •

42 패관소품(稗官小品) : 명말(明末) 청초(淸初)에 크게 유행했던 패관소설(稗官小說)과 소품산문(小品散文)을 말한다.

43 구자(龜玆)나 부여(夫餘) : 구자는 중국 서쪽에 있는 나라 이름이고, 부여는 고구려 북쪽에 있던 나라 이름이다.

44 모기의 눈썹 : 매우 작고 하찮은 장소를 비유하는 말이다. 《안자춘추》에 "경공(景公)이 안자(晏子)에게 묻기를 '천하에 지극히 작은 것이 있는가?'라고 하자, 안자가 답하기를 '동해에 어떤 곤충이 있는데, 모기 눈썹에 둥지를 틀고 삽니다. 새끼를 기르고 날아다니는데도 모기는 알지 못합니다. 신은 그 이름을 몰랐는데, 동해의 어부는 그것을 초명(焦冥)이라고 한답니다.' 하였다." 하였다.

45 달팽이의 뿔 : 매우 작고 하찮은 장소를 비유하는 말이다. 《장자》 〈칙양(則陽)〉에 "달팽이 왼쪽 뿔 위에 있는 나라가 촉씨(觸氏)이고 오른쪽 뿔 위에 있는 나라가 만씨(蠻氏)인데, 때로 이 두 나라가 영토 문제로 전쟁을 하여 죽은 시체가 수만 명이다."라고 하였다.

46 남공철(南公轍) : 1760~1840. 본관은 의령(宜寧), 자는 원평(元平), 호는 사영(思穎), 시호는 문헌(文獻)이다. 1792년(정조16) 문과에 급제하여, 부교리, 규장각 직각, 대사성, 이조판서, 대제학, 우의정, 영의정을 지냈다. 김조순, 심상규, 성대중, 이덕무 등과 친밀하였다. 《헌종실록》 6년 12월 30일 기사에 그의 졸기가 있다.

47 김조순(金祖淳) : 1765~1832. 본관은 안동(安東), 초명은 낙순(洛淳), 자는 사원(士源), 호는 풍고(楓皐)이다. 김창집(金昌集)의 후손이며, 순조의 장인이다. 1785년 문과에 급제하여, 검열(檢閱), 이조 참의, 부제학, 대제학 등을 지냈다. 《순조실록》 32년 4월 3일 기사에 그의 졸기가 있다.

48 주연(胄筵) : 왕세자를 교육하는 서연(書筵)을 말한다.

던 옛 신료의 아들인 이상황(李相璜)[49]과 심상규(沈象奎)[50] 등이니, 이들이 눈에 익힌 것은 높은 벼슬아치들의 작품이고 이들이 외우고 학습한 것은 사명(詞命)의 문체였다. 너무 나아간 자는 굽히게 하고 못 미치는 자는 발돋움을 하게 하였으니 참으로 각기 그 재주와 분수를 따른 것이다. 만에 하나라도, 송(宋)나라를 버리고 월(越)나라로 가거나[51] 중화(中華)의 문명을 써서 야만에게 변화되거나,[52] 황급하게 샛길로 달려가거나[53] 새를 탐하다가 사람에게 응대를 잘못하는 일[54]이 생긴다면, 문교(文教)를 펴는 일을 해치고 선대의 업적을 욕되게 하는 것이니, 어찌 뜻밖의 작은 과실일 뿐이겠는가. 그들은 혁혁한 문벌 출

• • • • •

49 이상황(李相璜) : 1763~1841. 본관은 전주(全州), 자는 주옥(周玉), 호는 동어(桐漁)·현포(玄圃)이며, 시호는 문익(文翼)이다. 1786년(정조10) 사마시에 합격하고 그해에 문과에 급제하여 검열이 되었다. 정언, 대사간, 황해도 관찰사, 전라도 관찰사, 형조 판서, 이조 판서, 영의정, 영중추부사 등을 지냈다. 《헌종실록》 7년 12월 26일 기사에 그의 졸기가 있다.

50 심상규(沈象奎) : 1766~1838. 본관은 청송(青松), 초명은 상여(象輿), 자는 가권(可權)·치교(穉敎), 호는 두실(斗室)·이하(彝下)이며, 시호는 문숙(文肅)이다. 1789년 문과에 급제하였다. 이조 참판, 전라도 관찰사, 직제학, 대제학, 우의정, 판중추부사 등을 지냈다. 《헌종실록》 4년 6월 20일 기사에 그의 졸기가 있다.

51 송(宋)나라를……가거나 : 문화를 버리고 야만으로 간다는 뜻이다. 《장자》 〈소요유〉에 "송나라 사람이 장보관을 갖고 월나라로 팔러 갔는데 월나라 사람들은 머리가 짧고 문신을 하고 살았으므로 장보관이 쓸 데가 없었다."라고 하였다.

52 중화(中華)의……변화되거나 : 《맹자》 〈등문공 상〉에 "나는 중화의 문명을 이용하여 만이를 변화시켰다는 말은 들었으나 만이에게 변화되었다는 말은 못 들었다.〔吾聞用夏變夷者, 未聞變於夷者也.〕"라고 하였다. 원문의 '변이(變夷)'는 글쓴이가 '변어이(變於夷)'의 뜻으로 인용한 것인 듯하다.

53 황급하게 샛길로 달려가거나 : 굴원(屈原)의 〈이소경(離騷經)〉에 "저 요 임금과 순 임금은 광명하고 광대하게 정도를 따라 바른 길을 얻었는데, 어찌하여 걸 임금과 주 임금은 허리띠도 매지 않고 황급히 샛길로 달려가나.〔彼堯舜之耿介兮, 旣遵道而得路. 何桀紂之昌披兮, 夫唯捷徑以窘步.〕"라고 하였다. 정도(正道)로 가지 않고 허둥지둥 나쁜 방향으로 진행하는 것을 비유하는 말이다.

54 새를……일 : 원문의 '탐조착인(貪鳥錯人)'은 두보(杜甫)의 〈만성(漫成)〉에 "고개 들어 멀리 새를 바라보다가 고개 돌려 사람에게 응대 제대로 못 하네.〔仰面貪看鳥, 回頭錯應人.〕"라고 한 데에서 따온 말이다. 여기서는 마음을 딴 곳에 두고 있다가 대응을 허둥지둥한다는 의미로 쓰였다.

신으로서 짧은 기간 안에 응당 성균관 대사성이라든지 홍문관과 예문관의 제학(提學) 등을 쉽게 차지할 것이다. 과거 시험을 담당하면서 많은 선비들을 그르치고, 글을 윤색하면서 왕언(王言)을 욕되게 한다면, 이것은 이른바 '종묘에서 쓰는 붉은 줄의 슬(瑟)[55]로 하찮은 유행가〔下里〕[56]를 연주하는 것'이고 '황류(黃流)[57]를 질그릇에 담는 것'이다. 성균관과 관각(館閣)을 이들에게 내맡겨 두어서 이들이 다 무너뜨린다면, 저 북방 불모지로 내치더라도 어찌 그 죄를 용서받을 수 있겠는가.

이가환(李家煥)으로 말하자면, 일찍이 집안의 운수가 좋지 않은 것이 아닌데도 100년 동안이나 벼슬을 못하였고, 수레바퀴나 깎고[58] 구슬이나 꿰면서[59] 자신의 분수가 떠돌이 나그네라든지 시골에 묻혀 사

• • • • •

55 붉은 줄의 슬(瑟) : 종묘 제사에 쓰이는 악기 또는 음악을 가리키는데, 훌륭한 시문(詩文)을 비유하는 말로 쓰기도 한다. 《예기》〈악기(樂記)〉에 "청묘의 슬은 줄이 붉고 구멍이 널찍하며 한 사람이 선창을 하면 세 사람이 탄식을 하는데, 여음이 있다.〔淸廟之瑟, 朱絃而疏越, 壹倡而三歎, 有遺音者矣.〕"라고 하였다.

56 하찮은 유행가 : 하리(下里)는 춘추 시대 초(楚)나라 대중음악 이름이다. 《문선(文選)》〈대초왕문(對楚王問)〉에 "초나라 양왕(襄王)이 송옥(宋玉)에게 '선생은 행실을 잘못한 것이 있습니까? 선생을 칭송하는 사람이 이토록 없다니요.'라고 하니, 송옥이 대답하기를 '어떤 과객이 노래를 부르며 영중(郢中)을 지나갔습니다. 처음에 〈하리〉와 〈파인(巴人)〉을 부르니 국중(國中)에 따라 부르는 자가 수천 명이었고, 〈양아(陽阿)〉와 〈해로(薤露)〉를 부르자 따라 부르는 사람이 수백 명이었고, 〈양춘(陽春)〉과 〈백설(白雪)〉을 부르자 따라 부르는 자가 불과 수십 명이었습니다. 곡조가 고상할수록 따라 부르는 자가 적은 것입니다.'라고 하였다." 하였다.

57 황류(黃流) : 울창주를 말한다. 종묘 제사에 쓰이는 고급술이다. 《시경》〈한록(旱麓)〉에 "아름다운 옥찬에 황류가 있도다. 화락한 군자여, 복록이 내리는 바이로다.〔瑟彼玉瓚, 黃流在中. 豈弟君子, 福祿攸降.〕" 하였다.

58 수레바퀴나 깎고 : 낮은 지위의 재야인사가 전문적인 일을 하면서 살아간다는 뜻이다. 《장자》〈천도(天道)〉에 "환공(桓公)이 당(堂) 위에서 독서를 하고 있었다. 윤편(輪扁)이 당 아래에서 수레바퀴를 깎고 있다가, 망치와 끌을 내려놓고 올라와서 환공에게 물었다. '공께서 읽는 것이 무엇입니까?' 환공이 답하기를 '성인의 말씀이다.' 하니, 묻기를 '성인은 살아 계십니까?' 하자, '이미 죽었다.' 하니, '그렇다면 군주께서 읽는 것은 옛사람이 남긴 찌꺼기입니다.' 하였다." 하였다.

59 구슬이나 꿰면서 : 전국 시대 제나라 양왕(襄王)이 즉위한 뒤에, 실권자인 재상 전단(田

는 사람이라고 여겼으므로, 꺼내는 말들은 비분강개하는 말이었고 찾아다니며 의기투합하는 자들은 허황된 말이나 하고 괴벽한 것이나 찾는 무리들이었던 것이다. 행적이 외로울수록 말이 더욱 편벽해졌고 말이 편벽해질수록 문장이 더욱 비뚤어졌다. 아름답고 고운 문장은 양지쪽 사람들에게 양보하고 〈이소(離騷)〉와 〈구가(九歌)〉[60]를 빌려 생각을 읊어 낸 것이다. 어찌 이가환이 좋아서 그렇게 한 것이겠는가. 조정이 그렇게 만든 것이다.

그래서 내가, 이 오복(五福)을 거두어 모아 베풀어 주는 기자(箕子)의 홍범(洪範)을 준수하고,[61] 거룩한 공적과 신묘한 교화를 이루신 선왕의 왕업을 이어받아, 연침(燕寢)의 편액(扁額)을 크게 '탕탕평평실(蕩蕩平平室)'이라고 쓰고, '정구팔황(庭衢八荒)'이라는 네 글자를 큰 글씨로 써서 여덟 개의 창문 위에 붙여 놓고 아침저녁으로 이를 돌아

• • • • •

單)이 백성들에게 은혜를 베풀어 신망을 얻자 양왕이 쿠데타가 일어날까 봐 걱정을 하였다. 전암(殿巖) 아래에서 구슬을 꿰는 자가 있었는데, 양왕이 불러서 물으니, 대답하기를 "왕께서는 전단의 선행을 왕의 일로 만드십시오. 백성들에게 왕명을 내리기를 '과인이 백성들이 주릴까 봐 걱정하니 전단이 거두어 먹여 주고, 과인이 백성들이 추울까 봐 걱정하니 전단이 자기 갖옷을 벗어서 입혀 주었다. 과인이 백성을 걱정하니 전단도 걱정하는구나.'라고 하십시오." 하였다. 《전국책》〈제책(齊策)〉에 나온다.

60 이소(離騷)와 구가(九歌) : 중국 고대 초나라 악가(樂歌)를 모아 엮은 것을 《초사(楚辭)》라고 하며, 〈이소〉라고 하기도 한다. 이 《초사》는 대개 굴원(屈原), 송옥(宋玉), 가의(賈誼) 등의 작품으로 이루어져 있는데, 굴원의 작품에 〈이소경(離騷經)〉, 〈구가〉, 〈천문(天問)〉, 〈구장(九章)〉, 〈원유(遠遊)〉, 〈복거(卜居)〉, 〈어부(漁父)〉 등이 있다. 〈이소〉는 〈이소경〉을 가리키기도 하고 '굴원의 작품' 또는 《초사》 전체를 가리키기도 한다. 당시 초나라 남쪽 영(郢) 지방에는 귀신에게 제사하면서 무당이 부르는 노래가 있었는데, 굴원이 추방되었을 때에 이 노래를 바탕 삼아 충군애국(忠君愛國)의 뜻을 붙여 〈구가〉를 지었다고 한다.

61 오복(五福)을……준수하고 : 홍범(洪範)은 기자(箕子)가 무왕(武王)에게 일러 준 대법(大法)으로, 그 종류가 아홉 가지여서 홍범구주(洪範九疇)라고 한다. 그 다섯 번째가 황극(皇極)인데, 《서경》〈홍범〉에 "황극은 군주가 그 표준을 세움이니, 이 오복을 거두어서 백성들에게 베풀어 주면 백성들도 너의 표준에 대해 네가 표준을 지킬 수 있도록 해 줄 것이다.〔皇極, 皇建其有極, 斂是五福, 用敷錫厥庶民, 惟時厥庶民, 于汝極, 錫汝保極.〕"라고 하였다. 오복은 《서경》〈홍범〉에 나오는 '수(壽), 부(富), 강녕(康寧), 유호덕(攸好德), 고종명(考終命)'을 말한다.

보며 나의 좌우명으로 삼았다. 이에 달구지나 타고 차림이 남루하던 인재들이 초야에서 나왔으니, 이가환도 단지 그 가운데 한 사람일 뿐이다. 그런데 지금 남공철 등과 같이 갑자기 상도(常道)를 어긴 부류들과 같이 놓고 동일하게 공척한다면, 이가환이 어찌 억울하지 않겠는가. 또 더구나 저 사람은 공척해야 하는데도 공척하지 않고 이 사람은 공척하면 안 되는데도 공척하니, 옳은 일이겠는가.

내 생각을 덧붙여 말해 둘 것이 있다. 재능이 있는데도 인정받지 못하고 뜻을 품고서도 발휘할 길이 없어서, 기꺼이 초목과 더불어 썩어가는 자들로는, 세속에서 이른바 '일명'이라는 자들이 이들이다. 인륜(人倫)의 떳떳한 명칭을 알고 싶으면 도리어 천 리나 먼 곳의 다른 나라 풍속을 흠모하고,[62] 함께 나아가 벼슬할 수 없다는 것을 스스로 알고서는 열일곱 사람이 발분(發憤)한 이야기를 즐겨 본다. 시문(詩文)을 짓는 지엽적인 일에서도 걸핏하면 서로들 묘사하며 울울해지고 잔달아져서, 초연히 그 속에서 빠져나오는 이가 드물다. 이 또한 조정의 책임이지 그들의 잘못이 아니다.

성대중(成大中)[63]과 오정근(吳正根)이 공경히 올바른 길에 나아간

•••••

62 인륜(人倫)의……흠모하고 : 조선에서 서얼은 아버지를 아버지라 부르지 못하고 형을 형이라 부르지 못하였다. 이러한 일륜상의 명칭을 되찾고 싶어서, 서얼 차별이 없던 중국을 그리워했다는 뜻인 듯하다. '천 리 먼 곳의 다른 나라 풍속'은 원문이 '천리부동속(千里不同俗)'인데, '천 리 떨어지면 자연환경이 다르고 백 리 떨어지면 사회 풍속이 다르다.〔千里不同風, 百里不同俗.〕'에서 나온 말이다. 이런 어투의 말은 대개 《후한서》, 《논형》, 《풍속통의》 등에 나오는 것으로 보아, 후한 시대에 유행했던 일상어로 추정한다. 《소학》 〈가언(嘉言)〉의 주석에 진씨(陳氏) 말을 인용하여 "천 리 떨어지면 자연환경이 같지 아니하므로 그 기질에 강한 자와 부드러운 자가 있고, 백 리 떨어지면 사회 풍속이 다르므로 그 습속에 선한 자와 악한 자가 있다.〔千里不同風, 其氣有剛柔, 百里不同俗, 其習有善惡.〕"라고 하였다.

63 성대중(成大中) : 1732~1809. 본관은 창녕(昌寧), 자는 사집(士執), 호는 청성(靑城)·순재(醇齋)·동호(東湖) 등이다. 1753년(영조29) 생원시에 합격하고, 1756년 문과에 급제하여, 성균관 전적, 승문원 검교, 지평, 교서관 교리, 흥해 군수(興海郡守), 북청 도호부사(北靑都護府使) 등을 지냈다. 홍대용, 박지원, 이덕무, 유득공, 박제가 등과 교유하였다.

것을 내가 평소 좋게 여겨서 동등하게 이중(二中)으로 쓰고 윤음을 내려 장려하였고, 박제가(朴齊家)와 이덕무(李德懋)에게는 단점이 많지만 그래도 장점을 취하여 양지(陽地)로 향하는 창문을 열어 주었다.[64] 성대중과 박제가처럼 다행히 이름을 드날린 자는 우선 놓아두고라도, 간혹 최립(崔岦) 같은 사람도 있는데 이런 사람은 오히려 멀리 있다고 하겠다. 하늘이 인재를 내는 것은 신분에 제한을 두지 아니한다. 어찌 또한 최필공(崔必恭)[65]이 자신을 그르치고 자신의 동료들까지 무수히 그르쳐 놓은 사건을 돌이켜 보지 않는가. 이러한 것이 모두 이른바 '그 본성을 거스르지 않고 각기 그 그릇에 맞게 하여, 그들에게 모두 황극에 모이고 황극에 귀의하기를 기약하는 묘책'인 것이다.

내 다시 그대에게 말하노니, 그대는 이가환에 대해 말하지 말라. 이가환은 바야흐로 골짜기로부터 나와 높은 나무에 올랐고[66] 썩은 두엄에서 변화하여 새롭게 되었으니, 그의 마음에서 나오는 소리가 점차 훌륭한 경지에 들어가지 못할 것을 어찌 걱정하랴. 설령 이가환이 재능이 노둔하여 사흘이 지나도 괄목(刮目)[67]할 만하지 못하더라도 그

• • • • •

64 박제가(朴齊家)와……주었다 : 박제가는 승지 박평(朴坪)의 서얼이고, 이덕무(李德懋)는 이성호(李聖浩)의 서얼이다. 정조는 1777년(정조1) 서얼 허통 절목(庶孽許通節目)을 발표하고 규장각에 검서 관직을 설치하여 박제가, 이덕무, 유득공, 서이수(徐理修) 등 서얼을 임명하였다.

65 최필공(崔必恭) : 혜민서(惠民署)의 의원으로 1790년 천주교에 입교했다가 1791년 신해박해(辛亥迫害) 때 배교(背敎)하였다. 1801년(순조1) 신유박해(辛酉迫害) 때 처형되었다.

66 골짜기로부터……올랐고 : 《시경》 〈벌목(伐木)〉에 "나무 찍는 소리 떵떵 울리고 꾀꼬리 꾀꼴꾀꼴. 깊은 숲에서 날아올라 높은 나무로 옮겨 가네.〔伐木丁丁, 鳥鳴嚶嚶. 出自幽谷, 遷于喬木.〕" 하였다. 이 시는 대개 벗의 필요성을 읊은 시라고 하는데, 학문이나 신분의 상승을 비유하는 말로도 쓰였다. 《맹자》 〈등문공 상〉에 "나는 깊은 골짜기에서 나와서 높은 나무로 옮겨 간다는 말은 들어보았지만 높은 나무에서 내려와 깊은 골짜기로 들어간다는 말은 못 들었다.〔吾聞出於幽谷遷于喬木者, 未聞下喬木而入於幽谷者.〕"라고 하였다.

67 괄목(刮目) : 중국 삼국 시대 오(吳)나라 여몽(呂蒙)의 고사에서 나온 말이다. 무예는 뛰어나지만 식견이 부족한 장수 여몽에게 손권(孫權)이 독서를 권하여, 여몽이 공부를 한 뒤, 노숙(魯肅)이 여몽을 만나 대화를 나누어 보고 그의 식견이 탁월해진 것에 놀라자 여

의 자손들이 또 어찌 반드시 매양 남에게 양보만 하고 스스로 자신의 목소리를 훌륭하게 내지 않겠는가. 맹단(盟壇)에 올라 소의 귀를 잡고,[68] 긴 밤을 술에 취해 꿈을 꾸던 중에서 깨어나 다시 대일통(大一統)의 권한[69]을 밝히는 일이, 나는 그의 소임이라고 생각한다.

무릇 백성 중에는 우수한 자도 있고 아둔한 자도 있어서 먼저 깨닫는 자도 있고 나중에 깨닫는 자도 있지만 깨닫게 되면 마찬가지이다. 비록 미혹을 깨끗이 벗어나지 못한 자가 그 사이에 끼어 있더라도 이는 태양 앞의 횃불과 같고, 군자 앞의 소인과 같고, 황곡(黃鵠) 앞의 땅벌레와 같을 따름이니, 주인은 주인 자리에 있고 손님은 손님 자리에 있으면 그만이다.

그러므로 성인이 《시경(詩經)》 311편을 엮으면서 상간 복상(桑間濮上)의 시[70]들을 중용에 맞고 뜻이 광대한 〈대아(大雅)〉 사이에 나란히 배열한 것이다. 오늘의 이 간곡한 효유를 들은 자가 상대를 이해하려는 마음을 감발(感發)하고 다 갖추기를 바라는 마음을 경계하여, 스스로도 모르는 사이에 날마다 선(善)으로 옮겨 가서 집집마다 좋은 소리가 있게 된다면, 나는 그것을 하늘에 나라의 운명을 영원하도록 기원하는 근본이라고 할 것이다."

하였다.

• • • • •

몽이 말하기를 "선비는 헤어진 지 사흘만 지나도 눈을 비비고 다시 보게 된다.〔士別三日, 卽更刮目相待.〕" 하였다고 한다.

68 맹단(盟壇)에……잡고 : 일을 주도하는 우두머리라는 뜻이다. 옛날 제후들이 맹약할 때에 맹주(盟主)가 소의 귀를 잡고 그 귀를 베어 피를 마시고 맹세한 고사에서 유래했는데, 여기서는 문단(文壇)의 주도권을 잡는 것을 말한다.

69 대일통(大一統)의 권한 : 온 나라 안을 한 사람의 통솔로 다스리는 권한으로, 대개는 왕권을 이르는데, 여기서는 문단의 대권을 쥐고 문체를 통일하는 것을 말하는 듯하다.

70 상간 복상(桑間濮上)의 시 : 복수(濮水) 가에서 일어나거나 뽕나무 밭에서 일어난 남녀 간의 사랑을 읊은 시들이라는 뜻인데, 《시경》에 실려 있는 애정시를 가리킨다.

같은 해 11월 8일, 경모궁(景慕宮)에 동지 향제(冬至享祭)를 친히 행하였다. 전부(銓部)에 신칙하기를 "지금 이후로는 서류(庶流)라도 벼슬이 있는 자는 구애받지 말고 묘궁(廟宮)의 제관(祭官)에 채워 차임하도록 하라." 하였다. 처음으로 제용감 주부 김기남(金箕南)을 경모궁 봉조관(奉俎官)에 특별히 차임하였다. 그 뒤에 종묘(宗廟)의 납향(臘享)에 사옹원 주부 이덕무(李德懋), 제용감 판관 유득공(柳得恭), 장흥고 주부 서이수(徐理修), 검서관(檢書官) 이집기(李集箕), 제용감 주부 김기남, 상의원 주부 서유년(徐有年)을 전전(前殿)의 봉조관에 차임하였다.

같은 해 12월 17일, 성균관 당상, 승지, 사관, 옥당, 병조에 입직한 당상과 낭청, 여러 검서관, 교서관 교리가 응제(應製)[71]에 글을 지어 올렸을 때에, 전교하기를,

> "금중(禁中)의 신하들이 응제에 부(賦)를 지었는데, 이중(二中)을 맞은 행 승정원 좌승지 임제원(林濟遠)은, 이러한 특별한 재주는 실로 처음 보는 것이다. 가자(加資)한 지 얼마 되지 않았으니, 표범가죽 1령(令)을 사급(賜給)하라. 이중이(二中二)를 맞은 교서관 교리 성대중(成大中)은, 유감스럽게도 아직 문원(文苑)에서 마음껏 실력을 발휘하게 해 주지 못하였다. 외직 삼품직(三品職)에 내일 대정(大政)에서 우선 의망해 들이라. 이하(二下)를 맞은 승정원 동부승지 정치순(鄭致淳)

• • • • •

71 응제(應製) : 부제(賦題)는 "아침에 일어나 보니, 참으로 이른바 '눈이 석 자나 쌓였다.'는 광경이다.[朝起視之眞所謂雪深三尺]"였다. 우등을 차지한 임제원(林濟遠), 성대중(成大中), 정치순(鄭致淳), 유득공(柳得恭), 김희순(金羲淳), 박효성(朴孝成) 등이 다음 날인 12월 18일, 정조의 포상에 대해 사은하고 전문(箋文)을 지어 올렸다. 송나라 유초(游酢)와 양시(楊時)가 이천(伊川) 정이(程頤)를 처음 찾아갔을 때에, 이천이 명상을 하고 있자 두 사람은 그 옆에 오랫동안 서 있었다. 이천이 눈을 떠 두 사람을 보고 말하기를 "그대들이 아직 여기 있느냐." 하고, "날이 저물었으니 가서 쉬어라." 하였다. 두 사람이 밖으로 나와서 보니 눈이 한 자[一尺]나 쌓여 있었다. 정조의 부제는 이 고사에서 따온 것이다. 이 고사의 '일척(一尺)'은 '삼척(三尺)'으로 된 곳도 있다.

은, 깊은 생각을 다 표현하여 나도 모르게 눈이 번쩍 뜨였다. 중록비(中鹿皮) 1령을 사급하라. 삼상(三上)을 맞은 규장각 검서관 유득공(柳得恭)에게는 종이 3권을, 초삼상(草三上)을 맞은 교리 김희순(金羲淳)에게는 종이 2권을, 삼중(三中)을 맞은 병조 좌랑 박효성(朴孝成)에게는 종이 1권을 사급하라. 모두 내일 전좌(殿座)할 때에 직접 받게 하라."

하였다.

같은 달 18일, 응제에 따라 글을 지어 올렸던 임제원(林濟遠) 등이 전문(箋文)을 올렸다. 그 내용에,

"가선대부 행승정원좌승지 겸 경연참찬관 춘추관수찬관 임제원, 통훈대부 행 교서관 교리 성대중, 통정대부 승정원동부승지 겸 경연참찬관 춘추관수찬관 지제교 정치순, 통훈대부 행제용감판관 규장각겸검서관 유득공, 봉훈랑 홍문관교리 지제교 겸 경연시독관 춘추관기주관 남학교수(南學教授) 김희순, 조산대부 행 병조 좌랑 박효성 등은, 삼가 건륭 57년(1792) 12월 18일에, 글을 지어 올리라는 왕명을 외람되이 받들어 글을 지어 올려, 모두 성상의 크나큰 칭찬을 들었습니다. 포상이 잇달아 내려오고 성상의 하유가 정중하셨습니다. 이에 삼가 전문을 올려 경하드립니다.

신 제원(濟遠) 등은 참으로 기쁘고 기뻐서 머리를 조아리고 말씀을 올립니다. 삼가 아룁니다. 금중(禁中)에 입직하였다가 부족한 솜씨로 설부(雪賦)를 지어 올렸는데, 방목에 성상의 은택이 어리어 은혜로운 포상을 받았습니다. 여섯 사람이 영광을 함께하니, 천재일우(千載一遇)의 특별한 은총입니다.

삼가 생각건대, 신들은 자취는 벼슬아치 반열에 들어 있으나 기예는 문필 공부가 부족한데, 은대(銀臺)와 옥당(玉堂)에서 일월(日月)의

끄트머리 빛에 의지하고 서조(西曹)[72]와 동관(東觀)[73]에서 우로(雨露)의 큰 은혜를 입고 있습니다. 이제 대궐 뜰에서 선비를 시험 보이는 일이 있고 나서, 응제에 따라 부(賦)를 지어 바치라는 왕명을 다 같이 받들었습니다.[74] 유초(游酢)와 양시(楊時)의 고사(故事)를 따랐으니 뜻은 정문(程門)에서 취하였고,[75] 매승(枚乘)과 사마상여(司馬相如)같이 웅혼한 문장 실력은 없지만 부(賦)가 양원(梁苑)에서 이루어졌습니다.[76] 옥룡(玉龍)과 염호(鹽虎)를 읊었으나 애당초 재상이 될 자질이 아니며,[77] 시절 따라 우는 새와 벌레처럼 울었지만 감히 성대하게 국가를 노래했다고 할 수 있겠습니까. 그런데 뜻밖에 성상께서 살펴보

• • • • •

72 서조(西曹) : 서쪽은 군대와 형벌을 주관하는 방위에 해당하므로 병조(兵曹) 또는 형조(刑曹)에 대한 별칭으로 쓰이는데, 여기서는 병조를 말한다.

73 동관(東觀) : 228쪽 주18 참조. 여기서는 규장각과 교서관 등을 말한다.

74 대궐……받들었습니다 : 《일성록》 정조 16년 12월 16일 기사에 정조가 상재 유생(上齋儒生)을 시험 보였는데, 부제(賦題)는 "돌아보며 말하기를 '너희들이 아직도 여기에 있는가.' 하였다.〔顧曰汝輩尙在此乎〕"였고 칠언이십운배율(七言二十韻排律)로 짓는 시제(詩題)는 "문밖에 눈이 석 자나 쌓였다.〔門外雪深三尺〕"였다.

75 유초(游酢)와……취하였고 : 유초의 자는 정부(定夫), 호는 광평(廣平)이고, 양시의 자는 중립(中立), 호는 구산(龜山), 시호는 문정(文靖)이다. 정문(程門)은 이천(伊川) 정이(程頤)의 문하라는 뜻이다. 246쪽 주71 참조.

76 매승(枚乘)과……이루어졌습니다 : 매승과 사마상여는 한나라 때의 사부(辭賦)의 대가이다. 매승의 〈토원부(兎園賦)〉와 사마상여의 〈상림부(上林賦)〉가 유명하다. 양원(梁苑)은 서한(西漢) 때의 양효왕(梁孝王)의 동산 이름이다. 숲이 매우 넓고 궁실이 많았으며, 양효왕이 이곳에서 신하들과 잔치를 열거나 사냥을 즐겼다. 문제(文帝)의 아들인 양효왕은 궁실과 원유(苑囿)의 향락을 좋아하였는데, 하루는 동산에 있다가 큰 눈이 내리자 사마상여에게 부(賦)를 짓게 하였다고 한다. 이 고사를 양원수간(梁園授簡)이라 한다. 사혜련(謝惠連)의 〈설부(雪賦)〉에 나오는 이야기인데, 《문선》, 《사문유취》, 《연감유함》 등에 실려 전한다. 여기서 양원은 임제원 등이 글을 지었던 장소를 비유하여 쓴 것이다.

77 옥룡(玉龍)과……아니며 : 염호는 땅에서 캐내는 소금을 말한다. 옥룡과 염호는 모두 눈이 내린 모습을 형용한 말이다. 《송명신언행록(宋名臣言行錄)》 후집(後集) 〈한기(韓琦)〉에 "한위공(韓魏公)의 〈희설(喜雪)〉 시에 '우뚝한 바위에 두텁게 덮이니 염호가 쌓인 듯하고, 늙은 가지가 무겁게 받드니 옥룡이 떨고 있는 듯하구나.〔危石蓋深鹽虎重, 老枝擎重玉龍寒.〕'라고 하였는데, 사람들이 '공은 몸이 외방에 있어도 천하를 자임하는 것이 이러하였다.'라고 하였다." 하였다.

고 직접 뽑으시어, 신들이 엉겁결에 선발되는 특별한 영광을 입었습니다. 옥빛처럼 찬란한 성상의 평론이 우수한 자들을 이미 특별히 장려하셨고, 잇달아 내리신 하사품은 낮은 등급의 사람에게까지 빠짐없이 이르렀습니다. 정건(鄭虔)[78]보다 한가한 관직을 애석하게 여겨 특별히 외방 관직에 등급을 뛰어넘어 제수하셨고, 소식(蘇軾)보다 특별한 재주라고 효유하시어 다시 내부(內府)의 물품을 넉넉히 나누어 주셨습니다. 받은 은혜가 하늘과 같은데, 보답을 하려니 방법이 없습니다.

이는 대개 주상 전하께서 동방의 성인으로서 문치(文治)를 숭상하신 덕분입니다. 규장각 도서(圖書)를 숙유(宿儒)를 기다려 윤색하셨고, 성균관 현송(絃誦)을 많은 인재를 시켜 울리게 하셨습니다. 드디어 노둔한 저희들까지도 큰 은혜를 받게 되었습니다. 신들이 감히 왕명을 듣고 느꺼움이 더하여, 함께 모여 영광으로 알지 아니하겠습니까. 가까운 곳에서 보필하며 다 함께 성상의 총애를 듬뿍 받았으니, 하찮은 글이나마 거두어 모아서 부처님 같은 성상의 은혜를 다 갚고 싶습니다. 신들은 하늘 같은 성상을 우러러 감격스러움과 황송함을 이기지 못하겠습니다. 삼가 전문(箋文)을 올려 송축합니다."

하였다.

계축년(1793, 정조17) 모월, 북청 부사(北青府使) 성대중(成大中)이 전교를 받들어 〈감은문(感恩文)〉[79]을 지어 올렸다. 그 내용에,

• • • • •

78 정건(鄭虔) : 당나라 현종 때의 유명한 문인이다. 현종이 광문관(廣文館)을 설치하고 박사(博士)로 삼았으므로, 그를 광문선생이라 부르기도 한다. 두보(杜甫)가 정건에게 준 〈취시가(醉時歌)〉라는 시에 "제공들은 줄줄이 요직에 오르건만 광문선생 관직은 유독 썰렁하고, 고관대작 벼슬아치는 고량진미에 물리는데, 광문선생은 밥도 늘 부족하네.〔諸公袞袞登臺省, 廣文先生官獨冷. 甲第紛紛厭粱肉, 廣文先生飯不足.〕"라고 하였다.

79 감은문(感恩文) : 이 글은 성대중(成大中)의 《청성집(青城集)》 권5 〈감은시서(感恩詩敍)〉에도 실려 있다.

"신 대중(大中)이 외람되이 큰 은혜를 입고 외방 고을을 맡고 있었는데, 이에 이달[80] 5일 새벽〔昧爽〕에, 내각(內閣)이 받든 성상의 유지(諭旨)를 삼가 전해 받았더니, 신에게, 고금(古今)의 문체(文體)에 대해 어느 것이 옳고 어느 것이 그른지를 조목별로 진달하라고 하명하시고, 이어서 〈감은문〉과 시를 지어 올리라고 하명하셨습니다.

신이 신분은 땅강아지처럼 미천하고 재능은 반딧불같이 하찮은 몸으로 요행히도 성명의 시대를 만나 분수에 맞지 않는 큰 은혜를 받아, 외람되이 사학(詞學)의 반열에 끼었다가 전례에 드문 총애를 잇달아 입고 보니, 황송하여 대답할 바를 모르겠습니다.

삼가 생각건대, 문장(文章)이 사람에게 있는 것은, 마치 하늘에 해와 달과 별들이 있고 땅에 산과 시내와 초목이 있어서 그 자연의 문장을 아우르는 것과 같습니다만, 인문(人文)은 그보다 위대한 바가 있습니다. 도덕(道德)과 경술(經術)이 그 기초이고 예악(禮樂)과 형정(刑政)이 그 바탕이며 포백(布帛)과 숙속(菽粟)[81]이 그 몸통이고 보불(黼黻)과 생용(笙鏞)이 그 꽃입니다. 세도(世道)를 여기에서 볼 수 있고 시운(時運)이 여기에서 징험됩니다. 문장이 사람에게 또한 중차대하지 않겠습니까. 하늘과 땅의 문장 또한 이것을 바탕으로 드러나니, 하물며 이보다 아래의 것들이겠습니까.

그러나 문체는 시운과 더불어 부침하니, 전모(典謨)[82] 이후로 대개 다섯 차례 변하였습니다. 주공(周公)의 시(詩)와 예(禮), 공자의 《주역》과 《춘추》는 말이 간결하면 의리가 엄정하며 문장이 광활하면 이치가

•••••

80 이달 : 정조가 여러 각신(閣臣)에게 부(賦)를 짓게 한 날짜가 1792년(정조16) 12월 17일이고, 〈감은문〉은 이 부(賦)에 대한 정조의 칭찬에 대해 사례하는 글이다. '이달'은 1793년 1월이다.

81 포백(布帛)과 숙속(菽粟) : 237쪽 주32 참조.

82 전모(典謨) : 《서경》 우서(虞書)의 〈요전(堯典)〉, 〈순전(舜典)〉, 〈대우모(大禹謨)〉, 〈고요모(皐陶謨)〉, 〈익직(益稷)〉을 말한다.

울창합니다. 삼대(三代)의 문장이 여기에서 갖추어졌습니다. 그러나 문체는 전성(前聖)과 후성(後聖)이 차이가 있습니다. 내려와서는 사마천(司馬遷)의 웅혼하고 강건한 문장이 쇠퇴한 주나라의 무기력한 문장을 대체하였고 한창려(韓昌黎)의 혼후한 문장이 육조(六朝)가 쇠하였을 때에 일어났으며, 오계(五季)가 피폐해지니 구양수(歐陽脩)와 소식(蘇軾)이 나와서 또 힘써 문장을 떨쳤습니다. 그러나 문체를 갖추고도 학문이 깊었고 화려하면서도 내용이 알찼지만 의리(義理)는 아직 순정(醇正)하지 못하였습니다. 이에 주 부자(朱夫子)가 일어났습니다.

한유(韓愈)와 소식의 문장으로 주자(周子)와 정자(程子)의 성리(性理)를 서술하였으니, 이는 오직 여러 유학자를 집대성한 것이며 문장의 문로(門路)도 바르게 되었습니다. 저 《중용》과 《대학》의 서문은 오히려 한유와 소식의 문장 규칙을 사용하였는데, 정작 한유와 소식은 지을 수 없었습니다. 공자 이후의 문장은 이분들이 있음에 힘입은 것입니다.

진량(陳亮)[83]과 육유(陸游)[84]의 술작(述作)은 모두 구양수와 소식의 문체를 이은 것이고, 원(元)나라의 우집(虞集)[85]과 원호문(元好問)[86] 또

• • • • •

83 진량(陳亮) : 1143~1194. 남송 때의 정치가, 문학가이다. 자는 동보(同甫), 호는 용천(龍川), 시호는 문의(文毅)이다. 1193년 진사 시험에 장원을 차지하여, 건강군 절도판관(建康軍節度判官)에 제수되었는데, 부임하지 못하고 다음 해에 52세의 나이로 죽었다. 세상을 내려다보고 천하 경륜을 자임하였으며 문학작품의 기상이 호방하였다. 《송사》 권436에 〈진량열전〉이 있다.

84 육유(陸游) : 1125~1210. 남송 때의 시인이다. 자는 무관(務觀), 호는 방옹(放翁)이다. 벼슬이 보장각 대제(寶章閣待制)에 이르렀다. 시 작품이 9000여 수가 남아 있는데, 풍격이 웅혼하고 호방하다. 《송사》 권395에 〈육유열전〉이 있다.

85 우집(虞集) : 1272~1348. 원나라 때의 학자이자 시인이다. 자는 백생(伯生), 호는 도원(道圓)이며, 소암선생(邵庵先生)이라고 불리었다. 《원사(元史)》 권181에 〈우집열전〉이 있다.

86 원호문(元好問) : 1190~1257. 금(金)나라 때의 학자이며 시인이다. 자는 유지(裕之), 호는 유산(遺山)이다. 1234년 금나라가 멸망하였는데, 그 뒤로는 벼슬길에 나아가지 않았다고 한다. 여기서 원(元)나라 인물이라고 한 것은, 원호문의 만년 시절이 원나라였기 때문인 듯하다.

한 그중에서 뛰어난 자들입니다. 명나라의 유기(劉基)[87]와 송렴(宋濂)[88]이 운수를 따라 일어났고, 방효유(方孝孺)[89]는 한창려보다 문장은 좀 부족하지만 학문은 그보다 낫습니다. 왕수인(王守仁)[90]은 학술이 비록 비뚤어졌지만 문장은 미산(眉山)[91]의 아류입니다. 이 밖에 홍기한 사람으로, 당순지(唐順之)[92]와 귀유광(歸有光)[93]이 있으니, 진량과 육유가 한유와 소식을 뒤따른 것과 같습니다. 문장의 정맥(正脈)이 모두 여기에 있습니다. 이것과 반대로 글을 지으면 사벽하지 않으면 망녕되니, 군자는 그것을 문장이라고 하지 않습니다.

•••••

87 유기(劉基) : 1311~1375. 원나라 말기부터 명나라 초기의 정치 사상가이자 문학가이다. 자는 백온(伯溫), 시호는 문성(文成)이다. 1370년 성의백(誠意伯)에 책봉되었으므로 사람들이 유 성의(劉誠意)라고 불렀다. 경사(經史), 천문(天文), 병법(兵法)에 두루 능통하였고, 주원장을 도와 명나라 건국에 기여하였다. 《명사(明史)》 권128에 〈유기열전〉이 있다.

88 송렴(宋濂) : 1310~1381. 원나라 말기부터 명나라 초기의 문학가이다. 자는 경렴(景濂), 호는 잠계(潛溪), 별호는 현진자(玄眞子)이다. 명 태조에게 개국 문신의 으뜸으로 칭찬을 받아, 학자들이 태사공(太史公)이라고 불렀다. 명나라 초기의 예악 제도의 제정에 큰 역할을 하였다.

89 방효유(方孝孺) : 1357~1402. 명나라 학자이자 정치가이며 문학가로서 송렴의 제자이다. 자는 희직(希直)·희고(希古)이고, 호는 손지(遜志)이다. 명 태조의 11번째 아들인 촉헌왕(蜀獻王)이 그를 세자 사부로 삼고 거처의 이름을 '정학(正學)'으로 지어 주었으므로 사람들이 정학선생(正學先生)이라고 불렀다. 연왕(燕王) 주체(朱棣)가 황제의 자리를 찬탈하고 즉위 조서를 짓게 하자, 거부하여 종족과 친구들 수백 명과 함께 피살되었다.

90 왕수인(王守仁) : 1472~1529. 명나라 철학 사상가로서 문학, 서법(書法), 군사(軍事) 등에 뛰어났다. 자는 백안(伯安), 호는 양명(陽明), 시호는 문성(文成)이다. 벼슬이 남경 병부상서(南京兵部尚書), 남경도찰원 좌도어사(南京都察院左都御史) 등에 이르렀다. 심학(心學)의 집대성자이다.

91 미산(眉山) : 송나라 소순(蘇洵), 소식(蘇軾), 소철(蘇轍)이 살던 곳이다. 따라서 미산은, 이들을 가리키는 말로 쓰이며, 특히 소식을 소미산(蘇眉山)이라고 부른다.

92 당순지(唐順之) : 1507~1560. 명나라 유학자이다. 자는 응덕(應德), 호는 형천(荊川)이다. 가정팔재자(嘉靖八才子) 중의 한 사람이며, 왕신중(王愼中), 귀유광(歸有光)과 함께 가정삼대가(嘉靖三大家)로 일컬어졌다.

93 귀유광(歸有光) : 1506~1571. 명나라 때의 산문작가이다. 자는 희보(熙甫)·개보(開甫), 호는 진천(震川)·항척생(項脊生)이다. 당시 구양수(歐陽脩)에 견주어졌고, 산문의 일인자로 일컬어졌다.

그리고 문장이라는 것은 배우지 않고서 잘 지을 수 있는 자는 없습니다. 그러므로 관중(管仲), 상앙(商鞅), 양주(楊朱), 묵적(墨翟)의 무리들도 각기 자기가 배운 학문이 있었습니다. 명나라의 왕(王)과 이(李)[94]는 그렇지 않았습니다. 배움을 무시하고 글을 짓고 과장하고 자랑함을 기교로 삼아 자구(字句) 같은 말단에 힘을 다하였으나, 체제는 제대로 갖추지 못하였습니다. 그런데도 스스로는 옛사람을 능가하여 그 위에 있다고 여겼으니, 야랑(夜郎)이 스스로 대단하다고 여긴 것[95]과 무엇이 다르겠습니까.

서정경(徐禎卿),[96] 원굉도(袁宏道),[97] 종성(鍾惺),[98] 담원춘(譚元春)[99]에 이르면 더욱 열등한 자들입니다. 격정적이고 자질구레한 기상과 살벌한 소리는 단지 중화의 문화를 민멸하는 빌미가 되기에 충분한데도 아무도 바로잡지 못하였습니다. 일찍이 잗달고 하찮은 작은 지혜는 또한 천하에 재앙을 주기에나 적합할 뿐이라고 하지 않았습니까.

•••••

94 왕(王)과 이(李) : 명나라 때의 문학가인 왕세정(王世貞, 1526~1590)과 이반룡(李攀龍, 1514~1570)을 가리킨다. 왕세정의 자는 원미(元美), 호는 봉주(鳳洲)·엄주산인(弇州山人)이다. 벼슬은 형부 상서에 이르렀다. 이반룡의 자는 우린(于鱗)이고, 호는 창명(滄溟)이다.

95 야랑(夜郎)이……것 : 야랑은 옛날 중국 서남쪽 지방에 살던 소수민족의 하나이다. 서남쪽에서는 야랑 부족이 가장 큰 종족이었고, 그 서쪽 변방 소수민족 중에서 진(滇) 부족이 가장 큰 종족이었다고 한다. 《사기》 권116 〈서남이열전(西南夷列傳)〉에 "진왕(滇王)이 한(漢)나라 사신에게 말하기를 '한나라와 우리나라를 견주어 볼 때 어느 나라가 더 큰 나라이오?'라고 하였다. 야랑후(夜郎侯)도 그러하였다. 길이 통하지 아니하였기 때문에, 각자 한 주(州)의 군주로 있으면서 한나라가 광대한 줄을 몰랐다."라고 하였다. 여기서 유래한 '야랑자대(夜郎自大)'는 견문이 좁고 세상 물정을 모르는 사람을 비유하는 말로 쓰였다.

96 서정경(徐禎卿) : 1479~1511. 명나라 문학가이다. 자는 창국(昌國)·창곡(昌谷)이고, 오중사재자(吳中四才子) 가운데 한 사람이다.

97 원굉도(袁宏道) : 1568~1610. 명나라 문학가이다. 자는 중랑(中郎), 호는 석공(石公)·육휴(六休)이다.

98 종성(鍾惺) : 1574~1625. 명나라 문학가이다. 자는 백경(伯敬)·경백(景伯)이고, 호는 퇴곡(退谷)·지공거사(止公居士)이다. 시풍이 유심고초(幽深孤峭)하였다고 한다.

99 담원춘(譚元春) : 1586~1637. 명나라 문학가이다. 자는 우하(友夏), 호는 곡만(鵠灣)·사옹(蓑翁)이다. 종성과 함께 경릉파(竟陵派)를 창시하였다.

저 패관소설(稗官小說) 같은 것은 원(元)나라 때에 유행하였는데, 사실은 장자(莊子)와 열자(列子)의 허탄함이 그 기원을 열었고, 구담(瞿曇)의 허황함이 그 물결을 일으켰습니다. 미산의 신묘한 깨우침 또한 근원이 없지 않은데, 명나라 말엽에 예리한 재능을 가진 자들이 모두들 옷을 걷어붙이고 추종하여, 재주로 몸을 그르치고 몸으로 세상을 그르쳤습니다. 애석합니다. 당시에 공자와 주자가 없어서, 쓸어서 바른 길로 돌리지 못한 것이 말입니다.

시(詩)는 또한 산문(散文)의 정화(精華)입니다. 그러므로 육경(六經) 중에서 시사(詩辭)가 가장 아름답습니다. 산문을 문(文)이라 하고 시를 장(章)이라 하니, 시와 산문이 갖추어지지 않으면 문장(文章)이라 이를 수 없습니다. 대저 《시경》 300편은 더 말할 나위 없이 훌륭하고, 굴원(屈原)의 〈이소(離騷)〉와 한(漢)나라의 시(詩)는 절향(絶響)이라고 이를 만해서, 초(楚)나라 군대가 제후들의 으뜸이 되었고[100] 한나라는 두 번이나 중흥하였습니다.[101] 시도(詩道)가 치운(治運)에 연관됨이 이러합니다. 사마상여(司馬相如)의 부(賦)[102]와 사마자장(司馬子長)의 문(文)[103] 또한 그 특별한 기운이 창성한 것입니다. 한(漢)이라는 명칭이 지금까지

• • • • •

100 초(楚)나라……되었고 : 《사기》 권7 〈항우본기(項羽本紀)〉와 《통감절요》 〈후진기(後秦紀)〉에 의하면, 진(秦)나라 이세 황제(二世皇帝) 3년(기원전 207) 항우가 진나라 군대를 대파하고 상장군(上將軍)이 되었다고 하였다. 이 시기에 제후들이 모두 초나라에 복속하였다.

101 한나라는……중흥하였습니다 : 광무제가 후한(後漢)을 세운 것과 유비(劉備)가 촉한(蜀漢)을 세운 것을 말한다. 《청성잡기(靑城雜記)》 권2 〈질언(質言)〉에 "굴원의 〈이소경(離騷經)〉은 천고에 다시없는 문장이었기에 초나라 군대가 제후들 중에서 으뜸이 되었고, 사마천의 《사기》는 천고에 특출한 기운이 담겨 있었기에 한나라가 두 번이나 중흥하였다." 하였다.

102 사마상여(司馬相如)의 부(賦) : 사마상여는 전한(前漢) 때의 사부(辭賦)의 대가이다. 그가 지은 〈자허부(子虛賦)〉, 〈상림부(上林賦)〉, 〈대인부(大人賦)〉 등을 가리킨다.

103 사마자장(司馬子長)의 문(文) : 자장(子長)은 사마천(司馬遷)의 자이다. 한나라 무제(武帝) 때의 역사가 사마천이 지은 《사기(史記)》를 가리킨다.

도 존재하는 것[104]이 어찌 유독 삼장(三章)[105]의 덕분만이겠습니까.

당(唐)나라의 이백(李白)과 두보(杜甫)의 작품은 오히려 〈대아(大雅)〉의 여운이 있었는데, 당나라의 국운이 창성한 것도 바로 그 시기였습니다. 그러므로 문은 서경(西京)[106]이고 시는 성당(盛唐)이니, 진(晉)나라 서첩(書帖)으로 두 왕씨(王氏)[107]가 유명하여 글씨를 쓰는 자가 모두 그를 종주로 삼는 것과 같습니다.

송(宋)나라의 고실(故實)과 명나라의 성향(聲響)이 번갈아 장세(長世)의 바탕이 되었지만, 정시(正始)의 훌륭한 소리와는 거리가 이미 멀어졌습니다. 하물며 그 하류의 저열한 시마(詩魔)[108]인 경우이겠습니까? 왕세정(王世貞), 이반룡(李攀龍), 서정경(徐禎卿), 원굉도(袁宏道)도 아마 또한 그들과 같은 무리가 되는 것을 부끄럽게 여겼을 것입니다.

대저 고인(古人)의 순수(純粹)함과 하자(瑕疵)를 따져 보면 오늘날

•••••

104 한(漢)이라는……것 : 《청성잡기》 권3 〈성언(醒言)〉에 "오늘날까지도 화인(華人)을 한인(漢人)이라고 통칭하여 한나라가 마치 항상 존재하는 듯이 하니, 삼대(三代) 시대에도 못하던 일이다." 하였다.

105 삼장(三章) : 한나라 고조(高祖)가 군대를 거느리고 함양(咸陽)에 들어갔을 때에 진(秦)나라 때의 가혹했던 법률을 모두 없애고 그곳 부로(父老)들에게 세 가지 법률만 약속하였다. 즉 '사람을 죽인 자는 죽인다. 사람을 다치게 하거나 도둑질을 한 자는 그에 상응한 벌을 준다.'라는 것이었다. 이것을 약법삼장(約法三章)이라고 한다. 이후로 삼장은, 백성을 위한 간소한 법률이라는 뜻으로 쓰였다.

106 서경(西京) : 서한(西漢)의 도읍지 장안(長安)의 이칭인데, 서한을 가리키는 말로 쓰였다.

107 두 왕씨(王氏) : 남북조 시대 진(晉)나라 서법가(書法家) 왕희지(王羲之)와 왕헌지(王獻之)를 말한다.

108 하류의 저열한 시마(詩魔) : 송(宋)나라 엄우(嚴羽)가 지은 〈시변(詩辯)〉에 "시를 배우는 사람은 식견을 위주로 하여 입문(入門)을 바르게 하고 뜻을 높이 세워야 한다. 한(漢), 위(魏), 진(晉), 성당(盛唐)의 시인을 스승으로 삼아야지 개원(開元), 천보(天寶) 연간 이후의 인물처럼 되어서는 안 된다. 스스로 물러나고 위축되면 저열한 시마가 폐부(肺腑)에 들어가니, 이는 뜻을 높이 세우지 않았기 때문이다." 하였다. 이 글은 《창랑집(滄浪集)》, 《당시품휘(唐詩品彙)》, 《창랑시화(滄浪詩話)》 등에 실려 있다.

사람의 시비는 알기가 어렵지 않습니다. 유독 문체만 그러하겠습니까. 해의 느리고 빠름과 같아서 시대의 쇠퇴함과 왕성함이 판연하게 갈라집니다. 그러므로 문장은 한쪽만 말하자면 하나의 기예일 뿐이지만, 크게 말하면 육합(六合)을 포함하고도 남음이 있으니, 학문이 그 오묘함을 파악하기에 충분하고 기운이 그 공교함을 통솔하기에 충분하고 논변이 그 정화를 피워 내기에 충분하고 힘이 그 변화를 제어하기에 충분한 것이 아니면, 제대로 잘 지을 수가 없습니다. 그러므로 문장을 짓는 능력이 갑자기 생겨서 취한 자는 떠벌리는 것으로 능력을 삼으며, 모방을 하여 탐색하는 자는 천근한 것으로 솜씨를 삼으며, 남의 것을 빌려서 차지한 자는 현란함으로 기교를 삼으니, 이는 모두 도(道)를 터득하지 못한 채 스스로 자기의 재주를 뽐내는 것입니다. 문체가 어그러지는 것은 대개 여기에 말미암습니다.

맹자가 이르기를 '군자는 상도(常道)를 돌이킬 따름이다. 상도가 바르면 서민이 흥기하고 서민이 흥기하면 사특함이 없어진다.'라고 하였습니다.[109] 대저 문장은 육경(六經)[110]보다 성대한 것이 없고 《좌전》, 《국어》, 《한서》, 《사기》는 오히려 그 지엽입니다. 하물며 다른 책들이겠습니까? 정말이지 한 시대의 선비들을 몰아서 모두 육경으로 달려가게 할 수 있다면 문풍(文風)이 저절로 올바르게 되고 세도(世道)가 저절로 순정(醇正)해져서 삼대(三代) 때와 같은 정치도 회복하기가 어렵지 않을 것입니다. 재잘거리는 소리들은 단지 햇살을 만난 눈과 같을 것입니다. 바루어 주기를 기다리지 않고도 저절로 바루어질 것이니, 도리어 논리 정연한 말로 물리칠 일[111]이 무엇이 있겠습니까? 그러

• • • • •

109 맹자가……하였습니다 : 《맹자》 〈진심 하(盡心下)〉 제37장에 나온다.

110 육경(六經) : 여러 가지 학설이 있는데, 대개 《시경》, 《서경》, 《주역》, 《춘추》, 《예기》, 《주례》를 말한다.

111 논리……일 : 《맹자》 〈서설(序說)〉에 "옛날에 양주와 묵적이 올바른 길을 막았는데, 맹

나 문풍(文風)의 기운이 변화하지 않으면 문체는 변혁하기가 쉽지 않습니다. 변혁시키는 것은 오직 잘 인도하여 이끌어 가는 데에 달렸을 뿐입니다. 바람에 따라 풀이 눕는다는 말이 있지 않습니까?[112] 그리고 사물은 극도에 이르면 되돌아오는 것이 당연한 이치입니다. 오늘날 문장의 폐단이 극도에 이르렀으니, 이치로 보아 참으로 한번 변통해야 할 시기입니다. 변통은 때에 있고 알선은 계기에 있고 신명(神明)은 사람에게 있습니다. 때가 계기를 만났고 성인이 때맞춰 일어났는데도 변통하지 못했던 경우는 없었습니다. 하늘이 우리나라를 보우하시어 성인이 나오셨습니다. 문(文)과 무(武)를 갖추시고 성(聖)이고 신(神)이어서 하늘과 사람의 오묘함을 궁구하고 군주와 스승의 직분을 다하시니, 기성(箕聖)의 건극(建極)의 정치[113]를 오늘날 다시 보게 되었습니다. 공자, 맹자, 정자, 주자가 밤낮으로 간절히 희망했는데도 얻지 못하던 것을 신들이 얻었습니다. 예악 제도를 한 번 변혁시키는 것이 지금이 바로 그 시기입니다. 문체는 참으로 그 여사(餘事)입니다.

신이 외각(外閣)에 외람되이 참여한 지가 전후로 9년이 되었는데, 매양 교정(校正)을 볼 때마다 운한(雲漢) 같은 훌륭한 글들을 삼가 우러러보니, 성상의 문장이 광대하여 모두가 전모(典謨)에 합치하여, 후성(後聖)이 상도(常道)를 돌이킬 기회를 실로 우리 임금께 기대할 수 있었으며, 윤음을 내리신 것이 서물(庶物)들에게까지 은혜가 입혀졌습니다. 문왕(文王) 같은 분이 이미 일어나셨고 백성들도 흥기하니,

• • • • •

자께서 논리 정연한 말씀으로 물리쳐서 툭 트이게 하였다.〔古者楊墨塞路, 孟子辭而闢之, 廓如也.〕"라고 한 것에서 따온 말이다.

112 바람에……않습니까 : 《논어》 〈안연(顔淵)〉에 "군자의 덕은 바람이고 소인의 덕은 풀이니, 풀은 위에 바람이 불면 반드시 눕는다.〔君子之德風, 小人之德草. 草上之風, 必偃.〕"라고 한 것에서 따온 말이다.

113 기성(箕聖)의 건극(建極)의 정치 : 주나라 무왕이 기자(箕子)를 조선에 봉(封)하니 기자가 평양에 도읍하여 표준을 세우고 통치하였다고 한다.

크게 변혁하는 정치는 매우 쉽습니다.

신은 속으로 축원함이 다른 사람들보다 몇 배나 됩니다. 단지 원하건대, 조금이나마 더 살아서 훌륭한 정치가 두루 융성하여 정시(正始)의 기풍이 세상에 흘러넘치는 것을 직접 보고 싶습니다.

이제 문체에 대해 설명하라는 하문이 미천한 신에게까지 내려왔습니다만, 신은 지식이 하찮고 문사(文辭)가 졸렬하니 어찌 그 만분의 일이나마 우러러 대답할 수 있겠습니까. 다만 평소에 듣고 본 바로써 보자면, 고문(古文)에서 상법(常法)으로 삼는 것이 셋이 있음을 알 수 있습니다. 육경(六經)으로 종주(宗主)를 삼고 정사(正史)로 날개를 삼고 제자(諸子) 가운데 정수(精粹)로 협보(夾輔)를 삼아, 이것을 척도로 삼고 준칙으로 삼아 헤아리는 일 이외에는 결단코 다른 길은 없습니다. 고문에서 항상 금지하는 것 또한 세 가지가 있음을 알 수 있는데, 하나는 패사(稗史)이고 둘째는 어록(語錄)이고 셋째는 이해(俚諧)이니, 이 세 가지가 제거되지 않으면 고문을 회복할 수 없습니다.

문체는 차라리 염담할지언정 비대함은 없어야 하고, 차라리 엉성할지언정 급박함이 없어야 하고, 차라리 소박할지언정 아첨함이 없어야 하며, 차라리 평이함이 지나칠지언정 험벽함이 지나쳐서는 안 됩니다. 보잘것없는 제가 평소에 배운 것은 실로 여기에 뜻을 두는 것이었습니다만, 재주가 둔하고 공부가 얕아서 그중 한두 가지도 터득하지 못하였습니다. 하물며 또한 홀로 행하는지라 의탁할 데가 없고 이전의 자취에는 증거가 부족하니, 신이 또한 감히 자신할 수가 없었습니다. 이 때문에 어릴 때부터 익혔는데도 머리가 허옇도록 제대로 알지 못하고[114] 이전의 자취에도 여전히 어두웠는데, 참으로 다행스럽게도 만

•••••

114 어릴……못하고 : 한나라 양웅(揚雄)의 저술 《양자법언(揚子法言)》 〈오자편(吾子篇)〉에 "어릴 적부터 익혔는데 백발이 되어서도 제대로 모른다.〔童而習之, 白紛如也.〕"라고 하였다. 동습백분(童習白紛)으로 줄여 쓰기도 한다.

세에 두 번 다시 만날 수 없는 융성한 기회를 만났습니다.

권형(權衡)이 높이 걸려 궤범(軌範)이 절로 올바르니, 태양이 환히 내리비추자 만물이 모두 바라보는 것과 같습니다. 신 같은 미천한 사람도 성상의 교화 속에 들어 있습니다. 이에 지어 올린 대책(對策)이, 문사(文辭)와 의리(義理)가 얕고 짧으니 어찌 응제(應製)한 여러 신하들의 작품 사이에 끼일 만하였겠습니까마는, 크나큰 성상의 은혜가 미천한 신에게 과분하게 내렸고 심지어 전아(典雅)하고 순정(純正)하다는 칭찬까지 받았습니다. 황종(黃鐘)이 걸려야 할 자리에 질그릇이 내걸리고[115] 난장이가 태산을 짊어진 형상이니, 분수에 맞지 않은 영광은 실로 신에게는 재앙이 됩니다.

멸사봉공할 날은 많이 남지 않았고 단지 성상의 은총만 욕되게 할까 봐 염려하고 있던 중에, 설부(雪賦)를 지어 올리는 영광과 품질을 뛰어 제수하시는 은총이 잇달았습니다. 대궐 뜰에서 전문(箋文)을 올리게 하시고 내각(內閣)에 잔치를 열어 주셨으니, 모두가 특별히 융숭한 사랑이어서 은혜가 골수에 스며들어 몽매간에도 마음이 떨립니다. 예로부터 문예(文藝)의 신하로서 임금께 인정을 받은 자를 어찌 헤아릴 수 있겠습니까만, 한마디 칭찬하는 말씀을 들으니 곧바로 종신(終身)의 영광이 되었습니다.

신은 하찮은 말단의 기예로 세상에 아주 드문 지우를 받아, 외람되이 총애와 칭찬을 받은 것이 한두 번이 아닙니다. 하물며 성명(聖明)의 조정이며 크게 변혁하는 시기인 경우이겠습니까? 그리고 필부

115 황종(黃鐘)이……내걸리고 : 황종은 십이율려(十二律呂)의 기본음을 내는 악기로, 현인 군자를 비유하며 질그릇은 소인이나 불초한 자를 비유하는 말인데, 여기서는 재능이 있는 자와 없는 자를 비유하였다. 전국 시대 초나라 굴원(屈原)의 〈복거(卜居)〉에 "세상이 혼탁하여 맑지 아니하니, 매미 날개를 무겁다고 하고 천균을 가볍다 하며, 황종이 버려지고 질그릇이 크게 울어 대네.〔世溷濁而不淸, 蟬翼爲重, 千鈞爲輕, 黃鍾毁棄, 瓦釜雷鳴.〕"라고 하였다.

(匹夫)로서 타인에게 인정을 받더라도 더러 자기 목숨을 버리면서까지 보답을 하는 자도 있는데, 하물며 지존(至尊)에게 받은 경우이겠으며, 하물며 신처럼 미천한 자인 경우이겠습니까? 태양을 향하는 해바라기 같은 충정은 멀리 있을수록 더욱 깊어지고, 목숨을 바치고 띠풀을 묶어 보답하고자 하는 소망[116]은 죽을 나이가 되자 더욱 돈독해집니다. 마음에 새기고 뼈에 새겨 항상 두려운 마음을 지니고 있습니다. 이번에 정중하신 하문이 먼 변방에까지 내려온 것은 미천한 신이 감당할 바가 더욱 아닙니다만, 성상의 명령을 어기기가 어려운지라 삼가 조목별로 대답을 올립니다. 문장의 우열을 어찌 망녕되이 평론할 수 있겠습니까. 죽음을 무릅쓰고 진달하여 삼가 성상의 재결을 기다립니다. 두려운 마음으로 엎드리니 감격의 눈물이 흘러내립니다. 삼가 백배하고 머리를 조아려 글을 올리며, 시를 덧붙입니다."

하였다. 시는 다음과 같습니다.

• • • • •

116 목숨을……소망 : 위진 시대 진(晉)나라 무제(武帝) 때에 이밀(李密)이 지은 〈진정표(陳情表)〉에 "원하건대 폐하께서는 신의 정성을 불쌍히 여기시고 하찮은 신의 뜻을 들어주소서. 신의 조모 유씨가 다행히도 여생을 보전할 수 있게 된다면, 신은 살아서는 폐하께 목숨을 바칠 것이고 죽어서는 띠풀을 묶어 보답할 것입니다.〔願陛下矜憫愚誠, 聽臣微志. 庶劉僥倖, 卒保餘年, 臣生當隕首, 死當結草.〕" 하였다. 후세에는 운결(隕結)로 줄여서 썼다. 여기에 쓰인 결초(結草)는 결초보은의 줄임말인데, 춘추 시대 진(晉)나라 위과(魏顆)의 고사에서 온 것이다. 《춘추좌전》 선공(宣公) 15년 조에 "진(秦)나라 환공(桓公)이 진(晉)나라를 쳐서 보씨(輔氏) 지역에 주둔하고 있었는데, 위과가 진(秦)나라 군대를 물리치고 그 장사〔力士〕인 두회(杜回)를 사로잡았다. 예전에 위과의 아버지 위무자(魏武子)가 병이 들었을 때에 자기의 폐첩(嬖妾)에 대해 아들 위과에게 말하기를 '이 사람을 반드시 개가(改嫁)시켜 주거라.'라고 하였는데, 병이 위독해져서 죽음에 임박해서는 말하기를 '이 사람을 반드시 순장(殉葬)시켜다오.'라고 하였다. 아버지가 죽은 뒤에 위과는 그 여인을 개가시키고 말하기를 '위독하실 때에는 정신이 혼미하셨으니, 나는 정신이 맑으실 때에 하신 말씀을 따른 것이다.'라고 하였다. 보씨 지역에서 진(秦)나라 군대와 전투를 하면서 보았더니, 어떤 노인이 길가의 띠풀을 묶어서 매듭을 짓고 있었고, 두회의 말이 여기에 걸려 넘어졌으므로 생포할 수 있었다. 그날 밤 꿈에 그 노인이 위과에게 말하기를 '나는 그대가 개가시킨 여자의 아비이다. 그대가 그대 부친이 정신이 맑을 때에 한 말을 따랐기 때문에 내가 이렇게 보답한 것이다.' 하였다." 하였다.

성인께서 만물을 여시고[117]	聖人開萬物
융성한 국운에 백관들을 신칙하셨네	熙運勅群工
문명의 교화를 크게 천양하니	丕闡文明化
정시의 풍조에 밝은 빛이 감돌았네	光廻正始風
기자의 나라에 황극이 거듭 펴지고	箕邦敷極再
규장각엔 별들이 모여[118] 함께하네	奎閣聚星同
사도가 이제 위로 돌아가니	師道今歸上
하늘이 일찍이 동방을 도우신 것이라네	天心夙佑東
우 임금 문덕(文德)은 보전에서 징험되고	禹文徵寶篆
요 임금 위무(威武)는 신궁에서 볼 수 있네[119]	堯武覯神弓

• • • • •

117 성인께서 만물을 여시고 : 만물을 연다는 것은 개물성무(開物成務)에서 나온 말이다. 《주역》 〈계사전 상(繫辭傳上)〉에 "《역》은 무엇을 하는가? 《역》은 만물을 열어 사업을 이루어 천하의 도를 포괄하니 이와 같을 뿐이다.〔夫易, 何爲者也? 夫易, 開物成務, 冒天下之道. 如斯而已者也.〕"라고 하였다. 개물성무는 본의(本義)에는 "점〔卜筮〕을 쳐서 길흉을 알아서 사업을 이룬다."라고 풀이하였고, 공영달(孔穎達)은 "만물의 뜻을 개통(開通)시켜 천하의 일을 성취한다."라고 풀이하였다. '만물의 이치를 환히 안다.' 또는 '만물을 모두 각각의 지향대로 살아가게 한다.'라는 말이다. 여기서는 정조가 새로운 시대를 열었다는 뜻으로 쓴 듯하다.

118 별들이 모여 : 인재가 모였다는 뜻으로, 대개 두 가지 고사가 전해지고 있다. 첫째, 송나라 영주(潁州)에 취성당이라는 당(堂)이 있었는데, 구양수가 1050년 영주에 있을 때 취성당에서 눈이 오는 날 빈객들과 시를 지으면서, 눈을 읊을 때에 흔히 등장하는 옥(玉), 월(月), 이(梨), 매(梅), 연(練), 서(絮), 백(白), 무(舞), 아(鵝), 학(鶴), 은(銀) 등의 글자를 넣지 않고 짓게 했는데, 그 뒤 소동파가 1091년 11월 구양수의 규칙을 따라 〈취성당설(聚星堂雪)〉이라는 글을 지었다. 둘째, 후한의 명사 진식(陳寔)이 두 아들과 함께 순숙(荀淑)을 찾아가 팔룡(八龍)이라 불리는 순숙의 여덟 아들과 한자리에 모인 적이 있었다. 당시에 천문을 담당하던 태사(太史)가 하늘에 덕성(德星)이 모두 모여 있는 것을 보고, 500리 안에 현인들이 모였다고 천자에게 아뢰었다. 그 뒤 이들이 있던 곳의 정자를 취성정(聚星亭)이라 불렀다. 송나라 주희(朱熹)가 그 정자를 수리하고 당시의 상황을 그린 병풍을 만들어 서문과 찬(贊)을 지었다.

119 요 임금……있네 : 정조(正祖)의 활솜씨를 요 임금의 솜씨에 비유한 표현인 듯한데, 자세한 뜻은 미상이다. 《정조실록》에 의하면, 정조는 1792년(정조16) 10월부터 누차 춘당대에 가서 활쏘기를 했는데, 12일부터는 10순(巡)씩을 쏘았고, 11월과 12월에는 여러 차례의 활쏘기에서 모두 49발씩 명중시켰다.

우뚝 저 은하수처럼 아름답구나[120] 倬彼昭回象
아아, 규범에 맞게 주조해 주시는 공효여 猗歟鑄範功
넉넉한 빛으로 하찮은 풀밭에 비춰 주니 餘光分草莽
미물들까지 그 보살핌 안에 다 들었네 微物囿帡幪
금문에서 가까이 함께 모셨고[121] 供奉金門邇
옥부에도 향기가 두루 통했네[122] 馨香玉府通
교정 일에 참여한 지 몇 해이던가 幾年參校對
오래도록 환한 보살핌 듬뿍 받았지 長日沐昭融
경학 해설한 유향(劉向)[123]에게 감히 견주고 敢擬傳經向
부(賦) 바친 양웅(揚雄)[124]을 외람되이 추종하네 叨追獻賦雄
길을 묻자니 늙은 말보다도 못하고[125] 問途憐老馬

• • • • •

120 우뚝……아름답구나 : 《시경》 〈운한(雲漢)〉에 "환히 밝은 저 운한이여, 빛이 하늘을 따라 도는구나.〔倬彼雲漢, 昭回于天.〕" 하였다. 〈운한〉은 주나라 선왕(宣王)을 찬미한 시라고 한다. 여기서는 정조를 찬미하기 위해 따온 것이다.

121 금문(金門)에서……모셨고 : 1778년(정조2)에 용양위 부사과(龍驤衛副司果)를 지낸 것을 가리키는 듯하다.

122 옥부(玉府)에도……통했네 : 1781년 교서관 교리에 제수되었고 1783년 흥해 군수(興海郡守)로 나갔다가 1787년 다시 교서관 교리가 되었다. 옥부는 서고(書庫)를 가리키는 말로 쓰이는데, 여기서는 교서관을 가리키는 듯하다.

123 경학 해설한 유향(劉向) : 유향은 전한(前漢) 때의 학자이다. 《열녀전(列女傳)》, 《설원(說苑)》 등을 지었다. 당(唐)나라 두보(杜甫)의 〈추흥(秋興)〉에 "광형처럼 상소를 올려도 공명은 하찮고 유향처럼 경학을 풀이하자니 마음이 맞지 않네.〔匡衡抗疏功名薄, 劉向傳經心事違.〕" 하였다.

124 부(賦) 바친 양웅(揚雄) : 한나라 때의 인물로서, 《태현경(太玄經)》, 《양자법언(揚子法言)》 등을 저술하였다. 성제(成帝)에게 〈감천부(甘泉賦)〉, 〈하동부(河東賦)〉, 〈장양부(長楊賦)〉 등을 지어 올렸다.

125 길을……못하고 : 《한비자》 〈설림 상(說林上)〉에 "관중(管仲)과 습붕(隰朋)이 환공(桓公)을 따라 고죽(孤竹)을 정벌하였는데, 봄에 나가서 겨울에 돌아오다가 길을 잃었다. 관중이 말하기를 '늙은 말이 소용이 있을 것입니다.' 하고, 늙은 말을 풀어놓고 그 뒤를 따라가서 드디어 길을 찾았다." 하였다. 후대에는 대개 원로대신에게 자문을 구하는 것을 비유하는 말로 쓰였다. 자기 자신이 늙은 말처럼 지혜롭지 못하다는 비유로 쓴 듯하다.

시절을 아는 것은 미물 곤충에 부끄럽네	知候愧微蟲
다행히 두루 생성해 주심에 의지하여	幸賴生成遍
기쁘게도 공변된 비와 이슬에 푹 젖었네	欣霑雨露公
우리 임금 포상은 해를 겸한 듯 환하고	袞褒兼日煥
우리 임금 비점은 노을처럼 붉어라	天批降雲紅
전아하단 칭찬이 어찌 신의 솜씨 때문이랴	馴雅寧臣技
선발에 오른 것은 오직 성상 은총 덕분이지	升掄獨帝衷
전문에 절을 하니 궁궐 계단이 엄숙하고	拜箋螭陛肅
품질 뛰어 제수하시니 병부(兵符)가 우뚝했네	超秩虎符崇
은혜로운 전별연이 선부(仙府)에 내렸었고	寵餞聯仙列
성상의 자문이 변방에까지 이르렀네	恩諮及塞中
상께서 내리신 특별한 은총 넉넉하니	有天滋異眷
미천한 이 몸은 몸 둘 곳을 못 찾겠네	無地置微躬
은덕을 갚자니 동해도 도리어 얕지만	報德桑溟淺
수령 임무 맡은 곳이 숙신 땅 변방이라[126]	分憂肅野窮
홀로 천 리 꿈길을 달려	獨馳千里夢
길이 만 년 궁궐을 둘러보네	長繞萬年宮
공경히 해바라기의 충심을 본받아	敬效傾葵悃
시를 올려 성상께 보은하네	陳詩報上穹

통정대부 행 보령 현감(行保寧縣監) 오정근(吳正根)은 공경히, 내각이 옮겨 적어서 반포한, 홍문관 교리 이동직(李東稷)의 상소에 대한 성상의 비답 1통을 받았습니다. 이어서 내리신 유지(有旨)에, 신으로 하여금 감사(感

126 숙신 땅 변방이라 : 숙신은 기원전 5~6세기경 백두산 북동쪽 지역에 살던 종족으로 성대중이 부임한 함경도 북청(北靑)도 숙신 지역에 속하였다는 뜻으로 말한 듯하다.

謝)하는 글을 지어 올리도록 하셨습니다. 신은 몹시 황공하여 머리를 조아리며 삼가 시(詩)를 받들어 올리며, 아울러 서(序)를 덧붙여 올립니다.

삼가 아뢰니다. 주왕(周王)이 다사(多士)를 격려하던 시대[127]에 태어난 자는 평범한 사람도 흥기하여 준걸이 되며, 명주(明主)의 칭찬하는 한마디 말씀을 받은 자는 솜옷이 패옥보다 문채가 납니다.[128] 은혜로운 성상의 윤음을 받고 감격의 눈물이 비 오듯 흐릅니다.

삼가 생각건대, 신은 문자(文字)나 다루는 하찮은 사람이고 분주히 잡일에 뛰어다니는 미천한 사람으로서, 일찍 공령(功令)[129]을 배워 그저 녹봉이나 받고자 하였는데, 만년에 성명(聖明)을 만나 문치(文治)의 교화에 젖었습니다. 친림하신 시험에서 이름이 갑과(甲科)에 올랐고,[130] 기문(期門)[131]의 말단 벼슬아치로서 글이 을람(乙覽)에 들었습니다. 아름다운 부

•••••

127 주왕(周王)이……시대 : 《서경》 〈다사(多士)〉에 의하면, 무왕(武王)과 주공(周公)이 은(殷)을 멸망시킨 뒤에 은나라 유민들을 낙읍(洛邑)으로 옮기고 이들을 격려하며 함께 새로운 출발을 하자고 다짐하였다. 여기서는 못난 자기들에게 은혜를 베풀어 준 정조(正祖)를 무왕에 견주어 말한 듯하다.

128 명주(明主)의……납니다 : 송나라 양만리(楊萬里)의 《성재역전(誠齋易傳)》 〈대유(大有)〉에 "이러한 때에 태어나면, 비록 초구처럼 교제가 없어서 진출하기는 어렵지만, 솜옷이 패옥보다 훌륭하고 물을 마셔도 진수성찬을 먹는 것보다 맛이 있다.〔生斯時, 雖如初九无交而難進, 縕袍華于佩玉, 飮水甘于列鼎.〕" 하였다. 화천(火天) 〈대유괘〉의 육오(六五)의 음효가 군주의 자리에 있으면서 명주를 상징한다. 《어람경사강의(御覽經史講義)》에는 《춘추(春秋)》의 법을 논하면서 "한 글자의 칭찬이 화곤보다 영광스럽고 한 글자의 비판이 부월보다 엄하다.〔一字之褒, 榮於華袞. 一字之貶, 嚴於斧鉞.〕" 하였다. 오정근의 글은 이러한 내용들을 염두에 두고 쓰인 것이다.

129 공령(功令) : 오늘날의 규정이나 법령이라는 말과 같은데, 대개는 과거 시험의 일정한 방식을 가리키는 말로 쓰였다.

130 친림하신……올랐고 : 《일성록》과 《승정원일기》 정조 13년 1월 29일 기사에 의하면, 오정근은 오위장으로서 금직(禁直)하던 중에 부(賦)에 응제(應製)하여 수석을 차지하였으므로, 이날에 대록비〔大鹿皮〕 1령(令)을 하사받았다. 정조 15년 6월 24일 기사에 의하면, 이날 보령 현감에 제수되었다.

131 기문(期門) : 한(漢)나라 때에 군주를 호종하거나 궁궐의 호위를 담당하던 관직명인데, 여기서는 오위도총부 또는 오위장의 벼슬을 가리키는 말로 쓰였다.

제(賦題)가 찬란하니 광채가 은한(銀漢)의 문장(文章)을 나누었고, 흰 실 꿰맴이 휘황하니[132] 은총으로 천부(天府)의 물품을 하사하신 것입니다.

하읍(下邑)의 죄인을 사면함에 미쳐서는[133] 하나의 사물도 자애로운 사랑을 입지 아니한 것이 없습니다. 어찌 생각이나 했겠습니까, 옥서(玉署)에 비답을 내려 문체를 논하는 때에, 토고(土鼓)를 치며 빈아(豳雅)를 부는 부류들[134]까지 함께 헤아려 주실 줄을. 큰 용광로에서 주조한다면, 좋은 쇠가 어찌 뛰면서 울 필요가 있겠습니까.[135] 단비가 내려 이미 푹 적시었다면, 좋은 화훼가 땅을 가리지 않고 산출됩니다. "내가 오색 무늬로 수놓은 듯한 아름다운 문장을 보고자 한다."[136]라고 하신 것은

• • • • •

132 흰 실 꿰맴이 휘황하니 : 오정근이 1789년(정조13) 1월 29일 하사받은 사슴 가죽으로 옷을 짓고 그 옷의 아름다움을 《시경》의 구절을 따와서 표현한 것이다. 《시경》 〈고양(羔羊)〉에 "염소 갖옷 흰 실로 다섯 군데를 꿰매었네. 집에 와서 밥 먹으니 그 모습이 의젓하네.〔羔羊之皮, 素絲五紽. 退食自公, 委蛇委蛇.〕" 하였다. 염소와 양의 가죽은 갖옷을 만드는 재료이고 그 갖옷은 대부(大夫)가 집에서 입는 옷이라고 한다. 〈고양〉은 문왕의 정치에 벼슬아치들이 모두 검소하고 정직하게 교화된 것을 읊은 시이다.

133 하읍(下邑)의……미쳐서는 : 《일성록》과 《승정원일기》 정조 16년 8월 2일 기사에 의하면, 충청 감사 이형원(李亨元)이, 보령현의 세곡(稅穀)을 때늦게 실어 보낸 일로 해당 현감 오정근을 처벌할 것을 보고하니, 용서하고 잉임하도록 명하였다. 정조 17년 5월 25일 기사에도 보령 현감 오정근을 용서하라는 전교가 나온다.

134 토고(土鼓)를……부류들 : 《주례》 〈춘관종백(春官宗伯) 약장(籥章)〉에 "국가가 토지신에게 풍년을 기원할 때에는 빈아를 피리로 불고 토고를 두드려 전준을 기쁘게 한다.〔凡國祈年于田祖, 則龡豳雅, 擊土鼓, 以樂田畯.〕"라고 하였다. 전준은 농신(農神)과 관원을 가리킨다고도 한다. 빈아는 《시경》 〈빈풍(豳風) 칠월(七月)〉을 말한다고도 하고 농사일을 읊은 다른 시들을 가리키는 말이라고도 하는데, 모두 농가(農歌)를 말한다. 여기서는 오정근이 보령 현감으로 부임해서 농민들과 함께 생활하는 것에 대한 비유로 쓴 것인 듯하다.

135 큰 용광로에서……있겠습니까 : 《장자》 〈대종사(大宗師)〉에 "지금 대장장이가 쇠를 녹여 기구를 만들고 있는데, 쇳물이 뛰어오르면서 말하기를 '나는 반드시 막야검이 되어야겠다.'라고 한다면, 대장장이는 필시 그 쇳물을 상서롭지 못하다고 여길 것이다."라고 한 데에서 따온 말이다. 여기서는 군주가 훌륭한 정치를 하여 인재를 제대로 양성하고 활용한다면 인재가 스스로 나서서 얘기할 필요가 없다는 뜻으로 인용하였다.

136 내가……한다 : 1792년(정조16) 11월 6일, 정조가 부교리 이동직에게 내린 비답에 이가환의 문장에 대해서 말하기를 "아름답고 고운 문장은 양지쪽 사람들에게 양보하고, 〈이소(離騷)〉와 〈구가(九歌)〉를 빌려 생각을 읊어 낸 것이다. 어찌 이가환이 좋아서 그렇게 한

다 함께 태소(太素)의 본원으로 돌아가고자 하신 것이고, 미루어 "팔황을 뜰이나 거리와 같게 보겠다.〔庭衢八荒〕"[137]라고 하신 데에 이르면, 한 가지 작은 기예까지 모두 거두어 쓰고자 하신 것입니다. "기자(箕子) 홍범(洪範)의 탕탕(蕩蕩)한 법도를 따른다."[138]라고 하신 것은 좋아하는 방향을 펴 보임이고, 왕국(王國)에 현인이 많음을 논한 것은 그 아름다움의 뒤를 따르게 하신 것입니다.[139]

대개 성왕(聖王)의 정치와 교화를 입으면 반드시 서인(庶人)의 풍요(風謠)에 징험됩니다. 그래서 황수(黃收) 차림으로 강구(康衢)에 내려가 격양(擊壤)의 곡조를 먼저 물었고[140] 주현(朱絃)을 청묘(淸廟)에 올릴 때

•••••

것이겠는가."라고 하였다. 그리고 이가환에 대해 정조는 정상적인 문체로 돌아올 것이라는 희망을 피력하였다.

137 팔황을……보겠다 : 1792년 11월 6일, 정조가 부교리 이동직에게 내린 비답에 "침전의 편액(扁額)에 '탕탕평평실(蕩蕩平平室)'이라고 쓰고 '정구팔황(庭衢八荒)'이라는·네 글자를 큰 글씨로 써서 여덟 개의 창문 위에 붙여 놓고 아침저녁으로 이를 돌아보며 나의 좌우명로 삼았다."라고 하였다. 정구팔황은, 위진 시대 위(魏)나라 유령(劉伶)이 지은 〈주덕송(酒德頌)〉에 "어떤 대인선생(大人先生)이 있는데, 천지(天地)를 하루아침으로 여기고 만년〔萬期〕을 잠깐 사이로 여기고 일월(日月)을 창문으로 여기고 팔황을 뜰이나 거리로 여긴다."라고 한 데에서 따온 말이다.

138 기자(箕子)……따른다 : 1792년 11월 6일, 부교리 이동직에게 내린 비답에, 정조는 《서경》 〈홍범(洪範)〉에서 인용하여, 침전의 편액을 '탕탕평평실'이라고 달았다.

139 왕국(王國)에……것입니다 : 《시경》 〈문왕(文王)〉에 "대대로 드러나지 아니하냐? 그 계획이 공들인 것이구나. 아름다운 선비들이 이 왕국에 태어났네. 왕국에 태어나서 주나라 정간이 되었구나. 많고 많은 선비들이여, 문왕이 그들을 써서 편안하셨네.〔世之不顯, 厥猶翼翼. 思皇多士, 生此王國. 王國克生, 維周之楨. 濟濟多士, 文王以寧.〕" 하였다. 이 시는 주나라에 현인이 많았으므로 문왕이 정치를 잘할 수 있었다는 내용이다.

140 황수(黃收)……물었고 : 황수는 일반 백성이 쓰는 누런색의 모자를 말하니, 평민 복색을 비유하는 말이다. 《열자》 〈중니(仲尼)〉에 "요 임금이 천하를 다스린 지 50년 만에 천하가 제대로 다스려지는지를 보려고 미복 차림으로 길거리에 나갔더니 아동들이 동요를 부르고 있었다." 하였다. 이것을 강구요(康衢謠)라고 한다. 또한 요 임금 때에 태평성대가 이루어지자 어떤 노인이 길거리에서 땅을 두드리면서 노래를 불렀다고 하는데, 이것을 〈격양가(擊壤歌)〉라고 한다.

에 저토(罝兎)의 악장(樂章)까지 두루 채택했습니다.[141] 은(殷)나라 예법을 유문(遺文)에서 찾으니 송(宋)나라에 충분한 증거가 있었고,[142] 열국(列國)에서 주(周)나라 음악을 듣자 회(鄶)나라 이하에 대해서는 품평이 없었습니다.[143]

한(漢)나라, 당(唐)나라, 송(宋)나라, 명(明)나라 이래로는 거칠고 평이하고 괴벽하고 올바른 문장의 차이가 더욱 드러납니다. 사마천의 《사기(史記)》는 참으로 장관이나, 연(燕)나라 저잣거리 검객 노래의 풍조를 띠었고,[144] 한자(韓子)는 조금 순정하나, 용문(龍門)을 도끼와 끌로 뚫

•••••

141 주현(朱絃)을……채택했습니다 : 《예기》 〈악기(樂記)〉에 "청묘의 슬은 줄이 붉고 소통하는 구멍이 있으며, 한 사람이 창을 하고 세 사람이 탄성을 내니, 긴 여운이 있다.〔淸廟之瑟, 朱弦而疏越, 壹唱而三歎, 有遺音者矣.〕"라고 하였다. 청묘는 문왕(文王)의 사당 또는 문왕의 사당에 제사할 때에 사용하는 악장 〈청묘〉를 일컫는다. 〈청묘〉는 《시경》 〈주송(周頌)〉에 들어 있다. 청묘에 주현을 올린다는 것은 문왕을 제사하면서 음악을 연주한다는 뜻이다. 저토(罝兎)는 그물로 토끼를 잡는다는 뜻인데, 《시경》 〈토저(兎罝)〉를 말한다. 〈토저〉는 문왕의 교화로 훌륭한 인재가 많아져서 늠름한 무부(武夫)들이 공후(公侯)의 간성(干城), 호구(好仇), 복심(腹心)이 된다는 내용의 시인데, 그물을 쳐서 토끼를 잡는 하찮은 시골 사람도 그 재주가 쓸 만하다는 것으로 홍(興)을 일으켰다.

142 은(殷)나라……있었고 : 《중용장구》 제28장에 "내가 은례를 배웠으니, 송(宋)나라가 있다.〔吾學殷禮, 有宋存焉.〕" 하였다. 은나라의 예법 제도가 은나라 후손의 나라인 송나라에 남아 있다는 뜻이다.

143 열국(列國)에서……없었습니다 : 《춘추좌전》 양공(襄公) 29년에 의하면, 오(吳)나라 계찰(季札)이 노(魯)나라에 갔을 때에 열국의 노래와 춤을 듣고 보며 품평을 했다. 주(周)나라 음악인 주남과 소남에서부터 패(邶), 용(鄘), 위(衛) 등의 노래에 대해서 품평하는 말을 하였는데, 회(鄶) 이하에 대해서는 품평하지 않았다. 너무 작은 나라여서 품평할 가치가 별로 없다고 여긴 것이다. 이후로 회하무기(鄶下無譏), 자회무기(自鄶無譏) 등은 '미미해서 말할 가치도 없다'는 뜻으로 쓰였다.

144 연(燕)나라……띠었고 : 연시(燕市)는 전국 시대 연나라의 수도 또는 그 도성의 저잣거리를 일컫는 말인데, 오늘날의 북경 지역이다. 이곳에서 자객 형가(荊軻)가 날마다 개백정 및 고점리(高漸離) 등과 어울려 신세를 한탄하며 술을 마셨다고 한다. 나중에 형가는 연나라 태자(太子) 단(丹)의 요청을 받고 진 시황을 암살하러 갔다가 성공하지 못하였다. 형가가 떠나면서 노래하기를 "바람이 쌀쌀하고 역수가 차갑구나. 대장부 한 번 가면 돌아오지 않으리라.〔風蕭蕭兮, 易水寒. 壯士一去兮, 不復還.〕"라고 하였다고 한다.

은 자취를 드러냈습니다.[145] 자양(紫陽)의 진유(眞儒)[146]가 출현하지 않았다면 누가 황종(黃鍾) 대악(大樂)의 온전함을 볼 수 있었겠습니까. 마치 큰 폭포가 여량(呂梁)[147]에서 쏟아지는 듯하면서도 맑고 고요히 멈춘 물이 명경(明鏡) 같았고, 천리마를 타고 험준한 언덕을 달리는 듯하면서도 온화하여 마치 평탄한 길에 방울소리 맞추어 달리는 것과 같았습니다. 그런데 대체 어찌하여 총령(蔥嶺) 이학(異學)[148]의 말류가 점차 패관야설(稗官野說)의 선구(先驅)가 되었단 말입니까. 비유하자면 신불해(申不害)와 한비자(韓非子)[149]가 도덕(道德)에 근원을 두었지만 단지 성로(聖路)만 막은 것이 아닌 것과 같으며, 마치 정(鄭)나라와 위(衛)나라의 음악이 아음(雅音)을 어지럽혀 드디어는 예원(藝苑)을 다 막아 버린 것과 같습니다.

대개 군사(君師)가 윗자리에서 가르치지 못한 지가 2000년이 넘었으

• • • • •

145 한자(韓子)는……드러냈습니다 : 한자는 고문(古文) 운동을 주도한 당나라 한유(韓愈)를 말한다. 용문을 뚫었다는 것은 우 임금이 용문산을 굴착했다는 고사에서 나온 말로, 주로 시문(詩文)에 작위(作爲)의 자취가 있음을 비유하는 말로 쓰였다.

146 자양(紫陽)의 진유(眞儒) : 송나라 주희(朱熹)를 가리킨다. 주희의 아버지 주송(朱松)이 일찍이 자양산(紫陽山)에서 글을 읽었고 나중에 주희가 자신의 서실을 '자양서실(紫陽書室)'이라 명명하여 잊지 아니한다는 뜻을 표시하였다. 그 뒤 '자양'은 주희의 별칭으로 쓰였다.

147 여량(呂梁) : 산서성(山西省) 서부(西部)에 있는 산 이름이다. 《서경》 〈우공(禹貢)〉에 "양산과 기산을 다스렸다.〔治梁及岐〕"라고 하였는데, 채침(蔡沈)의 주석에 "용문산을 뚫지 않고 여량산을 파기 전에는 황하가 맹문(孟門) 위로 나왔다." 하였다. 황하에 홍수가 나서 물이 맹문산(孟門山)을 넘어 역류하자 우 임금이 용문산을 뚫고 여량산을 파서 물길을 냈다는 것이다. 또한 강소성(江蘇省) 동남쪽에 있는 강 이름이라고도 하는데, 물길이 매우 사납기로 유명하다. 《장자》 〈달생(達生)〉에 "공자가 여량을 관광하는데, 쏟아지는 폭포의 높이가 30길이나 되고 그 아래의 물보라가 40리나 이어졌다. 물고기나 자라 같은 물에 사는 것들이 들어가 놀 수가 없었다.〔孔子觀於呂梁, 縣水三十仞, 流沫四十里, 黿鼉魚鱉之所不能游也.〕"라고 하였다. 《열자》 〈황제(黃帝)〉에도 같은 내용이 실려 있다. 오정근은 이 두 가지 고사를 섞어서, 주희의 문장을 비유하는 말로 사용한 듯하다.

148 총령(蔥嶺) 이학(異學) : 총령은 238쪽 주40 참조. 이학은 이단의 학문이라는 뜻이다.

149 신불해(申不害)와 한비자(韓非子) : 신불해와 한비자는 전국 시대의 법가(法家) 사상가이다.

며,[150] 그 말류가 더욱 낮아졌다는 탄식을 하신 지가 15년쯤 지났습니다. 아, 우리 대성인(大聖人)의 과화존신에 소중화(小中華)의 문치(文治)가 크게 흥기하였습니다. 전모 고명(典謨誥命)의 문사(文辭)[151]를 발휘하여 천지(天地)에 중화(中和)를 세우셨고, 규구준승(規矩準繩)의 법칙을 내걸어, 혼란한 나라에 신실하고 화순한 태평 시대를 이루었습니다. 운소(雲韶)가 조화를 이루었으니 사수(泗水) 물가의 돌도 버리지 아니하였으며,[152] 대하(大廈)를 지을 때인지라 작은 언덕의 소나무도 갖다 썼습니다.[153]

신에 대해 올바른 자취를 공경히 따랐다고 하시며 신에게 칭찬하는 윤음을 내려 총애를 보이셨습니다만,[154] 신은 자취는 매우 외롭고 천하며 학문은 본래 공허하고 소활합니다. 어릴 때 가정에서 익힐 적에는 총림

• • • • •

150 군사(君師)가……넘었으며 : 하(夏)·은(殷)·주(周) 삼대 때에는 성인(聖人)이 군주의 지위에 있었으므로 임금과 스승이 둘로 나누어지지 않았는데, 삼대 이후로는 성인이 군주의 자리에 앉지 못하였으므로 임금과 스승이 나누어지게 되었다. 이를테면, 덕을 갖춘 공자가 천자가 되지 못하였듯이, 임금과 스승이 나누어지게 된 지 2000년이 지났다는 말이다.

151 전모 고명(典謨誥命)의 문사(文辭) : 전모는 250쪽 주82 참조. 고명은 〈탕고(湯誥)〉, 〈대고(大誥)〉, 〈소고(召誥)〉 등과 〈열명(說命)〉 등을 말하니, 대개 《서경》의 문장을 가리킨다.

152 운소(雲韶)가……아니하였으며 : 운소는 황제(黃帝)의 음악인 〈운문(雲門)〉과 순 임금의 음악인 〈대소(大韶)〉을 병칭한 것으로, 대개 궁궐의 음악을 가리키는 말로 쓰였다. 원문의 '사빈(泗濱)'은 사수(泗水) 물가라는 말인데, 이곳에서 산출되는 돌이 경쇠를 만들기에 알맞았다고 한다. 《서경》 〈우공〉에 "그 공물은 오색 흙과 우산 골짜기의 여름 꿩과 역산 남쪽의 우뚝 자란 오동나무와 사수 물가의 뜬 경쇠돌이다.〔厥貢, 惟土五色, 羽畎夏翟, 嶧陽孤桐, 泗濱浮磬.〕" 하였다.

153 대하(大廈)를……썼습니다 : 대하는 큰 대궐을 뜻하니, 정조의 새로운 정치를 비유한 것이다. 《춘추좌전》 양공(襄公) 24년에 "작은 언덕에는 큰 송백이 없다.〔部婁無松柏〕" 하였다. 작은 언덕의 소나무도 갖다 썼다는 것은, 정조가 개혁 정치를 하면서, 인재를 모두 등용하여 각각의 크기에 따라 적재적소에 배치했다는 의미이다.

154 신에……보이셨습니다만 : 1792년(정조16) 11월 6일 부교리 이동직의 상소에 대해 내린 비답에 "성대중과 오정근이 공경히 올바른 길에 나아간 것을 내가 평소 좋게 여겨서 동등하게 이중으로 쓰고 윤음을 내려 장려하였다.〔成大中·吳正根之恭趨塗轍, 予雅好之. 等書二中, 褒加十行.〕"라고 하였다.

(叢林)의 소사(小史)[155]를 엿볼 수 없었고, 자라서 시골 마을을 지킬 때에는 형주(荊州)의 이서(異書)[156]를 빌릴 길이 없었습니다. 지식은 제가(諸家)를 두루 꿰기에 부족하여 한갓 유경(遺經)의 가르침만 지켰으며, 재주는 새로운 뜻을 발휘하기에 부족하여 단지 고인의 말씀만을 답습했습니다. 어찌 승묵(繩墨)을 준수할 능력이 있어서 이러한 화곤(華袞)보다 훌륭한 칭찬을 받았겠습니까. 청아(菁莪)의 지극한 교화[157]가 두루 통창하니 외람되이 사례하는 정성을 감히 펴고, 해바라기의 미천한 정성이 갑절로 깊으니 황송하게도 거친 글이나마 지어 바칩니다. 한 지역에서 교화를 밝힘은 비록 촉군(蜀郡)을 다스리던 문옹(文翁)에게 부끄럽지만,[158] 피폐한 백성을 백리(百里)에서 어루만지니 서호(西湖)를 다스리던 소식(蘇軾) 정도는 되고자 합니다.[159] 손 모아 절을 하고 시를 바칩니다.

• • • • •

155 총림(叢林)의 소사(小史) : 불교 서적을 가리키는 듯하다.

156 형주(荊州)의 이서(異書) : 남송 육유(陸游)의 시에 "좋은 술은 조나라의 화씨벽보다 구하기 어렵고, 이서는 흡사 형주를 빌리는 것만큼이나 구하기 어렵다.[名酒過於求趙璧, 異書渾似借荊州.]"라고 하였다. 위(魏)·촉(蜀)·오(吳) 삼국 시대에 유비가 손권에게 형주를 빌려서 돌려주지 않았다고 하는데, 형주는 위·촉·오 삼국의 격전지였다. 여기서 이서는 《삼국지》를 가리키는 말인 듯한데, 미상이다.

157 청아(菁莪)의 지극한 교화 : 청아는 《시경》 〈청청자아(菁菁者莪)〉를 말하는데, 집전(集傳)에는 "빈객을 맞아 술잔치를 베풀어 주는 시이다."라고 하였고, 모서(毛序)에는 "인재를 육성하는 것을 즐거워하는 시이다."라고 하였다. 후세에서는 대개 인재 양성을 비유하는 말로 인용해서 썼다.

158 한 지역에서……부끄럽지만 : 문옹(文翁)은 서한 경제(西漢景帝) 때에 촉군 태수(蜀郡太守)가 되어 성도(成都)에 학관(學官)을 설치하여 교육을 강화한 인물이다. 그는 입학한 자들에게는 요역(徭役)을 면제하고 성적이 우수한 자들은 군현의 관리로 삼았는데, 이로 인하여 촉군에 문풍(文風)이 크게 진작되었다. 《한서》 권89 〈순리전(循吏傳) 문옹〉에 나온다. 여기서는 오정근이 보령 현감으로 있으면서 지방관으로서의 치적을 문옹에게 견주어 보자면 부끄럽다는 의미이다.

159 피폐한……합니다 : 백리(百里)는 지방관이 맡아 다스리는 고을을 뜻한다. 여기서는 보령현이다. 서호(西湖)는 항주(杭州)에 있는 호수인데, 북송(北宋) 때에 시인 소식이(蘇軾) 항주를 다스릴 때에 서호의 범람을 막기 위해 제방을 쌓았고 이때에 함께 고생한 주민들에게 삶은 돼지고기를 나누어 주며 함께 먹었다고 한다. 이것을 동파육(東坡肉)이라 한다. 서호와 동파육은 대개 소식의 선정(善政)을 뜻하는 어휘로 사용한다.

천 년에 한 번 황하 맑아짐[160]이 우리 동방에 있으니　千一河淸屬大東
아름답고 밝은 정치 교화가 넘치도록 흡족하네　休明治敎協沖融
하도와 낙서의 법상은 현고를 다 담았고[161]　圖書法象傘玄古
규성과 벽성[162]의 문장은 푸른 하늘에 찬란하네　奎璧文章粲碧空
인재가 모두 변화한 것[163]을 이미 기뻐하시고도　已喜群材皆變豹
오히려 시대 문장이 기교 다툼할까 염려하네　尙憂時藝競雕蟲
요컨대 복색으로 정치 모습을 관찰하고　要將黼黻觀治像
아울러 용광로로 조화 일을 운용하네　竝就鑪錐運化工
신이 어떤 사람인데 골짜기에서 나왔을까[164]　臣是何人鸎出谷

• • • • •

160 천 년에……맑아짐 : 《예문유취》 〈수부(水部) 하수(河水)〉와 《태평어람》 〈지부(地部) 하(河)〉 등에 주나라 시로 소개된 일시(逸詩)의 구절이 채집되어 실려 있는데, 그 시에 "황하가 맑아지기를 기다리랴? 사람의 수명이 얼마나 되기에.〔俟河之淸, 人壽幾何.〕"라고 하였고, 이 시구는 《춘추좌전》 양공(襄公) 8년 조에도 실려 있다. 《책부원귀(冊府元龜)》 〈제왕부(帝王部) 징응(徵應)〉, 《사문유취》 등에는 "황하는 천 년에 한 번 맑아지는데, 황하가 맑아지면 성인이 탄생한다."라고 하였다. 대개 '하청(河淸)'은 '백년하청'이라는 용어로 많이 쓰이며, 황하는 본래 흐린 강이어서 맑아질 리가 없으므로, 부질없이 오랜 세월을 기다리는 것을 비유하지만, 여기서는 국가 부흥의 대전환기에 성군(聖君)이 나온 것을 뜻하는 말로 쓰였다.

161 하도와……담았고 : 하도(河圖)는 복희씨(伏羲氏) 때 황하(黃河)에서 나온 용마(龍馬)의 등에 새겨진 그림으로, 1에서 10까지의 숫자가 반점으로 배열되어 있었는데 복희씨가 이것을 보고 《주역》의 팔괘(八卦)를 그렸다고 하며, 낙서(洛書)는 하(夏)나라 우(禹) 임금 때 낙수(洛水)에서 나온 거북의 등에 그려져 있던 그림으로, 1에서 9까지의 숫자가 반점으로 배열되어 있었는데 나중에 기자(箕子)가 이것을 바탕으로 홍범구주(洪範九疇)를 지었다고 한다. 현고(玄古)를 다 담았다는 것은, 하도와 낙서의 그림 모양에, 오랜 옛날의 순박하던 시대의 모습이 다 담겨져 있다는 뜻으로 쓴 것인 듯하다.

162 규성과 벽성 : 문운(文運)을 주관하는 별자리이다. 그 때문에 문원(文苑)을 비유하는 말로 쓰였다.

163 변화한 것 : 《주역》 〈혁괘(革卦) 상육(上六)〉에 "상육은, 군자는 표범같이 변화하고 소인은 낯빛을 바꾸니, 가면 흉하고 정도(貞道)에서 지내면 길하다.〔上六, 君子豹變, 小人革面. 征, 凶, 居貞, 吉.〕"라고 하였다. 표변은 문채가 성대하게 변화하는 것을 뜻하는 말로 쓰인다.

164 골짜기에서 나왔을까 : 오정근이 서자로서 정조의 은총을 입어 벼슬길에 나왔음을 비유하는 말로 사용한 듯하다. 244쪽 주66 참조.

조정에 많은 길사들은 오동에 우는 봉황 같네[165]	朝多吉士鳳鳴桐
봉래에서 부를 바치니[166] 문사가 졸렬했고	蓬萊獻賦文辭拙
송계에서 책 읽으니[167] 임금 은총 융숭해라	松桂携書寵渥隆
교정 일 말고는 조금도 보답을 못 했더니	未效涓埃朱墨外
문득 오색구름 속에서 왕명을 받들었네	忽擎綸綍彩雲中
새와 짐승이 춤을 추니 소 음악 듣는 날이고[168]	蹌蹌鳥獸聞韶日
솔개와 물고기 활발하니 선비 기른 공효라네[169]	潑潑鳶魚造士功
하체까지 순무는 단비에 푹 젖었고[170]	下體葑菲滋化雨

• • • • •

165 오동에……같네 : 훌륭한 군주의 통치 아래에 훌륭한 인재들이 모여 있음을 비유하는 말이다. 《시경》〈권아(卷阿)〉에 "봉황이 나니 훨훨 날갯짓하여 제자리에 모였네. 왕에게 길사가 많으니, 군자가 부리는지라 천자를 사랑하네.〔鳳凰于飛, 翽翽其羽, 亦集爰止. 藹藹王多吉士, 維君子使, 媚于天子.〕"라고 하였고, 또 "봉황이 우는구나, 저 높은 언덕에서. 오동이 자라는구나, 저 동쪽 기슭에서.〔鳳凰鳴矣, 于彼高岡. 梧桐生矣, 于彼朝陽.〕"라고 하였다.

166 봉래(蓬萊)에서 부(賦)를 바치니 : 봉래는 대개 도가(道家)에서 말하는 봉래산(蓬萊山)을 말하는데, 비각(秘閣)의 뜻으로 쓰이기도 한다. 비각은 서책을 보관하는 장소를 말한다. 여기서는 규장각을 가리키는 말로 쓰인 듯하다.

167 송계(松桂)에서 책 읽으니 : 당나라 한유(韓愈)의 〈현재독서(縣齋讀書)〉에 "산수 좋은 고을에 수령으로 나가 솔과 계수 숲에서 글을 읽는다.〔出宰山水縣, 讀書松桂林.〕"라고 한 데에서 따온 말이다.

168 소(韶) 음악 듣는 날이고 : 소는 순 임금의 음악이다. 《서경》〈익직(益稷)〉에 "관악기와 도고를 설치하고 축과 어를 써서 음악을 합하고 멈추되, 생과 용을 번갈아 울리니 새와 짐승들이 춤을 추며 소 음악 연주를 아홉 번 하니 봉황이 와서 춤을 추었다.〔下管鼗鼓, 合止柷敔, 笙鏞以間, 鳥獸蹌蹌, 簫韶九成, 鳳凰來儀.〕"라고 하였다. 여기서는 순 임금 때에 태평성대를 이루어 새와 짐승들이 춤을 추었던 것처럼, 정조가 잘 다스려 태평한 시대가 왔음을 비유하는 말로 쓰였다.

169 솔개와……공효라네 : 《시경》〈한록(旱麓)〉에 "솔개는 날아 하늘에 이르고, 물고기는 못에서 뛰네.〔鳶飛戾天, 魚躍于淵.〕"라고 하였는데, 《중용장구》 제12장에 이 시를 인용하고 "위와 아래에 그 이치가 드러남을 말한 것이다.〔言其上下察也〕"라고 하였다. 그리고 이 《중용장구》의 주주(朱註)에 인용된 정자(程子)의 말에 "이 한 구절은 자사가 사람들을 배려한 아주 긴요한 곳으로 생동감이 넘친다.〔此一節, 子思喫緊爲人處, 活潑潑地.〕"라고 하였다. 정조가 인재 양성을 성공하여 만물이 각기 제자리를 찾았음을 비유하는 표현이다.

170 하체(下體)까지……젖었고 : 《시경》〈곡풍(谷風)〉에 "축축한 골바람에 흐리고 비 내리니, 힘써 마음 함께해야지 화낼 일이 아니라네. 순무를 캐는 것은 하체만 취하는 것 아니

곁가지도 해바라기는 봄바람에 누웠네[171]	旁枝葵藿偃和風
강구 동요[172]를 다시 올리고 봉인이 축수하노니[173]	衢謠更進封人祝
국운이 천년을 가고 경사가 풍성하옵소서	邦籙千年慶屢豐

부여 현감(扶餘縣監) 박제가(朴齊家)가 교지를 받들어 지어 올린 〈송건문(訟愆文)〉에,

"신이 지난해[174] 11월 10일 엎드려 유신(儒臣) 이동직(李東稷)의 상소에 대한 비답 1통을 내려보낸 것을 받들었더니, 성상의 문장이 찬란하고 성상의 평론이 정중하였습니다. 신은 지방 고을의 낮은 벼슬아치로서 이러한 특별한 은혜를 받고서 황공하고 감격하여 몸 둘 바를 몰랐습니다. 또 올 1월 3일에 삼가, 내각이 보내온 관문(關文)을 받아 보니, 여러 문신이 시문(詩文)을 지어 올려 자신을 비판한 전례를 따라서, 특별히 신에게 명하시어, 시와 산문을 지어 올리라고 하셨습니다.

생각건대 우리 성상께서는 문장의 풍조가 예스럽지 아니한 것에 대

• • • • •

니, 덕음이 어긋남 없다면 그대와 죽을 때까지 함께하리.〔習習谷風, 以陰以雨. 黽勉同心, 不宜有怒. 采葑采菲, 無以下體. 德音莫違, 及爾同死.〕"라고 하였다. 대개 하체는 단점을 비유하는데, 오정근이 부족한 자신이 정조의 보살핌을 듬뿍 받았음을 비유한 것인 듯하다.

171 곁가지도……누웠네 : 해바라기는 신하의 충성을 표현할 때에 비유로 드는 식물이다. "해바라기가 태양을 향함에 곁가지를 가리지 않는다."라고 한 선조의 말에서 따온 것이다. 바람에 누웠다는 것은 《논어》 〈안연〉에 "군자의 덕은 바람이고 소인의 덕은 풀이다. 풀은 그 위에 바람이 불면 반드시 눕는다."라고 한 데에서 따온 말인데, 위정자가 훌륭한 정치를 하면, 백성들은 자연히 따라온다는 의미이다. 여기서는 서얼까지도 임금의 교화에 따르고 있음을 비유한 것인 듯하다.

172 강구 동요 : 강구(康衢)는 다섯 갈래로 통하는 큰 거리를 말하는데, 대개 길거리를 비유하는 말로 쓰인다. 강구 동요는 길거리에서 불리는 아이들의 노래를 말한다.

173 봉인(封人)이 축수하노니 : 《장자》 〈천지(天地)〉에서 따온 말이다. 요 임금이 화(華) 지역을 유람할 때에 그 지역 국경을 지키던 사람이 요 임금을 위해서, 수(壽), 부(富), 다남자(多男子)로 축원을 하였다. 여기서는 보령 현감인 오정근 자신을 봉인에 견주고 정조를 요 임금에 견주어 축수를 한 것이다.

174 지난해 : 1792년(정조16)을 말한다.

해 조정에서 누차 탄식을 하시고, 신처럼 재주가 하찮은 사람까지도 채용하시어[175] 차근차근 잘 이끌어 주시어,[176] 저에게 대도(大道)를 보여 주시고,[177] 이끌어 진취하게 하여 큰일을 함께할 수 있는 자로 여기셨습니다. 신이 비록 완악하고 우둔하지만, 어찌 힘써 면려하여 스스로 분발하여 그 마무리를 도모하지[178] 아니하겠습니까.

신은 약관의 나이에 미약하나마 뜻을 품고 한두 명의 벗들과 함께 적막한 변방에서 고문(古文)을 주창하였습니다만, 이웃 사람조차도 찾아와서 물은 적이 없습니다. 실상 없는 명성으로 잘못 발탁되어 초야에서 조정에 오르고 나서는, 또 책을 베껴 쓰고 글을 교정하는 것이 직무였는데, 또한 일찍이 언론을 잘한다는 말을 들은 적이 없습니다. 문득 근년에 외람되이 특별한 은총을 받아, 글을 편찬하는 직임을 도맡기도 하고 응제(應製)하는 반열에 끼어들기도 하면서 왕왕 예원(藝苑)의 신하들과 앞서거니 뒤서거니 이름을 드러내면서는 엄연

• • • • •

175 채용하시어 : 원문은 '수봉비지채(垂葑菲之采)'이다. 《시경》 〈곡풍(谷風)〉에 "순무를 캐는 것은 하체만 취하는 것이 아니라네.〔采葑采菲, 無以下體.〕"라고 한 데에서 따온 말로, 대개 사람이 하찮다고 하여 그 말까지 버려서는 안 된다든지 단점이 있다고 하여 그 장점까지 버려서는 안 된다는 것을 비유하는 말로 쓰였다. 여기서는 박제가가, 자신이 하찮은 신분인데도 정조가 자신을 채용해 준 것에 대해 비유로 사용한 것이다.

176 차근차근……주시어 : 《논어》 〈자한(子罕)〉에 "부자께서는 차근차근 사람을 잘 이끌어 주시어, 나를 문으로써 넓혀 주시고 나를 예로써 요약해 주셨다.〔夫子循循然善誘人, 博我以文, 約我以禮.〕"라고 하였다. 여기서는 공자가 안연(顔淵)을 이끌어 준 것으로, 정조가 박제가 자신을 이끌어 주었음을 비유한 것이다.

177 저에게……주시고 : 《시경》 〈녹명(鹿鳴)〉은 군주가 신하들과 빈객들에게 잔치를 열어 주는 것을 읊은 시인데, 그 내용에 "사람들 중에 나를 좋아하는 이는 나에게 대도(大道)를 보여 줄지어다.〔人之好我, 示我周行.〕"라고 하였다. 대개 신하들을 잘 대우하면서 자문을 구하는 임금의 훌륭함을 비유하는 말로 쓰이는데, 여기서는 박제가에게 군주가 대도를 제시해 준다는 뜻으로 단장취의한 듯하다.

178 마무리를 도모하지 : 원문은 '도유궐종(圖惟厥終)'이다. 상(商)나라 군주 태갑(太甲)이 이윤(伊尹)에게 한 말에 "지난날에는 사보의 가르침을 어겨서 그 처음을 잘하지 못하였으나 이제 광구하는 덕을 힘입어 그 마무리를 도모하고자 합니다.〔既往, 背師保之訓, 弗克于厥初, 尚賴匡救之德, 圖惟厥終.〕"라고 하였다. 《書經 太甲中》

히 당세 문인들 가운데 한 자리를 차지하게 되었습니다. 신이 참으로 조금도 감당할 수 없습니다만, 스스로 행운이라고 여기는 것은 있습니다.

저 공자의 70인의 제자가 성인을 만나 스승으로 삼아 종신토록 배우며 싫증 내지 않았듯이, 신이 하찮은 기예로 직접 성군의 시대를 만나 10여 년 동안 문로(門路)를 잃지 아니한 것은, 어제(御製)를 교정한 힘이 큽니다. 심지어 비지(批旨) 가운데 신의 이름을 저작(著作)의 반열에 함께 거론하셨고, '맹단(盟壇)에 올라 소의 귀를 잡고 다시 대일통(大一統)의 권병을 밝히는 것을, 자기의 임무로 삼을 것이라고 나는 생각한다.'라는 말씀도 있었습니다. 이것은 신들을, 군왕의 조회에 먼 변방의 이적(夷狄)에게도 물품을 진상할 기회를 주듯이, 자격이 있다고 여기신 것입니다.

대저 포의(布衣)의 선비가 사원(詞垣)에서 우뚝 일어나서 한 방면에서 붉은 깃발을 세우고 천하를 호령하더라도 많은 사대부들이 휩쓸려 그를 따르게 되는데, 하물며 성인(聖人)께서 남면(南面)의 존엄한 지위에 계시면서 손수 문형(文衡)을 잡고 몸소 고각(鼓角)을 세워서,[179] 풍운(風雲)을 휘젓고 일월(日月)을 동탕하여, 간우(干羽)로 고무시키고 소소(簫韶)로 불러온다면, 천하 만방 먼 변방에 이르기까지 어찌 머리를 조아려 신하로 자칭하며 경건히 정삭(正朔)을 받들지 아니할 자가 있겠습니까. 《주역》에 '인문(人文)을 관찰하여 천하를 감화시켜 완성한다.'라고 한 것[180]과 공자가 '찬란하도다, 문(文)이여!'라고

• • • • •

179 손수……세워서 : 고각(鼓角)은 군대에서 호령을 내는 북과 호각이다. 문형을 잡고 고각을 세운다는 것은, 정조가 문무를 겸비하였음을 표현한 것이다.

180 주역에……것 : 〈비괘(賁卦) 단사(彖辭)〉에 "천문을 관찰하여 때의 변천을 살피고, 인문을 관찰하여 천하를 교화하여 완성한다.〔觀乎天文, 以察時變, 觀乎人文, 以化成天下.〕"라고 하였다.

한 것[181]이 어찌 사장(詞章)의 문을 말한 것이겠습니까. 신이 보건대, 수십 년 이래로 글을 잘한다고 일컬어지는 자들은 모두 공령문(功令文)을 잘 짓는 자들일 뿐이었습니다. 사장을 잘한다는 사람조차도 듣지 못하였습니다. 신은 매우 두려워 몸조심을 하고 있는지라 감히 먼저 나서서 공척하지는 못했습니다만, 세속의 문체를 힘껏 물리치고 스스로를 깨끗이 하여 오염되지 아니했음은 신이 자부하는 바이고, 또한 손을 빌려서라도 임금을 섬기고자 하는 것입니다. 신이 일찍이 사람들에게 말하기를 '오늘날의 학자들이 또한 한유, 유종원, 구양수, 소식의 문장을 일삼을 것이 무엇이란 말인가. 날마다 저보(邸報)에 실린 성상의 말씀을 엎드려 읽으면 될 것이다.'라고 하였습니다. 신이 종사하는 것은 이와 같을 뿐입니다. 비록 감히 임금의 덕을 알리고 임금의 명성을 펴며 멀리 있는 자를 가까이 불러오는 일[182]을 하는 반열에 슬쩍 끼어들지는 못합니다만, 또한 스스로 도(道)를 배반하지는 않았다고[183] 여기고 있습니다.

세상에 떠돌아다니는 말 가운데, 혹 신의 글을 명(明)나라 습속이 있다고 헐뜯는 말이 있습니다만, 이것은 시대에 흐름을 따라 소견을 일으킨 것에 지나지 아니할 따름입니다. 대저 사인(詞人)의 글은 시대

•••••

181 공자가……것 : 《논어》 〈팔일(八佾)〉에 "주나라가 2대를 보고 가감했으니 문채가 성대하구나. 나는 주나라를 따르리라.〔周監於二代, 郁郁乎文哉! 吾從周.〕"라고 하였다.

182 임금의 덕을……일 : 《시경》 〈면(綿)〉에 "우나라와 예나라가 분쟁을 재판해 달라고 왔으니, 문왕이 일어날 시기를 서둘렀다. 소부하는 자가 있었고, 선후하는 자가 있었고, 분주하는 자가 있었고, 어모하는 자가 있었다.〔虞芮質厥成, 文王蹶厥生, 予曰有疏附, 予曰有先後, 予曰有奔奏, 予曰有禦侮.〕" 하였다. 분주(奔奏)는 분주(奔走)로도 쓰는데, 천하 사람들에게 왕덕(王德)을 알려 주고 왕의 명성을 펴서 다들 알게 하여 왕에게 분주히 귀부(歸附)하게 하는 것, 또는 그런 역할을 하는 사람을 가리키며, 소부(疏附)는 소원한 아랫사람들을 왕에게 친부(親附)하게 하는 것, 또는 그런 역할을 하는 사람을 가리킨다.

183 도(道)를 배반하지는 않았다고 : 《논어》 〈옹야(雍也)〉에 "군자가 문에서 널리 배우고 예로써 요약하면 또한 배반하지 아니할 수 있을 것이다.〔君子博學於文, 約之以禮, 亦可以弗畔矣夫!〕"라고 한 데에서 따온 말이다. 불반(弗畔)은 도를 배반하지 아니한다는 뜻이다.

가 있고 지사(志士)의 글은 시대가 없는데, 신이 참으로 감히 사인으로 자처하지는 못합니다만, 그 뜻은 지니고 있습니다. 날줄로 삼은 것은 13경(經)이고 씨줄로 삼은 것은 23사(史)입니다. 이것을 이리저리 얽어 근본을 탐구하여 힘써 실용으로 돌리는 것이 신이 배우기를 원하는 것입니다. 비록 아직 이르지는 못하였지만, 마음은 그곳에 가 있습니다.[184]

체재(體裁)를 구별(區別)해서, 성당(盛唐)을 종주로 삼고 팔가(八家)를 일컬으며 스스로 유능하다고 여기는 것은 실로 그럴 겨를이 없습니다만, 이 아래로 내려와 소인의 문장을 표절하거나 배우의 대본을 독실히 믿는 것은 이 또한 신이 매우 부끄럽게 여기는 바입니다. 대저 오늘날 사람들은 사실 신의 원고를 반 장도 본 자가 없는데, 어떻게 신에 대해 왈가왈부한단 말입니까. 아마도 지난날 응제(應製)했던 작품을 보고 합당치 않다고 여기는 것이겠지요. 이 작품들은 모두 성상께서 보신 바이고 성상의 평론이 분명하여 구정(九鼎)이나 대려(大呂)[185]보다 무거운 것들입니다. 그렇다면 오늘날 신에 대해 논평하는 자들은, 자기 생각으로 뒤집어씌우는 것일 따름이니, 이른바 노(魯)나라 술이 묽어서 한단(邯鄲)이 포위되었다고 하는 것[186]과 같을

• • • • •

184 비록……있습니다 : 《사기》 권47 〈공자세가(孔子世家)〉에 있는 태사공(太史公)의 말에 "《시경》에 '높은 산을 바라보며 큰 길을 걸어가네.'라고 하였으니, 비록 도달하지는 못하였지만 마음은 이미 그곳에 가 있다.〔詩有之, 高山仰止, 景行行止. 雖不能至, 然心鄉往之.〕"라고 한 데에서 따온 말이다.

185 구정(九鼎)이나 대려(大呂) : 구정은 하(夏)나라 우왕(禹王)이 구주(九州)의 쇠를 거두어들여서 만들었다고 하는 무쇠솥이다. 하·은·주 삼대가 이것을 국가 권력의 상징으로 받들었기 때문에 제왕의 권력을 비유하는 말로 쓰이기도 하였고, 매우 무거운 물건을 비유하는 말로 쓰이기도 하였다. 대려는 주나라 종묘에 있던 큰 종(鍾)이라고 하는데, 역시 무거운 물건을 비유하는 말로 쓰였다.

186 노(魯)나라……것 : 《장자》 〈거협(胠篋)〉에 "입술이 없어지면 이가 시리고, 노나라 술이 묽어서 한단이 포위되었다. 성인이 났기 때문에 대도가 일어났다.〔脣竭則齒寒, 魯酒薄而邯鄲圍, 聖人生而大盜起.〕"라고 하였다. '노나라 술이 묽어서 한단이 포위되었다'는 고사에는

것입니다.

신이 삼가 살피건대, 이전에 내리신 비지(批旨)에 '신들에 대해 천리나 먼 곳의 다른 나라 풍속을 사모하여, 초연히 그 속에서 빠져나오는 자가 드문 것은, 그들의 잘못이 아니다.'라고 하신 것은 성인께서 미루어 이해해 주시는 논평이셨고, 오늘 경연에서의 하교에 '허물을 반성하는 글이 없어서야 되겠는가.'라고 하신 것은 《춘추(春秋)》의 책비(責備)[187]의 취지입니다. 성인의 말씀은 다 이유가 있었습니다. 끌어당겨만 놓고 발언하지는 않았으나,[188] 마치 곡진히 신을 위해 해명을 해 주시는 듯하였습니다. 신이 바야흐로 은혜를 되새기며 영광으로 삼

•••••

크게 세 가지 해석이 있다. 첫째는 '초나라가 제후들을 불러 조회를 할 때에 노나라와 조나라가 초왕에게 술을 바쳤는데 노나라 술은 묽고 조나라 술은 진하였다. 초왕의 술 담당 관리가 조나라에 술을 요구하자 조나라가 술을 주지 않았다. 관리가 화가 나서 노나라 술과 조나라 술을 바꾸어서 보고하였다. 초왕은 조나라가 자기를 무시하고 묽은 술을 바쳤다고 생각하여 조나라 수도 한단을 포위하였다.'라는 것이고, 둘째는 '초나라 선왕(宣王)이 제후들을 조회할 때에 노나라 공왕(恭王)이 늦게 도착하였고 가지고 온 술도 묽었다. 선왕이 꾸중을 하자 공왕이 노나라로 돌아가 버렸다. 이에 선왕이 군대를 일으켜 제나라와 함께 노나라를 공격하였다. 양 혜왕(梁惠王)이 평소에 조나라를 공격하고 싶었으나 초나라가 도우러 올까 봐 염려했는데, 초나라가 노나라를 치고 있는 중이었기 때문에 양 혜왕이 조나라 한단을 포위할 수 있었다.'라는 것이다. 셋째는 '묽은 술을 바쳤다는 이유로 초나라가 노나라를 공격하니, 노나라의 지원을 받지 못하는 것을 틈타서 양나라가 조나라를 공격하였다.'라는 것이다. 곽상(郭象)의 《장자주(莊子注)》, 육덕명(陸德明)의 《경전석문(經典釋文)》, 임희일(林希逸)의 《장자구의(莊子口義)》 및 《패문운부》 등에 실려 있다. 대개 아무 관련도 없는데 엉뚱한 불똥이 튀어서 피해를 당하는 것을 비유하는 말로 쓰였다.

187 춘추(春秋)의 책비(責備) : 모든 분야에 완전하기를 요구한다는 뜻이다. 《신당서(新唐書)》 권2 〈태종본기(太宗本紀)〉에 "춘추의 법은 항상 현자에게 모든 것을 갖추기를 요구한다.[春秋之法, 常責備於賢者.]"라고 하였다. 현자가 아닌 경우에는 작은 허물을 책망하지 않지만 대상이 현자인 경우에는 작은 잘못도 지적하며 더욱 격려하여 완전무결한 인물이 되기를 요구한다는 말이다.

188 끌어당겨만……않았으나 : 《맹자》 〈진심 상〉에 "군자가 활시위를 당겨만 놓고 발사하지 않으면서 뛰어나갈 듯이 하고 중도를 지키며 서 있으면, 능력 있는 자가 그것을 따른다.[君子引而不發, 躍如也, 中道而立, 能者從之.]"라고 한 데에서 따온 말이다. 대개 가르치는 방법에서, 원칙을 제시하여 배우는 자로 하여금 스스로 터득하도록 한다는 의미로 쓰인다.

아, 감히 실추하지 않고 있던 차에, 삼가 내각의 관문에 부연한 글을 읽어 보니 '허물을 고치고 스스로 새로워질 것이다.'라고 하였습니다.

대저 허물은 두 가지가 있습니다. 학문이 지극하지 못한 것은 참으로 신의 허물입니다만, 천성이 같지 않은 것은 신의 허물이 아닙니다. 음식에 비유하자면, 위치로써 말하면 찰기장밥과 메기장밥이 앞자리에 놓이고 국과 고기가 뒷자리에 놓이며, 맛으로써 말하면 짠맛은 소금에서 얻고 신맛은 매실에서 취하며 겨자에서 매운맛을 가져오고 찻잎에서 쓴맛을 가져옵니다. 이제 짜지 않고 시지 않고 맵지 않고 쓰지 않다는 것으로 그 소금, 매실, 겨자, 찻잎을 탓하는 것은 당연합니다만, 반드시 그 소금을 넣고 매실을 넣고 겨자와 찻잎을 넣는 자를 책망하며 말하기를 '너는 어찌하여 기장밥처럼 하지 아니하느냐.'라고 하거나 국과 고기를 진열하는 자에게 일러 말하기를 '너는 어찌하여 앞자리에 두지 아니하느냐.'라고 한다면, 책망을 들은 자가 실상을 잃어서, 천하의 맛이 없어질 것입니다. 그러므로 아가위, 배, 귤, 유자 같은 과일과 여러 가지 마름 종류의 식품과 다양한 동물들의 고기를 모두 알맞게 맞추어 쓰지 아니함이 없는 것은 입맛에 맞추기 위한 것입니다. 그러므로 선(善)을 취하는 데에는 고정된 법칙이 없다[189]고 하는 것입니다.

비지(批旨)에 이른바 '날아다니는 것들이거나 물에 잠기는 것들이거나 그 본성을 어기지 아니하고, 둥근 것이거나 네모난 것이거나 각기 그 그릇에 맞춘다.'라고 하신 것은, 성인께서 문장을 논하신 것이 참으로 훌륭하다 하겠습니다. 대저 〈이소(離騷)〉와 변풍(變風)은 천하의 지극한 문장입니다. 평왕(平王)이 천도를 하지 않았다면 〈서리(黍

• • • • •

189 선(善)을……없다 : 《서경》 〈함유일덕(咸有一德)〉에 "덕은 한 가지 법칙만 잡을 수 없어서 선을 위주로 함이 법칙이 되며, 선은 위주로 함이 불변일 수 없어서 하나로 귀결시키는 데에서 화합이 된다.〔德無常師, 主善爲師. 善無常主, 協于克一.〕"라고 한 데에서 따온 말이다.

離)〉가 이남(二南)의 음악이 되었을 것이고, 삼려(三閭)[190]가 추방당하지 않았다면 초나라가 갱재(賡載)의 노래를 이었을 것입니다. 정칙(正則)의 몸속에 본래 슬픈 내장이 들어 있었거나 주나라 서울의 백성들이 먼저 개탄하는 노래를 띠고 있었던 것이 아닙니다. 이것이 성상께서 작성(作成)의 기미에 매우 유념하시고, 하늘에 영원한 국운을 기도함을 문치(文治)의 근본으로 삼은 까닭입니다.

대저 문장의 도(道)는 한 가지 기준으로만 논할 수가 없습니다. 요컨대, 오랜 세월 전해지는 문장은 필시 그 학문이 깊은 것입니다. 그래서 군자는 독서를 귀하게 여깁니다. 이것이 신이 부지런히 독서하며 그만두지 아니하는 까닭입니다. 신이 삼가 성상의 말씀을 취하여 〈비옥희음송(比屋希音頌)〉 한 편을 지어서, 두 번 절하고 머리를 조아리며 올립니다." 그 시는 다음과 같다.

해가 뜨는 동방은	日出之邦
예로부터 문명 나라	終古文明
넘실넘실 벼와 기장	油油禾黍
바른 음악 시초라네[191]	肇我正聲
황제가 조선 돌보시니	帝眷青丘

•••••

190 삼려(三閭) : 전국 시대 초나라 굴원(屈原)을 가리킨다. 삼려대부로 있다가 조정에서 참소를 받아 추방당하였다가 〈어부사(漁父辭)〉 등을 지어 자신의 뜻을 밝히고 멱라수(汨羅水)에 투신자살했다. 굴원의 초명이 정칙(正則)이었다고 한다.

191 넘실넘실……시초라네 : 《사기》 권38 〈송미자세가(宋微子世家)〉에 "주나라 무왕이 기자(箕子)를 조선(朝鮮)에 봉하였다. 그 뒤에 기자가 주나라에 조회하러 들어갈 때에 옛 은(殷)나라 땅을 지나다가 궁실들이 모두 폐허가 되고 그곳에 벼와 기장이 자라는 것을 보고 〈맥수가(麥秀歌)〉를 지어 읊었는데, 그 노래에 '보리 이삭 패었구나, 벼와 기장 넘실넘실. 저 못된 아이 녀석, 나랑 사이 안 좋았네.[麥秀漸漸兮, 禾黍油油. 彼狡僮兮, 不與我好兮.]'라고 하였다." 하였다. 대개 조국의 멸망을 슬퍼한 것인데, 여기서는 기자의 이 〈맥수가〉가 우리나라 정악(正樂)의 시초라는 뜻으로 말한 것이다.

위대해라 우리 임금	皇矣惟辟
거듭 밝은 덕 베푸니[192]	重光奕葉
온갖 복록 받으셨네	百祿之錫
왕이 백성 보살핌에	王頻下民
누굴 웃고 누굴 찡그리랴[193]	孰笑孰顰
입혀 주고 먹여 주니	旣絲旣穀
균등하지 않음 없네	莫不爾均
왕이 정치 살피실 땐	王在治忽
네 소리를 들어 보네	聽于爾音
백성의 마음 소리	民有心聲
그것이 국풍이지	時謂之風
국풍에 하자 있으면	其風有愆
백성이 아픈 거라	惟民之疾
왕이 백성에게 물으시니	王咨于民
내가 너를 구하리라	予捄汝失

• • • • •

192 거듭……베푸니 :《서경》〈고명(顧命)〉에 "옛날에 군주인 문왕과 무왕께서 거듭 밝은 덕을 베풀어 백성에게 의지할 데를 정해 주고 가르침을 펴시었다.〔昔君文王武王, 宣重光, 奠麗陳敎.〕"라고 하였다. 무왕이 문왕과 같기 때문에 두 군주를 일컬어 중광(重光)이라 한 것이다. 선대를 이어 훌륭한 정치를 베푸는 상황을 비유하는 말로 쓰인다. 원문의 '혁엽(奕葉)'은 누세(累世), 부절세(不絶世)의 뜻이다. 중국 삼국 시대 위나라 조식(曹植)의 〈왕중선뢰(王仲宣誄)〉에 "그대의 부친은 대를 이어 시대를 보좌했네.〔伊君顯考, 奕葉佐時.〕"라고 하였고, 당나라 두보의 〈동일낙성북알현원황제묘(冬日洛城北謁玄元皇帝廟)〉에 "선계의 오얏은 서린 뿌리가 크고 아름다운 난초는 대대로 빛나도다.〔仙李盤根大, 猗蘭奕葉光.〕" 하였다. 여기서는 정조가 영조의 뒤를 이어 선정(善政)을 베풀었다는 칭송의 뜻으로 쓰였다.

193 왕이……찡그리랴 :《한비자》〈내저설 상(內儲說上)〉에 "전국 시대 한(韓)나라 소후(昭侯)가 떨어진 바지를 보관하게 하자, 시중들던 자가 말하기를 '주군께서는 어질지 못하십니다. 떨어진 바지를 아랫사람에게 하사하지 않고 보관을 하시다니요.'라고 하니, 소후가 말하기를 '내가 들으니, 현명한 군주는 한 번 찡그리거나 한 번 웃는 것도 아낀다고 한다. 바지의 중요함이 어찌 웃음과 찡그림 정도일 뿐이겠는가.'라고 하였다." 하였다. 훌륭한 군주는 함부로 감정의 기복을 겉으로 드러내지 않는다는 뜻이다.

그윽한 명당은 有穆明堂
성인이 계시는 곳 聖人攸居
어찌 잊을 수 있을까 俾也可忘
구들 놓고 살던 때를[194] 陶復厥初
산과 용을 수놓은 옷[195] 山龍絺繡
성인의 복색이네 聖人攸御
어찌 옷이 없다 하리[196] 豈曰無衣
거친 베옷 입으리라 尙此大布
꾸밈이 바탕을 없애는 건[197] 文之滅質
또한 매우 위태롭지[198] 亦孔之殆

• • • • •

194 구들……때를 : 《시경》 〈면(綿)〉에 "고공단보께서 왕업을 창건하여 굴을 파 그 속에서 살아오시니 집이라 할 만할 것이 없는 때였느니라.〔古公亶父, 陶復陶穴, 未有家室.〕" 하였다. 여기서는 정조가 왕위에 오르기 전에 겪은 여러 가지 어려웠던 일들에 대한 비유로 쓰였다.

195 산(山)과……옷 : 《서경》 〈익직(益稷)〉에 "제순(帝舜)이 말씀하시기를 '……내가 옛사람의 상을 관찰하여, 해와 달과 별과 산과 용과 꿩을 그림으로 그리고, 종이와 마름과 불과 쌀과 보와 불을 수놓아, 오색 비단에 오채를 드러내어 옷을 만들려고 하거든, 네가 그 차등을 잘 밝히도록 하라.' 하였다.〔帝曰, ……予欲觀古人之象, 日月星辰山龍華蟲作會, 宗彝藻火粉米黼黻絺繡, 以五采彰施於五色, 作服, 汝明.〕" 하였다. 산룡(山龍)은 산그림, 용그림이라는 뜻이고, 치수(絺繡)는 바느질하여 수를 놓는다는 뜻이니, 훌륭한 성인의 복색을 가리키는 말이다.

196 어찌……하리 : 《시경》 〈무의(無衣)〉에 "어찌 그대가 옷이 없어서 그대와 솜옷을 함께 입으려는 걸까. 왕께서 군대를 일으키시거든 우리의 무기를 수선하여 그대와 함께 짝이 되리라.〔豈曰無衣, 與子同袍. 王于興師, 修我戈矛, 與子同仇.〕"라고 하였다. 주주(朱註)에 "그 환애(懽愛)하는 마음이 서로를 위해 죽음도 불사함이 이러하였다." 하였다. 여기서는 군주를 위해 신명을 바치겠다는 뜻으로 단장취의한 것인 듯하다.

197 꾸밈이……건 : 《논어》 〈옹야(雍也)〉에 "질이 문을 이기면 촌스럽고 문이 질을 이기면 사관 같으니, 문과 질이 균형을 잘 이루어야만 군자다운 것이다.〔質勝文則野, 文勝質則史. 文質彬彬, 然後君子.〕"라고 하였고, 그 주주에 "문이 지나쳐서 질이 없어지게 되면 그 근본이 없어진다."라고 하였다.

198 또한 매우 위태롭지 : 《시경》에 나오는 "또한 매우 크도다.〔亦孔之將〕", "또한 매우 좋도다.〔亦孔之嘉〕", "또한 매우 견고하도다.〔亦孔之固〕", "또한 매우 밝도다.〔亦孔之炤〕", "또한 매우 슬프도다.〔亦孔之哀〕", "또한 매우 흐느끼도다.〔亦孔之僾〕" 등은 동일 유형의 투식어로 쓰이는 말들인데, 원문의 '역공지태(亦孔之殆)'는 《시경》 투식어에서 따온 것이다.

저들 소리 처량한데[199]	彼聲靡靡
뉘우칠 줄 왜 모를까	曷不知悔
예로부터 음악 있어	惟古有樂
그 이름이 슬이라네	厥名爲瑟
한 사람이 선창하고 세 사람이 화답하니	一倡三和
붉은 줄에 소통 구멍[200]	朱絃疏越
종소리는 투박하고	遞鐘斂巧
비죽 소리는 단순했지	比竹慚繁
그 세대 아주 멀지만	其世已遠
그 곡조는 남아 있네	其曲猶存
꾸밈없는 통나무 같고	如樸未雕
현주 맹물 같은 거라	若酒之玄
박부를 돈후하게 하고[201]	薄可使敦
모진 마음을 관대하게 하네	忮可使平
화평한 그 소리는	愔愔伊籟
오직 덕을 본받은 것	維德之則
왕의 말씀 "즐겁도다	王曰樂哉
우리 황극 세웠도다	建我皇極
절름발이 일어서고	有跛斯走
봉사가 눈을 뜨네	有瞽斯明
꿈꾸다가 깨어난 듯	如夢旣寤

•••••

199 저들 소리 처량한데 : 처량하고 애절한 당시의 음악 또는 문체 풍조를 비유한 것인 듯하다. 대개 음악의 풍조가 애절하면 나라가 쇠퇴하는 조짐이라고 한다.

200 예로부터……구멍 : 화려하지 않고 질박한 종묘의 음악을 가리키는 말로 쓰였다. 241쪽 주55 참조.

201 박부를 돈후하게 하고 : 《맹자》 〈만장 하〉에 "유하혜(柳下惠)의 풍도를 들은 자는 비부(鄙夫)는 관대해지고 박부(薄夫)는 돈후해진다."라고 한 데에서 따온 말이다.

술 취했다 정신 든 듯	如醉獲醒
기뻐서 덩실덩실	懽忻舞蹈
귀에 가득 울리는 듯	盈耳洋洋
이로써 덕을 기르고	可以育德
이로써 상서 불러오리	可以致祥
때에 맞는 단비 온듯	若時雨降
너도나도 흥기하리	其興也勃
믿지 않는 자 있으면	有不信者
너에게 벌을 내리리라"	底汝于罰
남쪽에서 북쪽에서	自南自北
서쪽에서 동쪽에서	自西自東
섞여 도에 안 맞는다고	孰謂淆漓
말하는 자 그 누구냐	而不玄同
그 백성은 장수하고	其民壽考
그 날들은 오래가리	其日舒長
옷은 사치 물리치고	服黜其華
그림엔 문장 물리치리	繪屛其章
집집마다 질장구에	家擊蕢桴
문문마다 질항아리[202]	戶稱瓦樽
태평성대 만만세를	太平萬歲
우리 임금께 바치노라	以獻吾君

• • • • •

202 집집마다……질항아리 : 《예기》〈예운(禮運)〉에 "예법이 처음 시작된 것은 먹고 마시는 일에서 비롯되었다. 기장을 돌 위에서 굽고 돼지다리를 빼개 익혔으며 땅이 파인 곳을 물동이로 삼아 손으로 떠서 마셨으며 흙을 뭉쳐 북채로 삼아 흙덩이를 두드렸는데도, 귀신에게 공경을 바칠 수가 있었다.〔夫禮之初, 始諸飮食. 其燔黍捭豚, 汚尊而抔飮, 蕢桴而土鼓, 猶若可以致其敬於鬼神.〕"라고 하였다. 여기서는 화려한 수식을 제거하고 태고의 순박함으로 돌아감을 뜻한다.

계축년(1793, 정조17) 12월 28일, 전교하기를,

"이번 정사(政事)에 서얼은 찰방[郵官]이 된 사람이 한 사람도 없다. 자여 찰방(自如察訪)의 후임을 의망해 들이라고 분부하라."

하였다. 전교하기를,

"멀리 있는 사람을 수용(收用)하라는 전교가 어떠하였으면, 정사가 거의 완료되었는데도 오직 9세 동거(同居)한 관서(關西)의 김수증(金守曾)만 특별히 제수하였을 뿐이고, 그밖에는 보이지 않는가. 서얼과 중인(中人) 중에는, 문신 성대중(成大中)을 특별히 제수한 것과 무신 심인(沈鏔)에 대해서 승전(承傳)한 것 외에는 음직 자리에도 제수된 사람이 한 사람도 보이지 않는가. 하물며 홍주구(洪疇九)[203] 같은 이를 어찌 중인이라 할 수 있겠으며 서얼이라 할 수 있겠는가. 명색은 남행무신(南行武臣)이지만 실제로는 선천(宣薦)과 다름이 없다. 한결같이 장원급제의 예에 따라 조용하여, 조정에서 충신의 후예를 거두어 녹용하는 뜻을 보이도록 하라. 어제 경연에서의 하교가 또한 어떠하였으면, 모두 살펴서 의망하지 않았는가. 이조 판서 김사목(金思穆)을 엄하게 추고하고, 다시 더 엄히 신칙해서 나의 뜻을 제대로 받들게 하라."

하였다. 같은 날 정사에서, 북청 부사(北青府使) 성대중을 위원 군수(渭原郡守)에 더 써넣어 낙점을 받았다.

갑인년(1794, 정조18) 3월 20일, 좌의정 김이소(金履素)가 아뢰기를,

"통청받지 못한 문관의 벼슬길은 매양 너무 좁은 것이 걱정인데, 현

• • • • •

203 홍주구(洪疇九) : 《승정원일기》 순조 24년 10월 25일 기사에 의하면, 홍주구는 1728년(영조4) 청주(清州)에서 적변(賊變)이 일어났을 때에 편비(偏裨)로서 순절한 충신 홍림(洪霖)의 증손이다. 홍림의 아들 홍한귀(洪漢龜), 손자 홍경(洪儆), 증손 홍주구 등은 대대로 조정의 보살핌을 받았다.

재 문관 찰방 자리 가운데 음관(蔭官)과 무관(武官)이 많이 들어 있어서, 허다한 문관을 배치할 길이 없어 적체를 면치 못하니 참으로 딱한 노릇입니다. 찰방 가운데에서 나이가 찬 자는 비록 논할 것이 없더라도, 이 이외에 수령에 적합한 자에 대해서는 비록 도목 정사 때가 아니더라도 계청을 생략하고 차례대로 천전(遷轉)하여 적체를 해소하여 양쪽이 모두 편리하도록 하는 것이 합당할 듯합니다. 그러므로 감히 이렇게 우러러 진달합니다."

하니, 상이 이르기를,

"그대로 하라."

하였다.

을묘년(1795, 정조19) 5월 28일, 전교하기를,

"참하(參下)를 순서대로 승진시키는 문제에 대해 대정(大政) 전에 특명으로 모두 이전의 벼슬에 등용하라고 한 것은 그 의도가 양쪽을 모두 편리하게 하고자 한 것이었는데, 일명(一名)을 융통하여 의망한 것이 보이지 않는다. 일정한 정식(定式)이 있어야 할 것이다. 연전에 신칙한 하교 및 순서대로 승진시키는 망통(望筒)의 사례에 의거하여, 안배하여 의망할 때에 일절 비교하여 헤아리지 말아야만, 쌓였던 울적함이 해소될 수 있고 특교(特敎)한 효과도 책임 지울 수 있을 것이다. 또한 이러한 뜻으로 해당 조에 신칙하라."

하였다.

같은 해 8월 10일, 도목 정사를 하였다. 전교하기를,

"오늘 정사에서 일명들이 많이들 수용되지 못하였다. 이미 사송(詞訟)의 자리를 거친 사람 중에서 윤가기(尹可基), 이원응(李元膺), 이집기(李集箕)는 사람이 모두 부지런하고 유능하니 어느 고을인들 다스

리지 못하겠는가. 오늘 정사에서 모두 수령에 조용하되, 무장(茂長), 진해(鎭海), 영동(永同)의 수령은 오늘 정사에서 내직으로 의망하여 들이라."

하였다. 이조 판서 윤시동(尹蓍東)이 정사를 열었다. 무장 현감(茂長縣監)에 이집기(李集箕), 박종해(朴宗海), 이범천(李範天)을, 영동 현감(永同縣監)에 이원응(李元膺), 남파수(南播秀), 조한규(趙翰奎)를, 진해 현감(鎭海縣監)에 윤가기(尹可基), 김헌행(金獻行), 윤상흠(尹商欽)을 의망하니, 모두 수망에 낙점하였다. 같은 날 정사에서 맹산 현감(孟山縣監) 김홍운(金洪運)을 특교로 영유 현령(永柔縣令) 김기풍(金基豐)과 서로 바꾸게 하였다. 15일에 이조가 아직 하직하지 않은 수령을 써서 들이니, 전지(傳旨)를 내렸는데, 그 전교에 "진산 현감(珍山縣監) 한백원(韓百源)은 서평부원군(西平府院君)의 집에 오래도록 관향(官享)[204]이 없었고, 진해 현감 윤가기는 특별 제수와 다름이 없으니, 모두 다른 사람과 서로 바꾸라." 하였다. 당일에 이조가 구전정사(口傳政事)로 진해 현감 윤가기와 단성 현감(丹城縣監) 이영조(李榮祚)를 서로 바꾸었다.

병진년(1796, 정조20) 7월 22일, 예조 판서 민종현(閔鍾顯)이 입시했을 때에, 전교하기를,

"망배례를 시행한 뒤에 종백(宗伯)을 불러 접견하였는데, 말이 충렬사(忠烈祠)와 현충사(顯忠祠)의 사적(事蹟)에 미치자 약간의 이야기를 주고받았다. 예조 판서는 그 집안사람이라서 고실(故實)을 상세히 알기에, 현충사의 위차(位次)를 정하는 일과 충렬사의 현판을 거는 일을 모두 그의 요청대로 따랐다.

이어서 생각해 보니, 삼학사(三學士)의 사판(祠板)은 선조(先朝) 때

•••••

204 관향(官享) : '재관향사(在官享祀)'의 뜻으로, 국가에 공로가 있는 선정신(先正臣), 고(故) 상신(相臣) 등을 우대하는 차원에서 그 봉사손(奉祀孫)을 이력과 상관없이 수령에 제수하여 연한에 구애받지 않고 제사를 받들게 했던 제도를 말한다.

에 조천(祧遷)하지 말라는 특명을 내렸는데, 훈신(勳臣)이 아닌데도 이러한 거조가 있었으니 예전에 없던 특별한 은전이었다. 그리고 그 관향(官享)을 위해서 고 군수 윤욱(尹煜)이 경기전 참봉(慶基殿參奉)으로서 나이 20도 되기 전에 곧바로 수령에 제수되었고, 이어서 세 집안 출신의 수령에 대해서는 모두 연한(年限)과 이력(履歷)에 구애받지 말도록 하였다.

영희전 참봉(永禧殿參奉) 오경원(吳慶元)[205]은 충렬공(忠烈公)의 봉사손(奉祀孫)으로서, 들으니 승중 조모(承重祖母)의 나이가 구순이라고 하기에, 달포쯤 전에 초기(草記)를 도로 내릴 때에 곧바로 외직에 제수하고자 하였는데, 겨를이 없어서 미처 못 하였다. 연일 현감(延日縣監) 권평(權坪)을 내직으로 옮기고 그 후임을 해당 조로 하여금 차출하여 보내게 하되, 조모의 나이로 보아 먼 외방에 부임하기 어려울 것이니, 경기(京畿)의 고을로 바꾸어 주라. 윤 충정공(尹忠貞公)의 사판에 병신년(1776, 정조 즉위년) 이후로 아직도 관향을 지내지 않고 있으니 흠결이라고 할 만하다. 그 봉사손 윤응현(尹應鉉)이 이미 5품을 거쳤으니 응당 스스로 지내겠지만, 오 충렬공(吳忠烈公)의 집에 관향을 지내 주도록 하교하였으니, 어찌 한쪽은 지내 주고 한쪽은 안 지내 줄 수 있겠는가. 현재 비어 있는 수령 자리에 의망해 들이되, 피폐한 고을에는 시종신을 차출해 보내라고 이전에 하명했으니, 또한 경기 고을의 시종신 출신 수령과 서로 바꾸도록 하고, 모두 당일로 하직 인사를 하도록 하라.

어제 이 제독(李提督)과 이 충무공(李忠武公)의 일에 대해 감회가 일어나 미루어서 정익공(貞翼公)[206]에게까지 미쳐, 특별히 제사를 지

• • • • •

205 오경원(吳慶元) : 충렬공 오달제(吳達濟)의 7대 봉사손이다. 부친이 일찍 죽고 조부를 승중(承重)하였다.

206 정익공(貞翼公) : 이완(李浣, 1602~1674)의 시호이다. 본관은 경주이다. 이완은 1624년(인

내 주고자 하여 붓을 잡고 글을 짓던 즈음에, 들으니 그 봉사손이 무관직에 종사하며 시골에서 전전하고 있다고 하였다. 어찌 이리도 늦게 들었단 말인가. 대저 정익공은 충성스럽고 청렴한 큰 절개가 충무공 이후로 첫째가는 사람이다. 영릉(寧陵 효종(孝宗))을 만나 마음이 서로 맞았으며, 몸소 장상(將相)을 도맡아 국가의 안위가 그에게 달려 있었다. 기해년(1659, 효종10) 여름에 북영(北營)에 직숙하던 때의 일[207]을 차마 말할 수 있겠는가. 매번 유사(遺事)를 볼 때마다 책을 덮고 눈물을 흘린다. 또 더구나 스스로 욕의(褥蟻)의 정성을 따르고[208] 삼가 배장(陪葬)의 의리를 본받아,[209] 마침내 그 시신을 효종 능과 가까운 곳에 묻게 하였다.[210] 이러한 은혜로운 대우와 이러한 진실한 정성은 지난 역사에 드문 일이니 어찌 사라져 없어지게 할 수 있겠는가.

• • • • •

조2) 무과에 급제하였고 1631년 평안도 병마절도사가 되었다. 병자호란 때에 도원수 김자점(金自點)의 별장(別將)으로 동선령(洞仙嶺)에서 큰 공을 세웠다. 황해 병사, 양주 목사, 어영대장, 한성부 우윤, 포도대장, 형조 판서, 훈련대장 등을 지냈다. 1674년(현종15) 우의정에 제수되었고, 그해 6월에 죽었다.

207 기해년……일 : 효종이 1659년(효종10) 5월 4일 정오에 창덕궁에서 승하하였는데, 송시열의 〈우의정이공신도비명(右議政李公神道碑銘)〉에 의하면, 효종이 승하하기 며칠 전에 이완이 북영(北營)에서 숙직하고 있을 때 한밤중에 상원(上苑)에서 오열하며 탄식하는 소리가 들렸고 이완은 이것을 자신의 정성에 감동한 신명이 미리 일러 준 것으로 여겼다고 한다.

208 욕의(褥蟻)의 정성을 따르고 : 욕의는 깔자리가 되어 개미를 막는다는 말로, 모시던 주군이 죽으면 황천에까지 따라가서 봉사하고자 하는 충성을 뜻한다. 《전국책》 〈초책(楚策)〉에 "초왕(楚王)이 운몽(雲夢)에서 사냥을 하면서 놀 때에 '오늘의 이 놀이는 참으로 즐겁도다. 과인이 천년만년 뒤에는 누구와 더불어 이런 즐거움을 누릴 수 있을까?'라고 하니, 안릉군(安陵君) 단(壇)이 말하기를 '신은 조정에서는 대왕을 자리 곁에서 모셨고 밖에서는 수레를 함께 타고 모셨습니다. 대왕의 천년만년 뒤에는 제가 황천에서 깔자리가 되어 땅강아지와 개미를 막아 드릴 것입니다.' 하였다. 왕이 매우 기뻐하여 단을 안릉군에 봉하였다." 하였다. 욕루의(蓐螻蟻) 또는 욕의(蓐蟻)라고도 쓴다. 여기서는 초왕에 대한 안릉군의 충심처럼 효종에 대해 이완이 충심을 지녔음을 표현한 것이다.

209 배장(陪葬)의 의리를 본받아 : 배장은 신하가 죽었을 때에 주군의 묘소 근처에 매장하거나 아내가 죽었을 때에 남편의 묘소 근처에 매장하는 것을 말한다.

210 그 시신을……하였다 : 송시열의 〈우의정이공신도비명〉에 의하면, 이완은 경기도 여주(驪州) 대거리(大居里) 뒷산에 묻혔는데, 이곳은 영릉(寧陵)의 남쪽이라고 하였다.

그런데도 정익공이 죽은 후로 그 사판은 한 번도 관향을 받지 못했으니, 다만 그 자손의 승적(承嫡)이 시속에 구애되어 그러한 것이다.[211] 선조(先朝) 때에 삼학사의 집안에 대해서는 관향과 벼슬의 제수에 통상적인 격식에 구애받지 않았던 성의(聖意)에 견주어 볼 때에, 어찌 단지 격식에서 벗어난다는 것으로만 말할 수 있겠는가. 승적한 것은 동일한데, 이 문성공(李文成公)[212]과 김 문경공(金文敬公)의 집안에 대해서는 곤수(閫帥)와 침랑(寢郎)을 시킬 때에 구애받음이 없어서, 우목(郵牧)을 거치지 않았는데도 곧바로 외직(外職)에 제수하였는데, 유독 정익공의 집안에 대해서만은 그렇게 하지 않는다면 어찌 성조(聖祖)의 성의를 제대로 받들었다고 할 수 있겠는가. 고 우의정 정익공 이완(李浣)의 봉사손으로서 여주(驪州)에 사는 한량 이득형(李得馨)을 오늘 안으로 남행(南行) 선천(宣薦)으로 넘겨 보내고 그대로 오늘 정사에서 선전관을 가설(加設)하여 의망해 들이라.

이후로 이 계파의 사람들은 충정공(忠貞公)과 의민공(毅愍公) 집안의 사례처럼 선전청에 월천(越薦)할 때에 우선적으로 권점을 찍도록 할 것이며, 이 세 집안을 한결같이 보아 혹시라도 차별하는 일이 없도록 해당 관청의 수교(受敎)에 싣도록 하라. 여주 대가촌(大街村)에 있는 정익공의 묘소에 승지를 보내어 길일을 잡아 치제하게 하라. 제문(祭文)은 마음속에 구상해 둔 것이 있으니 써서 내릴 것이다. 예조로 하여금 알게 하라."

하였다.

• • • • •

211 그 자손의……것이다 : 이단하(李端夏)의 〈우의정이공시장(右議政李公諡狀)〉에 의하면, 이완은 정처(正妻) 소생 후사가 없었고, 측실 소생으로서 이인준(李仁俊), 이인걸(李仁傑), 이인척(李仁倜)이 있었는데, 이인준도 후사 없이 일찍 죽었으므로 이인척의 아들 이주(李燽)가 이인준의 후사로 가서 승중손(承重孫)이 되었다.

212 이 문성공(李文成公) : 문성공은 율곡 이이(李珥)의 시호이다.

신해년(1791, 정조15) 모월,[213] 성균관에 명하여, 서얼도 나이순으로 앉는 법을 시행하게 하였다. 나이순으로 자리에 앉는 제도는 현종 4년(1663)에 시작하였으나, 서얼은 배척당하여 함께 참여할 수 없어서, 비록 나이가 많은 늙은 사람이라도 연소한 신진의 아랫자리에 앉았다. 영조 계사년(1773, 영조49)에 그 제도를 혁파하고, 각각 나이의 많고 적음에 따라 순서대로 앉았다. 송덕상(宋德相)이 남반(南班) 제도를 처음 만들어 서얼을 남반에 앉게 하였다. 남반이라는 것은 식당(食堂)의 남쪽에 한 자리를 만든 것이니, 대개 율곡(栗谷)의 석담서원(石潭書院)에서 사용했던 남행 자리의 사례를 모방한 것이다. 이때에 이르러 대사성 유당(柳戇)에게 효유하여, 제생(諸生)에게 일러 나이의 많고 적음을 기준으로 차례를 정하게 하였다. 이때에 날씨가 매우 가물다가, 나이순으로 차례를 정하자 비가 내리니, 사람들이 그것을 '서치우(序齒雨)'라고 하였다.

신유년(1801, 순조1) 1월 10일, 약방(藥房)이 입진하였다. 대신(大臣)과 비국의 당상이 인견을 위해 입시하였을 때에, 이조 판서 윤행임(尹行恁)이 아뢰기를,

"우리나라에서 서얼을 차별하여 대대로 벼슬길을 막아 온 것은 실로 예전에는 없던 제도이고, 선정신 문정공(文正公) 조광조(趙光祖), 문성공(文成公) 이이(李珥), 문정공(文正公) 송시열(宋時烈) 등이 모두 소통을 급선무로 삼았습니다. 열성조께서도 누차 안타까이 여기는 하교를 내리시어, 또한 일찍이 그들이 벼슬에 나올 수 있는 길을 조금 열었습니다. 영묘(英廟) 임진년(1772)에는 특별히 큰 은택을 내리시어 문관은 양사(兩司)에 허통하시고 무관은 선전관에 의망하게 하셨

213 모월 : 서치법(序齒法)의 시행 여부에 대한 논란은 대개 1791년(정조15) 5월을 전후로 많았는데 정조가 성균관에 서치법을 시행하라고 명한 기사가 《일성록》 정조 15년 5월 8일 기사에 실려 있다.

습니다. 선대왕께서 즉위하신 뒤에는, 습속이 굳어진 것을 개탄하시고 인재가 침체된 것을 애석하게 여기시어, 이에 즉위하신 초기 정유년(1777, 정조1)에 참작하여 절목(節目)을 만들어서, 《통편(通編)》에 실어 한품서용(限品敍用)의 계제로 삼았습니다. 그렇게 한 뒤로 수십 년간 특별히 발탁의 은혜를 입은 자가 매우 많았습니다. 《통편》에 '재능이 특별히 뛰어난 자는 이 사례에 구애받지 않는다.'라는 조항이 있으니, 대성인의 '현인을 등용함에 부류를 따지지 않는' 훌륭한 뜻이 반영된 바인지라 우러러 명심할 일입니다.

대저 그중에 비록 문학과 행의가 드러나는 자가 있더라도 그것을 펴 볼 길이 없으면, 지방 고을에서 조금 시험해 보는 데에 지나지 않을 따름입니다. 이러한 까닭으로, 온 나라의 허다한 서얼이 삶을 즐거워하는 마음이 전혀 없이 모두들 자포자기하는 탄식을 하고 있으니, 하늘이 재주를 내린 것이 그렇게 다른 것이 아니라,[214] 그들을 기르는 방법이 잘못된 것입니다. 이것이 어찌 위로 하늘의 조화를 침범하는 하나의 단서가 아니겠습니까.

신은 선조(先朝)께서 한가로이 계실 때에 안타깝게 여기어 탄식하시는 말씀을 누차 들었습니다. 지금 새롭게 정사를 여는 때를 만나, 인심을 수습하고 인재를 장려하는 방도로 볼 때 영묘의 훌륭한 법전을 따라 조술하고 선조의 훌륭한 의도를 드러내 알리지 않으면 안 되는데, 일이 경장(更張)에 관계되므로 본조(本曹)에서 마음대로 처리할 수가 없으니, 대신들에게 하문하여 처리하는 것이 어떻겠습니까?"

하니, 상이 이르기를,

•••••

214 하늘이……아니라 : 《맹자》 〈고자 상(告子上)〉에 "풍년에는 자제들이 힘입음이 많고 흉년에는 자제들이 포악해짐이 많으니, 하늘이 재덕을 내린 것이 그렇게 다른 것이 아니라, 그 마음을 함닉한 것이 그렇게 만들기 때문이다.〔富歲, 子弟多賴, 凶歲, 子弟多暴, 非天之降才爾殊也, 其所以陷溺其心者然也.〕"라고 하였다.

"대신들의 생각은 어떠한가?"

하자, 영의정 심환지(沈煥之)가 아뢰기를,

"서얼을 소통시켜 조용(調用)하자는 것은, 선배들의 정론(定論)이 있을 뿐만 아니라 열성조께서도 누차 하교하셨고, 심지어 선대에는 별도로 절목(節目)을 만들기까지 하였으니, 성덕이 매우 훌륭합니다. 지금 새로운 정치를 시작하는 초기에 참으로 그대로 따라 시행하는 것이 합당합니다."

하고, 좌의정 이시수(李時秀)가 아뢰기를,

"인재를 쓰는 데에 문벌을 중시하고 사람을 중시하지 않는 것은 옛 제도가 아닙니다. 우리나라는 서얼 문제를 처리하는 제도가 규모가 협소함을 끝내 면치 못하니, 선현과 선배들의 논의가 참으로 훌륭합니다만, 문벌을 숭상하는 풍조가 수백 년 동안 이어져 온 것은 대개 또한 그 까닭이 있을 것입니다. 두 성조(聖朝)께서 앞뒤로 내리신, 긍휼히 여기는 하교는 실로 모든 만물을 다 이루어 주려는 지극하고 훌륭한 인덕(仁德)에서 나왔으며, 선조의 절목은 옛 제도와 현실을 헤아려 참작하여 자세하게 갖추어졌으니, 전선(銓選)을 담당한 신하가 받들어 시행하기만 하면, 억울함을 안고 산다는 탄식이 저절로 없어질 것입니다. 재주와 기량이 아주 뛰어나서 별도의 방법으로 선발해야 할 자에 대해서는, 절목 중에 또한 '통상적인 격식에 구애받지 않는다.'라는 말이 들어 있습니다. 새로운 정치가 시작되어 인재를 거두어 모아야 하는 때이니 이조 판서가 아뢴 바가 참으로 옳은 말입니다."

하고, 우의정 서용보(徐龍輔)가 아뢰기를,

"선묘(宣廟)의 하교에 '해바라기가 태양을 향함에 곁가지를 가리지 않는다. 신하가 충성을 바치고자 하는데 어찌 반드시 적자(嫡子)라야만 하랴.'라고 하셨습니다. 선조께서 또 이 하교를 들어서 성지(聖旨)를 내리시고, 이어 담당 관사의 신하들로 하여금 절목을 만들게 하여 문관, 무관, 음관을 감별하여 서용(敍用)하되 각기 품계를 두어 소통의 방도가 되게 하셨으니, 참으로 훌륭한 일이었습니다. 지금도 이대로 시행하는 것이 과연 좋겠습니다."

하니, 상이 이르기를,

"그대로 하라."

하였다.

갑자년(1804, 순조4) 11월 11일, 좌의정 서매수(徐邁修)가 아뢰기를,

"대정(大政)이 곧 있을 예정입니다. 새로운 시대를 시작하는 때에 자격을 변통하여 인재를 모두 모아들이는 일이 실로 급선무인데, 자격 중에서 가장 의의가 없는 것이 바로 서얼이 이미 경사(京司)의 사송(詞訟) 담당 직임을 거쳤는데도 아직 수령에 곧바로 의망하는 것을 허락하지 않고 있는 것입니다. 대저 사송의 직임이기는 마찬가지이고, 하물며 경사는 우목(郵牧)보다 중책이니, 층계가 너무 많고 번잡한 것이 어찌 서얼이 억울함을 품을 단서가 되지 않겠습니까. 무반(武班)인 경우는, 이미 영장(營將)이나 중군(中軍)의 자리를 허락하고서도 계제직에 해당하는 고을을 주지 않아서, 도리어 잡기(雜技)를 가진 자들이 자급이 오르면 연줄을 대고 자리를 차지하는 것만도 못하니, 또한 어찌 이러한 관제(官制)가 있단 말입니까.

신의 생각으로는, 서얼 가운데 음관(蔭官)으로서 이미 사송의 직임을 거친 자에게는 곧바로 수령에 의망하도록 허락하고, 무반으로서 문벌이 있는 자에게는 군기시 첨정 두 자리 중에서 한 자리를 올려서 부정(副正) 자리로 만들고 융통하여 의망해서 차임하게 하여, 마치 훈련도감 부정의 사례처럼 하여 품계를 올리는 계제로 삼는다면, 침체되고 막힌 것을 소통하고 진작하여 화기(和氣)를 맞아오는 데에 한 가지 도움이 될 듯합니다. 이러한 뜻으로 두 전조(銓曹)에 분부하는

것이 어떻겠습니까?"

하니, 상이 이르기를,

"우상의 생각은 어떠한가?"

하자, 우의정 이경일(李敬一)이 아뢰기를,

"서얼이 억울함을 품게 된 폐단은 그 유래가 오래되었습니다. 선조(先朝)에 특명으로 서얼 소통 절목을 만들었는데, 두 전조가 아직도 그 뜻을 받들어 펴는 도리를 다하지 않고 있습니다. 사송의 직임을 이미 거쳤는데도 곧바로 수령에 의망하지 않는 것은 또한 옳지 못한 일이라 하겠습니다. 음관으로서 사송의 직임을 거친 자를 곧바로 수령에 의망하고, 무과 출신자를 군기시 부정에 승진시키는 것이, 실로 막힌 것을 진작하고 응어리진 것을 풀어 주는 방도에 합당할 것입니다."

하니, 상이 이르기를,

"그대로 하라."

하였다.

같은 해 같은 달 17일, 상이 춘당대(春塘臺)에 친림(親臨)하여 감제(柑製)로 유생을 시취(試取)하기 위해 입시했을 때에, 행 이조 판서 황승원(黃昇源)이 아뢰기를,

"서얼 무반으로서 문벌이 있고 이력이 있는 자를, 군기시 첨정 자리 하나를 올려서 부정(副正) 자리로 만들고 융통하여 의망해 차임하여 품계를 올리는 계제로 삼게 하도록 대신이 경연에서 여쭈어서 정식(定式)으로 삼았습니다. 군기시 부정 자리는 임시로 줄인 자리가 있으니 우선 도로 설치하여 차출하고, 첨정 자리에 궐원이 있을 때에 한 자리를 그대로 임시로 줄이도록 하는 것이 좋을 듯합니다. 이미 서얼의 이력을 따져서 융통하여 의망하는 자리로 만들었고 보면, 한결같이 훈련도감 부정의 사례를 따라서 통망(通望)하여 차례대로 갖추

어 의망해야 하는데, 만약 단지 실직만을 취한다면 또한 장애가 발생할 단서가 있으니, 4품의 이력 가운데 내직과 외직을 막론하고 전함(前銜)과 시임(時任)을 그 문벌과 기국을 살펴서 순서대로 통망하되, 가설한 첨정과 판관 및 첨사의 이력을 혼용하지 못하게 한 훈련원처럼 해야 할 것입니다. 그리고 비록 군기시 첨정과 판관을 제수하더라도, 참하(參下)의 초사(初仕)이거나 일찍이 수령을 거친 자가 아닐 경우에는 시행하지 못하게 하여 조금은 한계를 정해 둔 뒤라야 혼잡해지는 폐단이 없을 듯합니다. 융통하여 의망할 즈음에 배치가 만약 곤란하다면, 외임(外任) 및 이망(二望)을 의망해 들이는 등의 절차를 또한 다른 사례에 의거해서 시행하도록 하되, 계품하는 것도 번거로울 것이니 곧바로 거행하도록 하는 것을 영구히 정식으로 삼는 것이 사리에 합당할 듯합니다. 그러므로 감히 이렇게 우러러 진달합니다."

하니, 상이 이르기를,

"그대로 하라."

하였다.

통색촬요

부록

율곡(栗谷) 이이(李珥)의 행장(行狀)에,

"서얼을 금고한 지가 이미 100년이 지나서 사람들이 모두들 보고 듣는 데에 익숙해졌으나, 선생께서 유독 '왕자(王者)는 부류를 가리지 않고 현인을 등용하니 인재를 폐기하는 것은 옳지 않습니다.'라고 하시며, 매양 벼슬길에 서얼을 허통하고자 하셨는데, 이때에 이르러 아뢰어서 시행하였다."

하였다. 《사계집(沙溪集)》

임척(林滌)의 상소에,

"무릇 사람이 승중(承重)한 아들이 아니면 적처(嫡妻)와 첩(妾)에게 모두 아들이 없는 뒤라야 후사를 세울 수 있는데, 요즘 사람 중에는 혹 아내의 말에 동요되어, 첩에게서 낳은 자기 아들을 버려두고 타인의 아들로 양자를 삼는 자가 있습니다. 한결같이 국가의 제도를 따르는 것이 좋습니다."

하였는데, 그대로 하라고 윤허하였다. 《춘관지(春官志)》

아버지와 아들의 관계는 하늘로부터 정해진 것이니 사람이 인위적으로 친속을 만들거나 끊거나 할 수 있는 것이 아니다. 후한(後漢) 때에 안정(安定) 지방에서는 서얼을 천대하였으나 천대한 자는 타인들이었고 아버지와 아들은 참으로 아버지와 아들이었다.[1] 우리나라에서는 고려 때에는 그래도 심하지 않았는데, 본조에 이르러 차츰 더 심해졌다. 적자

1 후한(後漢)……아들이었다 : 《후한서》 권49 〈왕부열전(王符列傳)〉에 "왕부의 자는 절신(節信)이고, 안정(安定) 임경(臨涇) 출신이다. 안정의 풍속에 서얼을 천대하였는데, 왕부는 외가(外家)가 없었기 때문에 고을 사람들로부터 천대를 받았다." 하였다. 여기에 〈왕부열전〉의 내용을 인용한 것은, 후한 때에 이러한 기록이 있기는 하지만 서얼을 천하게 여긴 것은 타인이었고 왕부의 부자(父子) 관계는 변함이 없었다는 의미로 쓴 것이다.

(嫡子)가 없는 자는 비록 서출(庶出)이 있더라도 반드시 3촌 혹은 5촌, 7촌의 조카를 데려다가 후사(後嗣)로 삼았으니, 어찌 그 천성을 버리기를 이처럼 극도로 하기에 이르렀단 말인가. 나와 가깝기로는 아들만 한 이가 없으니 제사를 지낼 때에 아들과 조카 중에 누가 더 정성을 다하겠는가. 근래에 천성을 아는 자는 오직 청평위(青平尉) 한기(韓紀),[2] 호음(湖陰) 정사룡(鄭士龍),[3] 안분당(安分堂) 이희보(李希輔),[4] 목사(牧使) 신잠(申潛),[5] 동지(同知) 민응서(閔應瑞)[6]와 나의 당형(堂兄) 어숙의(魚叔義)가 있을 뿐이다. 청평위는 옹주의 존귀함에도 구애받지 않고 제사를 서자(庶子)에게 맡겼으니 이런 사람은 흔히 보기 어렵다. 《패관잡기(稗官雜記)》

고 평사(評事) 이목(李穆)이 그 6세손 부사 이원환(李元煥)에서 친진(親盡)이 되었다. 이목의 아들 감사 이세장(李世璋)의 신주도 아울러 최장방의 집으로 옮겨야 마땅한데, 최장방 이면(李櫋)은 "평사는 혈식(血

• • • • •

2 한기(韓紀) : 1490~1558. 본관은 청주, 자는 원방(元方), 한형윤(韓亨允)의 아들이다. 송인(宋寅)이 지은 《이암유고(頤庵遺稿)》 권8 〈청평위한공신도비명(淸平尉韓公神道碑銘)〉에 의하면, 11세에 성종의 딸 정혜옹주(靜惠翁主)와 혼인하여 청평위(青平尉)가 되었다. 정혜옹주와의 사이에 후사가 없고 서자가 4명 있었는데 장남은 한희로(韓希老)이다.

3 정사룡(鄭士龍) : 1491~1570. 본관은 동래(東萊), 자는 운경(雲卿), 호는 호음(湖陰)이다. 1509년(중종4) 생원시와 별시 문과에 합격하였다. 정언, 부제학, 형조 판서, 병조 판서, 판중추부사 등을 지냈다. 동지사로 중국에 다녀왔으며, 시문에 능하여, 중국 사신이 나왔을 때에는 누차 원접사가 되었다. 이선(李選)의 《지호집(芝湖集)》 권5 〈정호음사적(鄭湖陰事蹟)〉에 의하면, 정사룡은 적처 소생이 없었다.

4 이희보(李希輔) : 1473~1548. 본관은 평양, 자는 백익(伯益), 호는 안분당(安分堂)이다. 1501년(연산군7) 문과에 급제하였고, 선산 부사(善山府使), 나주 목사(羅州牧使), 대사성, 파주 목사(坡州牧使) 등을 지냈다.

5 신잠(申潛) : 1491~1554. 본관은 고령, 자는 원량(元亮), 호는 영천자(靈川子)이다. 상주 목사(尙州牧使)를 지냈다. 서화에 능하였는데, 특히 포도와 대나무를 잘 그렸다고 한다.

6 민응서(閔應瑞) : 중종 때에 전라 우도 수사(全羅右道水使)를, 명종 때에 좌승지, 병조 참판, 함경북도 병마절도사, 동지중추부사, 평안도 절도사, 경상 좌도 병마절도사, 제주 목사 등을 지냈다.

食)을 받는 현자이고 감사는 청백리입니다. 두 분 모두 조천해서는 안 됩니다."라고 하면서, 옮겨 봉안하려 하지 않았다. 이원환이 죽고 첩의 아들이 넷이 있는데, 이면이 또 "양자를 세워 적자(嫡子)를 이어야 한다."라고 하며, 상언(上言)하여 송사를 일으켰다. 예조가 아뢰기를,

"《대전》 입후조(立後條)에 '적처와 첩에게 모두 아들이 없는 자는 관청에 보고하고 같은 종가(宗家)의 지자(支子)를 세워 후사로 삼는다.'라고 하였고, 그 주석에 '양쪽 집의 아버지가 함께 명하여 세운다.'라고 하였습니다. 봉사조(奉祀條)에는 '만약 적장자(嫡長子)가 후사가 없으면 중자가, 중자가 후사가 없으면 첩의 아들이 봉사한다.'라고 하였고, 소주(小注)에 '양첩의 아들이 후사가 없으면 천첩의 아들이 승중한다.'라고 하였습니다. 이원환은 이미 천첩의 아들 이기창(李基昌)이 있으니, 이기창을 시켜 제사를 받들게 하는 것이 법례(法例)로 보아 합당할 것입니다."

하였다. 대신이 의논 올리기를,

"선현 청백리에 대해서는 본래 불천(不遷)하라는 법조문이 없습니다. 비록 공신과 종실의 후사일지라도 첩의 아들을 시켜 승중(承重)하게 한 것이 또한 한두 집이 아닙니다. 이원환의 증조 이하의 제사는 첩의 아들에게로 보내도록 하고, 평사 및 감사는 즉시 이면의 집으로 신주를 옮기는 것이 합당할 것입니다."

하니, 그대로 하라고 윤허하였다. 《춘관지》

성호(星湖) 이익(李瀷)의 《성호사설》에 아래와 같은 내용이 실려 있다.

"근세에 판서 이무(李袤)가 상소하여, 서얼을 한계를 두어 차별하는 것은 옳지 못하다고 논하였다. 그 대략에 운운하였다.[7]

7 운운하였다 : 《성호사설(星湖僿說)》 권8 〈인사문(人事門) 서얼방한(庶孼防限)〉에 실려 있다.

이 상소 한 통은, 명백하고 절실하여 사람으로 하여금 눈물이 나게 한다. 떳떳한 심성을 지닌 인간이라면 누가 그르다고 하겠는가. 그런데도 아직 시행하지 않는 것은 어째서인가? 대개 서얼의 진출을 제한하는 제도는 우대언(右代言) 서선(徐選)에게서 시작하여, 강희맹(姜希孟)과 안위(安瑋)가 《대전(大典)》을 편찬할 때에 심해졌다. 선묘(宣廟) 초년에 신분(申濆) 등 1600여 인이 글을 올려 원통함을 호소하니, 비지(批旨)에 '해바라기가 태양을 향함에 곁가지를 가리지 않는다.'라는 말이 있었고, 율곡(栗谷)은 변방의 침략을 방어하기 위하여 쌀을 받고 벼슬길에 허통하는 규정을 건의하여 시행하였다. 그러나 과거에 급제한 뒤에 으레 주는 자리는 봉상시(奉常寺)와 교서관(校書館)의 서너 자리일 따름이었다.

인조 때에 이르러 옥당(玉堂)의 부제학 최명길(崔鳴吉) 이하 심지원(沈之源), 김남중(金南重), 이성신(李省身), 이경용(李景容)이 응지(應旨)하여 논열(論列)하니, 이조 판서 김상용(金尙容)이 회계(回啓)하여, 인조께서 대신에게 헌의하도록 명하였다. 당시에 정승 이원익(李元翼), 윤방(尹昉), 오윤겸(吳允謙)이 수의(收議)하였는데 모두 이견이 없었다. 그래서 요직(要職)은 허락하되 청직(淸職)은 허락하지 않기로 하였으니, 요직이라는 것은 호조·형조·공조 및 각 관사의 관원이었다. 참판 김수홍(金壽弘)도 상소하여 청하였다. 그러나 결국은 시행되지 않았다.

숙종 을해년(1695, 숙종21)에 이르러 영남 사람 남극정(南極井) 등 988인이 또 소장을 올려 원통함을 호소하였는데 승정원에 의해 저지되었다. 이듬해 병자년(1696)에 이조 판서 최석정(崔錫鼎)이 상소하여 논하기를 '요직에 허통하기로 한 뒤에도 서너 사람을 주의(注擬)한 데에 지나지 않았고, 그 뒤로는 시행하지 않았습니다. 비록 묵은 폐단을 완전히 혁신할 수는 없더라도, 정해진 제도에 따라, 재능에 합당한 직

책을 주어서……'이라고 하였다.[8]

남극정의 상소에 '《대전》을 반포한 뒤에 1년 내내 큰 가뭄이 들어 굶어 죽은 사람이 잇달아 나오자 의논하는 자들이, 서얼을 금고한 일에다가 그 허물을 돌렸습니다. 성묘(成廟)께서 불쌍히 여기시어 제도를 고치고자 하셨으나 미처 바로잡지 못하고 갑자기 승하하셨습니다.'라고 하였다. 이 말이 어느 글에서 나왔는지는 모르겠으나, 필부(匹婦)가 원통함을 품어도 3년 가뭄이 든다고 하는데 하물며 수천 인이 수백 년 동안 원통함을 품은 경우이겠는가.

뒤에도 그 일에 대해 헌의하는 자가 많았다. 나라의 권력을 쥐고 정사를 시행하는 자가 만약 나랏일 보기를 자기 집안일처럼 보고, 백성의 원통함 보기를 마치 자기의 원통함처럼 본다면, 어찌 끝내 시행되지 못할 리가 있겠는가.

이미 재능에 따라 등용한다고 해 놓고서 단지 삼조(三曹)의 낭관 자리에만 한정한다면 너무 좁은 것이다. 심지어 쌀을 받고 허통하는 것은 구차할 따름이다. 이는 실로 천하 고금에 없던 일이니, 결국에는 한번 시행되고야 말 것이다. 그러므로 내가 그것을 기록한다."

8 최석정(崔錫鼎)이……하였다 : 《명곡집(明谷集)》 권15 〈진서관구재지방차(陳序官求才之方箚)〉에 실려 있다.

칠조문답(七條問答)

〔문〕: 우리나라가 서얼의 진출을 막은 지가 300여 년이 되었으니, 하루아침에 허통하는 것은 또한 어렵지 않겠는가.

〔답〕: 무릇 천하의 일을 담당한 자는, 일의 어렵고 쉬움을 따져서는 안 되며 그 일의 옳고 그름을 논해야 마땅하다. 그 일의 옳고 그름을 논하고자 하면 마땅히 그 일을 주장한 자들을 누가 현능한지 누가 간특한지를 따져 봐야 한다. 대저 당초에 서얼을 막은 자는 일개 서선(徐選)이었다. 그 뒤 반드시 소통하고자 한 자는 정암(靜菴), 율곡(栗谷), 우계(牛溪), 중봉(重峯), 우암(尤菴), 남계(南溪) 등 여러 선정(先正)이었고, 선원(仙源), 오리(梧里), 추탄(楸灘), 지천(遲川) 등 여러 명신(名臣)이었다. 서선이 옳다면 여러 명신과 여러 선정이 모두 그르며, 여러 명신과 여러 선정이 옳다면 서선이 그르다. 그대는 서선을 어질다고 여기는가, 아니면 여러 선정과 여러 명신을 어질다고 여기는가. 피차간의 현능함과 간사함의 나뉨에서 이 일의 옳고 그름이 판가름 난다. '서선이 어질지 않고 간사하다는 것을 누가 모르겠는가.'라고 한다면, 통색의 옳고 그름이 이미 분명해진다. '그대가 이 일의 옳고 그름을 아는 것은 단지 일을 주장하는 자의 현능함과 간사함에 따라 판단한 것일 뿐이다.'라고 한다면, 내가 다시 천리(天理)와 인사(人事)로써 상세히 말하여 그것이 결코 그렇지 않다는 것을 밝혀 보겠다.

대저 하늘이 인재를 낼 때에는 본래 한계가 없어서, 맑은 기운을 품부받은 이는 어진 이가 되고 재능 있는 이가 되며 흐린 기운을 품부받은 이는 불초한 자가 되고 재능 없는 자가 된다. 성인은 그것이 그렇다는 것을 알기 때문에, 정말이지 그가 어질다면, 비록 낮고 천한 자리에 있더라도 반드시 그를 취하였다. 그러므로 창고지기나 장사치도 모두 자기의 재능을 바칠 수 있었다. 이것이 요(堯) 임금이 미천한 자도 천거하게 한 까닭이고[9] 탕 임금이 어진 이를 등용할 때에 부류를 따지지 아니했던 까닭이다. 서얼이라고 해서 어찌 일찍이 인재가 없었겠으며, 어찌 일찍이 국가를 저버린 일이 있었겠는가.

한(漢)나라는 곽거병(霍去病)을 등용하여 막남(漠南)에 왕정(王庭)이 없는 공열을 이루었고,[10] 진(晉)나라는 주의(周顗)를 등용하였는데 왕돈(王敦)의 난리에 홀로 절의를 세우고 죽었다.[11] 당(唐)나라는 두보(杜甫)를 등용하였는데 안녹산(安祿山)의 난리에 홀로 몸을 빼내어 조정으로 돌아왔으며,[12] 송(宋)나라는 한기(韓琦)를 등용하였는데 300년 동안의 최고의 명재상이 되었다.[13] 명(明)나라는 이여매(李如梅)를 등용하였는데, 동정(東征)의 공적이 빛난다.[14] 그 밖에도 위인과 명신들이 손꼽을

• • • • •

9 요(堯) 임금이……까닭이고 : 《서경》 〈요전(堯典)〉에 나온다. 요 임금이 사악(四岳)에게 말하기를 "현달한 자도 밝혀 주고 미천한 자도 천거하라.[明明揚側陋]"라고 하였다. 이때에 사악이 "아버지는 소경이고 완악하며 어머니는 어리석으며 아우 상(象)은 오만한데, 효성으로 그들과 화합하여 간악한 데에 이르지 않게 했습니다."라고 하며 순(舜)을 천거하였다. 여기서는 순 임금이 미천한 신분에서 천거되었음을 말한 것이다.

10 한(漢)나라는……이루었고 : 한 무제 때에 곽거병이 대장군이 되어 흉노를 몰아내니 막남 지역에는 흉노족의 대궐이 없어졌다는 뜻이다. 막남은 음산(陰山)의 남쪽, 황하의 북쪽에 있는데, 몽골고원의 대사막 이남 지역을 가리킨다고 한다. 곽거병은 곽중유(霍仲孺)의 천첩 소생이므로 출신 신분이 미천했다.

11 진(晉)나라는……죽었다 : 주의(周顗)는 진나라 왕돈(王敦)이 반란을 일으켰을 때에 왕돈의 세력에 참여하지 않고 죽음을 당하였다. 《진서(晉書)》 권96 〈열녀열전(烈女列傳) 주의모이씨(周顗母李氏)〉에 의하면, 주의의 모친 이씨(李氏)는 주준(周浚)의 첩이었다.

12 당(唐)나라는……돌아왔으며 : 안녹산의 난이 일어나 현종이 피란 가 숙종이 영무(靈武)에서 임시로 즉위하자 두보는 이를 경하하기 위해 영무로 가다가 반란군에게 잡혀 억류되었다. 숙종이 행재소를 봉상(鳳翔)으로 옮겼을 때 두보는 위험을 무릅쓰고 탈출하여 숙종을 배알하였다.

13 송(宋)나라는……되었다 : 한기(韓琦, 1008~1075)는 북송(北宋)의 인종(仁宗), 영종(英宗), 신종(神宗) 때에 재상을 지낸 명신(名臣)이다. 그의 아버지 한국화(韓國華)가 천주(泉州) 수령으로 있을 때에 비녀(婢女)와의 사이에서 한기가 태어났다고 한다.

14 명(明)나라는……빛난다 : 이여매는 명나라 후기 요동 윤(遼東尹)이었던 이성량(李成梁, 1526~1615)의 아들이며 이여송의 서제(庶弟)이다. 이여송을 따라 임진왜란에 참여하여 왜적을 물리치는 데에 공을 세웠다.

수 없을 정도로 많다. 그리고 예로부터 서얼이 사전(史傳)에 보이는 것은 당대의 미천한 출생을 말하는 데에 지나지 않았고 그 세대가 지난 서얼은 과거의 이력을 따지지 않았다. 서얼이라고 해서 어찌 일찍이 인재가 없었겠으며, 어찌 일찍이 국가를 저버린 일이 있었겠는가.

대저 중원(中原)은 광대한 영토와 수많은 인민을 보유하고서 널리 모으고 아울러 취하면서도 오히려 인재가 부족할까 봐 염려하였는데, 우리나라는 영토가 좁고 인민이 적은데도 인재를 차별하는 여러 제약이 있다. 아, 곽거병과 한기가 우리나라에 태어났더라면 한 고을의 현감이 되는 데에 그치고 말았을 것이니, 어찌 감히 북으로 낭서(狼胥)에 봉해지기를 바랐겠으며[15] 어찌 감히 세 조정에서 군주를 섬기기를 바랐겠는가.[16]

그러므로 송익필(宋翼弼), 김근공(金謹恭), 이중호(李仲虎)의 도학과 어숙권(魚叔權), 이달(李達), 신희계(辛喜季)의 문장과 박지화(朴枝華), 이대순(李大純), 조신(曺伸)[17]의 행의(行義)와 유조인(柳祖訒), 최명룡(崔命龍)의 지모(智謀)와 양사언(楊士彦), 어무적(魚無迹)의 재화(才華)와 우경석(禹敬錫), 유시번(柳時蕃)의 재능(才能)이 모두 시대를 만나지 못해서 쓰이지 못하고 늙었다. 임진년(1592, 선조25) 변란에 이르러 이산겸(李山謙), 홍계남(洪季男)은 의병을 규합하여, 팔도에 패배의 기색이 있던 중에서 왜놈의 예봉을 꺾었고, 병자년(1636, 인조14) 난리 때에는 권정길(權井吉)이 고립된 군사들을 홀로 이끌고 여러 장수가 몸을 사리는 시기에 오랑캐 기병을 공격하였지만, 살아서는 하나의 절월(節鉞)도 얻지 못하였고 자손들은 모두 구렁텅이에 뒹군다. 무신년(1728, 영조4)에 청주(淸州)가 적

•••••

15 북으로……바랐겠으며 : 서한 때의 표기장군(驃騎將軍) 곽거병은 흉노를 물리친 뒤에 낭거서산(狼居胥山)에 봉해져서 그곳에 제단을 쌓고 하늘에 제사를 올렸다.

16 세 조정에서……바랐겠는가 : 305쪽 주13 참조.

17 조신(曺伸) : 성종 때의 문장가이다. 조계문(曺季文)의 첩의 소생으로서 특히 시(詩)에 능하였다. 중국 사신이 나오면 조신이 시문(詩文)에 응대하였다. 조위(曺偉)의 얼제(孼弟)이다.

에게 함락되었을 때에 막부(幕府)에서 순절(殉節)한 자는 오직 홍림(洪霖)[18] 한 사람뿐이었는데, 평생 등용되지 못하였다. 무릇 이 몇몇 사람들은 모두 당세에 은전을 받지 못하여 후세에 애석히 여기는 사람들이다.

그리고 서얼이라 해서 어찌 모두 낮고 천하겠는가. 중원의 풍속은 본가(本家)를 중시하기 때문에 본종이 고귀하면 고귀하게 대우한다. 우리나라의 풍속은 명칭이 서얼이라고 하면 본종이 비록 존귀하더라도 천하게 여긴다. 고려 이전에는 어찌 이러한 풍속이 있었겠는가. 정문(鄭文)과 권중화(權仲和)는 모두 첩의 아들로서 한 사람은 예부 상서가 되었고 한 사람은 대사헌이 되었다. 정도전(鄭道傳)은 고려 때에 또한 이미 청현직을 거쳤다. 저 서선(徐選)의 의논이 한번 나와서 차츰 고질이 되자, 향곡(鄕曲)의 미천한 사람도 혹 출신 성분을 감추고 이름을 숨겨서 화려한 청현직에 올라가기도 하는데, 세족 명가의 후손은 비록 재능과 학식이 탁월한 자일지라도 제약이 더욱 심해졌고, 지난번 양주익(梁周翊)의 일에 이르러 극에 달하였다. 저 양주익의 조부 양대박(梁大樸)은 문장을 잘하는 선비일 뿐만 아니라 일찍이 임진왜란 때에 의병을 모아서 의병장 고경명(高敬命)에게 소속되었고, 그 아들 양경우(梁慶遇)로 하여금 배종하여 기실(記室)[19]의 직임을 맡게 하였다. 양대박은 또 소모관(召募官)으로서 해남(海南)에 가서 마침내 분개하여 싸우다가 그곳에서 운명하였다. 그 충의(忠義)가 이와 같은데도 5, 6대 후손 양주익이 병조 낭관이 되니 나라를 위해 조금도 수고하지 아니한 자들이 떼거리로 일어나 놀란 눈으로 보면서 반드시 논박하여 배척을 하고야 말았다. 아,

• • • • •

18 홍림(洪霖) : 1685~1728. 본관은 남양(南陽), 자는 춘경(春卿)이다. 1728년(영조4) 이인좌(李麟佐)가 반란하여 청주성을 공략할 때에 병사(兵使)의 비장(裨將)으로 있던 중에 순절하였다.

19 기실(記室) : 한(漢)나라 때의 관직명이다. 격문(檄文)의 작성, 문서의 기록 등을 담당하였다. 양경우가 고경명(高敬命)의 막중(幕中)에서 서기(書記)로 있었던 일을 가리킨다.

어찌 원통하지 않았으랴. 지금 변통하고자 하면, 문관은 재능과 학식에 따라 사관(四館)에 분속하고, 음사(蔭仕)는 서로 바꾸는 규정을 없애고 사송(詞訟)의 아문에 통용하고, 태학(太學)은 나이순으로 앉는 제도를 시행하면 될 일이다. 무슨 어렵고 쉽고를 논란할 것이 있겠는가.

〔문〕: 서얼을 금고하는 것은 천하 만고에 없었던 제도인데, 우리 조정에서 유독 이것을 시행하는 것은 어째서인가?

〔답〕: 우리나라는 규모가 협소하여 기수(氣數)가 관계된 바가 그러한 것일 뿐이다. 대개 일찍이 옛날부터 전하는 말을 들었더니, 서선(徐選)이라는 자가 일찍이 정도전의 노비에게 모욕을 당한 일로 그 원한을 갚을 방법을 생각했는데, 정도전이 서얼이었기 때문에, 그가 죄를 받아 죽게 되자 이에 기회를 타고 진언하여 서얼을 금고시켰다고 한다. 소인이 보복을 한 계책이 지금까지 300년 동안 사람과 국가에 해를 끼친 것이 매우 많다. 통분함을 이길 수 있겠는가.

또 혹 "무오사화는 유자광(柳子光)이 빚어낸 것이기 때문에 사류들이 그를 미워하여, 이에 더욱 엄하게 막았다."라고 한다. 그러나 이극돈(李克墩)과 윤필상(尹弼商)의 무리들이 실제로 그 재앙에 앞장을 섰으니, 유자광만의 죄는 아니다. 하물며 을사년(1545, 명종 즉위년)의 윤원형(尹元衡), 기묘년(1519, 중종14)의 남곤(南袞)과 심정(沈貞)은 모두 서얼이 아니었고, 신하가 난역을 저지른 것은 기사년(1689, 숙종15)의 민암(閔黯)과 민종도(閔宗道), 무신년(1728, 영조4)의 김일경(金一鏡)과 박필몽(朴弼夢)과 이인좌(李麟佐)에 이르러 극도가 되었으니, 또 장차 어떠한 사람을 막을 것인가. 나는 그래서 말하기를 "우리나라는 규모가 협소하여 기수가 관계되는 바가 그러했을 뿐이다."라고 한 것이다. 대저 규모가 협소한 것은 윗사람이 된 자가 한번 전환하는 데에 달렸을 뿐이다. 하늘의 기수는 300년이 하나의 대운(大運)이다. 그러므로 승강(升降) 비태(否泰)

의 기틀은 일찍이 저기에서 극도가 되지 않았는데도 여기에서 변화하는 경우는 없었다. 이제 서얼이 억울함을 품은 지가 거의 300여 년이 되었으니, 정말 알선하여 풀어 줄 때가 된 것이다. 대저 주공(周公)의 제도도 100년도 안 되어 혹 해이해져서 쓰지 않았는데, 저 서선이 한때에 사심을 부렸던 술수를 지금까지 시행하면서 더욱 견고하게 유지하여, 마치 바꿀 수 없는 사시(四時)를 보듯이 하는 것은 또한 어찌된 일인가.

〔문〕: 우리나라는 평소에 명분으로 나라를 세웠는데, 만약 서얼을 소통시키면 명분이 어지러워진다.

〔답〕: 대저 서얼이라는 것은 한집안의 서얼이지 대중의 서얼이 아니다. 우리나라 사람들은 단지 조정에서 그들의 벼슬길을 제한하는 것을 보고는, 드디어 대중의 서얼까지 아울러 명분으로 책임을 지우니, 이것은 모두 잘못된 세속에서 나온 소견이다. 명분이라는 것은 '군주는 군주답고 신하는 신하답고 아버지는 아버지답고 아들은 아들다운 것'[20]을 말한다. 지금 군주가 되어서는 그 신하를 쓰는 일을 극진하게 하지 못하고, 신하가 되어서는 군주를 섬기는 충성을 극진히 하지 못하니, 이는 군신간의 명분이 명확하지 못한 것이다. 아버지인데도 아들을 대하는 도리로써 그 아들을 대우하지 않고, 아들인데도 그 아버지를 아버지라고 감히 부르지 못하며, 심지어 적자가 없는 경우에는 차라리 촌수가 먼 동성(同姓)을 취해서 아들로 삼을지언정 감히 제사 지내는 일을 그 첩의 아들에게 맡기지 않으니, 부자간의 천륜이 없어진 것이다. 지금 만약 청현직에 허통한다면 군신간과 부자간의 명분이 각기 그 올바름을 얻을 것이니, 어찌 명분이 문란해질 염려가 있겠는가. 조정암(趙靜

• • • • •

20 군주는……것 : 《논어》 〈안연〉에 "제 경공(齊景公)이 공자(孔子)에게 정치를 물으니, 공자가 답하기를 '임금은 임금답고 신하는 신하답고 아버지는 아버지답고 아들은 아들다워야 합니다.' 하였다."라고 한 데에서 따온 말이다.

菴 조광조(趙光祖))이 말하기를 "충성을 하고자 하는 마음은 신분의 귀천에 차이가 없으니, 인재를 등용하는 제도에 적자와 서자를 차별해서는 안 됩니다. 비록 높고 현달한 사람일지라도 만약 명분을 간범하는 일이 있으면, 동성은 6촌까지, 이성은 4촌까지 국법을 엄하게 세워서 금지하고 있으니, 명분이 문란해질 것은 염려할 바가 아닙니다." 하였다. 선정(先正)이 조술(祖述)한 것은 공자(孔子)가 가르친 정명(正名)이었는데, 반드시 청현직에 허통하고자 한 것이 어찌 세속의 소견에 미치지 못해서 그러하였겠는가. 다른 판본에는 '세속에서 나온 소견이다.' 아래, '조정암' 위에 다음과 같은 내용이 있다. "대저 벼슬이 낮은 자가 감히 높은 자를 침범하지 못하는 것은 조정의 명분이며, 서얼이 감히 적자를 능멸하지 못하는 것은 한집안의 명분입니다. 지금 비록 서얼을 소통하더라도 조정에는 이미 관작이 있으니 명분은 그대로 있는 것이며, 집안에는 이미 적서의 분별이 있으니 명분이 또한 그대로 있는 것입니다. 관작은 관작이고 적서는 적서일 뿐이니, 어찌 서로 개입하여 명분이 문란해질 우려가 생기겠습니까."

〔문〕: 만약 서얼을 소통하였는데 적자의 벼슬이 낮고 서자의 벼슬이 높으면 반드시 교만을 부리고 능멸하여 집안의 질서가 무너질 것이니, 장차 어찌할 것인가?

〔답〕: 대저 작록(爵祿)이라는 것은 세상을 격려하고 둔한 것을 연마하는 도구이다. 오늘날의 사부(士夫)들이 어찌 모두 천성이 순수하고 학문이 넉넉하겠는가. 단지 영달의 길이 앞에 있고 남들의 구설이 두려워할 만하기 때문에 거두어 수습하고 힘써 꾸미면서 감히 그 과실을 드러내지 못하는 것일 뿐이다. 서얼의 마음이라고 해서 어찌 이와 다르겠는가. 스스로 세상에 쓰일 데가 없다는 것을 알기 때문에 재주를 지닌 자유분방한 자 중에 혹 법도를 벗어나는 자도 있는 것이다. 이것은 나라의 차별 제도가 그렇게 만든 것이니, 서얼의 죄가 아니다. 일찍이 들으니, 이

여송(李如松)이 요동의 제독으로 있을 때에 그 서제(庶弟) 이여매(李如梅)가 순변사(巡邊使)로 나왔는데, 이여송이 군대의 의식으로 맞으면서 길 왼쪽에서 부복하였고, 그다음 날에 이여매가 들어가 알현하면서 빗자루를 들고[21] 모시고 서서, 앉으라는 말이 없으면 끝내 감히 앉지 못하였다고 한다. 조정의 체통과 가정의 분의(分義)가 둘 다 잘 지켜져서 어긋나지 않았다. 지금 서얼을 허통하면 이와 같을 따름이니, 어찌 능멸하고 교만을 떨까 걱정하겠는가.

〔문〕: 요순을 본받고자 하면 마땅히 조종(祖宗)을 본받아야 하는데, 서얼을 금고한 것은 조종의 정법(定法)에 관계되니, 가벼이 변개할 수 없다. 어떻게 생각하는가?

〔답〕: 세상에서 이러한 의논에 문제를 삼는 자들은, 조종조의 제도를 가벼이 고치는 것은 곤란하다고 항상 말한다. 그러나 옛날 태조 때에는 일찍이 이러한 금법이 없었고 열성조 때부터 또한 서얼을 소통하자는 의논이 없지 않았으니, 이는 고황제(高皇帝)의 약속을 분분하게 고치는 행위[22]가 아니다. 《주역》에 이르기를 "궁하면 변하고 변하면 통한다."라고 하였고, 진서산(眞西山)이 말하기를 "변통해야 할 때에 변통하는 것도 계술(繼述)이다."[23]라고 하였다. 대저 계술이라는 것은 일의 정도(正道)

• • • • •

21 빗자루를 들고 : 빗자루는 길을 청소하는 도구이다. 옛사람은 손님을 맞이할 때에 항상 빗자루를 들고 맞이하여 공경하는 뜻을 표시하였다고 한다. 여기서는 이여매가 그의 형 이여송에 대해서 공경하는 마음을 지녔음을 비유로 말한 것이다.

22 고황제(高皇帝)의……행위 : 선대의 임금이 만들어 놓은 제도를 후대의 임금이 고치는 것을 말한다. 고황제의 약속은 한나라 고조(高祖)가 관중(關中) 백성들에게 내린 약법삼장(約法三章)을 말한다. 《사기》 권120 〈급정열전(汲鄭列傳)〉에 의하면, 무제(武帝) 때에 정위(廷尉) 장탕(張湯)이 율령(律令)을 개정하여 강화하려고 하자 급암(汲黯)이 무제 앞에서 장탕을 비판하기를 "어찌하여 고황제의 약속을 갖다가 분분하게 고치려 드는가. 공은 이 일로 해서 멸족을 당할 것이다.〔何乃取高皇帝約束紛更之爲? 公以此無種矣.〕"라고 하였다고 한다.

23 변통해야……계술(繼述)이다 : 송(宋)나라 진덕수(眞德秀)의 《대학연의(大學衍義)》에,

이고, 변통이라는 것은 일의 권도(權道)이다. 일에는 정도도 있고 권도도 있으니, 어느 하나만 고집하여 논해서는 안 된다. 그러므로 오위(五衛)는 조종조의 제도이지만 절제(浙制)로써 개정하였고,[24] 공안(貢案)은 조종조의 제도이지만 대동법으로 바꾸었다. 성인(聖人)의 제도는 마치 봄, 여름, 가을, 겨울이 서로 부딪치며 밀고 빼앗고 해서 천지의 변화가 이로써 이루어지는 것과 같으니, 어찌 문(文)과 무(武)가 한 번은 당겨지고 한 번은 풀어진다고 해서 그것을 옛 제도를 잘 따르지 않는 병통이라 할 수 있겠는가. 이것으로 미루어 보건대, 서얼을 통용하는 것은 조종을 본받는 일 가운데 하나이니, 가벼이 고치는 것을 문제 삼아 논란을 일으켜서는 아니됨이 또한 명백하다.

〔문〕: 신분이 미천한 자는 혹 올바름으로써 자신을 지킬 수가 없어서, 권세 있는 집에 찾아다니는 자도 있을 것이고, 옳지 못한 길을 찾는 자도 있을 것이다. 서얼을 통용한 뒤에는 아부하고 경쟁하며 공도(公道)를 저버리고 파당을 위해 목숨을 거는 자가 분분하게 일어날 것이니, 국가의 실용에 보탬이 없을 것 같다.

〔답〕: 당(唐)나라의 유씨(柳氏)는 세족(世族)인데도 유로(劉盧)와 체결하였고, 한(漢)나라의 유흠(劉歆)은 종실인데도 음상(音商)에게 빌붙었으

•••••

계지술사(繼志述事)를 설명하면서 "지수해야 할 때에 지수하는 것이 본디 계술이지만, 변통해야 할 때에 변통하는 것 또한 계술이다.〔當持守而持守, 固繼述也. 當變通而變通, 是亦繼述也.〕"라고 하였다. 이 구절이 이이(李珥)의 《성학집요(聖學輯要)》에 인용되어 있다. 지수(持守)가 준수(遵守)로 쓰인 곳도 있다. '계술'은 《중용장구》 제19장에 "효라는 것은 사람의 뜻을 잘 잇고 사람의 일을 잘 전술하는 것이다.〔孝者, 善繼人之志, 善述人之事者也.〕"라고 한 데에서 나온 말이다.

24 절제(浙制)로써 개정하였고 : 조선 후기에 오위 제도의 모순을 해결하기 위해, 명나라 척계광(戚繼光)이 지은 《기효신서(紀效新書)》의 내용을 도입했다는 말인 듯하다. 척계광은 절강(浙江) 지방에서 군사 조련을 시켰으니, 절제는 절강 지방의 군사 제도라는 의미이다.

니,[25] 그 사람에게 달린 문제일 뿐이지, 어찌 유독 서얼만 그러하겠는가. 성인이 윗자리에 계시고 훌륭한 인재들이 지위에 있으면서, 유능한 자를 등용하고 무능한 자를 물리치면, 연줄을 타거나 빌붙으려는 자들이 또한 어떻게 그 사이에서 뜻을 행하겠는가. 그리고 300년간의 억울함을 하루아침에 씻어 준다면, 또한 장차 몸이 가루가 되고 머리가 부서지도록 국가를 위해 목숨을 바치기에도 겨를이 없을 텐데, 도리어 기꺼이 명예의 고삐에 마음을 매고 이익의 길에서 자취를 더럽히며 단지 자기 몸을 영달하게 할 계책만 생각하고 국가의 은혜는 유념하지 아니할 리가 있겠는가? 오늘날로써 보건대, 서얼은 본디 미천한 신분이지만, 한 번 그 통용을 허락하면 교목세가만 못할 것이 무에 있겠는가. 그런데도 도리어 국가의 실용이 되지 못할 것이라고 의심을 하는 것은 또한 어찌된 것인가.

〔문〕: 서얼을 통용했다가 사대부가 그들과 더불어 동료가 되는 것을 수치로 여긴다면 어찌할 것인가? 서얼이 문임(文任)이 되었을 때에 선비들이 과거에 응시하지 아니하면 어떻게 대처할 것인가?

〔답〕: 소각사(小各司)는 서얼이 주부(主簿)나 별제(別提)가 되고 사부(士夫)가 직장(直長)이나 봉사(奉事)가 되거나, 서얼이 직장이나 봉사가 되고 사부가 판관이나 주부가 되니, 수치스러울 일이 없다. 상사(上司)에

• • • • •

25 유흠(劉歆)은……빌붙었으니 : 유흠은 한나라 때의 고문경학(古文經學) 창시자로서, 그 선조가 한 고조(漢高祖) 유방(劉邦)의 이모제(異母弟)이다. 경학 연구에 최고 업적을 남긴 인물로 평가받으면서도, 한편으로는 서한(西漢) 말기에 권력을 전횡하던 왕씨 가문과 친분이 두터워 왕망(王莽)의 신(新)나라 건국에 큰 도움을 준 인물로 비판받기도 한다. 음상(音商)은 왕음(王音)과 왕상(王商)이다. 왕음은 한나라 원제(元帝)의 황후이자 성제(成帝)의 생모인 왕정군(王政君)의 당형제(堂兄弟)이다. 성제 때에 왕정군의 동모형제인 왕봉(王鳳)이 외척 권신으로서 대사마(大司馬), 대장군(大將軍), 영상서사(領尙書事)가 되어 정권을 휘둘렀는데, 죽을 때에 왕음을 천거하여 자신의 지위를 물려주었다. 그 뒤를 왕봉의 아우 왕상이 이었고 다시 아우 왕근(王根)이 이었으며, 그 뒤를 이들의 조카 왕망이 이었다. 왕망은 한나라를 멸망시키고 신나라를 세웠다.

서 서얼과 더불어 동료가 되지 아니하려는 것은 참으로 의리를 모르는 것이니, 이는 논란거리가 아니다. 국초(國初)에 정도전(鄭道傳)과 조말생(趙末生)이 모두 문형(文衡)을 맡았는데, 그 당시의 선비들 중에 과거에 응시하지 않은 사람이 있었다는 말은 듣지 못했다. 이것 또한 염려할 일이 아니다. 오늘날 향시(鄕試) 및 공도회(公都會)에서는 서얼 문관이 모두 시관이 되며, 허락하지 않는 곳은 한성시(漢城試)와 관학시(館學試)이다. 대개 한성시 및 관학시의 시관은 모두 청현직 관원인데, 서얼에게는 청현직을 허락하지 않기 때문에 시관이 될 수 없는 것이다. 지금 청현직을 허락한다면, 서울의 유학자가 어찌 시골의 유학자와 다르겠는가.

삼가 살피건대, 위의 일곱 조목은 비록 변론하여 논란한 바가 있기는 하지만, 의리(義理)에 따른 공평한 논설로 변론한 것이 아니라 단지 그 이익이냐 손해이냐를 들어서 말하였으니, 성인의 공평하고 광대한 마음을 볼 수 없을 뿐만 아니라 또한 들을 수도 없다. 사람이 이 세상에 태어날 때에는 하늘이 재주를 부여함이 그토록 다르게 부여하는 것이 아니다. 왕자(王者)가 인재를 등용하는 방도가 대저 어찌 아주 하찮은 차이를 따져 가며 자잘하게 엄격한 금법을 만들어 그 사이에서 취사(取捨)를 하는 것이겠는가. 아형(阿衡)은 요리를 하는 데에서 일어났고[26] 상보(尙父)는 푸줏간에서 칼을 놀리다가 천거되었으며,[27] 양가죽에 팔린

•••••

26 아형(阿衡)은……일어났고 : 아형은 중국 고대 상(商)나라 때의 관명(官名)인데 이윤(伊尹)이 이 벼슬을 하였기 때문에 이윤을 가리키는 말로 쓰였다. 《사기》 권3 〈은본기(殷本紀)〉에 의하면, 이윤은 탕 임금에게 나아갈 길이 없자 탕 임금의 처가(妻家) 유신씨(有莘氏)의 잉신(媵臣)이 되어 몸소 요리 기구를 짊어지고 맛있는 요리를 해서 탕 임금에게 접근하여 유세하였다고 한다.

27 상보(尙父)는……천거되었으며 : 상보는 사상보(師尙父)인데, 태공망 여상(呂尙)을 말한다. 《초사(楚辭)》 〈이소(離騷)〉에 "여망이 푸줏간에서 칼을 놀리다가 주 문왕을 만나 등용되었네.〔呂望之鼓刀兮, 遭周文而得擧.〕"라고 하였다.

자가 패자(覇者)를 보좌하였고[28] 소를 먹이던 자가 군주를 드러냈으니,[29] 세상에는 일찍이 인재가 없은 적이 없건만 군주가 인재를 찾지 아니하는 것이 병통이며, 군주가 인재를 찾지 아니한 적이 없건만 찾기를 널리 하지 아니하는 것이 병통이다. 찾기를 널리 하면, 미천한 자도 등용되어 재야에 인재를 빠뜨리는 일이 없을 것이다.

아, 우리 태조(太祖)께서 창업을 하고 왕통을 드리우시어, 이어나갈 수 있는 일을 해 놓으셨는데, 또한 이것으로 제도를 세웠다는 말을 듣지 못하였다. 중간에 사사로운 원한을 갚기 위해 몰래 세웠던 소인의 계책으로 인하여, 밝은 시대에 어진 이의 진출을 막는 고질적인 폐단이 만들어졌다. 선정(先正)과 석보(碩輔)들이, 서얼을 통용하는 것을 인재 등용의 급선무로 삼지 않은 이가 없었으니, 그 기개를 알 수 있다. 지금 만약 들어서 시행하면, '어진 이를 등용함에 부류를 따지지 아니한 훌륭함'을 반드시 상(商)나라만 독차지하지는 못할 것이니, 조종조에 제도를 고칠 겨를이 미처 없었던 것은 마치 오늘날을 기다린 듯하다. 설령 명분이 이것으로 말미암아 조금 문란해지거나 관제(官制)가 이것으로 말미암아 조금 어그러지거나 조종조의 정법(定法)이 이것으로 말미암아 조금 변화하여, 정말 논란하는 자들의 말처럼 되더라도, 임금이 폐단을 바로잡고 풍속을 좋게 만드는 방도에 있어서는 의당 시대에 알맞게 마땅한 제도를 만들어, 황극(皇極)[30]을 세우는 훌륭한 정치를 해야 하며,

• • • • •

28 양가죽에……보좌하였고 : 춘추 시대 우(虞)나라 사람 백리해(百里奚)는 나라가 망하자 초(楚)나라로 도망하여 그곳에서 포로가 되어 소 먹이는 일을 하고 있었는데, 진 목공(秦穆公)이 암양 가죽 다섯 장을 몸값으로 주고 데려와서 신하로 삼아 큰 공을 이루게 하였다. 사람들은 백리해를 오고대부(五羖大夫)라고 불렀다.

29 소를……드러냈으니 : 춘추 시대 위(衛)나라 영척(甯戚)이 제(齊)나라에 가서 가난하게 지내며 소를 기르던 중에 소뿔을 두드리며 신세를 한탄하는 노래를 부르자 지나가던 환공이 듣고는 영척을 불러 객경(客卿)으로 삼았다고 한다.

30 황극(皇極) : 황(皇)은 군주이고 극(極)은 표준(標準)이다. 즉 군주가 천하를 통치하는 대중지정(大中至正)한 원칙을 말한다.

응당 태조의 옛 제도를 따라, 합당하게 처리할 방도를 생각해야 한다. 하물며 명분이 반드시 문란해지는 것도 아니고 관제가 반드시 어그러지는 것도 아니며 조종조의 정법이 반드시 변개되는 것도 아니지 않은가.

선묘(宣廟)께서 일찍이 하교하시기를 "해바라기가 태양을 향함에 곁가지를 가리지 않는다. 신하가 충성을 바치고자 함에 어찌 반드시 정적(正嫡)이라야 하랴."라고 하셨고, 숙묘(肅廟)께서 일찍이 하교하시기를 "문벌을 따져서 인재를 등용하는 것은 본래 우리나라의 고질적인 폐단이다."라고 하셨다. 당저(當宁)[31]께서도 일찍이 하교하시기를 "해와 달이 비추는 것은 정밀하거나 거칠거나를 가리지 않는다. 왕자(王者)가 인재를 등용함에 어찌 그 사이에 차이를 두겠는가."라고 하셨다. 훌륭하도다, 군왕의 말씀이여! 앞의 성인과 뒤의 성인이 그 법도가 동일하니, 천지와 더불어 그 교화를 함께하고 만세토록 바뀌지 아니할 전칙(典則)이 될 만하다.

〔문〕: 사부(士夫)들이 아들이 없으면 차라리 동성(同姓)을 취하여 아들로 삼을지언정 제사 지내는 일을 첩 소생의 아들에게 맡기지 않는다. 그렇다면 서얼이 비천하여 사람 축에 들지 못한다는 것을 알 수 있다. 어찌 청현직을 허락할 수 있겠는가.

〔답〕: 첩 소생의 아들에게 제사를 받들게 하지 않는 것은 근래의 비루한 풍습이지 옛사람의 제도가 아니며, 또한 조정의 제도도 아니고 참으로 사가(私家)의 문호(門戶)를 위한 계책일 뿐이다. 아버지와 아들의 관계는 혈기(血氣)를 서로 전하는 것인지라, 소출(所出)이 비록 귀천이 있더라도 아버지로서 보자면 다 같이 아들인 것이며, 할아버지로서 보자면 다 같이 손자인 것이다. 혈기를 서로 전해 받은 아들과 손자에게 그 할아버지와 아버지를 제사하게 하는 것이 이치로 볼 때에 옳은 법도이다.

• • • • •

31 당저(當宁): 《승정원일기》 고종 11년 2월 15일 기사에 의하면, 이 당저는 영조를 말한다.

《당률(唐律)》[32]에 이르기를 "적자(嫡子)를 세우되 법을 어긴 자는 도(徒) 1년에 처한다. 적처가 50세 이상인데 아들이 없는 자는 서자를 세울 수 있다." 하고, 소의(疏儀)에 "부인이 나이가 50 이상이면 아이를 낳아 기를 수 없기 때문에 서자 세우는 것을 허락한다." 하였다. 《대명회전(大明會典)》에 이르기를 "홍무(洪武) 26년(1393)에 승습체직(承襲替職)의 법을 정하였다. 만약 적처에게서 자손(子孫)이 없으면 서장자(庶長子)가 습체(襲替)하고, 만약 서자손(庶子孫)이 모두 없으면 바야흐로 아우나 조카가 습체하도록 허락한다." 하였다. 《명률(明律)》에도 "무릇 적자를 세우는 데에 법을 어기는 자는 장(杖) 80에 처한다. 그 적처가 나이 50 이상인데도 아들이 없으면 서장자를 세울 수 있다." 하였다. 우리나라 《경국대전》에도 "후사가 없으면 첩 소생의 아들이 제사를 모신다. 적처와 첩에게 모두 소생이 없은 뒤에는 동종의 지자(支子)를 취하여 후사로 삼는다." 하였다. 그렇다면 비록 적자가 없더라도 만약 첩 소생 아들이 있으면, 다른 데서 구해서는 안 되고, 이자에게 제사를 주관하게 하는 것이 법의 상도(常道)이다. 하물며 이 《대전》을 편찬한 일이 서얼을 금고하여 과거 응시를 허락하지 아니할 때에 있었는데도 오히려 제사 받드는 일을 허락하였으니, 아들이 있으면 양자를 들이지 못한다는 뜻을 또한 분명히 알 수 있다.

대저 사부(士夫)들이 천리(天理)와 국전(國典)으로 볼 때 당연히 그러

•••••

32 당률(唐律) : 당나라 고조(高祖) 때에 수(隋)나라 율법을 기준 삼아 만든 법전이다. 고조의 연호가 무덕(武德)이므로 이것을 《무덕률(武德律)》이라 하였다. 태종 때에 이것을 다시 500여 조항으로 산정하고 《정관률(貞觀律)》이라 하였다. 이것이 《당률》의 정본(定本)이다. 고종(高宗) 때에 칙명을 받들어 장손무기(長孫無忌) 등이 조항을 재정비하고 자세한 해설을 덧붙여 《율소(律疏)》를 만들어 전국에 반포하였다. 소의(疏議)를 달았기 때문에 이를 《당률소의》라고 하였다. 이 책은 중국의 후대 송나라, 원나라, 명나라, 청나라에 이르기까지 법제(法制) 제정에 큰 영향을 미쳤으며, 우리나라에서도 세종 때에 이 책을 간행하여 관원들에게 배포하였고 실제의 율법 적용에 많이 사용되었다.

해야 한다는 것을 모르지 아니할 텐데도 단지 서얼을 청현직에 허락하지 아니한다는 것을 핑계로 각박하게 문호를 위한 계책을 세워서, 비록 첩 소생 아들이 많이 있더라도 그들에게 제사를 맡기려 들지 아니하며, 심지어는 예사(禮斜) 문서를 허위로 꾸며서 적처와 첩에게 모두 아들이 없다고 하면서 다른 집 아들로 양자를 취하기도 한다. 청하는 자도 그것이 잘못된 일인 줄을 알지 못하고 허락하는 자 또한 그것이 잘못된 일인 줄을 알지 못하며, 이것으로 상달을 하면서, 스스로 군주를 속이는 죄가 됨을 깨닫지 못한다. 그대로 관습적으로 구차하게 따라서 드디어 잘못된 규례를 이루어, 온 세상이 모두 그러하니, 비록 식견이 있는 자일지라도 알고서도 고치지 않는다. 이것은 군주를 속이는 짓일 뿐만 아니라, 자신을 속이고 타인을 속이고 심지어는 그 조선(祖先)을 속이는 짓인데도 태연히 여기며 괴이한 줄을 모른다. 그 까닭을 탐구해 보자면, 집안의 체면을 위해서 그렇게 하는 것에 불과할 뿐이다. 사람의 마음이 아들을 사랑하는 것은 일찍이 출생 신분이 귀하거나 천하거나 조금도 차이가 없는 것인데, 단지 습속을 벗어나기 어렵기 때문에 차마 사랑하는 아들을 버려두고 도리어 촌수가 먼 친족을 취하여 자기가 죽은 뒤의 일을 맡기니 아, 참으로 딱한 일이다.

사욕(私慾)이 지나쳐 천리(天理)가 막히고 윤리가 어그러져 국법이 무너졌으니, 이것은 먼저 바로잡지 않아서는 안 되는 것이다. 우리나라의 율곡(栗谷), 중봉(重峯), 신재(愼齋)[33] 같은 선현(先賢)들과 옥성군(玉城君) 장만(張晩), 함릉군(咸陵君) 이해(李澥), 정익공(貞翼公) 이완(李浣) 같은 명신(名臣)들과 상서(尙書) 이익(李翊), 어장(御將) 구문치(具文治) 같은 대갓집들이 모두 첩의 아들에게 제사를 주관하게 하였고, 상국(相國) 이홍주(李弘冑) 또한 서손(庶孫)에게 제사를 주관하게 하고 다른 사

• • • • •

33 신재(愼齋) : 신독재(愼獨齋) 김집(金集, 1574~1656)을 말한다.

람을 후사로 들이지 않았다. 그러니 옛사람들이 융통의 이치를 알고 법령을 따랐음을 알 수 있는데, 오늘날은 이러한 의리를 제대로 아는 자가 없다. 가령 서얼을 영구히 금고하려 든다면, 이 폐단을 바로잡는 일은 결단코 그만둘 수 없다. 만약 소통을 허락한다면 이 풍조 또한 저절로 혁신될 수 있을 것이다.

〔문〕: 옛사람의 식견이 반드시 오늘날 사람만 못한 것은 아니었을 것이고, 옛날의 서얼이 반드시 재주와 학식이 없지만은 않았을 것이다. 그러니 옛날에 비록 국법에 구애되어 다 같이 함께 소통되지는 못하였더라도 그중 재주와 학식이 있는 자라면 의당 조금이나마 발탁 등용해서 현직(顯職)을 제수했을 것인데, 또한 이러한 일이 있었다는 말을 듣지 못하였다. 그렇다면 서얼이 비록 재주와 학식이 있더라도, 소통을 가벼이 의논하는 것은 중차대한 일임을 여기서 알 수가 있다.

〔답〕: 옛날 서얼은 비록 국법 때문에 한결같이 굳게 막혀 있을 때였는데도 일찍이 몇몇이나마 발탁되어 현직에 제수된 자가 있었다. 공은 듣지 못하였는가? 옛날에 유조인(柳祖訒)[34]은 익위(翊衛) 벼슬을 하였고 형조 참의에 이르렀다. 허징(許瀓)[35]은 벼슬이 파주 목사(坡州牧使)에 이르렀고, 이회재(李晦齋 이언적(李彦迪))의 서자 이전인(李全仁)은 벼슬이 정(正)에 이르렀고, 이율곡의 서자 이경림(李景臨)[36]은 동몽교관에 제수되

•••••

34 유조인(柳祖訒) : 《선조실록》 28년 5월 11일 기사에 의하면, 이날 유조인은 형조 참의에 제수되었는데, 신분이 미천한데도 충효(忠孝), 대절(大節)이 있어서 선조가 당상으로 특진시킨 것이라고 하였다.

35 허징(許瀓) : 이문(吏文)을 잘하여, 선조와 광해군 시대에 중국에 보내는 자문(咨文)을 작성하는 데에 뛰어났다고 한다.

36 이경림(李景臨) : 《정조실록》 11년 1월 19일 기사에 의하면, 이경림은 율곡 이이의 서자로서 인조 때에 교관(敎官)에 제수되었다고 한다.

었고, 조중봉의 서자 조완도(趙完堵)[37]는 초사(初仕)가 태릉 참봉(泰陵參奉)이었고 승진하여 금오랑(金吾郎)이 되었으며 둘째 서자 조완제(趙完堤)는 영숭전 참봉(永崇殿參奉)에 제수되었으며, 조위(曺偉)의 서제(庶弟) 조신(曺伸)[38]은 학관(學官)으로 있다가 대군 사부(大君師傅)로 올랐고, 오성부원군(鰲城府院君) 이항복(李恒福)의 서자 이기남(李箕男)은 장단 부사(長湍府使)를 지냈고 또한 일찍이 황해 병사(黃海兵使)에 부망(副望)으로 의망되기도 하였으며, 오음(梧陰) 윤두수(尹斗壽)의 서자 윤영(尹暎)은 벼슬이 안주 목사(安州牧使)에 이르렀고, 옥성부원군(玉城府院君) 장만(張晩)의 서제(庶弟) 장훈(張曛)은 벼슬이 내금장(內禁將)과 숙천 부사(肅川府使)를 지냈으며, 박희현(朴希賢)은 벼슬이 통정대부가 되고 부사(府使)에 이르렀고, 양사언(楊士彦)은 누차 부사를 지냈고, 그의 아들 양만고(楊萬古)도 부사를 지냈으며, 유시번(柳時蕃)은 벼슬이 창원 부사(昌原府使)에 이르렀다. 신희계(辛喜季), 심일운(沈日運), 김굉(金宏), 이경선(李慶善)은 공조와 형조의 좌랑에 제수되었다. 우경석(禹敬錫) 같은 이는 현묘(顯廟)께서 일찍이 "재주가 참으로 가상하다."라는 하교를 내리기까지 하셨고 상국 김육(金堉)이 추천하여 선혜청 낭청이 되었다. 이현(李礥)은 호조 좌랑에 제수되었다. 비록 평소 굳게 막혀 있던 시절에도 일찍이 이와 같았으니, 여기에서 인재 등용에 대한 옛사람들의 참뜻을 알 수 있다.

•••••

37 조완도(趙完堵) : 중봉 조헌(趙憲)의 서자이다. 《순조실록》 8년 윤5월 12일 기사에 의하면 장남 조완도는 정주(定州)의 기생 소생이고, 차남 조완제(趙完堤)는 양첩(良妾)의 소생이었다고 한다.

38 조신(曺伸) : 306쪽 주17 참조.

신만(申曼)의 편지

나라를 다스리는 자는 마땅히 인재를 등용할 때에 부류를 따지지 말고, 반드시 먼저 가혹한 제도를 제거하여, 인재를 살리고 인심을 기쁘게 해야만 큰일을 이룰 수 있습니다. 지금 서얼이 폐기된 것은 참으로 매우 원통한 일입니다. 처음에는 권간(權姦)의 사사로운 원한에서 나왔는데, 오래도록 국가가 인재를 버리는 폐단이 되었으니, 가혹한 제도라고 아니할 수 있겠습니까. 인재를 등용하는 데에 부류를 따지지 않는 것이라고 할 수 있겠습니까?

율곡 선생께서 이것을 딱하게 여겼으나 갑자기 제거할 힘이 없어서 단지 허통하는 길만 열었습니다. 이로부터 서얼이 자못 떨쳐 일어나 글솜씨를 닦아 과거에 응시하여 많이들 사판(仕板)에 올랐으므로 인재를 등용하는 길이 조금은 넓어졌습니다만, 통쾌하게 허통하지 않는 것이 여전히 유감입니다.

호걸의 자질을 지닌 인재들이 간혹 그 부류들 사이에 섞여 있습니다. 하늘이 재주와 덕성을 부여할 때에 어찌 신분의 귀천을 가리겠습니까. 국가가 인재를 등용할 때에는 마땅히 그 재주와 덕성만을 기준으로 삼고 문벌을 논하지 않아야 하는데, 오늘날은 인재를 쓸 때에 부류를 안 따질 수가 없으니 어찌 한스럽지 아니하겠습니까.

오늘날의 일은 단지 인재를 제대로 얻는 데에 달렸습니다. 인재가 서얼에 다 있다는 말이 아닙니다. 만약 서얼을 각기 그 재주에 합당하게 등용해서 쓰고 벼슬의 높낮이와 청탁(淸濁)에 차별을 두지 않는다면, 이는 인재 등용에 부류를 따지지 아니하겠다는 정령을 나라 안에 밝히는 것이니, 재주와 지혜가 있는 자 중에는 필시 흥기하여 국가에 다 바치고자 하는 자가 있을 것입니다. 이와 같다면, 서얼을 통용하는 것이 어찌 오늘날 인재를 다 거두어들이는 하나의 방도가 아니겠습니까.

다만, 세속 사람들이 서얼을 억제하는 것을 능사로 삼아 '만약 서얼을 허통하면 적서(嫡庶)의 신분 질서가 엄격하지 못할 것이다.'라고 합니다. 그러나 이것은 사실 그렇지 않습니다. 참으로 윗사람이 예의(禮義)를 밝히고 기강(紀綱)을 바루어 한 세상을 진작시킨다면, 서얼을 허통하더라도 명분을 범하는 일은 아예 없을 것입니다. 그렇게 하지 않으면 비록 서얼을 오늘날보다 더 심하게 막더라도 분수를 넘어 윗사람을 협박하는 변고가 잇달아 일어날 것입니다.

다른 분이라면 감히 이런 일을 기대할 수도 없으며, 다른 시대라면 감히 이 일을 말할 수도 없습니다. 바야흐로 지금은 성상께서 임어하고 계시고 선생께서 인재 등용의 지위에 계십니다. 만약 이러한 때를 놓치고 변혁하지 않는다면, 혹시라도 호걸의 인재가 있어서 그들 사이에서 천한 신분으로 늙어 죽어, 국가를 위해 그 재능을 다 펴 보지 못할까 염려됩니다. 아, 어진 정치를 행하여 인심을 기쁘게 하고 인재 등용에 부류를 가리지 않는데도 일을 이루지 못하는 자는 없었습니다. 만약 유념해 주신다면 국가에 매우 다행일 것입니다. 주촌(舟村) 신만(申曼)이 우암(尤庵)에게 올린 편지이다.

휴정(休亭) 유무(柳懋)[39]는 반계(磻溪) 유공 형원(柳公馨遠)의 족숙(族叔)이다. 병자호란 이후에 내시교관(內侍教官) 벼슬을 받았는데 취임하지 않았다. 문집(文集) 1권이 있다. 연산(連山)에 향현사(鄉賢祠)가 있다.

반계가 유무에게 보낸 편지에 "중하(中夏)에 은거해 지내던 중에 갑자기 큰 수치를 당했습니다. 이것이 어찌 작은 일이겠습니까. 내수외양

•••••

39 유무(柳懋) : 본관은 문화(文化), 호는 휴계(休溪)이다. 찰방(察訪) 벼슬을 지냈으며, 연산(連山)의 휴정서원(休亭書院)에 봉향되었다.

(內修外攘)하는 정치는 일단 놓아두더라도, 인재를 수용(收用)하는 일은 더욱 정성을 다해 서둘러야 마땅한데, 우리나라는 서얼을 막는 제도가 이미 성헌(成憲)이 되어 사람들이 아무도 그것에 대해 해괴하게 여길 줄을 모릅니다. 옛 성인께서 인재를 등용하여 정치를 행하던 절차가 이에서 완전히 없어졌습니다. 이율곡(李栗谷)께서도 일찍이 여기에 대해 운운하신 말씀이 있습니다. 지금 일을 담당한 자가 문벌을 따지지 말고 오로지 공심(公心)으로 수용하기를 급선무로 삼기만 하면, 정체되어 원통함을 품고 살던 서얼이 반드시 갓을 떨고 너도나도 나오게 될 것입니다. 대개 이들 중에는 재주 있는 자들이 매우 많습니다. 군자가 어찌 소홀히 할 수 있겠습니까."라고 하였다.

반계처럼 재주와 학식이 있는 사람이 공경하고 사모하기를 이와 같이 하였으니, 그가 어떠한 사람인지를 알 수 있다.

通塞撮要 原文

凡例

이 책은 朝鮮 初期부터 正祖 20年(1796)까지 庶孼의 許通에 대한 전말을 정리한《通塞撮要》를 校勘 · 標點한 것이다. 作者는 未詳이다.

底本

이 책의 底本은 奎章閣 所藏《通塞撮要》(圖書番號 奎6786)로 唯一本이다.

校勘

1. 略字, 俗字 등 異體字는 代表字로 통일하고 校勘記는 달지 않았다. 대표자 판정은 韓國古典飜譯院 이체자 검색시스템을 準據로 하였다. 단, 일부 固有名詞와 慣用語의 이체자는 예외로 하였다.
2. 慣行的인 筆記 習慣에 의해 발생한 誤字는 本文을 고치고 校勘記는 달지 않았다.
3. 底本의 오류가 명백한 경우 本文을 고치고 校勘記에 그 근거나 사유를 밝혔다.
4. 底本의 오류가 의심되지만 명백한 근거나 사유를 찾을 수 없는 경우 校勘記에 그 내용을 언급하였다.
5. 底本과 對校本, 校勘 資料 간에 글자의 차이는 있지만 어느 쪽이 옳은지 확정할 수 없는 경우 校勘記에 그 내용을 밝혔다.
6. 동일한 校勘 事項이 반복되는 경우 맨 앞에만 校勘記를 달고 나머지는 바로 고쳤다.
7. 底本의 缺落이나 脫字는 補充 根據가 확실한 경우 本文에 보충하고 校勘記에 그 근거를 밝혔다. 근거가 불확실한 경우에는 참조할 수 있도록 校勘記에 그 내용을 언급하였다.

標點

이 책에 사용된 標點符號는 다음과 같다.

。 서술문의 끝이나 語調가 약한 명령문의 끝에 쓴다.

？ 의문사의 끝에 쓴다.

！ 감탄문 및 어조가 강한 명령문 등의 끝에 쓴다.

， 한 文章 안에서 句 사이의 구분이 필요한 곳에 쓴다.

、 명사 또는 명사구, 앞뒤로 동등하게 연결되는 긴밀한 관계의 구문이 병렬될 때 쓴다.

· 명사의 병렬이 重層的인 경우, 모점(、) 안에서 병렬어를 구분하거나, 서명 부호 안에서 서명과 편명 등을 구분하는 데 쓴다.

； 두 구 이상으로 구성된 각 절이 병렬을 이룰 때 그 사이에 쓴다.

： 뒤에 나올 내용을 제시할 때 쓴다.

【 】 원문의 小註를 나타내는 데 쓴다.

《 》 서명, 편명 등을 나타내는 데 쓴다.

— 인명, 지명, 국명, 시대명 등 고유명사를 나타내는 데 쓴다.

“ ” ‘ ’ 각각 1차, 2차 인용문이나 강조할 때 쓴다.

校勘參考資料

1. 基礎資料

- 承政院日記: 承政院 編, 奎章閣 所藏本(圖書番號 奎12788-v.1~3045).
- 日省錄: 奎章閣 編, 筆寫本, 1760~1910年, 奎章閣 所藏本(圖書番號 奎12811~12817).
- 朝鮮王朝實錄: 實錄廳 編, 活字本, 太白山本(國家記錄院 所藏), 國史編纂委員會 影印, 1968~1970.

2. 一般資料

經部

- 禮記: 1820年刊 內閣藏版, 學民文化社 影印本, 2005.

史部

- 高麗史: 鄭麟趾等 撰, 木版本, 刊年未詳, 奎章閣 所藏本(圖書番號 奎3269-v.1~101).
- 舊唐書: 劉昫等 撰, 中華書局, 1975.
- 葵史: 李佑成 編, 亞細亞文化社, 1986.
- 內閣日曆: 奎章閣 編, 筆寫本, 1779~1883年間刊, 奎章閣 所藏本(圖書番號 奎13030-v.1~1249).
- 大典通編: 金致仁等 受命編, 1865年刊, 奎章閣 影印本, 1998.
- 文獻通考: 馬端臨 著, 中華書局, 2011.
- 隋書: 魏徵 著, 中華書局, 1973.
- 新唐書: 歐陽脩·宋祁 撰, 中華書局, 1975.
- 增補文獻備考: 弘文館 編, 1908年刊, 奎章閣 所藏本(圖書番號 奎6947-v.1~51).
- 海左掌攷: 李佑成 編, 亞細亞文化社, 1986.
- 後漢書: 范曄 撰, 二十四史全譯 vol.3-1~3, 漢語大詞典出版社, 2004.

子部

- 四庫全書補正-子部: 國立故宮博物院 編, 臺灣商務印書館, 1999.
- 宋稗類鈔: 潘永因 編, 影印 文淵閣四庫全書 1034, 臺灣商務印書館, 1986.
- 朱子語類: 黎靖德 編, 中華書局, 1986.
- 鶴林玉露: 羅大經 著, 中華書局, 1983.

集部

- 奎華名選-癸卯選: 李秉模等 受命編, 古活字本(韓構字), 1793年刊, 藏書閣 所藏本(MF35-2179-80).
- 俛宇集: 郭鍾錫 著, 1925年刊, 韓國文集叢刊 340~344, 民族文化推進會, 2004~2005.
- 碩齋稿: 尹行恁 著, 憲宗年間轉寫, 韓國文集叢刊 287~288, 民族文化推進會, 2002.
- 貞蕤閣集: 朴齊家 著, 筆寫年未詳, 韓國文集叢刊 261, 民族文化推進會, 2001.
- 遲川集: 崔鳴吉 著, 1664年頃刊, 韓國文集叢刊 89, 民族文化推進會, 1992.
- 靑城集: 成大中 著, 1840年刊, 韓國文集叢刊 248, 民族文化推進會, 2000.
- 海石遺稿: 金載瓚 著, 筆寫年未詳, 韓國文集叢刊 259, 民族文化推進會, 2000.
- 弘齋全書: 正祖 著, 1814年刊, 韓國文集叢刊 262~267, 民族文化推進會, 2001.

通塞撮要 卷之一

太宗大王十五[1]年，命庶孽子孫勿敘顯職。因右代言徐選請也。【《文獻備[2]考》】

世祖六[3]年，藝文館奉教鄭蘭宗等上疏言："本朝設文武科，若有世累或庶孽，則系雖勳庸，才雖俊秀，不得應擧。今安愈、安惠之父娶府院君趙浚庶[4]女，則愈、惠等不當赴擧，而今特許之。請收成命，以重科制。" 上曰："天之生民，本無貴賤。太宗朝已許通，今以功臣永許爲良，則豈拘本系？予無私也。"【《寶鑑別考》】

成宗五年，掌令李淑[5]文等請改正崔適衛將。上問領事洪允成，對曰："世祖嘗欲許崔適赴武科，臣啓以'適乃崔甫老妓妾子，不可赴試'。世祖[6]曰：'作成人才，人主事也。今北虜充斥，而適武藝出衆。'遂令許赴。及講書，適不解一字。世祖問：'交戰，退者斬，何也？'適曰：'慮士卒驚惑也。'上曰：'已通矣。'遂中武科，通仕路。不學之人，雖有武才，不可輕用也。"上曰："予當商量矣."【上同】

•••••

1 五 : 底本에는 "三"으로 되어 있다.《太宗實錄》15년 6월 25일 및《增補文獻備考》등에 근거하여 수정하였다.

2 備 : 底本에는 "通"으로 되어 있다.《增補文獻備考》에 근거하여 수정하였다.

3 六 : 底本에는 "四"로 되어 있다.《世祖實錄》6年 8月 27日 기사에 근거하여 수정하였다.

4 庶 :《世祖實錄》6年 8月 27日 기사에는 "妾"으로 되어 있다.

5 淑 : 底本에는 "叔"으로 되어 있다.《成宗實錄》5年 8月 20日 기사에 근거하여 수정하였다.

6 祖 : 底本에는 "朝"로 되어 있다. 일반적인 용례에 근거하여 수정하였다. 이하 모든 "世朝"는 "世祖"로 고치며 교감기를 달지 않는다.

成宗十六年，頒《經國大典》，庶孽子孫勿許文科、生員·進士試。《大典》自世祖朝撰次，至是始命頒行。【《文獻備[7]考》】

成宗朝姜希孟、安瑋等纂次《大典》，而又於顯職之外，幷錮其入仕赴擧。乙巳夏，已頒降《大典》，而終歲大旱，餓莩相望。議者皆歸咎於禁錮庶孽。成廟惻然欲更張，而未及施行，弓劒遽遺。【《星湖僿說》】

中宗朝趙靜庵光祖建白曰："中國人物本多，而擢用亦易；我國人物本少，而又有庶孽分別之法。人臣願忠之心，豈有間於嫡庶？而朝廷用舍，如是偏隘，臣切痛惜也。庶孽中，不無可用之人，擇才而任之。貴顯之後，或因其嫡派之殘微，若有壞亂名分之罪，則同姓限六寸，異姓限四寸，嚴立以庶凌嫡之律，許令告禮曹。而凌嫡庶孽，非有大勳勞於國家者，則終身禁錮，勿通仕籍。若有勳勞者，則減等施律，於用人才、正國綱之道，兩得之矣。"南袞輩以此爲"收拾人心，圖爲不軌"葉書之禍，作一罪案，而庶孽之枳塞愈甚。【《朝野聞錄》】

中宗三十八年癸卯，太學儒生行齒坐法。時嶺南儒生裵紳、李濟臣感慨好古，遊泮中倡議曰："首善之地，何可使長幼無序？宜以齒序坐。"遂行於東西下齋。又欲推以行諸上舍，人多不悅者。一日，方會食堂，人有大呼曰："庶孽裵紳速出！"識者駭歎。於是以此質于官長，大司成李浚慶、司成宋世珩以爲是。獨知成均事

7 備：底本에는 "通"으로 되어 있다. 《增補文獻備考》에 근거하여 수정하였다.

成世昌非之，曰：“孔門亦有齒坐否?”進士洪仁祐聞之，曰：“四子言志，曾點最後對，朱子曰：‘以齒則點當次對。’此非孔門尙齒乎? 宰相之言如此，可知已。”齒坐法遂廢。【《春官志》】

明宗二十一年，特許良妾孫以下赴文武科。【《寶鑑別考》】

世祖朝有勳臣姓黃者，無嫡男，特命其妾子通仕路。成宗朝，崔湑以庶派，而冒登科第，亦不奪紅牌，仍授官爵。其後兩家子孫相繼簪纓。明宗朝，因庶孼等陳訴，特許良妾孫以下赴文武科。有姜文佑者，中別試爲校書權知。明宗昇遐後，旋廢其法。校書館抑文佑不薦狀，遂補西班衛職，陞至校書館校理。時三館議曰：“文佑以一時之法登第，固不可追奪，其子則猶爲庶孼人也。”遂不許赴擧。【《稗官雜錄》】

宣廟初年，申瀇[8]等一千六百餘人上章籲冤。宣廟覽之感動，乃下敎曰：“微子，商王之庶子，而孔子稱仁；子思，孔子之庶孫，而道統自傳。葵藿向日，不擇旁枝；人臣願忠，豈必正嫡?”【南極井疏】

栗谷李珥立朝後，凡有家國重事，詢問於其姊。及癸未北釁，栗谷長本兵，患軍餉之不贍。其姊曰：“今日急務，必思人心樂從者而行之，乃可濟也。庶孼之有才廢錮者，已過百年，皆懷憤菀。今若許其納穀通仕路，則軍食可立辦矣。”栗谷歎服，卽啓請行

8 瀇：底本에는 “蕡”으로 되어 있다.《承政院日記》英祖 卽位年 12月 27日, 49年 1月 26日,《英祖實錄》卽位年 12月 27日,《純祖實錄》23年 7月 25日 등 다수 용례에 근거하여 수정하였다. 이하 모든 “申蕡”은 “申瀇”으로 고치며 교감기를 달지 않는다.

之。【《栗谷集》】

宣廟癸未，李文成珥始倡通用之論。而朝議携貳，故李珥不得已請令納粟赴擧，宣廟許之。由是庶孽始有擢科第者，而積年廢錮之餘，猶未能廓開仕路，有識者多恨之。【南極井疏】

趙重峯憲封事曰："臣竊見皇朝作人之路甚廣，惟其有才者，則不論其人之門地而用之。如孫繼皐，葬師之子，而今爲修撰；成憲，丫頭之子，而今爲編修；許三省擧人，而今爲山西道御史。此皇朝之所以立賢無方而能撫衆御遠者也。三國雖小，所以各保方隅者，以其用人之無間也。至於我國，謀國大臣只爲私其子孫之計，而不爲萬世失人之憂，并與再嫁子孫而禁錮之，載錄於令典。雖以殿下至公，其於揚側陋之事，尙不知爲急務也。頃如李仲虎、金謹恭之徒是庶孽，而終身苦學，勸後生，先以《小學》。今之卿士知廉恥而重名敎者，兩人之功爲多。今若遠慕成湯，近法中朝，變通有術，期於得人，則隆古之治，庶望於數十年之後矣。"【《重峯集》】

成牛溪渾上疏曰："我國規模狹小，有庶孽禁錮之法，此誠通天下所未有之事也。雖在治平無事之時，亟宜變通，而況當軍旅亂動之日！其所以甄拔收用，不可一日緩也。"【《牛溪集》】

柳西厓成龍上箚曰："用人之道，貴廣而不貴狹，故立賢無方。周公擧士，必先白屋；管仲相齊，擧盜二人；晏嬰用一言之善，而薦其御者爲大夫。西漢人才之盛，多得於郡縣胥吏。自魏、晉以降，始有門地之議，政敎凌替，職此之由。《春秋》書武氏、尹氏、仍叔之子，皆門地高顯之人，而其時如儀封人、沮、溺、荷簣之流，皆沈溺於卑冗之位，歎息於壟畝之中。世道升降，此其大機。毋論門地，惟賢才是求而已。"【《磻[9]溪隨錄》】

宣祖辛丑，宗室文城君上疏，請依永順君 溥例，許[10]赴擧。大臣李恒福議曰："臣嘗病用人之道不廣。公私賤屬有貴賤通塞之定規，至於宗親及庶子孫之禁，元非祖宗之制。不知中間緣何又錮至此耶?"【《春官志》】

仁祖三年乙丑，命大臣及二品以上議庶孽許通。因玉堂箚子也。李元翼、金尙容等請痛革宿弊。命許良妾孫、賤妾曾孫以下赴文武科，登科後，許要而不許淸，稟裁睿旨，兩司署經，藏之禮曹。【《寶鑑別考》】

同年九月十四日，副提學崔鳴吉與同僚沈之源、金南重、李省身、李景容等聯名上疏曰:

禮制之定，莫嚴於三代，而嫡庶之名，只行於私室，不行於公朝。門地之別，莫詳於六朝，用人之際，惟問其父姓，不問其母族。蓋天地之生才，無間於貴賤；王者之用人，不拘於門地。此天理之當然，而百王之所不易也。

我國庶孽勿敍顯職之議，初出於徐選。厥後輾轉，一節深於一節，終至於子子孫孫永被禁錮。雖有才德出群之人，率皆抑塞

9 磻 : 底本에는 "蟠"으로 되어 있다. 일반적인 용례에 근거하여 수정하였다.
10 許 : 底本에는 "請"으로 되어 있다.《宣祖實錄》27年 11月 13日 기사에 근거하여 수정하였다.

而不揚於世，擯斥而不與於人，垂頭屛氣，如負大罪，無復父子之倫[11]、君臣之義。傷人紀，逆天理，莫此爲甚。噫！匹夫含冤，足傷和氣，況其麗不億者乎？伏願殿下隨才收錄，以宣堙菀之氣，以廣用人之路，足以裨世道而致人和矣。【《日記》】

批答："令該曹稟處。"

吏判金尙容回啓曰："天之生才，固無間於嫡庶，而禁錮庶孽，是乃我國之弊法，古今天下所未有之事。我國壤地偏少，人才眇然，雖盡用一世之人，猶患不足。而立法太峻，區別太隘，天之所生，猶未盡用。昔在國初，未嘗禁錮庶孽，而有徐選者，始發勿敍顯職之議。其後輾轉，至于姜希孟，而廢錮益甚。賤人子支則猶或得通仕路，而士大夫庶孽則子子孫孫一向牢錮，雖有過人之才智，沈沒於下流而終身，可勝惜哉！玉堂，公論所在，而欲爲痛革宿弊，有此陳請。似當依此施行，以廣用人之路是白乎矣，係是變通重事，問議大臣，何如？"【《日記》】

領議政李元翼以爲："卑薄庶孽，天下萬古所無之法，殊欠王者立賢無方之道。儒臣所陳，大有所見，施行恐爲得宜。"【《日記》】

左議政尹昉議與領相李同。【《日記》】

右議政吳允謙以爲："禁錮庶孽，古今天下所未有之法，實是偏荒隘陋之見。足以傷天地生遂之意，非先王公大之政，通用之

•••••

11 倫：《承政院日記》英祖 卽位年 12月 17日 기사에는 "恩"으로 되어 있다.

擧，甚爲合理。世之病難行者，皆以名分紊亂爲言，嫡庶名分只是自家門戶中事，朝廷只用賢收才而已。雖貴顯[12]之後，如有犯分干名之事，邦憲固嚴，紊亂非所可慮也。儒臣疏陳、該曹覆奏皆出公議，依此施行，誠爲得宜。"【《日記》】【收議後，大臣、諸宰皆以箚辭爲是，而戶判沈悅、順興君金慶徵、工參鄭岦 立異。都承旨鄭蘊陳疏立異。】

同年十一月，上命招大臣二品以上于賓廳，議庶孼許通事，令廟堂酌定。備邊司啓曰："太宗朝，因給事中徐選之論，有庶孼勿敍顯官之法，未嘗全然禁錮。及成宗朝頒降《大典》時，又有庶孼子孫勿許文武、生進之法，而曾孫亦無禁焉。其後《大典》註解時，添'子子孫孫'之語，自此爲永世禁錮之人。方當新化之日，不可無疏通之擧。《大典》限品敍用條，良賤妾所生等級甚明。蓋良女未曾經人而爲妾者，實與娼妾有間。今宜就此斟酌，良出至孫，賤出至曾孫，竝許通，庶幾得中。今後隨才授職，俾無虛老之歎宜矣。" 上曰："允。"

仁祖癸酉，吏曹判書崔鳴吉啓曰："曾在乙丑年間，領府事臣李元翼因弘文館箚子，'庶孼登科，許要而不許淸'，稟裁聖旨，兩司署經，藏之禮曹，以爲一代之成法。而今過九年，一未擧行，使聖明講定之制歸於虛地，事甚未安。庶孼登科後例授之職，不過奉常寺、校書館三四窠而已，雖有才能之人，無以展布所蓄，誠爲可惜。事目內'許要'者，戶、刑、工三曹郎廳及各司等官之謂也。

12 顯：底本에는 "賤"으로 되어 있다.《承政院日記》英祖 卽位年 12月 17日 기사에 근거하여 수정하였다.

自今以後，依受教隨才擬望，何如？” 上曰：“允。”【南極井疏】

同年月政，辛喜季、沈日遵[13]、金宏、李慶善拜刑、工佐郎，李璸拜戶曹佐郎。【《感恩錄》】

孝宗二年，李敬輿上疏曰：“庶孽平民中，或有才行出衆、名洽中外者，别爲抄啓。”【《寶鑑別考》】

肅廟丙辰，大司憲李袤上疏曰：【疏入政院，爲都承旨金徽所阻，未達云。】

伏以上天仁愛我殿下，警之以大旱，我殿下惕然驚動，夙夜焦心，思所以悅民召和者，靡不用極。而至於咸召廷臣，俾之講究，甚盛擧也。臣學慙面墻，材等樗散，江湖四十年，甘爲《擊壤》之一民。不自意遭逢盛際，偏荷甄擢，數月之內，致位卿宰，臣誠感激，不知死所。臣豈敢以迂疎自畫，不盡所懷於尺五之天乎？臣之素所欲陳者非一，而姑先以致和消災之道，仰陳二事。

其一卽蕩滌庚辛[14]以上糶穀逋欠之弊也。云云。

其二卽通用庶孽及寒族事也。夫用人之際，區限庶孽及寒族之規，乃萬古天下所無之法也。王者受天之命，貴爲一人，四境之內，莫非王臣，雖奕世簪纓之臣，亦莫非王者之臣。其名爲臣，則其卑等耳，又何論貴賤於卑匹之中而任之職乎？貴之賤之之柄，固宜在上者主張而摠攬，其不可假之於下，明矣。不惟不能

13 遵：《通塞撮要》 附錄 〈七條問答〉에는 “運”으로 되어 있다.
14 辛：底本에는 “申”으로 되어 있다. 《承政院日記》 顯宗 14年 10月 13日 기사에 근거하여 수정하였다.

主張而摠攬，乃反與臣下論門地議閥閱以官爵之，有若崔、盧議昏者然。夫門地卽閥閱之謂也，閥閱卽簪纓之謂也。簪纓之權在誰手，而乃有此遺本擧末之政耶？大哉，我宣祖大王之敎！曰：“葵藿向日，不擇旁枝；人臣願忠，豈必正嫡？”

若以自古庶孼之可稱者言之：殷有三仁，庶孼居二；齊之穰苴，名顯天下。東漢以來，漸貴世胄，而王符之賢，著稱簡策；晉、魏之間，虛無爲學，而庶孼裴頠獨著崇有之論。晉代衣冠，每論過江人物，輒以伯仁之正爲首，伯仁卽周浚之妾絡秀之子周顗也。桓石虔，司空豁之賤孼也，而威名振動，至於斷瘧。此外漢之衛青，卽縣吏鄭季之娼産，而位大將軍。霍去病卽縣吏霍仲孺之孼産，而霍光之庶兄也，位驃騎將軍。

晉之裴秀，卽尙書令裴潛之孼産，而爲後進領袖，位至司空。陶侃卽陶丹之妾湛氏之子，而高建勳庸，位極人臣。阮孚卽阮咸之孼産，而其母則鮮卑婢也，其賤莫甚，而以逆覩蘇峻之逆，見稱史傳，位至吏部尙書。曹志卽廢姓之孼子，而位至甄城公。

隋之李圓通，卽卒隷李景[15]之娼妾黑女之子，而位大將軍。崔賾[16]卽燕[17]州司馬子元之孼孫，而定一時之禮樂，官至太常卿。

唐宰相許國公蘇頲，卽蘇瓌[18]婢妾産也。瓌初不知頲，常處頲於廐中，與傭保雜作。一日有客詣瓌，見瓌擁篲過，懷墮一紙。取視，乃詠崑崙奴詩也。客問知，驚賀之，謂瓌曰：“必作蘇氏令

• • • • •

15 景 : 底本에는 뒤에 “昌”이 더 있다.《隋書·李圓通列傳》에 근거하여 삭제하였다.

16 賾 : 底本에는 “頤”로 되어 있다.《隋書·隱逸列傳》에 근거하여 수정하였다.

17 燕 : 底本에는 “汧”으로 되어 있다.《隋書·隱逸列傳》에 근거하여 수정하였다.

18 瓌 : 底本에는 “壞”로 되어 있다.《舊唐書·蘇瓌列傳》및《文獻通考·功臣配享》등에 근거하여 수정하였다.

子。”瑰親試其文，大驚奇，驟加顧視。由是學問日新，文章蓋世。及唐 玄宗平內難，將欲草制，甚難其人。令瑰薦賢，瑰曰：“臣男頲甚敏捷，可使。”玄宗遽命召來，頲方醉未醒。玄宗命扶臥御床前，以手覆衾。旣醒，草進，玄宗大喜，撫其背，曰：“知子莫如父，有如是乎!”後頲竟爲玄宗名相。

孝子杜羔，母非匹嫡，而位工部尙書。李愬，李晟之妾子，而位列茅土。令狐彰卽范陽尉潓[19]之妾子，而祿山之亂，以大義諭衆歸唐，爵左僕射、霍國公。杜荀鶴卽牧之娼妾子，而亦官吏部尙書。宋之孝子朱壽昌，京兆尹巽之妾子，而位至大夫。韓琦、范仲淹俱稱母賤，仲淹至於冒姓，其賤莫甚，而俱爲有宋三百年名相。漢、唐及宋千數百年之間，人君豈無明王誼辟？而於此累十名，臣未聞以其賤而限其爵殺其禮也。此外裵、陶、阮、杜及李家子孫之騰歘通貴列在史傳者，又難殫記。

了翁 陳瓘父尙書某與潘良貴之父祖仁[20]，齒爵相似，交情甚密。陳惜潘無子，借其生子之婢，生良貴。後其母遂往來兩子家。古人曰：“一母生二名儒，亦前所未有。”先儒張魏公[21]曰：“元符貴人之紆靑拖紫者何限？而獨鄒志完、陳瑩中姓名與日月爭光。”致堂 胡寅，卽吾道之大儒，而乃是文定公之庶子也。此外達官聞人，指不勝屈。由是觀之，歷代之不錮庶孽，此亦可見，而名賢之多，無讓於所謂兩班，亦明矣。

•••••

19 潓 : 底本에는 “漫”으로 되어 있다.《舊唐書·令狐彰列傳》 및《新唐書·令狐彰列傳》 등에 근거하여 수정하였다.
20 祖仁 : 底本에는 “榮”으로 되어 있다.《四庫全書補正·徐氏筆精》에 근거하여 수정하였다.
21 張魏公 : 底本에는 “楊誠齊”로 되어 있다.《鶴林玉露》 및《宋稗類鈔·格言》에 근거하여 수정하였다.

今世之人皆曰:“大凡庶孽, 外家不正, 故善人少而惡人多。”至以孟嘗君之狙詐, 公孫鞅之慘刻, 公孫瓚之不循, 袁紹之割據, 桓玄之簒逆, 及我朝鄭道傳之被誅, 柳子光之禍士林, 執以爲言。此又不推本而語也。若以一魚溷全溪, 必欲因噎而廢食, 則微子之裔, 孟孫之後, 雖或有道, 皆不足尊崇乎?

今世庶孽之多仄人, 槪亦有由。先儒有言曰:“人之精神心術, 不用於正, 則用於邪。”凡今庶孽之流, 不得齒人類之中, 棲棲末僚, 未嘗近君, 君臣有義之倫絶矣; 慮其衰替, 割愛養子, 父子有親之倫斁矣; 從夫之職, 間或防塞, 而夫婦之倫乖矣; 學校、鄕會, 雖老居下, 而長幼之序失矣; 稱奴稱漢, 擯不爲交, 朋友之倫戾矣。旣無五倫, 作一天地間罪人, 脅肩諂笑以免辱, 奴顔婢膝以取憐。旣不培養, 如何輩出? 世業臧獲, 廢失垂盡, 而又無攀援推得之路, 家計貧窮, 無暇自養。狷狹之類, 或悲歌遯世而免其辱焉; 慷慨之徒, 或撫劍嘯聚而泄其憤焉。豪逸之氣無所寓, 而寓於市肆之間; 雄勁之氣無所寓, 而寓於狗屠者流。此特其千百之一二者也。此外中才以下之品, 貧不資生, 失其常性, 擧皆入於牟利之中, 而不自愧焉。

嗚呼! 如此而責善人之不多, 則是拉人糞坑而唾其穢也。赤子之爲龍蛇, 是誰責耶? 然而訓導李大純·朴枝華、參議柳祖訒[22]、宋翼弼兄弟、楊士彦兄弟、曺伸兄弟、崔命龍、魚無迹[23]、魚叔權及參判鄭忠信輩數十百人, 或以學問, 或以行誼, 或以文章, 或以智能, 皆能自鳴於衆棄之中, 垂名於旣骨之後。若盡培養作成, 揚

22 訒 : 底本에는 “認”으로 되어 있다.《宣祖實錄》28年 5月 11日 기사 등에 근거하여 수정하였다.

23 迹 : 底本에는 “跡”으로 되어 있다. 일반적인 용례에 근거하여 수정하였다.

善延譽, 則留名不湮沒者, 豈獨此數十百人哉! 若以自古寒族之表著者言之, 歷代開國功臣, 莫不崛起草莽之中。此則不可拘以常規, 姑置勿論, 只以平時之名人言之, 牧豕海上之公孫弘, 田畜爲事之卜式, 起於卒隷之李廣, 家世業田之蕭望之, 爲人傭作之匡衡, 負薪之朱買臣, 賃傭之梁鴻, 傭書之班超, 牛醫子之黃憲, 家世寒微之郭泰, 不知所來之雷萬春, 爲人操舟之南霽雲, 起於逆旅之馬周、張嘉貞, 世爲鹽估之畢諴, 以田爲業之薛仁貴, 起於行伍之郭子儀, 起於卒隷之吳玠、吳璘, 世爲農家之王禹偁, 名隷軍籍之狄青、韓世忠, 少爲縣吏之陳恕, 世作農夫之岳武穆等, 莫非起於微賤, 垂名後世。康節邵先生亦是軍旅之孫, 而學究天人, 大爲吾道之衛。由此觀之, 天之降才, 本不擇地, 大可見矣。

今世之人, 私室相語, 則莫不以門閥[24]爵人, 拘限太隘, 及其通塞之際, 則特論益峻, 如出一人之口, 此其何故耶? 今之庶孼相與語曰: "我國華職, 非士族則莫踐, 而士族之中, 鄕族罕到, 只以京華士族到處無礙者言之, 不過數十家耳。士族人少, 官爵窠多, 故京華士族生子加冠, 稍修邊幅, 則蔭宰郡邑, 如拾草芥; 稍解文字, 僥倖登科, 則不暇審擇, 盡踏淸顯。今若通融盡用, 仕路漸廣, 則不如今日之但問門地, 人皆可得之爲便故也。" 此則渠輩忿懥之言, 雖不足道也, 而卽今在朝持通塞進退之論者, 皆是兩班, 故庶孼之於兩班, 其勢日疏。耳目所習, 視之若別樣人物, 擧未免有物我之心, 不曾詳究故事。此蓋俗習所使然也。臣亦兩班之一也, 而臣則不敢爲此論也。

且微眇庶孼, 草野微匹, 亦或崛起, 不過數世, 多得貴顯。

24 閥 : 底本에는 "閼"로 되어 있다. 일반적인 용례에 근거하여 수정하였다.

湖、嶺水軍之子，西北公私之賤，以其地遠而難明，暗昧而易欺，故文則率踐郎署，武則或躐閫任。旣已得之之後，必欲自尊而掩迹，凌轢限外之人，甚於閥閱之家，人心扼腕，到此益切。

且一國之未登朝事君者，毋論閥閱寒賤，俱是庶人。以庶人而制庶人，實是弱肉强呑之大弊也。上帝臨汝，均是天民，王者同仁，莫非赤子。比之父母之養諸兒，同在一被之內，强者噬弱，弱者被蹴，爲父母者不爲抑强扶弱，乃反吐剛茹柔，惡在其爲人父母之道乎？今者以庶人而制庶人，不特噬蹴而已。一衾之內，骨肉相殘，疾痛之極，冤號楚惻。而朝家聽理，乃反曰"凌辱士夫"，曰"不有兩班"，抑强扶弱，不有餘地。《詩》所謂鳲鳩之義，果如是哉？

漢之禁錮市井，抑末利而慮瀆貨也。今之市井及三醫司之子，轉環物貨，習與成性，雖漢法之所宜錮也，而草野匹微，漢亦不曾錮也如此。江左門地相尙，爲其聞見博而典常熟也，而名門支庶，江左亦不拘也如此。至於我大明之立賢無方，又卓越前代數倍，故名門庶屬、草野寒士之爲名公碩輔者，有難殫記。以此觀之，防限禁錮之制，非百王通典，亦可見矣。

且爲臣之道，如周公、孔子、周、程、張、朱則亦至矣。今此禁錮拘限之法，卽周公、孔子、周、程、張、朱所不曾請、所不曾說出者也。何必請防周公、孔子、周、程、張、朱所不能請防者也？此臣之所未曉也。

自夫工曹參議金壽弘疏請通用之後，衆起群排，其說多端，將不勝其紛紜。臣故立爲條目，一一辨破，願與廷臣之堅執此論者論於天陛之下。伏願殿下明賜照察，臣言窮而遁，則明斥之，難臣者之言有所窮，則斷自宸衷，勿以故俗之言而有所持難焉。

今之人堅執此論者，一則曰祖宗舊制，不可變也。此則徒知其一，不知其二故也。《易》曰："窮則變，變則通。" 數百年防限，其窮極矣，此正變而通之之時也。故曰："當遵守而遵守者，乃繼述也；當更張而更張者，亦繼述也。" 豈非今日之謂乎？且法久則弊，古今通患。法弊而猶不更張，謂之祖宗舊制，則二百年永錮之庶孽，至于宣廟朝而許通，此亦可以變舊制而非之乎？宣廟所不許之三曹，至于仁廟朝而通之，此亦可以變舊制而非之乎？今此變通又何異於宣廟、仁廟朝之變舊制乎？凡自古明王誼辟變舊制者，固非一二，則此亦可以非之乎？若然則孔子《繫辭》所謂變通趣時者，亦不足法乎？

一則曰名分不可紊。臣則以爲甚不然矣。禮莫大於分，分莫大於名。名分壞而國治者，未之有也。今之士族，自稱兩班，亦稱士夫。兩班則東班、西班之謂也；士大夫則下士以上，蓋[25]卿大夫之謂也。士族雖貴，未及登朝之前，乃是庶人。其假稱兩班，或稱士大夫者，此實僭踰之謬訛，而所當改正其名分者也。古所謂曰嫡曰庶之名分，卽私家宗族之名分也；曰貴曰賤之名分，卽公家官位之名分也。其實各異，豈可混指私家之名分，而歸之於公家之名分乎？是則官人爵人名分之柄，不在於上，而只在於臣下之門閥矣。

且士族之假稱兩班，成俗已久。在京則處庶人之地，而凌侮朝官，不有等級，以致朝廷不尊，紀綱不振；在鄉則武斷鄉曲，拒逆官令，侵虐小民，不一而足。鄉民爲之諺曰："一鄉兩班之威，有若江流石不轉。" 其豪强尊重如此。名雖庶人，居家而有五鼎之享，匹夫而有公侯之樂，又何官令之可憚，官人之可尊也哉？

•••••

25 蓋 : 底本에는 "皆"로 되어 있다. 문맥을 살펴 수정하였다.

臣以爲若此不已，無有釐正，則適足以傷名分，寧有正名分之道乎？今宜無論士族，一併籍諸校案，考課所學，其通者留之，其不通者汰之。有蔭子孫外，其不學無蔭而假稱兩班者，率皆各定相當之役，而若有賢才可用者，勿問門地，擧而用之。然後公卿大夫及儒生庶人之名分定，而人皆知官爵之以賢能得，而不可以門地得矣。夫然則人人皆將奮發自修，永絶欒、郤僥倖之弊矣。

一則曰周公制禮，嫡庶是嚴。是亦不爲深究之言也。三代以前，官多世襲，故聖人明法，以絶僭奪之禍。此亦臣所謂宗族之名分，非爵人之名分也。若以時世言之，長子無故，則次嫡以下俱不得襲，豈特妾子而已也？且以"明明揚側陋"、"凡民俊秀皆入太學"、"立賢無方"等語觀之，則爵人之不擇閥閱，亦可以知矣。

一則曰庶孼若用，則其於兩班，又何以加焉？此亦不究之論也。夫官爵者，古之聖帝明王設此以待聖賢君子有德有才者也。雖板築、釣渭之賤，一日登庸，擧國尊敬者，以其有卑不踰尊、賤不踰貴之名分故也。朝廷官爵，非私家宗族次序之位也。賢則用之，不賢則舍之可也，豈是貴家子弟獨可例受之物也？人君亦何可以待賢之器，只問貴閥而用之乎？周公《儀禮》之明嫡庶，樂毅所謂愼庶孼，乃是防國家襲爵僭奪之禍也。朱子所謂"嫡庶須略加等降，乃爲合禮[26]"云者，亦以宗族殺級禮節而言也。若非宗族嫡庶之間，則師友交際、朝廷官位，未嘗以此而有所降也。

何以明其然也？劉宋之崔道固，官顯之後，奉使青州，長史以下竝詣道固。道固諸兄逼其所生母致酒于客，道固驚起，曰："家無人力，老親劬勞。"諸客皆知其兄所爲，咸拜其母。其母謂道

26 禮 :《朱子語類·雜類》에는 "理"로 되어 있다.

固曰:“我賤，不足以報貴客。汝宜答拜。”諸客歎美道固母子，而賤其諸兄。此乃史傳中語也。道固諸兄乃是嫡出之貴，而史傳乃反指嫡爲賤，何也?

致堂 胡寅以承嫡之故，不爲親母持服。以今世俗之禮言之，必當稱奴稱漢之不暇，而朱子曰:“吾嘗侍坐，可謂豪傑之士。”侍坐之禮，何太恭也? 師友之間，亦不以此而有降，大可見矣。至於朝廷官位之無所降，臣於歷代名臣之名，已辨矣。由此觀之，議者所謂“其於兩班，又何加焉”者，可謂不究之論也。

一則曰東漢以後，漸重世家，江左及唐益尙門地。亦不爲深究之論也。東漢 袁紹以四代五公之名閥，見推以爲盟主，紹實婢妾産也。由此推之，則漢之論閥，只問本宗，槪可見矣。江左 周顗自重其閥，不欲與母族爲婚，而其母李氏曰:“我所以屈節爲汝家妾者，門戶計耳。汝若不與吾家作親者，吾亦不惜餘年。”顗從命，李遂得方幅齒遇於世。由此推之，則江左論閥，不問外家，亦可見矣。

況今時屬艱虞，政急人才，又豈可一切株守，有若昇平之時，以失鼓動之會哉? 臣聞一婦抱冤，三年枯旱。計今庶孼寒族之類，必不下累十萬人矣，其爲冤鬱，豈特一婦而已? 仍竊伏念大凡人情，所期望也大，則所歸怨也亦深。今我聖上仁聲仁聞洽於嗣服之初，彼見錮數萬天民日夜望殿下之解禁者至切，今若不卽變通，不施同仁之澤，則其爲嗟怨，必非平日望斷之比。此亦可念處也。向來旱災雖不由於此輩之冤鬱，而卽召和之道，恐不外於此以解數百年湮鬱之氣也。云云。

肅廟乙亥，嶺南生員南極井等九百八十八人疏曰:

伏以臣等俱是嶺外賤臣也。跼天蹐地，爲世僇人，進不得齒錄於朝廷，退不免偪側於鄕黨。胸中雖有一段犬馬之誠同得於秉彝者，而自度終不能望見天日，以少效涓埃，長歌永慨，愧影慙魂。每欲祗奉國家求言之敎，冒死一暴其冤鬱，而揆分惶蹙，又不敢遽有號籲者，積有年矣。乃者伏覩我殿下邇年以來連下備忘記，警惕天變之稠疊，欲聞消弭之長策，前後辭旨一味懇惻，此實我國家祈天永命之一大機會也。臣等聚首奉讀，涕血交零。

竊伏念聖明之世，苟有匹夫匹婦之抱冤者，皆足爲政治之累，而感召災沴。況此廢錮庶孼，乃是天下萬古所未有，而因循數百年，致令許多人才抑首老死，無一人展布其才業，則其爲感傷和氣，固不啻匹夫匹婦之抱冤。又不知今日應旨之臣，果有爲臣等以此言進者乎？臣等於此，若復以瀆冒爲辭，而敢不以一言自列，則雖以殿下明聖，必不洞燭痼弊，以復前代取人之公法，而臣等亦終爲地下不瞑之鬼矣。玆敢合辭齊聲，千里裹足，備將當初被痼源委及我列聖變通之恩命，仰首號鳴。伏乞聖明垂察焉。

臣等竊伏聞天之降才，本不問於門地之高下，故帝王用人之道，亦不問[27]於門地，而惟取其才能焉。歷觀前史，或擧於畎畝，或取於屠釣，或甄於軍卒，或發於奴隷。而至於公卿家庶孼，其地位雖與士夫有間，而族類門戶與下賤自別，故任用之際，尤未嘗有所屑越。自三代以迄于漢、唐、宋、大明之世，庶孼之位將相、顯名譽者，不可殫記。吾東方，上自三國鼎峙之日下至高麗五百年，庶孼入仕，亦遵中華，少無間隔。至於我太祖大王肇創大業，昭揭典章，而亦未嘗區別庶孼於仕路也。

27 問：底本에는 "間"으로 되어 있다. 문맥을 살펴 수정하였다.

逮至太宗大王十三年，右代言徐選始建無前之議，使庶孽子孫勿敍顯職。其後姜希孟、安瑋等纂次《大典》，而又於顯職之外，幷錮其入仕、赴擧。成廟乙巳夏，已頒《大典》，而終歲大旱，餓莩相望，議者皆歸咎於禁錮庶孽。成廟惻然欲更張，而未及施行，弓劍遽遺。

宣廟初年，申濆等一千六百餘人上章籲冤。宣廟覽之感動，乃下教曰："微子，商王之庶子，而孔子稱仁；子思，孔子之庶孫，而道統自傳。葵藿向日，不擇傍枝；人臣願忠，豈必正嫡？"此可見聖人大公至正之心矣。至於萬曆癸未，文成公臣李珥始倡通用之論，而朝議携貳。故李珥不得已請令納粟赴擧，宣廟許之。由是庶孽始有擢科第者，而積年廢痼之餘，猶未能廓開仕路，有識者多恨之。

至仁廟，副提學臣崔鳴吉與同僚沈之源、金南重、李省身、李景容等應旨陳章，通用庶孽。其言曰："禮制之定，莫嚴於三代，而庶孽之名，只行於私室，不行於公朝。門地之別，莫詳於六朝，而用人之際，惟問其父姓，不問其母族。蓋天之降才，無間於貴賤；王者用人，不拘於門地。此天理之當然，百王之所不易也。我國庶孽勿敍顯職之議，初出於徐選，而厥後一節深於一節，終至子子孫孫永被禁錮。雖有才德，率皆抑塞而不揚於世，擯斥而不與於人，垂頭屏氣，如負大罪，無復父子之恩、君臣之義。傷人紀，逆天理，莫此爲甚。噫！匹婦含冤，足傷和氣，況其麗不億者乎？伏願殿下隨才收錄，以宣湮鬱之氣，以廣用人之路，則足以補世道而致人和矣。"

新豐府院君臣張維亦上疏繼論，仁祖大王令該曹稟處。吏曹判書臣金尚容回啓曰："天之生才，固無間於嫡庶，而禁錮庶孽，乃是我國之弊法，古今天下所未有之事。我國壤地偏少，人才渺然，雖盡一世之才，猶患不足，而立法大嚴，區限大隘，天之所生，猶未盡用其才。前朝未嘗有禁錮庶孼，而國初徐選始發勿敍顯職之議，而厥後輾轉，至于姜希孟，廢錮益深。賤人子孫猶或有通仕路，而士夫家庶孼，子子孫孫一向牢錮，雖有過人之才智，沈沒於下流而終身，可勝惜哉！玉堂，公論所在，而欲爲通革舊弊，有此陳請。似當依此施行，以廣用人之路，而事係大段變通，非本曹所敢擅斷。議大臣，何如？"啓下廟堂。

其時相臣李元翼、尹昉等獻議曰："卑薄庶孼，天下萬古所無之法，殊欠王者立賢無方之道。儒臣陳箚，大有所見。"相臣吳允謙獻議曰："庶孼禁錮，古今天下所未有之法，實是偏荒隘陋之見。足以傷天地生遂之意，非聖王公大之政，通用之擧，甚爲合理。世之病難行者，皆以名分紊亂爲言矣。嫡庶名分只是自家門戶中事，朝廷用賢收才而已。雖貴顯之後，嫡庶之間如有干名犯分之事，則邦憲固嚴，紊亂非所可慮。"

其後崔鳴吉判銓曹時，又啓曰："曾在乙丑年間，領府事臣李元翼因弘文館箚子，'庶孼登科，許要而不許淸'，稟裁上旨，兩司署經，藏之禮曹，以爲一代之成法。而今過九年，一未擧行，使聖明講定之制歸於虛地，事甚未安。庶孼登科後例授之職，不過奉常寺、校書館三四窠而已，雖有才能之人，無以展布所蓄，誠爲可惜。事目內所謂許要者，戶、刑、工三曹郎廳及各寺等官之謂也。自今以後，依受[28]敎隨才擬望，何如？"自上允之。於是辛喜季、沈日

28 受：底本에는 "授"로 되어 있다.《承政院日記》英祖 卽位年 12月 17日 기사에 근거하여 수정하였다.

遵等若干人得拜刑、工曹郎官而止，則庶孼之不得厠迹於三曹者，今已三四十年矣。聖上嗣服之初，故參判臣金壽弘、大司憲臣李袤亦上疏請通用庶孼，而事竟不行。此則殿下亦必記憶，又不暇臣等之贅陳矣。

噫！殿下以李珥、李元翼諸臣爲何如人耶？俱以國家之柱石，朝廷之蓍龜，其謀猷足以匡國事，其議論足以扶人極，而莫不以通用庶孼、收拾人才爲急先務，則其至公至正取人無別之意，亦可見矣。若使諸臣在於今日朝廷之上，則以立賢無方之道，其將採其議而用之乎？其將疏其論而斥之乎？昔漢魏相請纂次賈誼、鼂錯、董仲舒等所言，一切施行於旣骨之後。其謀猷議論苟可以利國事而補世道，則豈以其人之存沒，有所取舍哉？

嗚呼！士生天地，同有忠孝之誠，孰不欲盡忠事君，揚名顯親，以盡吾分內事哉？臣等俱以衣冠之裔，自少責厲，從事《詩》、《書》。及其拔身科第，名付仕籍，則其心又皆欲各職其職，奔走效力，以少伸臣子之至願。而所謂爵名，在內則惟主簿、典籍，在外則察訪、縣監，而武弁則又不過僉使[29]、萬戶而止矣。凡此數三卑窠，豈足爲設施才器之地？而國家用人之方，又何必如是偏狹耶？至於軍門，則所尙在於智勇，門地非所可論，而或有兩班應差之窠，或有庶孼例授之任，官以類聚，人以群分。雖有超異之勇、絶倫之才，沈淪埋沒，終不售其才智。揆諸國家用人之道，可不惜哉？

臣等伏覩歷代之名臣碩輔多出於庶孼。以中國言之，則在漢有衛青、霍去病，在晉有裴頠、陶侃焉，在唐有蘇頲、李愬、杜笱

-----

29 使 : 底本에는 없다.《通塞撮要 · 儒生鄭震僑等上疏》에 근거하여 보충하였다.

鶴焉。宋之韓琦、范仲淹俱稱母賤，而仲淹則至於冒姓，其賤尤甚。朱壽昌之誠孝，陳瓘之名節，胡寅之學問，皆能爲百世人物之冠冕。而此外名位之顯擢者，尤不可勝記。若以東方言之，則麗朝鄭文，卽倍傑之妾子，而位禮部尚書；李世黃[30]，仁老之庶子[31]，而官閤門祗候；權仲和，漢功之庶子，而在麗朝爲大司憲，入我朝爲都評議使。其他表表者，史不絶書。

噫！庶孼之爲庶孼，固無古今也。國家安知今日果無此等出群之才，而立禁限以防之耶？臣等竊伏聞帝王用人之道，貴廣而不貴狹。所取愈廣而所得愈富，故一言而斷之曰"立賢無方"。殿下以爲土地之廣，人物之多，視中國爲何如也？以中國俊乂輩出之地，任用之際，猶且不問其貴賤。況我國土地不當中國之十一，而其間旣分兩班、常人，又取兩班之家，而退斥其庶孼。然則擧一國而不入防限者，其數又不滿十一矣。如是而乃欲盡得人才，以爲致治之具，不亦難乎？

文正公趙光祖嘗告中廟曰："中國人物本多，擇用亦易；我國人物本少，而又有庶孼分別之法。"此誠切至之論也。臣等伏聞成廟以後，庶孼不得赴擧幾百年。而其間往往有傑出之才，如李大純、朴枝華、魚叔權、曺伸、李達、鄭和、林芑、梁大樸、權應仁、金謹恭、宋翼弼兄弟等數十人，或以文章，或以學問，至今爲後人所慕。若使用於朝廷，得展其抱負，則其爲國家之光，又豈可勝言哉？至於武弁之可稱者，則壬辰之亂，庶孼李山謙、洪季男、劉克良則皆能糾合義旅，摧破賊鋒；甲子之變，鄭忠信倡大義而

30 黃 : 《通塞撮要 · 判書李周鎭上疏》에는 "璜"으로 되어 있다.

31 而位……庶子 : 底本에는 없다. 《承政院日記》 英祖 卽位年 12月 17日 기사 및 《通塞撮要 · 儒生鄭震僑等上疏》 등에 근거하여 보충하였다.

殲劇賊；丙子南漢危急之日，領孤軍進戰於城下者，獨有庶孼權井吉一人。以此觀之，則文武人才之在庶孼者亦不少，而顧國家不能取用焉耳。

今庶孼之得文科者，殆不下百餘人，而武弁則又不啻什百焉。其中豈無一二拔出之才可以爲任事功者哉？藉令不必爲奇才，彼旣發籍仕路，志在報國，則國家亦當考其能否而進退之，使洪纖巨細各得其分，顧乃盛德事也。何必限之以門地，一併棄斥耶？父母生累子，乳養於一衾之內，而血脈旣同，情愛無間。而一國卽殿下之一衾也，臣等與士夫同是殿下之赤子也。臣等之所以仰籲於殿下，而亦欲均被其乳養之恩者，豈非人情之所必至哉？又況遐裔平民，父母俱賤，略不干涉於兩班，而文得歷踐成均，武或躐致閫帥。而臣等卽一切防塞，以至於仁廟朝，旣通三曹，更不得擬望，而外官亦不陞州牧。是國家待臣等反不如平民之下，臣等尤不勝抑鬱焉。

抑有一說。中國之所謂庶孼，若霍去病、陳瓘、胡寅等諸臣見稱於史傳者，其身皆爲人庶子者也。庶子之子與孫則又未嘗斥爲庶出，而史傳亦不復識別焉。我國則不然，一係於庶派，則其子孫雖至累十世，每稱庶孼。以此之故，庶孼之數，日益蕃衍，殆至於半一國，而獨其仕宦一路，狹窄日甚。至於鄉曲間可憐之狀，備載於李袤疏中。所謂"無五倫，不齒人類"一語，乃是十分悲慟之辭。【一本，"半一國"而下"臣等每一讀"之上，作"作一無告之窮民，家貧而不能自存，人棄而無與爲伍，其困頓憐愍之狀，有不可言。而故相臣崔鳴吉所謂'垂頭喪氣，如負大罪'等語，爲臣等矜惻而發也"。】臣等每一讀之，不覺涕流也。孟子曰："苟得其養，無物不長；苟失其養，無物不消。"臣等旣不蒙國家培養之澤，故雖有英才美質，皆汩沒於時俗之賤汚，不得有所成就，而志氣之摧沮，有若隕霜之草木，其情可謂慽矣。只此一事，亦豈非殿下之惻然矜念處也？

今之以通用爲難者，必曰"祖宗舊制，不可輕廢也"。臣等竊以爲不然。古人曰："當遵守而遵守者，乃繼述也；當變通而變通者，亦繼述也。"夫法久而至於弊生，則雖在祖宗朝舊制，固不可一向膠守，以失趨時之義。況此禁錮庶孽之法，只出一二人私見，既非我太祖大王之舊制，亦非我太宗大王之本意。百年之後，宣祖復通仕路，仁廟又許三曹焉。則一體通用於今日，非徒不爲變通舊制，而寔繼宣廟、仁廟兩朝之遺意也。非徒宣廟、仁廟之遺意，而實我太祖大王通用之舊制也。烏可以不顧名實，而反有疑於輕變舊制也？且必欲以近久相較，則吾東方通用庶孽，已過數千年，其不得通用，堇至數百年，則是孰果爲近而孰爲久耶？

或又以爲"庶孽之不通用已久，今若猝變其法，則名分必壞"。臣等又以爲不然。尊卑等分各有其序，截然不可犯，則故相臣吳允謙收議中所謂"邦憲固嚴，紊亂非所可慮也"者，眞箇的確之論也。是故聖人雖謹於辨上下、定民志，而及其用人，必以"立賢無方"爲訓，其義固并行而不相悖矣。今雖使庶孽通用於公朝，而及其退歸私室，則嫡庶之分，固自若也。何必抑絶仕路，然後名分始賴以不壞哉？

臣等伏聞《易》曰："窮則變，變則通。"臣等亦數百年防限，其窮已極，此政變通之時也。且自古聖帝明王，凡有一念惻隱於中，則未嘗不變舊制，以體天地生成之德。如肉刑之法，創自三代，至於漢初，其行可謂久矣，文帝以女子之言，而斷然除之；鞭背之法，亦歷代所循用，而唐太宗覽《明堂經》，卽命革之。書諸方冊以爲美談。況今禁防庶孽，實萬古通天下所未有之法也。殿下於此，又何疑於亟賜變通，以慰千萬人之顒望耶？

至於捧米許通之規，尤甚冤抑。苟其可塞則塞之，可通則通之，有何必捧償物，方許赴擧，有若私家之許奴隸也哉？一人之女，一爲平民之妻，一爲士夫之妾，則平民之子，無論文武而直爲赴擧，士夫之子，必納米而後，始得觀光於文武之科。其母之賤一也，其父之尊卑懸殊，而朝廷待士夫之子，反不如平民之子，臣等實未曉也。

噫！天人感應之機，間不容髮。臣等憂愁鬱悒，日夜望其解禁者，若是夥然，則竊恐仁愛之天，必有所盡傷於斯，而殿下所以汲汲反求，以爲格天召和之策者，實不可他求也。伏乞聖明斷自宸衷，廓恢乾剛，仰體列聖之遺意，俯察諸臣之至論，先除納米許通之規，亟下廓開仕路之命，使之隨才拔拭，不至虛老。則德音一降，冤鬱盡釋，豈獨爲臣等一時之幸哉？數百年以來，許多抱冤長逝者，亦將感激鼓舞，圖報聖明於冥冥，而天心自亨，和氣滂流，未必無小補於得人贊化之道矣。

臣等跧伏草野，聾瞽國事。而數年以來，竊伏聞我殿下軫念天災之稠疊，欲聞弭災之長策，臣等私自講究於胸中，曰"災異之意，深遠難見，而可駭之變，俱萃一時，有足以警心愓目者，則非一人之冤所可招者。必革改屢代之弊政，盡釋一國之冤鬱，然後方可以回天怒、致人和矣"。遂與一道七十州千餘人叶意合辭，略構一疏，來叩天閽，而屢呈政院，終不登徹。臣等彷徨呼訴於闕門之外，前後四箇月，而堂陛千里，無階可達。方欲痛哭流涕，相率而歸矣，殿下求言之教，適下此際。此天所以幸臣等之欲使瀝血之辭得徹於紸纊之聽也耶？

噫！一時被屈，尙欲伸理，而況數百之久乎？一人抱冤，尙思辨雪，而況千萬人之衆乎？夫數百年之痼弊，千萬人之湮鬱，必欲伸之於今日者，卽所謂考其時則可者，而未必不爲消感天心之一端事也。臣等俱一糞土微臣，仰瀆宸嚴，極知猥越，罪合萬死，而冤懷攸激，不得不大聲疾呼於天地父母之前。伏乞聖明恕其狂僭，而特垂哀察焉。

同年，進士柳日祥等上疏。【疏本與南極井疏大同小異。其略曰："臣等之抱此冤屈，非一日也。父而傳孫，世世含痛，孰不無一者畢暴之心？而流俗所痼，不能自拔。且或待朝家之變通，含默待時者久矣。今者嶺南生員臣南極井，與道內千餘人合辭具疏，來叩天閽。臣等俱以同病之人，義不可異同，遂與極井等同聲齊號於天地父母之前。今臣等縷縷所陳，皆出肝胸，實關爲國之大體、致治之本源，則固亦重且大矣。若使他人言之，可謂正言儻論，爲國家深長慮，而出於臣等之口，無乃有自鳴之嫌耶？大凡聽言之道，但觀義理之如何而已。苟合於理，何傷乎各訴其冤？況聞古今進言於君，而有譏其出位，則曰'唯大臣不言，故小臣言之耳'。今者唯他人不言，故臣等自言之耳。伏願殿下留神察納，勿以人而廢其言。云云。"】

肅廟丙子七月，崔明谷錫鼎上箚云：
臣竊惟我國用人，專尙門地，先京華而後鄕人，已有乖於古者立賢無方之義。至於庶孼防塞，本非古制，創自本朝。中葉以前，右代言徐選倡之，贊成姜希孟繼之，百餘年間禁錮成俗。及至宣廟朝，先正臣李珥始發納米許通之論，自是許赴文武科，而淸要諸職格而不許。及至仁廟朝，臣祖父鳴吉爲副提學時，箚陳十二條，通庶孼居其一。議下廟堂，定爲事目，以"登科後，許要而不許淸"，稟裁上旨，署經兩司，而久未擧行。臣祖父鳴吉秉銓時，引事目陳啓，有曰“庶孼登科後例授之職，不過奉常、校書三四窠而已，雖有才能之人，無以展布所蓄。事目內所謂許要，卽戶、刑、工三曹郎官及各司等官。請依受敎，隨才擬望”，蒙允。後三數人注擬郎官。爾後因而不行，至于今日，又過六十年矣。

天之生才，貴賤非爾殊也。中國及前朝所無之法，我朝獨行之。許多人中，豈無才俊之士？而枯項黃馘，骿死於蓬戶之下。匹夫含冤，足傷天和，況此庶孼其麗不億者乎？宣祖大王嘗有言曰：“葵藿傾陽，不擇旁枝；人臣願忠，豈必正嫡？”此可見大聖人之心出尋常萬萬也。然以列朝聖君、前輩賢輔，卒未能有所變動。如宋翼弼之學術，爲世大儒，而終於布衣；近世辛喜季之文章，禹敬錫、柳時蕃之才諝，俱未能展其驥足，局於末官下邑而止，可勝惜哉！古之人擧賢於釣屠，取才於盜庫，而先儒亦有宜取胥商之論。其得賢用人之方，如此之廣也。今庶流之人，雖不可比同於士族，不猶踰於胥商之賤乎？

卽今世道迫阨，習俗已痼，雖未能頓革舊弊，庶流中如有才藝可用之人，謂宜處以相當之職，責以可觀之效。登科人，依定制仍授三曹、各寺，而有吏才者，畀以州郡，其出倫拔萃者，不在此限。蔭武亦宜稍寬其路，俾無遺才之歎。

至於納米許通之事，初因北邊尼胡之變，設此法，以助軍興，仍作通庶之階，可謂得時措之宜。而第念若干納米不歸於有司之經費，而貧無粟者，無以自拔，行之旣久，弊亦隨生。謂宜特施寬典，除納米之法，改許通之名。如是則群情胥悅，和氣自回，惟在殿下深察事理而亟行之。此臣所謂冤屈之端也。淹滯者疏而振之，冤屈者伸而通之，其於政理，不無少補。伏願聖明下詢廟堂而裁處焉。

答曰:“當與廟堂議而處之焉。”

宋尤庵時烈擬疏曰:“至於庶孽防限之制, 初非祖宗之定制。故國初鄭道傳, 其母實私婢, 而道傳乃爲大提學。然則其所以爲防限者, 似或出於中間也。孟子稱成湯之聖曰:‘立賢無方。’況今人才眇然, 常患不足, 彼庶孽之中, 如有可用, 則抛置可惜。故臣嘗以此陳於榻前, 則殿下亦歎舊制之狹隘矣。云云。”

朴南溪世采晝講入侍時。啓曰:“我國用人, 極其狹隘, 門閥之外, 雖有奇才異等, 無以盡用。若循守常故而爲之, 則終不能收合中外人才矣。勿論常規, 大段變通, 以爲廣取人才之擧似宜。”嘗進《稽古錄》, 取重峯《封事》通用庶孽條編之。【此下當有《進稽古錄箚》】

通塞撮要 卷之二

英宗登極甲辰十二月一[1]十七日，儒生鄭震僑等上疏曰：

伏以渙發綸音，廣求直言，責躬矯弊之意，洋溢於十行之間；哀窮詢冤[2]之教，昭揭於八條之中。反復諄諄，辭旨懇惻，爲今日臣子者，孰不欲精白一心，以承我殿下消弭之策哉？若夫軍國機務，廟堂言之；官師得失，臺閣論之；生民疾苦，牧伯奏之；斯文是非，士林辨之，各自擧職，細大靡遺。而至如臣等數百年被錮，抑鬱而不得伸者，乃是窮人抱冤之第一件事，而擔閣一邊，曾無一陳於冕旒之下者。含冤茹痛，無路上聞，屈首抑志，東塗西抹，便作天地間一罪人。噫！天地之所覆載，翹肖咸囿其化；雨露之所沾濡，堇荼竝被其澤。微物尙然，矧伊人乎？

是以聖明之世，苟有匹夫匹婦之抱冤者，皆足爲政治之累，而感召災沴。況此廢錮庶孼之法，乃是天下萬古之所未有，而因循至此，致令許多人才囚首老死於圭竇蓽門之下而莫伸於生前！其爲感傷和氣，豈特匹夫匹婦之抱冤而已哉！臣等於此，若復以瀆冒爲辭，自嗚爲嫌，而俔俔伈伈，終不得一暴哀情。則雖以殿下之明聖，必不能照燭痼弊，以復前代取人之公法，而臣等亦終爲地下不瞑之罪人矣。玆敢合辭齊聲，備將當初被錮源委及我前聖變通之成命，仰首鳴號。伏乞聖明哀憫而垂察焉。

•••••

1 一：底本에는 "二"로 되어 있다.《承政院日記》英祖 卽位年 12月 17日 및《英祖實錄》卽位年 12月 17日 기사에 근거하여 수정하였다.

2 冤：底本에는 "蕘"로 되어 있다.《承政院日記》英祖 卽位年 12月 17日 기사에 근거하여 수정하였다.

臣等竊伏聞天之降才，本不間於門地；帝王用人，亦不問其門地，惟視才否而進退焉。歷觀前史，或擧於畎畝、屠釣之間，或發於行伍、奴隷之中。至於公卿家庶孼，其地處雖與正嫡有別，而氏族門戶自與下賤迥殊，故任用之際，未嘗有所區別。自三代以迄于漢、唐、宋、大明之世，庶孼之位，將相顯名績者，不可殫記。吾東方上自三國鼎峙之日下至高麗五百餘年取人之規，亦一遵中華，無少間隔。曁我太祖大王肇創大業，修明典章，亦未嘗區別仕路也。逮至太宗朝，右代言徐選始倡無前之議，以庶孼子孫勿敍顯職。其後姜希孟等纂次《大典》也，竝與其入仕赴擧之路而錮塞之。是以頒降《大典》之歲，旱暵斯酷，餓殍相望，議者皆歸咎於此。故成廟惻然驚動，將欲更張，而未及施行，弓劍遽遺。

宣廟初年，申濆[3]等千餘人上章籲冤。宣廟覽而憐之，乃下敎曰："葵藿向日，不擇旁枝；人臣願忠，豈必正嫡?"此可見大聖人大公至正之心，而臣等之沒世莊誦而欽頌者也。至萬曆癸未，先正臣李珥始建復古通用之議，而適有邊警，未暇猝變，先開其許通赴擧之路，其意蓋欲次第疏通也。及至仁廟朝，副學臣崔鳴吉與同僚金南重、李省身、李景容等應旨陳章，力請通用。其言曰："禮制之定，莫嚴於三代，而嫡庶之名，只行於私室，不行於公朝。門地之別，莫詳於六朝，而用人之際，惟問其父姓，不問其母族。蓋天之生才，無間於貴賤；王者用人，不拘於門地，此天理之當然，而百王之所不易也。我國庶孼勿敍顯職之議，初出於徐選而厥後轉輾，一節深於一節，終至於子子孫孫永禁錮。雖有才德，

3 濆 : 底本에는 "蕡"으로 되어 있다. 《承政院日記》 英祖 卽位年 12月 27日, 49年 1月 26日 및 《英祖實錄》 卽位年 12月 27日, 《純祖實錄》 23年 7月 25日 기사 등 다수 용례에 근거하여 수정하였다. 이하 모든 "申蕡"은 "申濆"으로 고치며 교감기를 달지 않는다.

率皆抑塞而不揚於世，擯斥而不與於人，垂頭屏氣，如負大罪[4]，無復父子之倫[5]、君臣之義。傷人紀，逆天理，莫此爲甚。噫！匹夫銜冤，足傷和氣，況其麗不億者乎？伏願殿下隨才收錄，以宣湮鬱之氣，以廣用人之道，則足以裨世道而致人和。云云。" 新豐府院君臣張維亦上疏繼論，仁祖大王令該曹稟處。

吏判臣金尙容回啓曰："天之生才，固無間於嫡庶，而禁錮庶孽，乃是我國之弊法，古今天下所未有之事。我國壤地偏小，人材眇然，盡用一世之才，猶患不足，而立法太峻，區別太隘，天之所生，猶未盡用。昔在前朝，未嘗禁錮庶孽，而國初徐選始發勿敍顯職之議，其後轉輾，至於姜希孟而廢痼益甚。賤人子孫猶通仕路，而士大夫庶孽子子孫孫一向牢錮，雖有過人之才智，終身沈沒於下流，可勝惜哉！玉堂，公論所在，而欲爲痛革宿弊，有此陳論。似當依此施行，以廣用人之路。云云。" 仍請議大臣定奪。

其時相臣李元翼、尹昉等獻議曰："卑薄庶孽，天下萬古所無之法，殊欠王者立賢無方之道。儒臣陳箚，大有所見。" 相臣吳允謙獻議曰："禁錮庶孽，古今天下所未有之法，實是偏荒隘陋之見。傷天地生遂之意，非先王大公之政，通用之擧，實爲合理。世之病難行者，皆以名分紊亂爲言，而嫡庶名分只是自家門戶中事，朝廷只用賢才而已。雖貴顯之後，庶嫡之間如有犯分干名之事，則邦憲固嚴，紊亂非所慮也。" 該曹之覆啓、大臣之獻議皆出於一體通用之意，二品以上諸臣之議亦皆歸一，惟以數人之立異，只許三曹矣。

•••••

4 罪 : 底本에는 "何"로 되어 있다. 《通塞撮要·南極井上疏》 및 《承政院日記》 英祖 卽位年 12月 17日 기사에 근거하여 수정하였다.

5 倫 : 《承政院日記》 英祖 卽位年 12月 17日 기사에는 "恩"으로 되어 있다.

其後故相臣崔鳴吉判銓時，又啓曰："曾在乙丑年間，領府事臣李元翼因弘文館箚子，'庶孼登科後，許要而不許淸'，稟裁聖旨，兩司署經，藏之禮曹，以爲百代成法。而今過九年，一不擧行，使聖朝講定之制歸於虛地，事甚未安。竊惟庶孼登科後例授之職，不過奉常寺、校書館三四窠而已，雖有才能之人，無以展布所蓄，誠爲可惜。事目所謂許要者，卽戶·刑·工郞廳、各司長[6]官之謂也。自今以後，依受敎隨才擬望，何如？"自上允之。於是辛喜季、沈日遵[7]、金宏、李慶善若干人得拜刑、工郞而止，其後更不得厠迹於三曹者，殆至五十年矣。肅宗朝，李磌一人僅拜戶郞，而群起斥之，終至呈遞，厥後尙至今寥寥矣。

嗚呼！文成公李珥，卽宣廟朝大賢也。完城府院君崔鳴吉以下諸臣亦皆仁廟朝名臣，爲國家之柱石，作朝廷之蓍龜。謨猷足以裨世程，言議足以扶人極，而莫不以通用收才爲急先務，其至公至正取人無別之意，亦可以見。若使諸臣在今日朝廷，則以殿下立賢無方之德，其將采其議而施之乎？抑將非其論而斥之乎？昔漢臣魏相請撰次名臣賈誼、晁錯、董仲舒等所言，一切施行之。若使謀猷籌畫有可以利國家、補治道，豈以其人之存沒而有所取舍也哉？

嗚呼！士生天地，同得忠孝之性，孰不欲盡忠事君，揚名顯親，以盡其職分也哉？臣等俱以簪纓之裔，自少策勵，習訓家庭，從事詩書。及至拔身登第，亦忝仕籍，其心皆欲職其職，奔走輸才，少效涓埃之報。而所謂爵名，內則止於主簿、典籍，外則不過

•••••

6 司長：《通塞撮要·南極井上疏》 및 《遲川集·吏曹啓辭》에는 "寺等"으로 되어 있다.
7 遵：《承政院日記》 英祖 卽位年 12月 17日 및 《英祖實錄》 卽位年 12月 17日 기사, 《通塞撮要·七條問答》에는 "運"으로 되어 있다.

察訪、縣監，武弁則只僉使、萬戶而止耳。凡此數三微末之窠，豈足爲展布才具之地？間或因文華治績得階通政者，鬢邊點玉之外，更無棲身之所，只得浮沈於內將、假將之中，與遐方卑賤之白徒加資者比肩隨行，無少差別。國家用人之方，何若是偏泥也？至於軍門，才勇是取，則門地非所可論，而兩班、庶孼各有應差之窠，官以類聚，人以群分。雖有超乘之勇、穿楊之才，率皆沈淪埋沒而不得售於世，決科之後，曾無歸屬處，棲遑散地，虛送一世，亦豈非可惜之甚者乎？

臣等伏覩歷代名臣碩輔多出庶孼。以中國言之，在漢有衛青、霍去病在焉，在晉有裴頠、周顗、陶侃、桓石虔、裴秀、阮孚在焉，在唐有蘇頲、李愬、杜筍鶴、令狐彰在焉，在宋有韓琦、范仲淹、陳瑩中、鄒志完。而至於朱壽昌之誠孝、陳瓘之名節、胡寅之學問，皆能卓然爲百代人物之冠冕，而此外名位之顯耀者，又不可勝記。以我國言之，高麗鄭文，卽倍[8]傑之庶子，而官至禮部尙[9]書；李世黃，仁老之庶子，官閤門祗候；權仲和，漢功之庶子，而在麗朝位大司憲，入我朝官都評議使。其他表表見稱者，史不絶書。

噫！庶孼之爲庶孼，固無古今之殊，國家安知今日果無此等出群之才而立禁限以防之耶？臣等竊伏念帝王取人之道，貴廣而不貴狹，所取愈廣而所得愈富，故以立賢無方爲帝王之大法。殿下以我國土地之廣、人物之多，視中國爲如何也？以中國之山河萬里，俊乂輩出而任用之際，尙不問其門地。況東土人物不能當中國之什一，而其間旣分兩班、常人，又就兩班之家而枳塞其庶孼。

•••••

8 倍：底本에는 "培"로 되어 있다.《明宗實錄》8年 10月 15日 기사 및《高麗史》등에 근거하여 수정하였다.

9 尙：底本에는 앞에 "郎"이 더 있다. 일반적인 용례에 근거하여 삭제하였다.

然則擧一國而不入於防限者，其數什不一矣。如是而欲望盡得一世之才，以需一世之用，其可得乎？

昔文正公臣趙光祖嘗告于中廟曰："中國人物本多，而擢用亦易；我國則人物本少，而又有庶孼分別之法。"此誠切至之論也。臣等伏聞成廟以後，庶孼之不得赴擧者，幾[10]百有餘年。其間往往有傑出之人如朴枝華、魚叔權、曺伸、李達、鄭和、林芑、梁大樸[11]、權應仁、金謹恭、宋翼弼兄弟等數十人，或以學問、文章著名於當世，見推於後人。若使出入仕塗，立揚明廷，展其抱負，則其爲國家之光，豈可勝道哉？至於武弁之可稱者，則壬辰之亂，李山謙、洪季男、劉克良等皆能糾合義旅，摧破賊鋒；丙子南漢危急之日，領孤軍進戰於城下者，獨權井吉一人。以此觀之，文武人才亦自不少，而顧國家不能取用焉。

嗚呼！殿下豈非臣等父母，而臣等亦豈非殿下之赤子乎？呱呱啼號於仁覆之下，以冀其均被乳養之恩者，可乎？不可乎？又況平民有兩女，一爲平民之妻，一爲士夫之妾，平民之子，文踐華貫，武取膴仕，無所罣礙，而士夫之子，則稱以庶孼，一切防塞。以至於仁廟朝旣通之三曹，不得擬差，而外官亦不得陞州牧。其母一也，其父之尊卑懸絶，而朝家待士夫之子，反不如平民之子，臣等俯仰尋思，誠莫曉其故也。

抑有一說。中國所謂庶孼之見稱於史傳者，只於其身稱爲庶孼，而未嘗聞竝與其子孫而名之也。我國則不然，一係庶派，則

10 幾：底本에는 "旣"로 되어 있다.《通塞撮要·南極井上疏》및《承政院日記》英祖 卽位年 12月 17日 기사에 근거하여 수정하였다.

11 樸：底本에는 "撲"으로 되어 있다.《海石遺稿·贈兵曹判書梁公大樸諡狀》및《承政院日記》英祖 卽位年 12月 17日 기사에 근거하여 수정하였다.

雖至累世，而不能脫其圈套。是以庶孼之數，日益繁衍，殆至於半國。作一無告之窮民，進而抹摋於朝廷，退而偪側於鄕黨，跼天蹐地，弔影慙魂。僥倖得科，則潦倒於下位，不獲一近淸光，畸窮落魄，汨沒於流俗，未免半世蓬累。家貧而不能自存，人棄而無與爲伍，其困頓憐悶之狀，有不可言。故故進士臣李翬生子有詩曰：“生子人皆喜，吾心獨不然。世間無限苦，於汝又將傳。”故郡守臣權佖挽其友朴安期詩曰：“冥司不必論門地，好作修文朴舍人。”觀於二詩，其哀痛切迫之意發於吟詠之間者如此，可謂窮者之辭而足以惻然感動者也。

噫！燕臣痛哭，五月飛霜；齊女呼天，震風擊堂。一人抱冤，尙且如此，況乎千萬人數百年抑鬱之氣！其傷天和、召災沴者，固也無足怪也。孟子曰：“苟得其養，無物不長；苟失其養，無物不消。”臣等未蒙國家培養之澤，故雖有英才美質，不能自拔於賤汚之中而有所成就，志氣之摧沮，有若隕霜之草木，其情可謂慽矣。今之以通用爲難者，必以變通祖宗朝舊制爲言，而臣等竊以爲不然。古人有言曰：“當遵守而遵守者，乃繼述也；當變通而變通者，亦繼述也。”法久而至於弊生，則雖祖宗舊制，固不可一向膠守，以失趨時之義。況此禁錮之法，初出於一二人之私見，而旣非我太祖大王之舊制，亦非太宗大王之本意。而百餘年之後，宣廟復其仕路，仁廟又許三曹，則殿下之收用於今日，非徒不爲變舊制，實繼宣廟、仁廟之遺意，實復我太祖大王通用之舊制也。烏可不求古實政而有疑於輕變也？且以久近言之，吾東方通用庶孼，已過數千年，而中間廢錮，僅至二百年。是果孰爲近而孰爲久耶？《易》曰：“窮則變，變則通。”均是人也，而區別之，防限之甚峻，甲子幾三四周矣，此政變通之時也。

雖然，前代所無之新法，便作一國之痼弊，行之已久，塗人耳目。如欲大更張大變通，則因循襲謬之餘，又不無岐異之議。而臣等所期望，亦豈在於華顯崇高之位哉？惟彼窮裔遐鄉不知來歷之人，不問根派，不惜名器，而獨於臣等京華世族之後，施之以一切之法，此所以痛恨欲死者也。噫！天人感應之理，間不容髮。臣等憂愁鬱悒，日夜望其解禁者，不翅若大旱之雲霓，則竊恐聽卑之天，必有所畫傷於斯而警告我殿下也。顧今格天和之策，外此而不可他求也。

伏乞聖明斷自宸衷，亟恢乾剛，仰遵列聖之遺意，俯采先賢之至論，廓開調用之路，隨才拂拭。則德音一降，冤鬱盡釋，豈但爲臣等一時之幸哉？數百年來許多抱冤長逝者，魂亦將感激鼓舞，圖報聖德[12]於九泉之下，天心自亨，和氣旁流，必有補於得人贊化之道矣。臣等抱此冤屈，非一日也。父而傳子，子而傳孫，世世含痛，孰無一者伸暴之心？而摧殘抑遏之餘，人不能自奮，且未得可言之會，畏縮趑趄，尙未達於九重矣。今於明旨之下，終不忍泯默低佪，僭猥冒瀆至此。伏惟殿下哀其窮，恕其罪，而留神察納焉。

臣等瀝血封章，進伏闕下者，將一月矣。疏凡十三上，而乃爲一承宣者力排，終至退却。噫！設令臣等之言，有所僭猥，在喉司之道，惟當捧入，以俟處分之如何。而諉以自鳴，斥而不捧，使聖上求言之盛意閼而不行，數百人訟冤之章沮而未達。此不過賤薄臣等，不齒人類，旣錮其身，又箝其口，以爲“吾雖不捧，渠輩其於余何”，而自不覺其爲壅蔽聰明之歸，出納惟允之道，果安在

•••••

12 圖報聖德：底本에는 없다.《承政院日記》英祖 卽位年 12月 17日 기사에 근거하여 보충하였다.

哉? 臣等直欲痛哭於闕門之外, 以徹此冤, 而揆分惶蹙, 有所不敢矣。玆値法駕之出郊, 敢又相率, 叫呼於輦路之左, 返虞哀遑之中, 非不知瀆撓之爲罪. 失此一着, 則窮天極地之冤, 終無登徹之路, 不得不冒昧至此, 眞所謂“窮猿不擇林, 困鳥不擇聲”者也。云云。

答曰: “省疏具悉。我國本以偏小, 用人亦甚不廣, 予竊慨然矣。天人一也。日月所照, 不擇於精粗, 則王者用人, 豈有間於其中哉? 今觀爾等之疏, 所引有據, 而但玆事其來已久, 不可猝變, 其在愼重之道, 當徐究而處之矣。至於三曹郎事, 其令該曹一依仁廟受[13]教擇擬焉。”【疏凡十三呈, 喉司退却。因大駕迎哭懿陵返虞, 呈上於路左。批下後, 不捧承旨特推, 現告尹游。大諫尹游避啓: “云云。至於鄭震僑疏, 不捧承旨特推之命, 不勝惶悚。向者待罪喉院, 震僑等來呈一疏, 以渠輩宦道自訴, 而末以爲‘曾在肅廟朝, 以此陳疏, 十呈未徹’云。故臣以爲‘其時不捧, 誠有意義。渠雖人微, 其在勵廉恥之道, 豈可自求通淸乎’, 以此退送。原臣本意, 固爲朝廷存事體, 此與沮却言事有異。然聖明以務達群情, 有誨責之嚴敎, 臣何敢自以爲是而晏然? 云云。”】

英宗丙辰五月。晝講入侍時。上曰: “以門地取人, 劇邑好窠, 專尙地望, 此爲痼弊矣。名塗淸華, 朝家自有定制, 而至於州邑, 又以人地之顯微, 揀郡邑之豐薄而畀之, 非矣。如金潤、李龍臣, 爲人善且多才, 故到處善治, 予欲除州邑矣。以此觀之, 用人何可專取門地? 有才無勢之人, 每擇殘薄邑付畀, 故不能展其才諝。

•••••

13 受: 底本에는 “授”로 되어 있다.《承政院日記》英祖 卽位年 12月 17日 기사에 근거하여 수정하였다.

予意則以爲州邑當視人之能否而已。”

己未二月初十日。春塘臺親臨別試才時。右議政宋寅明所啓:“臣於向日次對, 以庶孼武弁區處事陳達, 有‘詢問兵判後量處’之教矣。事係變通, 不可不熟講。兵判及諸武將入侍, 竝下詢而處之, 則似好矣。”上曰:“將臣及侍衛中二品閫帥曾經之人, 各陳所見可也。”副司直具聖任曰:“頃日筵中, 大臣以此陳達時, 臣以守門將四五窠許通, 則甚合疏通之意, 曾已仰達矣。”花川君金浹曰:“庶孼文臣則例有歸屬處, 庶孼武弁則終無歸屬處, 渠等之稱冤, 固已久矣。其在一視之道, 合有變通之擧, 而若不定其窠數, 則恐有後弊矣。”副摠管許繗曰:“古則庶孼至有爲名宦者, 而柳子光出後, 永爲防塞。而臣等諸議亦以許通守門將, 極爲合當矣。”副摠管洪元益曰:“遐方之人, 雖應入軍役者, 皆爲守門將, 而庶孼武弁終無歸屬處, 誠爲冤甚矣。”副摠管李義豐曰:“今此疏通之論, 臣等別無捱異。而如或除出額數, 元定庶孼之窠, 則其僚必有分類之弊, 於渠斷無通淸之意, 勿爲元定厥窠。一廳之內, 置四五人, 則旣無過濫之弊, 亦有疏通之道矣。”上曰:“近來紀綱頹而人情勝, 若不定數, 則無勢鄕人難以得參, 無過四五窠。許通定式可也。”宋寅明曰:“此是刱始之擧。事例言之, 則有薦可以擧行, 而此豈曾有被薦之人? 初頭差出爲難矣。”兵判趙尙絅曰:“此事, 臣與大臣相議, 而內三廳薦必以渠輩會圈, 事體頗重。今以無薦之人, 猝然備擬, 未知如何?”上曰:“兵判薦爲之, 參下一員, 先爲差出可也。”尙絅曰:“然則望單子中, 以本曹薦懸註乎?”上曰:“依爲之。”【此後政事, 守門將望: 柳延之、韓梈、吳命三。末望落點。】

辛酉三月二十六日。晝講入侍時。參贊官元景夏以惟才是用之意陳達。上曰:“門閥雖不可不見，崔岦亦爲宰相。雖以近來人言之，金昌彦曾以禮葬官出來，故見之。金潤，予亦見之。若非一名之人，則無處不可，此等人豈可不用乎?”右相趙顯命曰:“金潤卽古判書東弼之三寸，有才可用，歷任縣邑，皆有聲績矣。”

乙丑七[14]月初四[15]日，吏曹判書李周鎭上疏曰:
伏以我聖上頃當遇災修省之日，特軫臣僚淹滯之弊，至有文蔭武官案寫入之命。今此聖敎實出於導鬱疏冤之至意，凡在群下，孰不欽仰? 而至於積久沈屈之人，尤爲攢祝顒望，若有所得。臣曹今將繕寫以進，而第伏念文官之出身、武蔭之通仕者，其數殆近千餘。而京外窠闕，旣甚尠少，雖使明智者任其銓衡而塡補，旣無別地加得之路。則況臣愚昧，晝宵思量，終未得長策云云。

庶孽防塞，卽前代所無之規。我朝徐選始爲倡之，仍以成法，而此豈立賢無方之義也? 先正臣李珥始發許通之議，文忠公金尙容判吏部時，獻議於仁廟曰:“禁錮庶孽，卽古今天下所未有之弊法。我國人才渺然，天之所生，猶未盡用，有非聖王公大之政。”故相臣崔鳴吉亦劄請其許要，許要者指三曹及各司官員而言也。先正臣朴世采錄進搜訪人才事目，而亦請竝及庶孽。

前後名臣碩輔蓋多有言之者，初或一二次調敍，而終皆寢格不行，痼弊成俗，未有變通之擧。雖或有出類拔萃之輩，竝置一切

•••••

14 七 : 底本에는 “六”으로 되어 있다.《承政院日記》英祖 21年 7月 4日 및《英祖實錄》21年 7月 4日 기사에 근거하여 수정하였다.
15 四 : 底本에는 “二”로 되어 있다.《承政院日記》英祖 21年 7月 4日 및《英祖實錄》21年 7月 4日 기사에 근거하여 수정하였다.

防限之中，所試極不過殘郵、薄縣而已。自古抱才而沈沒者，指不勝屈，而如宋翼弼之經學、朴枝華之節義、辛喜季之文章、崔命龍之智勇、禹敬錫之才諝、楊士彥之詞華，或終於布衣，或跼於末官，終不能展布其所蘊，臣實愍惜也。昔宣祖大王嘗下教曰："葵藿向日，不擇旁枝；人臣願忠，豈必正嫡？"此可見大聖人一視之盛意也。顧今習俗已痼，時制多礙，雖不得一朝更張，而臣愚以爲稍廣其進用之路，無甚拘束，則不但爲疏菀解冤之方，其於作成人才之道，亦不爲無助。竝令廟堂從長相確，定爲法式，遵行勿失。云云。

答曰："省疏具悉。所陳者入侍時，當下教矣。"

判書李周鎭上疏曰："云云。歷代名臣碩輔多出於庶孼。在漢有衛青、霍去病，在晉有裴頠、周顗、陶侃、桓石虔、裴秀、阮孚，在唐有蘇頲、李愬、杜荀鶴、令狐彰，在宋有韓琦、范仲淹、陳瑩中、鄒志完。至於朱壽昌之誠孝、陳瓘之名節、胡寅之學問，皆世卓然爲百代人物之冠冕。而高麗鄭文則倍[16]傑之妾子，而官禮部尚書；李世璜[17]則仁老之妾子，而官閤門祗候；權仲和則漢功之妾子，而在麗朝爲大司憲，入我朝爲都評議使。其他表表見稱者，史不絶書，雖以禁錮以後言之，其間往往有傑出之人。如朴枝華、魚叔權、曺伸、李達、鄭和、梁大樸、權應仁、李仲虎、金謹恭、宋翼弼兄弟等數十人，或以文學，或以節義，或以學問，著名於當世，見推於後人。至若李山謙、洪季男、劉克良、權井吉之

•••••

16 倍：底本에는 "培"로 되어 있다.《俛宇集·懿陵參奉鄭公墓碣銘》에 근거하여 수정하였다.
17 璜：《通塞撮要·南極井上疏·鄭震僑上疏》,《承政院日記》英祖 卽位年 12月 17日 및《英祖實錄》卽位年 12月 17日 기사에는 "黃"으로 되어 있다.

屬，皆能糾合義旅，敵愾王室。以近日事論之，洪霖，一偏裨也，臨亂不撓，忘身殉國，令人聞其名而凜然髮動。則豈可驅之於禁錮之中，而不思所以惟才是用之道耶？至於閭巷卑微之輩，亦宜稍廣進仕之路。”

英宗二十三年，教曰：“興感古制，欲臨生進榜，有深慨者，生三進六也。噫！天地雨露，不擇而下；王者體天，豈有取舍輕重？至於不拆之前，尋覓其人，勒置其次，是豈正也？生進第一人，古則雖有文名地望俱稱者，此不過其人之才藝、門地自然符合而然。一循謬習，是豈奉三無私之道哉？自今以後，不拆封之前，覓其人而等第者，施以科場之律。”先是，生進壯元必以有時望文華者爲之，故一世爭相艷慕，爲試官者，亦必欲極選。而生三進六亦以地處卑微、文字稍優者爲之，故有窺見秘封之規，至是革罷。【《文獻備考》】

副司直李秀得上疏曰：

伏以聖壽彌隆，法宴順成，上下同樂，神人胥悅，實宗祊億萬年無疆之休。如臣身伏田廬，心懸紫宸，第切蹈忭之忱。仍伏念臣本無似，晚叨科第，前後踐歷，莫非鴻造，涓埃未報，蒲柳先衰，狗馬之齒，洽滿七十有三。雖欲筋力奔走，仰答萬一，而亦不可得也。便訣明時，退伏楸下，而區區憂愛之忱，豈以畎畝而有間哉？臣嘗見我朝第一痼弊，關係甚重，而竊不勝隱憂長歎，爲殿下一番痛陳平生所蓄積也。今當餘日無多，終若不言而朝露溘然，則是上而負聖明，下而負素心也。玆敢不避猥越而仰陳焉。

　夫治國之道，莫先於用人；用人之道，莫先於廣取。夫天之生才，本無貴賤之限；人之成才，亦無尊卑之別。聖人知其然也，其所取舍，在於賢不肖，而不在門地。堯之揚側陋，湯之立賢無方，皆以此也。若乃我朝則不然，取人之際，枳塞多岐，而至於士大夫之中，又分庶孼而枳塞之。此實天下萬古所無之法也。古之名將如霍去病、賢相如韓琦、節義如周顗·陶侃、學行如陳瓘·胡寅皆庶出也，其餘名臣賢輔，指不勝屈。庶孼何嘗無才，何嘗負人國家哉?

夫以中州，土地之廣，人民之衆，無所拘限，而尙有才難之歎。我國地偏人少，防限甚多，羅、麗暨國初，固無此法。而嘗聞有徐選者，與鄭道傳有隙。道傳，庶孼也。及道傳誅死，徐選乘機逞憾，倡爲庶孼子孫勿敍顯職之議，而姜希孟踵之。其後柳子光釀出戊午史禍，士類齊憤，庶孼之廢錮，因此而益甚。

如宋翼弼·李仲虎·金謹恭之學問、魚叔權·梁[18]大樸·車天輅·申維翰之文章、朴枝華·楊士彦·愼懋之儒雅，或槁死窮巷，或淹倒下流而止。至於洪季男、權井吉之功烈，赫赫然照人耳目，而生不得一節鉞，其子孫皆顚連溝壑。嗚呼！古者重禮厚幣，以待隣國之賢士，惟恐其不至；今者設法定限，以錮域內之人才，惟恐其或進。及其事變到頭，每患材俊之難得。嗚呼！其眞無才耶?

尤可異者，鄕曲賤流之子支，時或顯仕，而世族名家之庶裔，子子孫孫永錮而棄之，用舍之際，顚倒甚矣。是以先正臣文正公 趙光祖·文成公 李珥·文簡公 成渾·文烈公 趙憲·文正公 宋時

•••••

18 梁 : 頭註에는 "楊字誤, 宜改以'梁'."으로 되어 있다.《通塞撮要》다수 용례에 근거하여 수정하였다.

烈·文純公朴世采、故相臣李元翼·金尙容·吳允謙·尹昉·崔鳴吉、故判書臣李周鎭，或筵白，或疏陳，或獻議，前後勤勤，皆陳變通之意。而俗論已痼，公議難施，因循襲謬，以至于今。

此輩仕路，文則內而不過校書、奉常四五窠，外而不過薄邑殘郵而已；武班則無所歸屬，近纔許以守門一窠；蔭官則局以相換之規，枳其詞訟之路。爲士而欲遊太學，則又有不序年齒之法，投足有礙，容身無地。稍知自好者，絶意科宦，閉門自守；强意遊世者，垂頭喪氣，若負大戾。

夫嫡庶之分，莫嚴於三代，而只行於私室，不行於公朝；門閥之用，莫盛於六朝，而只問其父姓，不問其母族。然則我國之防塞庶孼，是何義也？爲臣而不得親近耿光，則君臣之義，不免疏隔矣；爲子而不敢呼父爲爺，則父子之親，其亦乖謬矣。甚至於舍己之庶子，而取繼於已成行路之同姓，其傷人紀、違天理極矣。

嗚呼！雖聖人制作，久必有損益，而彼徐選，小人也，一倡無義之論，而奉行惟謹，直至三百年之久，廢錮人才，流弊此極，誠不可使聞於隣國也。或曰：“通用庶孼，則名分亂矣。”是則不然。故相臣吳允謙獻議曰：“嫡庶，自家門戶中事，朝廷用賢收才而已。雖貴顯之後，如有犯分干名之事，則邦憲固嚴，紊亂非所可論也。”賢相已有定論，或者之言，其亦過慮矣。

或曰：“子光之禍，不可不懲。”此尤可笑。夫我國小人之貽禍士林，如金安老、尹元衡、南袞之類，不勝其多，而皆非庶流，則因一子光，廢棄擧國庶孼，其可乎？或曰：“祖宗舊法，不可變也。”此流俗之見也。《易》曰：“窮則變，變則通。”三百年防限，亦可謂窮之極矣，此正變而通之之時也。眞德秀曰：“當遵守而遵守者，紹述也；當更張而更張者，亦紹述也。”況我宣廟嘗有敎曰：“葵藿傾陽，不擇旁枝；人臣願忠，豈必正嫡？”我肅廟嘗有教曰：“門閥用人，自是我國痼弊。”兩朝遺教，昭如日星，則通用庶孽，無拘淸顯者，正所以法祖宗之盛意也。

竊伏念我殿下臨御，四十有餘年，凡所以更張時弊、修擧闕典者，靡不用極，而所未擧者，惟此一事耳。臣伏見我殿下莅祚之初，答鄭震僑等疏批曰：“日月所照，不擇精粗；王者用人，豈有異於其間哉？”於戱大哉！與我宣廟、我肅廟聖訓，前後一揆，而變通之典，至今未聞，豈或有待而然耶？如或變通，其道非難，文官隨其才而分置三館，武班隨其才而分屬三廳，蔭路則除相換之法、詞訟之限，太學則設年齒坐而已。

臣亦不敢謂今日疏通，而明日食效也。蓋進用之路廣，則作興之化盛矣；拂拭之恩浹，則激勸之感切矣。安知無去病、韓琦之流，從此而輩出乎？顧今建極之化，普洽方內，而獨於此輩，惠未均霑。譬如陽春渙發，而陰崖猶氷；白日遍照，而幽谷獨暗。語曰：“匹夫含冤，猶召天災。”況此輩其麗不億者乎？

嗚呼！天旣篤畀我殿下以三百年所未有之洪福，殿下宜施三百年所未遑之仁政，上以答皇天眷顧之意，下以慰八域顒祝之心。而臣之藉手而報國，亦惟此耳。謹採前後諸臣言議疏啓，且附辨難問答，撰成冊子，倘賜宸鑑，庶可俯燭其義理之當然、公議之不易。臣略具短章，兼進冊子。而老病沈淹，無由進身於都門，猥效先正臣文成公李珥舊例，敢替家僮而直呈。伏乞聖明俯諒愚悃，堅定聖志，毋拘流俗之論，下詢廟堂，亟賜變通之制，千萬幸甚。

英宗壬辰八月十五日，昌德宮擧動時，傳曰：“爲庶名，禁通淸，嗚呼國初豈有！一自柳子光而然矣。因一子光而若禁通淸，嗟哉戊申、乙亥無一名者，皆爲忠臣乎！以此觀也，柳子光可謂古矣，侮[19]若此，故曰[20]'江流石不轉，皆在於圈子中'，罔有紀極。嗚呼！此人君一號令事也。嗚呼！非良非賤，則咸視倉、庫氏，若是放恣，此亦人君造化之一大機也。況頃日、今日已諭敷心之教！宗臣提擧赴燕，亦開此路，況朝臣乎！此後切勿拘礙，以存國初之風焉。"

同日，還宮後，傳曰："政官牌招開政，盡爲之。"又傳曰："若角勝，則當詣舊邸矣。"申飭領議政申晦左、左議政李溵、右議政李思觀同日夜開政。吏判元仁孫、參判李潭、兵曹判書具善行入侍。持平望：柳煥德、盧允中、呂龜周。正言二望：尹謐、朴浚源、申昕，成大中、李彦一、吳濬根。宣傳官：金就大、羅潤祿、洪彦彧【一作申晼】。落點：持平，呂龜周；正言，尹謐、吳濬根；宣傳官，金就大。

十六日，日出時，下批政院啓辭"新除授，兩司牌招"事，允下。同日，謝恩：正言尹謐、持平呂龜周。

同日，大司諫洪檍所啓："新除授正言吳濬根方在京畿道陽城地。請乘馹上來事，下諭。"允下。

八月十六日，傳曰："嗚呼！含慨自嗣服初幾十年。伊今以後，受教定策，庶可光明矣。此沖子切也。"同日，又下敎曰："有一名

•••••

19 侮 : 문맥상 앞에 缺字가 있는 듯하다.
20 曰 : 底本에는 "皆在於圈子中"의 "皆" 뒤에 있다. 문맥을 살펴 "故" 뒤로 이동하였다.

者，固有嫡庶之分。嫡庶則以嫡庶稱；至於父子，則依天曰天、君曰君之例，稱父兄可也。"

同年九月九日，綸音。傳曰："嗚呼！分京鄉嫡庶等倫同譜上一字，予甚爲疾，嗚呼四十九年之間，簾垂九級，風化難聞！以臆意料之，則嫡庶間言語酬酢之際，表裏相分，動於形色，一堂同席之中，庶之見屈，想像可知矣。今則蕩平，其於凡件，一切嚴禁，良結下情。如有分倫差等上下者，以逆類治之。有司如或不達，則自刑曹依例治罪，以無分倫之弊，俾無黨南北之論。嗚呼嗚呼！庶非班乎？庶非班乎？使京鄉士民共挾婚娶，予心豈無蕩蕩之意哉？天下無事然後國安，國安然後民安。上上下下，風俗敦厚，上無憂民之情，下無怨民之情，則予心獨欣欣然矣。嗚呼！嫡庶無間，有間者以逆類轉招，而轉招者種種啓達。依此施行也。"

同年十一月十五日。次對入侍時。領議政金相福所啓："向者自上處分，特命以前所未爲之人爲前所未通之職，盛德事也。幾百年沈鬱者，今幸疏通，臣以爲聖上德化可與建極之功同垂萬世矣。但若干人直通臺望外，不能接續，竊恐聖上恢廣之政，歸於有始而無終矣。此後勿論文蔭武，漸次甄用之意，申飭兩銓，何如？"上曰："所奏誠是。此予暮年一事業，申飭兩銓可也。"【仍命吏、兵判進前，勿爲界限，各别擇用事，下教。】

同年十二月二十八[21]日，嶺儒進士全性天、黃景憲等上疏曰：

伏以臣等遐裔之窮民，久抱至冤，新添聖渥。一國之億萬其麗者，幸得須臾無死，及見德化之隆盛，瞻望北闕，爭獻無疆之祝。而一道齊聲，千里裹足者，實出於感恩之微悃，而誠有所不自已也。

恭惟我主上殿下，德配天地，明竝日月，懋建極之治，行一初之政，蕩蕩平平之化，咸被於八域生靈，凡有血氣含生者，莫不歌詠盛德。而至如臣之卑賤者，亦囿一視化育之中，特垂曠蕩之恩，卽弛防限之法。立賢無方，許通清顯，十行綸音，不啻若成湯之三面解網，則環東土數千里涸轍窮鱗，方將沐浴於恩波之中矣。

猗歟盛哉！大聖人所作爲，出尋常萬萬，而三百年未遑之典，千萬人引領之望，得遂於是日。臣等聞命以來，聚首感泣，頌祝天恩，雖欲糜粉隕結，而圖報無地。因以手舞足蹈，欣欣然有若枯木之生花。則自此以後，臣等之至願始遂，而可得齒於人類，子子孫孫，世世生生，得蒙生成之澤，無復枳塞之歎矣。

第伏念聖教一下，四方咸聽，宜無京外之異同，而獨於鄕曲，尙有儒籍之防塞。則臣等所以陳達者，鄕曲之痼弊也。嶺南素稱人才之府庫，而列邑自有鄕規，鄕塾有案，校與院有錄。此所謂“三所而設三等[22]”之意，爲培養人才，以需國家之用也。講學以成之，禮讓以敎之，使之興起於漸磨之場，而責效於經綸之地者，卽三代所以凡民俊秀入太學之意。而在國初，如臣等者本無區別拘礙之事矣。一自朝家禁通淸之後，鄕曲之儒，亦禁同錄，創開新規，一幷擠斥。

•••••

21 八 : 底本에는 “七”로 되어 있다. 《承政院日記》 英祖 48年 12月 28日 기사에 근거하여 수정하였다.

22 等 : 《承政院日記》 英祖 48年 12月 28日 기사에는 “所”로 되어 있다.

噫！臣等雖有一名，其祖先則豐功偉績藏在盟府，或有道德文章師範百世，或有淸名直節振耀乎日星，或有戰功武略干城乎邦國者。而一有此名傳之子孫，衣儒衣而足不到校院之庭，冠儒冠而目不覩俎豆之禮。甚至於揭榜而禁之，拒門而呵之，侮慢驕恣，無所不至。故閭閻編民視若同類，皁隷下賤亦皆凌踏，則其在三所培養之義，可謂得其道乎？

此臣等所以抑菀傷歎於平日者矣。今者何幸臣等生爲堯舜之氓，復覩於變之化。而仕籍之淸班旣通，則鄕曲之儒案同錄，允合聖上一視朝野之至意。而鄕人之議，或以爲太學尙不序齒；或以爲待究竟而議處；或以爲朝廷只有通淸，無"鄕曲"二字；或以爲更待行會。尙不齒於三所之錄，至使滂沛之聖澤，壅而不流，坦蕩之仁政，遏而不行，其可謂聖上一視朝野之至意乎？

噫！朝廷以三司之官爲淸，鄕曲以三所之案爲淸。旣通於朝廷，則三所之淸，奚獨不通於鄕曲乎？夫朝廷者，殿下之朝廷也；鄕曲，亦我殿下之鄕曲也。朝廷、鄕曲本無二致。且風化者，自上達下，而殿下，風化之主也。今此通淸之典，亦風化之大機，則鄕人之因循推諉，不許通錄，其可謂遵奉我聖上風化之道乎？

昔在禁通淸之日，初無禁儒錄之事目，而鄕人之禁錄，何其易也？在今許通淸之日，旣有聖教之嚴明，而鄕人之同錄，何其難也？終若如此，竊恐殿下宏大之典，獨行於朝廷之上，而不行於鄕曲之間矣。臣等將何望作成於聖化陶鎔之中乎？

大抵朝家有令，必自該曹頒下於道臣，道臣宣布於列邑，自是有國之成規。而今此通淸之教，自該曹無頒下之事，故鄕人托辭於事目之未見，而終無奉行之意。哀哉！臣等將於何時得蒙同仁之澤乎？伏願聖慈俯軫一夫之不獲，俾遂萬物之咸若，特下三所通錄之事目，使朝野臣民咸知我殿下洪恩普澤，無處不流，無物不治。則豈獨臣等之至願得伸也？國家培養之道，從此益廣，而菁莪樂育之化，亦及於如臣等之微矣。豈不盛哉？豈不休哉？臣等俱以草野賤臣，敢瀆宸嚴，罪合萬隕。臣等無任區區。

答：省疏具悉。噫！乾之雨露，不擇地而下，爲人君奉乾行政，亦此意也。噫！國初以來，豈有禁令？而一自柳子光之後，若爾輩抱鬱莫伸，而今近三百年。窮則必通，亦理也。故暮年興懷，有此命。而初則意謂人或駭眼，視其氣像，人皆洽然，此可見本然之仁心。下敎一下，東銓先爲通淸，西銓亦然。而頃者大臣恐其類或閼[23]有奏，故亦爲下敎矣。頃年乙亥，若爾等上書，而言甚切實，故予在潛邸，謄來以見。今見爾章，前書今疏，其請不同，意則一也。

近者世道日下，人心日壞。暮年或恐有造物，闕中闕外來儒否，問者無日無之。於乎！歲律將窮，八旬在近，此心萬倍，亦歇後語也。此時爲世道心何弛乎？今日夕後，若前復問，見儒來云，故問于政院，則畿儒，初莫知莫重，因悟[24]心動。一云"嶺儒而稱同錄儒案"云。聞甚可怪，開門召入，畿儒先入。問於畿儒，"爾等爲莫重，不敢幷擧，姑退"云。雖嘉其心，而莫知何事，聞其讀章，乃是爾等章。官旣通淸，儒何不參？此無他，亦如爾等者於官，雖持正通淸[25]無礙，於儒無其時同然之敎，故若此也。旣聞之後，豈可一刻持疑？若飭外方，先自乎京，分付太學，自今以後，於序坐只序于齒，切勿拘礙。太學若此，鄕學亦然。分付八道，

23 閼 :《承政院日記》英祖 48年 12月 28日 기사에는 "闕"로 되어 있다.
24 悟 :《承政院日記》英祖 48年 12月 28日 기사에는 "誤奏而"로 되어 있다.
25 淸 : 底本에는 없다.《承政院日記》英祖 48年 12月 28日 기사에 근거하여 보충하였다.

亦以此例遵行，使幾千多士安其心，而遊於京鄕。

噫！唐之太宗，卽漢、唐中主，而大興文學，高麗、交趾遣子入侍。況若爾等章問其本，則公卿世族之子若孫乎？ 於乎！此等處分，自予中年矯正者多，猶於菀幽莫伸於今日。自朝士至靑衿皆通焉，此亦予暮年一政也。不曰飭，而只令分付，此不過"人君一號令事，其何費句語"之意也。

傳曰："予則只見目下有嶺儒而批答，更思之，此等處非若是心費者。更爲書下，初批答勿施，分付嶺儒。"【同月三十日次對，因戶判蔡濟恭陳達，初批答勿施，改批以下。】

答曰："人君奉三無私，噫國初豈有！一自柳子光後，抱鬱者近三百年，故以奉三無私之意，暮年有處分矣。爾等之章，聞已雖矜，朝廷自朝廷，鄕黨自鄕黨。吁嗟暮年，宜持大體，予何區區於此等事！"

同日。嶺儒持封章入侍，命嶺儒及承旨同爲入侍。上曰："讀章。"製疏讀章。上曰："汝輩爲庶名者乎？"製疏起伏，對曰："果也。"上曰："汝章過讚予，予怪之，果然汝輩！"上曰："汝章甚佳作。"累次下敎，上曰："嶺南素多人才，此章甚善。"又下敎曰："嶺儒不以汝輩稱生員乎？"製疏對曰："至當。"上曰："登小科後，不以稱之乎？"製疏對曰："登者不然也。"上曰："三司爲何？"承旨對曰："兩司、玉堂也。""三所爲何？"製疏對曰："有校，有院，有鄕案。"又敎曰："太學尙不序齒乎？"疏首對曰："然也。"上曰："汝輩之塞幾年？"對曰："三百年。"上曰："若此之久乎？"對曰："二百七十年數矣。"上曰："柳子光前，汝輩爲儒案乎？"對曰："國初寧有區別之事也？"上曰："諾。汝讓畿儒莫重疏，善哉善哉！當初通淸之時，不以同照，故此輩有此請。”又敎曰：“乾之號，予不敢當之。乾者，但‘乾爲父，坤爲母’之意也。”又敎承旨曰：“此章甚善，當出日記。”又敎曰：“汝輩章，政院謄出後，本草，汝可持去。”命承旨書批，疏首等因拜伏呼萬歲。畿儒時以肅宗大王尊號封章，嶺儒以爲所重在[26]，推讓而退矣。領議政金相福奏曰：“今此通淸之人，有名無實，文武窠次次收用，何如？”上曰：“此亦予暮年一大政也。特允。”【筵說】

癸巳正月二十六日，嶺儒黃景憲等再疏曰：

伏以臣等頃日以鄕曲通淸事，陳章承召，伏蒙恩批。使如臣等億萬生靈均被雨露之澤，防限夬除，幽鬱始伸，於戱盛哉！我殿下宏覆之德，父母之於赤子，天地之於萬物。臣等之微賤，猥蒙不世之恩，感激涕泣，齊呼千歲，各自相勵，惟願爲國家一死而已。不意昨日之夕，因一重臣慮或有將來鄕弊之奏，更伏承前批勿施之敎。臣等聞命惶懼，罔知措躬，固當泯默退俟，以安臣分。而自知再瀆宸嚴，罪合萬死然，而疾痛而呼父母者，奚特一呼而止乎？窮困而訴天者，奚特一訴而止乎？此臣等所以不避猥越之誅，復陳瀝血之忱。伏乞殿下特垂矜察焉。

夫至尊者天，而人皆呼天以天；至尊者君，而人皆呼君以君。哀我臣等，人道蔑如，子不得呼父以父，弟不得呼兄以兄，是父子兄弟之倫斁矣；髮雖白而反居少年之下，年相若而見斥於肩隨之列，是長幼朋友之倫絶矣。人之所以異於禽獸者，以其有五倫，而五倫旣廢，則何以異於禽行而獸走乎？肢體耳目共得天賦，言

26 在：문맥상 뒤에 “焉” 등이 빠진 듯하다.

語動止亦一人類，而爲衆所棄，謾作倫外之物，則臣等之冤鬱，曷有其極乎？此先正、名臣之所共愍惻而惓惓於章奏之間也。

昔在中廟朝，先正臣文正公趙光祖主此論，而箚奏勤懇。在宣廟朝，儒臣申濆等一千六百人上章籲冤，而批旨若曰："葵藿向日，不擇旁枝；人臣願忠，豈必正嫡？"先正臣文正公李珥亦陳此論，而不得蒙許通之教。先正臣文烈公趙憲《擬上封事》，而請其不拘門地。故相臣文忠公柳成龍陳箚，而又請無論門地。在仁廟朝，故相臣完城府院君崔鳴吉等聯名陳章，有"只問父黨，不問母族"之語。批旨令該曹稟處，則相臣文忠公金尙容回啓曰："禁錮庶孼，古今天下所未有之法。"因請痛革宿弊，相臣完平府院君、文忠公李元翼等亦議請通。在顯廟朝，先正臣文正公宋時烈疏曰："庶孼防限，初非祖宗之定法。"先王朝先正臣文純公朴世采書講時奏曰："勿拘常規，惟以聖心自見其必然之理，確乎不易，斷以行之。"故相臣文正公崔錫鼎疏請通用曰："先京華而後鄕人，有乖於立賢無方之義。"

此其大概，而其他故判書臣李袤、知事臣金壽弘、判書臣李周鎭疏箚，昭昭可考。而我殿下莅極之初，儒生鄭震僑等上章鳴冤，批旨若曰："日月所照，旣不擇於精粗，則王者用人，豈有間於其中？"以此觀之，宜若禁限漸開，朝野無礙，而尙此延拖，因作三百年未遑之典，由朝廷仕路之塞而致鄕曲儒錄之防矣。

今我聖上斷自宸衷，特下聖教，東西兩銓，淸顯已通。則此實仰協乎列聖朝遺意，俯合乎諸先正良謨，曠絶聖德，逈出千古。臣等億萬其麗者，共被於變之澤，而得參人類之中，則大同之化，宜無京外之別，而獨於鄕曲，舊弊尙存，列邑儒錄，界限不開。故臣等發單，請錄於鄕人之年老者，則其跋文許可者，十居八九，而或以事目之未見，爲持難之端，轉相推諉，要待行會。臣等仰體蕩平之聖意，且順鄉人之物議，千里叫閽，特蒙恩批。自以爲今以後庶幾作彝倫中人，面面相賀，方切感祝之誠矣。

重臣以平日之轉聞，慮末流之生釁，以"鄉弊"二字爲奏對之語。噫！重臣之意，亦出於爲國之道，而豈必欲沮抑臣等也？只緣地遠而不詳嶺風之致也。大抵嶺南，鄒魯之鄉，禮義之邦也。風醇俗厖，粗知義理，雖道臣、邑宰之令，只自奉行之不暇。況聖敎一下，則鄉人惟當奉承而已，臣等亦宜從衆而已，孰敢有起鬧於通錄之際乎？其不爲弊者一也。

畏刑避罪，人之常情。則儒錄雖重，孰敢惹釁於請錄之地，而自速其辜乎？其不爲弊者二也。臣等若有絲毫相較之意，則初何發單而懇乞乎？鄉人若有牢防永塞之心，則初何跋[27]文而欲許乎？其不爲弊者三也。且庠序學校，素是讀書明倫之地，臣等所願，不過得參於儒錄，遊於明倫之地，而講習成人之道矣。至於鄉案之參否，初不關心，則有何罅隙之生乎？其不爲弊者四也。況臣等生長禮讓之鄉，習知重宗之義，則假使通淸之後，其在嫡庶之分，孰敢有犯越之意乎？其不爲弊者五也。執此五者，可知無一毫之弊，而以生弊之慮，復入於防限之中，則臣等之冤迫悶鬱，當復何如哉？

臣等以此情原陳暴於重臣，而兼呈在鄉時單子及跋文，則重臣亦以臣等處鄉之義爲從容。且知嶺規之醇朴，反爲哀憐，曰"早知如此，吾豈有向日之奏乎"，又曰"觀其文字，果是理勝"。然則

•••••

27 跋：底本에는 "在發"로 되어 있다.《承政院日記》英祖 49年 1月 26日 기사에 근거하여 수정하였다.

臣等煩冤之狀，不必節節仰籲於殿下，而可以俯燭矣。

況且嶺南之有鄕案者，不過有六七邑，而古則稍精矣，近則漸壞，或存或廢，有名無實。此則固無可論，而今此處分之下，臣等不敢願入於鄕案矣。至於校院之錄，亦無淸濁之別，雖品官之十世無官者，寒族之不知來歷者，擧皆混入而無礙，則儒錄之雜錯不精，推此可知。臣等不必區區於通錄，而第以臣等有一名之故，雖簪纓名賢之後，終見擯斥，衣儒冠儒而目未覩俎豆之禮，此臣等所以冤鬱也。

且以太學言之，西北中人之居齋者，無拘於齒坐之列，而臣等則以一名之故，雖黃耇鮐背，而受侮於末席。此臣等所以冤鬱也。因之以幷斥於京鄕之學，不復托跡於明倫之所，而終歸禽獸之域，則人之至痛，孰有加於無倫乎哉？且人倫爲儒錄之本，而欲習人倫之道，則必自儒錄而始矣。庠序之籍，學校之錄，皆所以養士作人之法，而敎之以父子、君臣、夫婦、長幼、朋友之倫，此古[28]聖王設庠序之本意也。名雖爲人，而不齒於儒錄，則雖欲學習人倫之道，其將從何處依歸而成就乎？臣等亦以同胞之類，欲齒於庠序之錄，學習人倫之道者，豈非人情之至願乎哉？臣之所以再號天門者，良以此也。噫！朝廷鄕曲俱爲一體，政令風敎本無內外，而能邇之化，必曁於綏遠之治矣。

殿下旣用曠蕩之典，則自朝至野，一體咸育。頒敎於八域之內，使鄕曲臣民明知我殿下洪恩普澤，無物不被，無處不流。則凡此臣民，孰敢不奉敎而趨化乎？伏乞殿下特軫一夫之不獲，俾

• • • • •

28 古 : 底本에는 "在"로 되어 있다.《承政院日記》英祖 49年 1月 26日 기사에 근거하여 수정하였다.

遂萬物之咸若，更下溫批，先使序齒於太學，須使通錄於鄕學，置臣等於明人倫之地，使之漸磨於人道之常，得伸數百年冤鬱之氣。則奚特含生之類，歌詠聖德而鼓舞也？抑亦抱冤之魂，忭賀及骨之澤矣。臣等碎首粉身，何以報萬一也？

臣等守闕涕泣，經年閱月，彷徨而不忍去者，以其有至冤在中，莫能舍置而旋踵也。伏願殿下哀之憐之，愍之恤之，宥其煩瀆之罪，拔此坑坎之命。臣等收拾在鄕時所呈單子及跋文，置諸懷中，以備睿詢之資，而以爲伸暴之地。臣等無任千萬隕越屛營祈懇之至。

答曰："省疏具悉。今予暮年泄爾等鬱抑之懷於近三百年之後，豈惟予意？寔體昔年盛德而然也。於今朝廷仕路，況若國初，東銓已無礙，西銓亦無滯。自此以後，只擇其才，何拘於人？且夫子曰：'草上之風，必偃。'予雖涼德，廷有紀綱，風草之效，其何勉飭？且國無差等之事，鄕何異矣？堂陛尊嚴，然後令行於下，其君則只樹制於朝廷者。且下行，有司之事，豈區區於飭鄕？前批有云，只擧大體而已，綱擧目張，亦先王之道也。爾等之心誠可矜，亦何過慮哉？其於用人，勿拘彼此而進用，其惟鄕案亦何敢執滯而違命？其勿連章，退勉其業焉。"【同日。承旨率嶺儒入侍時。】

同年正月二十七日，備忘記："君命當重。於東銓皆通持、正，於西銓只一人，輕視君命，焉敢若此？有薦豈若此？當臨門，都監旗鼓待令，行首掌務宣傳官記過待令。"

興化門殿座時，拿入堂上宣傳官白東俊回示後，決棍十二度，巨濟府充軍，李文德除授。諸宣傳一竝汰去，口傳差出，因令新薦，新薦合九人。李恒林、金吉行、金益大竝以首擬受點。又以新薦數少，拿入李文德，決棍二十度，喬桐充軍。以徐有大爲堂上宣傳官加薦後，諸宣傳竝喬桐充軍。

太學儒生入侍殿座時。傳曰：頃者嶺儒批答"朝廷自朝廷，鄕黨自鄕黨"之敎，堂堂千乘之君，不可干預於鄕案之意。去夜批答"風行草偃"之敎，爲紀綱而然也。乾道與君道無異也，吹南風則草偃北，吹東風則草偃西，理之常也。人君造命，雖予創行，孰敢不從？況此近四百年前古規復舊於昔年！侍從班持、正皆通淸。

噫！《禮記·世子》篇豈不云"將爲我君而[29]與我齒讓，何[30]"也？雖貳極之尊，儒衣儒巾，與靑衿齒于學。此三代古禮也。旣若此復舊，則爲靑衿者，何敢自爲法乎？今予召太學儒生，不言中，意欲察也。今日爲此，故問于兩班首。東班首金植[31]敢誦昨年嶺儒初批答，已涉放恣，而萬萬無狀者，敢稱兩班，聞來毛骨俱寒。刊名儒籍，大靜縣永爲充軍，三倍道押付。今日食堂儒生一竝停擧。大司成不能檢飭，使該儒生有此等奏於轎前，亟施不敍之典。他儒生卽爲勸入。此等無狀之人，不可循例充軍。令該曹嚴刑一次後，當日內三倍道，大靜縣永爲庶民。

傳曰："陰竹一縣，今番增廣，永爲停擧。陰竹仍置于邑末。"是日，命禮判詣太學，使諸生序齒。賓廳啓曰："庶民金植之罪，可勝誅哉？轎前俯詢，蓋出於風草偃之聖意。而渠敢以絶悖無倫之說，肆然仰對，自陷於罔赦之科。此而若不嚴討，則其可曰國

29 而 : 底本에는 "今"으로 되어 있다. 《禮記·文王世子》에 근거하여 수정하였다.

30 讓何 : 底本에는 없다. 《禮記·文王世子》에 근거하여 보충하였다.

31 植 : 底本에는 "埴"으로 되어 있다. 《英祖實錄》 49年 1月 27日 기사에 근거하여 수정하였다. 이하 모든 "金埴"은 "金植"으로 고치며 교감기를 달지 않는다. 《承政院日記》 英祖 49年 1月 27日 기사 등에는 "稙"으로 되어 있다.

有法乎? 海島爲民, 不足以懲其負犯。大靜縣庶[32]民罪人金植, 亟令王府設鞫, 明正典刑焉。"

答曰: "予雖衰耗, 太阿在手。此等孤雛腐鼠, 雖衰, 其何費心? 今者此擧, 非予新法, 卽復近四百年古規, 則爲靑衿者, 焉敢拒命? 太學, 國之本, 其欲端本, 初則先問序齒, 末示飭教, 此豈他? 予日益衰, 時不可浪過也。若此故宣傳官輩, 其尙效尤特甚。持、正旣通, 渠廳焉敢猶靳? 若無此擧, 予何以知之? 雖然, 此不過一號令之事。其所對萬萬罔測, 若不施藁街之律, 何以厲末? 然欲付公議, 先自處分, '毛骨俱寒'之教, 視若尋常, 予則曰'一隅朝鮮, 今日云亡'。萬古臣分, 其君導成耶? 雖若此, 無論導成與否, 書諸史冊, 庶可有助。而二字於渠斷案, 有何鞫問? 況亟正邦刑, 於渠有太歲[33]乎? 旣諭太阿猶執, 何傷于卿等? 渠雖罔測, 國之太阿, 何累於渠? 而大靜猶今[34], 黑山島限己身爲庶民。嗚呼! 卿等聞下教, 心猶溫乎? 亦不可尋常處之。依逆律應[35]坐者, 一幷爲庶民, 勿齒人類。嗚呼! 於今以後, 海東庶可有八旬其君矣。"

同年二月, 釋菜前三日, 始齒坐于食堂, 因書祭執事擧案入啓。奉香, 南泰時; 奉爐, 金觀鎭; 都陳設, 柳弘之。殿內執事五: 柳泳之、金尙廷、宋日休、宋文顯、李長演。

•••••

32 庶 : 底本에는 "爲"로 되어 있다. 《承政院日記》 英祖 49年 1月 27日 기사에 근거하여 수정하였다.

33 歲 : 底本에는 공란이다. 《承政院日記》 英祖 49年 1月 27日 기사에 근거하여 보충하였다.

34 猶今 : 《承政院日記》 英祖 49年 1月 27日 기사에는 "有若何"로 되어 있다.

35 律應 : 底本에는 "賊緣"으로 되어 있다. 《承政院日記》 英祖 49年 1月 27日 기사에 근거하여 수정하였다.

同年五月十二日，傳曰："頃者嶺儒之批，予意雖深噫，一自金植之後，賢關已妥帖。則鄕儒雖有三頭六臂之人，焉可違君命乎？今番數張上言，蓋未諳本事而然，妥帖則何敢若是上言？置之回啓可也。而惻於鄕儒，以鄕儒初批答謄諸兩回啓，其涉多事，亦涉苟且。當該宗伯施以不敍之典，使八方多士咸知其君嚴飭之道。"

【禮判趙重晦】

甲午四月十七日。時原任大臣、備堂、三司入侍時。傳曰："噫！暮年問儒，來意蓋深矣。今聞大略，稱彝倫云，故心動，特召見。所謂彝倫者，意在渠也。初則若嶺儒而然，末梢語及立後，意涉駭然，命止讀。大抵辭宜直也。有妾子，嫡妾俱無子之稱，其心可知。噫！幾百年後有此通。頃者金植後，豈特嶺南？太學其亦序齒，復何稱冤？今乃敢得隴望蜀，其涉駭也。且故先正雖有前例，此皆不過一時權爲，而若是章皇，故遂命退去。其欲處分，呼寫已半，更思文通侍從，武通宣傳，更無可論。大抵有妾子，稱嫡妾俱無。古人云：'於章奏不一拜，稱百拜，此欺君也。'此誠格言。豈云'嫡妾曰有而稱無，欺君也'。何以有言？'嫡無則可[36]也，於庶旣有，而竝稱無者'[37]也？且文武旣通淸，不許其嗣，求於他寸，於此輩可謂無父。豈徒此也？今此下敎，卽定彝倫也。不可尋常，欲爲詢問，時原任[38]、諸備堂、三司皆命入侍。於庶旣有而曰無，自何

•••••

36 則可 : 底本에는 "言子"로 되어 있다.《承政院日記》英祖 50年 4月 17日 기사에 근거하여 수정하였다.

37 者 : 底本에는 "子"로 되어 있다.《承政院日記》英祖 50年 4月 17日 기사에 근거하여 수정하였다.

38 任 : 底本에는 없다.《承政院日記》英祖 50年 4月 17日 기사에 근거하여 보충하였다.

歲而來乎? 以先正故事, 聞[39]也可知。令禮官博考以奏。"

同日, 備忘記: "以'嫡妾'二字觀也, 古法可知, 其何更考? 考奏之命安徐。"

同日, 傳曰: "豈待詢問於此事? 心常慨然者。下教以後, 大覺此法典所載, 而旣命入侍, 故已一番詢問。此後依法典施行事, 奉承傳。若是下教之後, 依謬例欺隱者, 豈云士類? 勿齒人類事, 分付。"

同年六月十八日, 慶尙道 慶州儒生李希謙上疏曰:
伏以臣等生逢堯舜之世, 均霑雨露之澤。庠學序齒, 國初之風復回; 置郵傳命, 海東之俗於變。如臣等糞土之賤, 庶幾沐菁莪之化而襲風草之敎, 揖讓於俎豆之列, 磨琢於詩禮之間, 觀感而興起, 變化而成就, 入而盡孝悌之道, 出而效忠義之誠, 以報我殿下生成陶均之德。而第臣等所居之地, 距京師稍遠, 被王化尙遲, 鄕院兩錄防塞, 使臣等不得厠迹於靑衿, 比肩於章甫。臣等不勝向隅之歎, 敢爲呼閽之擧。煩瀆之至, 萬殞猶輕; 疾痛之呼, 人情之常。伏乞天地父母哀憐而垂察焉。

臣等俱以鄕院錄之子若孫, 其中或有先正之遺裔, 或有名士之子孫。當此曠蕩之時, 欲入於祖先父兄之所者, 揆以人情事理, 有何過濫? 而鄕人之言曰: "淸顯雖許於公朝, 等級自在於私室,

39 聞 : 底本에는 "問"으로 되어 있다. 《承政院日記》 英祖 50年 4月 17日 기사에 근거하여 수정하였다.

其嫡既在於其案，則其庶安敢竝入於其錄?" 肆然倡說，妄相附麗，和而唱之，牢不可破。誠如鄕人之言，則朝廷之上，其嫡通淸，則其庶亦不敢通淸乎？太學之中，其嫡序齒，則其庶亦不敢序齒乎？朝廷者，殿下之朝廷也；太學者，殿下之太學也；鄕院者，殿下之鄕院也。朝廷之上，旣通淸顯而無礙，太學之中，亦許序齒而無礙，則惟彼鄕院有何尊重於朝廷、太學，而有此嚴防峻限耶?

昨年六月，鄕院千餘人集會府下，環坐發言曰："此中若有防塞一名者，皆起立!" 於是千人齊起，咸曰"唯唯"。仍成禁錮臣等之節目，揭于校院，輪示一鄕，賤惡擯斥，反有甚於前日。噫嘻痛矣！豈意鄒魯之善俗變作互鄕之難言也?

臣等所居之邑，同是我殿下版籍之內，防塞者流，莫非別世界梗化之人，弁髦上敎，跳踉下土。道臣及本官宣布聖敎，丁寧面飭，而一向牢拒，無意奉行。到此地頭，營府亦末如之何矣。嗟呼！若此不已，則臣等之老者死，而少者蒼蒼者化而爲白，終不得均沐一天之霈澤，同被四訖之聲敎。然則西周之仁政雖隆，南國之敎化不行。言念及此，寧不悲哉!

千里山川，道路悠遠，九重宮闕，控籲無階，瞻望雲漢，只自飮血而已。乃敢相率裹足，敢陳悲苦之情。伏願聖慈俯垂矜憐，亟降明命，令道臣申飭本邑，許入臣等鄕院錄，得[40]以普洽聖化，不勝至祝。云云。

批曰：省疏具悉。夫子曰："草上之風，必偃。" 噫！聖人豈欺

•••••

40 得：底本에는 "後"로 되어 있다.《承政院日記》英祖 50年 6月 18日 기사에 근거하여 수정하였다.

我哉? 大抵此法, 一自柳子光若此, 古豈有哉? 心常慨然。嗚呼晩年, 慷慨復古, 此可謂上行下效, 草上必偃! 凡事, 爲其君者, 若有令, 則臣必從焉, 皆善而然乎? 此乃臣分也。況今番事, 非予創行, 卽復古制, 疏通百餘年抑鬱, 其雖侍從通淸, 宜望無礙。君命金石, 莫敢異議。

而頃者嶺儒章, 聞甚駭然, 欲爲下敎, 更以思之, 鄕院事, 不可推上於朝, 故已喩其大旨。其後復思之, 猶有未快, 料表有金植, 事已妥帖, 此後豈曰朝與儒? 意謂事已團圓云矣, 今聞爾等之章。噫朝廷文[41]武, 旣復古通淸, 此猶朝也; 莫重太學, 旣已序坐, 鄕案何敢異也? 且今聞嶺南七十二州皆無此弊, 而獨於數邑, 有此駭擧云。噫! 渠雖兩班, 究其本則一也。

噫! 八十一歲君, 其若疏通百餘年抑菀, 雖新法, 臣何敢不從? 況舊例乎? 噫! 嶺南卽鄒魯之鄕, 敢違君命, 不從大學。若三國時, 本道爲數十餘國, 領千餘戶、百餘戶之時, 其猶然。嗟呼! 朝鮮一國, 亦一君, 則焉敢若此? 亦取《三百篇》"一言蔽之, 曰'思無邪'"。於海東, 今無嫡庶之別, 從君命可乎? 自固執可乎? 使此輩若有庶子, 此誠立弊受弊, 焉敢若此? 焉敢若此?

噫! 頃者嶺儒疏, 予雖泯默, 於金植以後, 國是大定, 處分且嚴, 雖有三頭六臂者流, 君臣分義, 無所逃於霄壤。自可嚴飭, 其何設法? 王者處分, 亦豈偏乎? 毋論本州與諸道, 此後如有以此稱冤之端, 一弛一張, 文、武之道, 以貴爲賤, 以賤爲貴, 卽人君一號令間事。況今千人齊起, 僭濫放恣, 莫甚當該首倡者。噫

•••••

41 意謂……廷文 : 底本에는 없다. 《承政院日記》 英祖 50年 6月 18日 기사에 근거하여 보충하였다.

金植, 其雖貸頭, 予雖衰, 其犯者何惜一律? 令大學以[42]此申飭諸道, 其宜小心自飭, 莫負予暮年其君之意。

同日, 備忘記: "噫! 暮年君令, 焉敢若此? 金植後, 聞此章, 曷勝寒心? 此後若此者, 當限三代, 免爲鄉民, 其令一體申飭諸道。若有抗章者, 當施金植律, 一體申飭。慢君命, 若周勃令立之狀。若見渠若有君, 焉敢若是角勝君命?"

42 以 : 底本에는 "此"로 되어 있다. 《承政院日記》 英祖 50年 6月 18日 기사에 근거하여 수정하였다.

通塞撮要 卷之三

當宁丁酉三月二十一日。書講入侍時。傳曰：昔我宣祖大王教曰：“葵藿傾陽，不擇旁枝；人臣願忠，豈必正嫡？”大哉，聖人之言！然我國立國規模，卽重名分而尙門閥，故許要不許淸，已有古人酌定之論。而頃年臺閣通淸實出於我先大王之苦心，而以其事多掣礙，反歸於有名無實，半[1]上而落下。

噫！匹夫含冤，足傷天和，況許多庶流！其麗不啻幾億，則其間豈無才俊之士可以爲國需用？而今則銓曹旣不以通淸侍從待之，又不以奉常、校書處之，進退俱難，疏滯無路，枯項黃馘，其將駢死於牖下。噫！彼庶流亦我臣子，使不能得其所，亦無以展其抱，則是[2]亦寡人之過也。其令兩銓之臣就[3]議大臣，所以疏通、所以奬拔之方另加講究，文以至於某官，蔭以至於某官，武以至於某官，酌量其階梯以存等威[4]，消詳其節目以廣其仕路事，分付。

丁酉節目：

一，庶孼枳塞卽我東獨有之法，始自一人之建議，終成百年之痼

•••••

1 半：底本에는 “反”으로 되어 있다.《正祖實錄》1年 3月 21日 기사에 근거하여 수정하였다.
2 是：底本에는 “其”로 되어 있다.《承政院日記》正祖 1年 3月 21日 및《正祖實錄》1年 3月 21日 기사에 근거하여 수정하였다.
3 就：底本에는 “獻”으로 되어 있다.《承政院日記》正祖 1年 3月 21日 및《正祖實錄》1年 3月 21日 기사,《弘齋全書·庶流疏通教》에 근거하여 수정하였다.
4 威：底本에는 “位”로 되어 있다.《承政院日記》正祖 1年 3月 21日 및《正祖實錄》1年 3月 21日 기사에 근거하여 수정하였다.

弊。雖有才學拔萃之士，率皆廢棄不用，此[5]豈上天生才之意，王者立賢之道哉？故先正臣趙光祖陳分[6]庶孼之弊，先正臣李珥主[7]通仕路之論。其他名碩之章奏、筵白[8]可按而徵。而不許淸，卽仁祖朝啓下節目，行之未久，仍復廢閣。俗習之難變[9]，積弊之難祛，誠末如何矣。惟我殿下追列祖欲[10]行之志，採名臣已定之論，誕降德音，纖悉懇惻，用人才、正國綱之道，兩行不悖，猗歟盛哉！考稽已往，於郎署州牧不一其數[11]，雖因其地閥，才學俱非常人，而中間廢塞。非設法而禁之，特有司[12]格而不行，因循成習之致。今此成命，非刱無前之法，實遵舊章之道也。玆就此禮、兵曹長官商議，槪加酌定條列。

一，文之[13]分館，武之始薦，依[14]前以芸閣、守部薦施行。

一，許要，卽"文參上，戶[15]、刑、工"之謂[16]也。蔭武自當勿論。該司判官以下之窠，雖蔭武亦當無礙，而陵·廟·殿·社·宗簿五上司

•••••

5 此 : 底本에는 "者"로 되어 있다.《正祖實錄》1年 3月 21日 기사에 근거하여 수정하였다.

6 陳分 : 底本에는 "分陳"으로 되어 있다.《正祖實錄》1年 3月 21日 기사에 근거하여 수정하였다.

7 主 :《正祖實錄》1年 3月 21日 기사에는 "立"으로 되어 있다.

8 白 : 底本에는 "間"으로 되어 있다.《正祖實錄》1年 3月 21日 기사에 근거하여 수정하였다.

9 變 : 底本에는 "廢"로 되어 있다.《正祖實錄》1年 3月 21日 기사에 근거하여 수정하였다.

10 欲 : 底本에는 "頒"으로 되어 있다.《正祖實錄》1年 3月 21日 기사에 근거하여 수정하였다.

11 數 : 底本에는 "段"으로 되어 있다.《正祖實錄》1年 3月 21日 기사에 근거하여 수정하였다.

12 特有司 : 底本에는 "自"로 되어 있다.《正祖實錄》1年 3月 21日 기사에 근거하여 수정하였다.

13 之 : 底本에는 "官"으로 되어 있다.《正祖實錄》1年 3月 21日 기사 및《大典通編·吏典·限品敍用》에 근거하여 수정하였다.

14 依 : 底本에는 "法"으로 되어 있다.《正祖實錄》1年 3月 21日 기사 및《大典通編·吏典·限品敍用》에 근거하여 수정하였다.

15 戶 :《大典通編·吏典·限品敍用》에는 앞에 "許"가 더 있다.

16 謂 : 底本에는 "設"로 되어 있다.《正祖實錄》1年 3月 21日 기사에 근거하여 수정하였다.

郎官[17]、監察、禁都[18]等窠亦在勿論。

一，五衛將則文武蔭堂上竝無礙，武臣之虞候，一例許之。

一，今此條列，只常例恒規之謂。若其文識行誼卓異者、才器[19]著顯者，宜有拔例甄用之道，必待一世公議所許，然後廟堂、銓曹稟旨施行。

一，我國用人，旣尙門閥，謂之均是庶類，無所分別，非愼惜之意。隨其本宗家世，以爲差等之地。

一，文武堂下限府使，堂上許牧使。蔭之生進許郡守，有治績者許府使。未生進及引儀出身者限縣令，有治績者許郡守。

一，文臣分館，芸[20]閣，直講以下竝無礙；武臣，都摠府、訓副雖不擧論，中樞府竝無礙。

一，外方鄕任則首任外，諸般等任[21]，許其參用[22]。

一，未盡條件追後磨鍊。

戊戌五月二十二[23]日，領相金尙喆所啓："昨年以一名疏通事，特下綸音，辭意懇惻。凡在聽聞，孰不感歎？而兩銓之臣尙不仰體奉行。至於外方，以其啓下節目之未及頒布，未知朝家處分之如

•••••

17 郎官 : 底本에는 없다.《正祖實錄》1年 3月 21日 기사에 근거하여 보충하였다.

18 都 : 底本에는 "府"로 되어 있다.《正祖實錄》1年 3月 21日 기사 및《大典通編·吏典·限品敍用》에 근거하여 수정하였다.

19 器 :《正祖實錄》1年 3月 21日 기사 및《大典通編·吏典·限品敍用》에는 뒤에 "政績"이 더 있다.

20 芸 :《正祖實錄》1年 3月 21日 기사에는 앞에 "雖限"이 더 있다.

21 任 :《正祖實錄》1年 3月 21日 기사에는 뒤에 "擇其可堪者"가 더 있다.

22 用 :《正祖實錄》1年 3月 21日 기사에는 뒤에 "如有無知犯分之類, 藉此紛拏之弊, 自該道隨現重繩, 斷不饒貸."가 더 있다.

23 二 : 底本에는 "五"로 되어 있다.《承政院日記》및《日省錄》正祖 2年 5月 22日 기사에 근거하여 수정하였다.

何，來聚洛下，必欲呼籲，閱月煩聒，聽聞怪駭。此非[24]諸生若是自明者。內以銓曹，外以列邑，苟能對揚聖意，善爲疏滯，則處置得當，物情自可妥帖。以此更爲申飭京外，何如?”上曰：“所奏誠然。依爲之。”

同年春，三南儒生李之忠等上疏曰：

伏以臣等幸而爲聖人之氓，不幸而有庶名，生不免倫外之人，死亦爲抱冤之鬼，不齒人類者，凡幾百載。肆我列聖朝惻怛之教，先正許通之論，不止一再，而輒因時議之不一，格而不行者久矣。幸伏蒙先大王一視竝育之盛德，特軫沈鬱之冤，乃降疏通之命，使跼天蹐地靡所容措之徒，跡厠絃誦之列，目覩俎豆之禮，而不爲聖世之棄物，猗歟盛哉！譬如天地之於物，草木昆蟲咸被生成之澤；父母之於子，聾瞽跛躄皆蒙乳哺之恩。臣等感激涕泣，思所以仰報聖恩之萬一者。豈獨止於其身哉?父而誡子，兄而諭弟，莫不以此爲勉勵之第一義，庶幾毋負我先大王昭天漏泉之澤。而逮夫我殿下莅極之日，仁覆萬類，明照八域，舜承堯緖，而厖澤普洽，武纘文謨，而新化昭隆。至若臣等之微，亦寘於化育之內，而荐降絲綸，丁寧惻怛，方春滋物之意，藹然於德音之表。此誠前聖後聖其揆一也。臣等咸頌兩朝之恩，競獻千歲之祝，以爲群情咸悅，景祥滋臻，爲宗社億萬年無疆之休。

而不意昨年冬，忽有太學通文，播傳三南，而其文有曰“士林之於庶類，名分截然，等級自在”。噫！我國風習，雖以地處相尙，

24 非：底本에는 “亦”으로 되어 있다.《承政院日記》및《日省錄》正祖 2年 5月 22日 기사에 근거하여 수정하였다.

臣等亦莫非忠賢之裔、簪纓之族，則實有間於凡民。而凡民之俊秀尙入太學，齒於士林之列，況臣等以忠賢、簪纓之後，謂有庶名而見擯於士林之外者，不亦冤乎？以一室言之，雖有嫡庶之分；以鄕黨言之，只循長幼之序而已，亦何有名分之截然哉？其文又曰“銓曹之臺望不擬，太學之齒坐已罷，紀綱復立，等分依舊”。噫！臺望之擬不擬，臣等固不敢越俎論到，而太學序齒，三代美制也。天子之尊而有親祝割牲之禮，貳極之重而無縫掖比肩之嫌，則入太學者，均是士也，不拘地閥之高下，止序齒髮之老少。而惟彼泮任擅罷齒坐，欲使臣等反居於西北中人、湖·嶺閑品之下，而自謂頹綱復立、虧分復正者，其所執義理，不亦倒置乎？

其文又曰“其流之弊，將至滅倫敗常”。噫！臣等通於仕路，列於儒籍，粗遂傾葵之忱，幸霑育莪之化，則正所以桼倫而敦常也。彼反以無倫之說，勒稱未然之弊者，不亦誣乎？其文又曰“此輩之恣意擯肆，初非朝家之本意，一竝沙汰，俾不得接跡於校院”。噫！臣等得厠儒錄，年纔五六。非但新舊之稱旣殊，主客之勢不敵，仰體作成之化，俯[25]念勤飭之方，惟恐言行之或失，則“擯肆”之誣，胡至此極？臣等苟有一分角勝之意，則豈可以受其割削之辱，而斂手屛息，不敢有一言之相抗乎？

蓋泮任身居首善之地，目習禮義之方，壞先朝已成之法，毁一國旣錄之案者，豈其樂爲哉？此必有一二鄕曲無知之輩，暗積猜克之心，潛售擯斥之謀，百般興訛，搆揑文字，慫恿泮任，借得着署之致也。然而此文一出，列邑遞傳，喜事之類、起鬧之輩藉此爲重，

25 俯：底本에는 “優”로 되어 있다.《海左掌攷》正祖 2年 5月 22日 기사에 근거하여 수정하였다.

眩惑衆庶，指揮校院，嗾囑舊任，燒其儒錄，沈其鄕案，斥罷任長，惟心所欲。間有識者之見、老成之論，而亦莫可禁遏，使臣等騷然無樂生之心。讀書者捲卷而止，學射者抛弓而退，仰屋而長吁者，十室而居五，一國而將半有。若嚴霜初降，百草俱腓；斗水旋涸，衆鱗咸喁。一夫之冤，尙足可哀，而況臣等千萬人之冤乎?

夫先大王處分，旣如彼卓越；我殿下曉喩，又如彼申明。而惟此太學發通，亦非朝家命令，則只憑數行文字，割出許多儒錄，其自擅何如也? 無嚴何如也? 臣等裹足千里，籲冤四聰，極知猥越，無所逃罪。而疾痛而呼父母，窮阨而訴天地，人情之常也。臣等若駢首退縮，噤口泯默，則雖殿下日月之明，亦何以俯燭乎? 臣等之廢棄，固已久矣。今又纔通而復塞，乍開而旋錮，則鄕人之凌轢，自己之覫竬，百倍於前日之比。臣等亦人耳，焉得有生世之況乎? 玆敢三道齊心趨預於哭班之末，尺疏瀝血仰瀆於紸纊之下。伏願聖上垂恤於失所之民，布德於不報之地，明賜處分，內自國學外至鄕邑，咸使參錄而序齒，聯案而同列，各定舊例，使修前式，俾臣等得蒙始終之澤焉。臣等情激冤鬱，語涉狂妄。伏乞宥其罪而憐其衷。臣等無任云云。【自戊戌春伏閤[26]，或伏或撤，至壬寅，終未達焉。】

庚子十二月二十日。都政時。傳曰:"以庶類收錄之事，屢勤提飭。而況自年前事目旣成之後，通擬又無相妨，而近觀政眼，此類無論外內窠，絶不照擬，反不如事目未出之前。予以'葵藿向陽'之

•••••

26 閤 : 底本에는 "閣"으로 되어 있다. 《葵史》 및 《海左掌攷》 正祖 2年 5月 22日 기사에 근거하여 수정하였다.

教、'枯黃項馘'之歎，有所誦諭於廷臣，惟予此意豈直在於爲渠輩振拔也？誠以追聖祖之盛意，感古人之格言也。迄于今幾歲，選曹之不念對揚，寧不慨歎也？以其意申飭兩銓，今政當窠，庶類未霑仕之類，着意調用。"

辛丑六月二十二日。親政時。傳曰："去冬大政，以庶類收錄事，筵教不啻丁寧，而伊後注擬，未見奉行之效。昨夏大政，又以'文參上排闕陞敍，武參上循陞移遷'，亦有受教，文武之淹於見職，久未疏通，反不若無定式之時。居銓者違負至意，抑云不細。咨爾居銓之臣，莫以此教看作備例，必須着念，申飭兩銓！"

壬寅六月初十日。大臣、備局堂上入侍時。傳曰："予以疏通事，筵席提飭，凡幾遭矣？所謂銓曹之對揚，每止於一兩人之塞責，寧不慨然？雖以停望一節言之，古之停望，將以警之；今之停望，將以枳之。今以後，銓曹諸臣精白一心，齊會爛商，凡係停望人及外此疏通之方，勿循前套，着意擧行。無於古謬規，劃卽一切革去，毋負朝家陶鎔保合之苦心也。"

同日，傳曰：我國規模，名分一定，各安其所，就其中甚可矜、甚可愍者，世俗所謂一名也。上方則彼不與，下方則此不肯，棲屑兩間，若窮人無所歸，是豈非干和之一端乎！噫！一名之類孰不是士族之支流遺裔也？與委巷賤流曷宜比而同之？而四百年來，通塞屢改，迄莫之底定。肆朝家惻然於斯，上自官職下至儒鄕，申命有司，酌量定制，頒示于八方。一名諸人庶幾知予心之所存，而各自有準的也。銓家之或行或否，予欲隨事隨飭，而外邑之一遵令甲，毋或違越，予莫之知也。

況彼嶠南，國家之鄒魯，人才之府庫也。一名之中，服遺化、抱素蘊者，豈曰無人？然而窮達有命，如未必盡登仕版，則儒任、鄉任足可爲薄試之階也。首任外諸窠差除，或闕而不行，一名之類，其將盡錮而後已。古人所謂“枯項黃馘，骿死於蓬戶之下”者，豈非實際語也？非但在伊人有茹鬱之歎，揆以朝家疏滯之政，寧容一任其功曹、執綱輩操縱乎？先自嶺南始，道伯嚴飭各邑，復申令甲，劃即差除，俾無如前因循之弊，仍令諸道按而行之，以副予眷眷定制之意。仍傳曰：“此傳敎一通成出有旨，下諭諸道道伯。”

癸卯正月初五日。朝參入侍時。校理洪仁浩、副校理金翊休·尹𥌒、修撰李度謙[27]·徐美修、副修撰金履正·尹得孚等所懷：“庶類甄用一事，不啻屢勤聖教，而當政注之時，未見收拾之效，至使懷抱才藝之類，終至空老，而本來許要之法，見格不行。亦宜申飭銓曹，一體甄用好矣。”上曰：“所奏俱是切務。依此申飭。”

同年六月二十四日。親政時。傳曰：“雖以庶類甄用一事言之，而前後申諭反復丁寧，而爲銓官者臨政塞責，徒見其應文之歸。”

甲辰四月日儒生應製：

王若曰：“立賢無方，用人之要道也。唐虞得人，於斯爲盛，而

27 謙：底本에는 “黙”으로 되어 있다.《承政院日記》正祖 7年 1月 5日 및《正祖實錄》7年 1月 5日 기사에 근거하여 수정하였다.

十六才子之外，舜、禹、皐、棄[28]皆出帝系，則登庸之賢亦有[29]拔於側陋者歟？周有亂臣十人，十人之中，何者得之於疏逖歟？春秋世卿固有乖於無方之義，而游說之士一言而取卿相者，皆可謂立賢歟？沛縣刀筆皆具將相之才，南陽故舊盡成攀附之功，豈天之生賢，適多於帝鄕，而無待於外求歟？抑十室之中，皆有忠信，而世主之所遺者固多歟！卜式拔於蒭牧，弘羊擢於賈豎，史稱漢武之得人，其於立賢之術，果有得歟？王、謝家子弟獨擅南朝，九品中正之法肇行於魏、隋，則不可謂無方，而足了一時之事，未聞遺逸之歎者，何歟？

唐太宗刱設詞賦科轂，得天下英雄，則試士而拔其尤，果爲無方之一助歟！牛、李之黨，賢邪相錯，而每患取此而舍彼，未能公選而竝用者，擧昧立賢之方而然歟？由布衣不次進用，自下列置諸要選，其用賢之方則均矣，周祚、宋業延促相懸者，何歟？仁宗講王素世好，惟耆舊是任，則未爲無方，而嘉[30]祐之臣多忠臣。神宗擧南人爲相，所用皆新進，則似乎無方，而熙豐之臣多小人者，亦何歟？

大抵后非賢不乂，賢非后不食。而天之[31]生才，不係世類，所以立賢之道，莫善於無方。故傅說擧於版築，管仲拔於縲絏，王者以王，覇者以覇。他如日磾以[32]休屠之子，而與受顧命；裴度以

• • • • •

28 棄 : 底本에는 "夔"으로 되어 있다.《奎華名選·尹行恁·策》(辛丑選)에 근거하여 수정하였다.

29 有 : 底本에는 앞에 "爲"가 더 있다.《奎華名選·尹行恁·策》(辛丑選)에 근거하여 삭제하였다.

30 嘉 : 底本에는 "元"으로 되어 있다.《奎華名選·尹行恁·策》(辛丑選)에 근거하여 수정하였다.

31 之 : 底本에는 "下"로 되어 있다.《奎華名選·尹行恁·策》(辛丑選)에 근거하여 수정하였다.

32 以 : 底本에는 없다.《奎華名選·尹行恁·策》(辛丑選)에 근거하여 보충하였다.

柁工之兄，而名都將相。韓魏公出於賤妾，范文正養於朱家，甚至同母三姓擧爲名士者有之。

上下千古，如此流不可勝數，則用人之道，其可以門閥而爲拘哉？我國雖重門閥，而如鄭道傳者以庶類而登鼎席，如劉克良者以人奴而爲閫帥，如丘從直者以遐鄕窮寒之士而[33]驟躋華顯。此[34]固出於列聖朝立賢無方之聖德，而古俗之異乎今，亦可想矣。夫何挽近以來，俗習[35]漸痼，凡民俊秀，姑且[36]無論，名以庶孼，雖有奇才異能，不能側於名顯之列，居在鄕曲，則雖以嶺、湖之素稱人才府庫，亦多枳於持、正之通？

夫以我國之褊小，雖擧國而擇賢，猶患不多。況於偏小之中，又除庶類，則已失一國之半矣；於其半邊之中，又除其鄕曲，則所餘者不翅半之半矣。於是乎又有門戶彼此之分，則爲國家所柄用者，能幾何也？故賢者不盡用，用者不必賢，而文章、政事求[37]備於一人，兵、戶、吏、禮遍試於一時，亦勢之所不得不然也。是豈有國立賢之道哉？且彼抱才者，限於地，枳於時，擧至於窮老蓬蓽，則亦爲干和之一端。

肆予一念恒在於得賢共理捄時矯俗，而左右思量，未得其方。如欲不問人地，親自拔擢，則或恐其未必得賢，而徒致駭俗。如欲稍加疏通，矯正有漸，則前後飭諭於廟堂、銓曹者，非不勤矣，而竟歸虛文。其將如何而可耶？野無遺賢，尙矣無論，而今將拔

•••••

33 而 : 底本에는 없다. 《奎華名選·尹行恁·策》(辛丑選)에 근거하여 보충하였다.
34 此 : 底本에는 없다. 《奎華名選·尹行恁·策》(辛丑選)에 근거하여 보충하였다.
35 俗習 : 底本에는 "習俗"으로 되어 있다. 《奎華名選·尹行恁·策》(辛丑選)에 근거하여 수정하였다.
36 且 : 底本에는 "此"로 되어 있다. 《奎華名選·尹行恁·策》(辛丑選)에 근거하여 수정하였다.
37 求 : 底本에는 "米"로 되어 있다. 《碩齋稿·用人》에 근거하여 수정하였다.

十得五，挽今返古，則其道何由？

抄啓文臣金熙朝對策：“名以庶孼，則拘於格例，限於門地，抱奇技者，不齒於衣冠之中，懷異能者，不通於名顯之職。則其規模之狹隘、氣像之低小者爲如何哉？”【《臨軒功令》】

甲辰六月二十九日，傳曰：“疏通一事，卽予一副[38]苦心也。旣設言於筵席矣，又示意於絲綸矣。至有[39]抄出問議[40]之擧，而廟堂、銓曹一味邁邁，便若無足憑信者然。”

丙午正月十六日。入侍時。奉朝賀金致仁、綾恩君具允明所啓：“《大典通編》限品敍用條，陵·殿·廟·社·宗簿寺五上司郎官、監察、禁府都事外，文臣之戶·刑·工三曹、蔭武之該司判官以下無礙事，新有定式，則京司詞訟之職，自有無礙之窠。旣許京司詞訟，則不必經察訪、監牧官然後始擬守令。而《通編》增條‘中庶經察訪、監牧官，始擬守令’云者，未免徑庭。旣乖於經詞訟擬守令之法，又違於新節目‘限品敍用’之意。中人固當言始擬，而庶則經京詞訟可擬守令，經外詞訟亦可擬守令。今‘始擬守令’之‘始’字，改以‘亦’字，何如？” 上曰：“依爲之。”

• • • • •

38 副 : 底本에는 “部”로 되어 있다. 《承政院日記》 正祖 8年 6月 29日 기사에 근거하여 수정하였다.

39 有 : 底本에는 “於”로 되어 있다. 《承政院日記》 正祖 8年 6月 29日 기사에 근거하여 수정하였다.

40 議 : 底本에는 “政”으로 되어 있다. 《承政院日記》 正祖 8年 6月 29日 기사에 근거하여 수정하였다.

乙巳二月初六日。大臣入侍時。左議政洪樂性所啓:“臣竊有心常矜念者, 每欲一陳, 而今因言端, 敢此仰達矣。仕路正雜分, 界限甚明, 而中庶之爲小科參奉者, 則一斥不復, 反不如引儀、學官之累次甄復於贊儀、製述官之窠。此蓋由於本無元定窠故耳。且其許多人中, 豈無才能之可堪百執事者? 而一番失官, 終身坎坷, 不但爲有足感傷, 亦豈聖世無一物不獲所之道乎? 若就典獄、禮賓中主簿一窠, 定爲參奉出身甄復之窠, 如引儀之於贊儀、學官之於製述官之例, 則庶可爲疏通慰悅之道矣。”上曰:“卿之所奏, 儘有意見, 如是變通固好。而初仕岐之屬之禮賓、典獄, 已有爲人擇官之嫌, 及其出六之後, 又以此二司主簿作爲渠輩究竟之窠, 則如樂院、廚院等參上諸職, 將不得通融差擬。予意則不必指窠酌定。然近來事, 須[41]有界限, 可以把持。俄已詳諭於卿等, 卿退與諸大臣往復, 後日入侍稟處。大抵此類疏通, 卽一急務, 丁酉節目之後, 兩銓注擬, 迄無一人對揚者, 朝家之失信大矣。端本之政, 無出於脩明成式。苟然則[42]昔所未霑之官, 皆可次第推遷, 導和疏鬱, 莫有大於是擧。適因言端, 復此申申, 以此意出擧條, 另飭銓曹, 着意遵行。如是申飭, 效又蔑如, 兩銓之臣豈逭不職之罪也?”

同月十七日。次對入侍時。上曰:“丁酉節目之至于今不爲遵行, 誠甚慨然。至如三曹郎官及判官等窠, 爲先備擬, 以爲次次疏通之道似好。卿等各陳所見可也。”領議政徐命善曰:“每於銓官問政

•••••

41 須 : 底本에는 “便”으로 되어 있다.《承政院日記》正祖 9年 2月 6日 기사에 근거하여 수정하였다.

42 然則 :《海左掌攷》正祖 9年 2月 6日 기사에는 “能於”로 되어 있다.

時, 輒以'節目之何不遵行'爲言, 則皆以爲'如判官、郡守之窠, 備望乏人, 欲擬而未果'云。而如果有必擬之意, 則豈可以難於備望而因循至此乎? 此實前後銓官不肯着意擧行之致, 臣嘗慨然矣。" 左議政洪樂性曰: "丁酉節目之成, 聖意逈出尋常萬萬, 而銓曹之尙不對揚, 殊甚慨然。宜飭銓曹, 使之着意遵行, 似好矣。"

上曰: "雖以排望言之, 參下序升之際, 初無區別, 則獨不可通融備擬於參上窠乎? 如是然後可謂許要之一道。卿等之意何如?" 徐命善曰: "參下則計其仕日[43]循次陞擬, 故不爲區別, 通融備望, 乃是流來格例。而至於參上, 與此有異, 其所排望, 全在銓官之取捨。今若通同混擬, 則必多有難便之端, 而許要之道亦不在於排比之如何矣。" 洪樂性曰: "混擬一款, 則名分甚嚴, 決不可作此紊亂之階, 雖不混擬, 豈無方便排望之道乎? 且許要與否, 不在於排望之混不混, 但一遵節目擧行, 則此宜爲許要之實政矣。大抵混擬之際, 自不無掣礙難便之端, 竝與節目遵行, 易致自歸廢却之慮。然則在渠輩, 亦非長久之策矣。" 吏[44]曹判書李命植曰: "疏通一節, 當依聖敎擧行, 而至於混擬事, 則銓曹排望, 自有[45]其倫。參下序陞, 雖爲通融排擬, 而郞署等望與之不同, 姑難遽擬矣。此人輩旣無大過人者, 猝然於擬望之際, 獨無間隔, 則亦恐失平矣。" 禮曹判書金魯鎭曰: "序陞之望, 旣無拘礙, 而至於出六後擬望, 則似與陞序有異, 惟在銓曹之酌量排擬

•••••

43 日 : 底本에는 "而"로 되어 있다. 《承政院日記》 正祖 9年 2月 17日 기사에 근거하여 수정하였다.

44 吏 : 《承政院日記》 正祖 9年 2月 17日 기사에는 앞에 "行"이 더 있다.

45 有 : 底本에는 "多"로 되어 있다. 《承政院日記》 正祖 9年 2月 17日 기사에 근거하여 수정하였다.

矣。" 行司直鄭昌聖曰: "士夫一名之不得混擬, 雖是[46]近來規例, 而古則恐不必然矣。如故參判崔岦亦爲禮曹亞堂, 伊時未聞以一般人備望。況都政序陞之際, 初無區別, 則獨於遷移之窠, 何必持難乎?" 行司直徐有隣曰: "丁酉節目尙多有未遵行者, 殊非對揚德意之道, 宜有另飭銓堂之擧。而至於混擬一款, 例異序陞, 事關刱行, 恐難輕議矣。" 兵曹判書李在簡曰: "丁酉節目雖有一二擧行者, 而尙多不遵之事, 此則責在銓曹。至於混同排擬, 則旣異序陞, 恐不可輕議矣。" 刑曹判書趙時俊曰: "丁酉節目固當遵奉, 而至於混擬一款, 旣無已行之例, 又異序陞之規, 不可輕議矣。"

上曰: "以庶類疏通事, 才有飭教, 今日筵中, 亦有多少酬酢。大抵丁酉節目尙不遵行, 朝家之失信大矣。又復抛置, 不責成效, 渠輩落莫姑捨是, 殊乖疏菀之本意, 又若許要一款, 有名而無實。文臣之經三曹郎者, 堇只是一二人, 而蔭官之判官, 絶未聞差擬。始自今日政, 一遵丁酉節目, 着意脩明。近來凡事任之, 決知其無效。三曹郎官、該司判官雖無見闕, 其令作窠, 以庶類備擬以入。又因言端, 亦有飭諭者。擬望之際, 無或較量, 通同備擬事, 一體申飭。通擬, 然後似可言許要。并令銓曹知悉可也。"【同日, 吏判李命植牌招開政, 刑曹佐郎, 柳弘之·劉度輿·石宗克; 軍資判官, 柳得恭·尹光星·李啓源擬望。首望落點。】

同[47]日, 傳曰: "軍資判官望筒, 朝筵已以通瀜備擬之意, 措辭下

•••••

46 是 : 底本에는 "在"로 되어 있다.《承政院日記》正祖 9年 2月 17日 기사에 근거하여 수정하였다.

47 同 :《海左掌攷》正祖 9年 2月 17日 기사에는 "二十一"로 되어 있다.

教，至今[48]出擧條[49]分付矣。觀此望筒，似由當擬之人不乏，而與筵教本意稍異。若此則烏在許要之意哉？待後窠，一依筵教擧行之意，申飭銓曹。" 傳曰："賓筵以三曹郎官中，既有'依節目今日擬入'之命，擧條啓下。刑曹佐郎改差，其代擬入。"

同日，傳曰："向以庶類疏通事，已有許多酬酢，今番不可無稟處變通，而銓曹亦當着意擧行矣。中庶中亦豈無可合州郡之才乎？勿論某[50]窠，酌定以數三窠，以爲次次遷轉之地。此後若無遵行之事，當該銓官雖至遞罷，未爲不可。左相前有所云云，先爲詳陳可也。" 洪樂性曰："以中庶甄復定窠事，臣依聖教往復諸大臣，則領敦寧鄭存謙以爲'引儀出身外，一名前銜甄復，該司一窠無使間斷，迭替擬差，以爲疏通事，既有先朝啓下擧條。且況丁酉節目實遵舊章，聖意勤摯，甄復調用，尙今廢閣，特銓曹未之奉行。今此修明之論，豈有異見'云。判府事李福源[51]以爲'察訪、監牧官曾有甄復之例，此中一窠定爲甄復之窠似好'云。判府事金熤以爲'平日無所商量，猝難臆對'云。領相方入侍，當有所仰達矣。" 徐命善曰："左相之意則蓋以'不定一窠，永屬中庶，雖有申飭，竟無實效也'，此果然矣。第以左相之言[52]，指窠定限，終涉苟難[53]。且

•••••

48 今 : 底本에는 "令"으로 되어 있다.《日省錄》正祖 9年 2月 17日 기사에 근거하여 수정하였다.

49 出擧條 : 底本에는 없다.《承政院日記》및《日省錄》正祖 9年 2月 17日 기사에 근거하여 보충하였다.

50 某 : 底本에는 "其"로 되어 있다.《承政院日記》正祖 9年 2月 17日 기사에 근거하여 수정하였다.

51 福源 : 底本에는 공란이다.《承政院日記》正祖 9年 2月 17日 기사에 근거하여 보충하였다.

52 左相之言 :《承政院日記》正祖 9年 2月 17日 기사에는 "官制言之, 則"으로 되어 있다.

53 難 : 底本에는 없다.《承政院日記》正祖 9年 2月 17日 기사에 근거하여 보충하였다.

參奉出身若以典獄、禮賓爲定，則能麼、郎廳出六者，當以何窠爲定乎？如欲幷屬於典獄、禮賓，則亦涉無義，似此掣肘之端，不一而足。臣意則不必一定窠額，每於甄復之出，必參用中庶中久屈之類，毋令積滯，以爲疏鬱之地。銓曹如或寢閣不行，頻頻察飭似好。" 金魯鎭曰："甄復之定以某窠，事面終似苟艱。毋論某窠，申飭銓曹，隨才取用，一遵丁酉節目，亦[54]爲振淹疏鬱之政。" 徐有隣曰："指窠牢定，終欠妥當。今若甄復，每十窠除出一窠，付之參奉、郎廳之作散者，則恐合疏鬱之道。" 李在簡曰："一名以參奉入仕者，每置參上一窠，毋使間斷事，曾有奉朝賀金致仁所建白。而臣在銓曹時，各司適無其人，以此稱冤，故卽出復職一窠。此在銓曹之擧行，不必指一定窠。" 李命植曰："中庶之一番落仕，不得甄復，誠爲可矜。而見今各司官員中，中庶居半，蓋以各岐見付者多，自此遷轉者絶稀，故有入無出。凡通禮差祭等事，塡差苟艱，究其弊源，則卽以引儀善唱，每每復職於參上窠，又輒於不久得外任以去故也。引儀之[55]御前唱，本是參下職耳。入仕之後，卽行御前唱之役，不善者汰之，必得能唱者代之。參上六員，除掌儀、典儀外，其餘四員以各岐甄復窠屬之，則別無定窠專屬之擧，而自可爲之矣。不然，他無便好變通之道，臣意初亦如是矣。今承聖敎，誠出尋常。御前唱，旣開其道之後，猝難革罷，必爲唱者[56]呼冤之端。今果以掌儀一窠作爲各岐甄復之窠，其於笏記呼唱，則如執禮，而亦可隨行。而雖以唱才之類言之，

•••••

54 亦 : 底本에는 "以"로 되어 있다.《承政院日記》正祖 9年 2月 17日 기사에 근거하여 수정하였다.

55 之 : 底本에는 없다.《承政院日記》正祖 9年 2月 17日 기사에 근거하여 보충하였다.

56 者 :《承政院日記》正祖 9年 2月 17日 기사에는 "才"로 되어 있다.

旣不罷御前唱之二窠，則渠輩亦皆疏通。今此甄復一事，旣奉明旨，以此待窠遵行，似好矣。”

同年三月初六日。摛文院齋宿入侍時。兵曹判書趙時俊所啓：“巡將抄啓之時，取捨不均。遐鄕之人，雖甚卑賤，少無所拘。至於中庶，屢經正職，亦罕被抄，渠輩不無抑鬱之心。今此諄諄筵教，寔出於雨露不擇地之德意，其在對揚之道，宜有一定之制。而自下不敢擅便，敢此仰達矣。”上曰：“此蓋未能諦悉之致。況於近日，以庶類收用事，才有下敎，此亦振滯之一端，此後無礙調用，因此有下敎事。雖以醫譯出身言之，有資歷者之與五衛將等窠，自是當窠，其所收用，反下於遐外之人，此輩豈無向隅之歎？依昨年筵敎，亦爲間間擬入可也。”

同年十一月二十六日，以刑曹佐郎鄭良翰望筒，傳曰：“時仕[57]參上中差出，每難得人。且[58]三曹郎屬之芸館參上之後，惟以刑曹一窠，殆作磨勘者，事面已極苟艱。而今因儲窠之月，竝與此窠讓與國子，是豈申飭收用之意乎？苟欲擇差，芸館亦勝於國子。此窠勿拘常格，各別擇擬以入，旣許三曹，則排擬之際，兩館參上亦不必各各區別。此意令銓曹知悉。”

•••••

57 仕：底本에는 “任”으로 되어 있다.《承政院日記》正祖 9年 11月 26日 기사에 근거하여 수정하였다.
58 且：底本에는 “此”로 되어 있다.《承政院日記》正祖 9年 11月 26日 기사에 근거하여 수정하였다.

同[59]日，傳曰："近因庶類疏通事，才已申飭兩銓，內以三曹郎及判官，外而郡守，東銓次第收用，而判官、郡守之新除，一則檢書官，一則別看役。雖無今日除授，猶有可爲之道，須於他岐時仕[60]中收用，正合振滯之政。大抵飭教稍久，則便屬相忘之域。庶類疏通事，亦或如許，則是豈申飭之本意？以此意另飭兩銓，俾無乍作乍輟之弊。"【此段或作"乙巳二月二十五日入侍時"。】

丁未七月十二日，傳曰："日前因武弁宣薦人降薦[61]事，已有筵教，而文臣之曾擬臺望者亦然。壬辰年文臺、武宣因特教通淸之後，作一假窠，更不擧論。未免轗軻，爲其回旋[62]，至有丁酉節目。大抵此人等不可無一番指一定式。初不許通者，當遵節目。如壬辰已通人，竝與初未通人歸之一臼，便[63]無區別之擧者，渠輩之稱屈姑舍是，在朝廷官人之方，未知其然。壬辰通淸諸人之收用限品，與[64]未通人區別當否，令廟堂論理草記稟處。"

丁未八月二十[65]日，領議政<u>金致仁</u>所啓："庶類壬辰通淸諸人收敍

•••••

59 同 :《承政院日記》에는 "正祖九年二月二十五"로 되어 있다.
60 仕 : 底本에는 "任"으로 되어 있다.《承政院日記》正祖 9年 2月 25日 기사에 근거하여 수정하였다.
61 薦 : 底本에는 "屬"으로 되어 있다.《承政院日記》正祖 11年 7月 12日 기사에 근거하여 수정하였다.
62 旋 : 頭註에는 "回旋可疑"로 되어 있다.
63 便 :《承政院日記》正祖 11年 7月 12日 기사에는 "殊"로 되어 있다.
64 與 : 底本에는 없다.《承政院日記》正祖 11年 7月 12日 기사에 근거하여 보충하였다.
65 十 : 底本에는 뒤에 "一"이 더 있다.《承政院日記》正祖 11年 8月 20日 기사에 근거하여 삭제하였다.

限[66]品與未通淸諸人區別當否, 令廟堂論理草記事, 命下, 而此事欲一入侍仰稟, 故敢達矣。丁酉節目蓋承無物不遂之聖意, 廣議成出, 殆無未盡, 惟當遵而行之而已。臣謂已通淸與未通淸之人, 不必更加區別, 以啓非分之望矣。" 上曰: "左、右相之意何如?" 左議政李在協曰: "前日臣已有陳達者, 而限品敍用, 旣有節目, 此外更無可達者矣。" 右議政兪彦鎬曰: "此事, 向年[67]筵詢, 略陳愚見, 而旣有年前節目, 則依前施行而已。此外似無別般區處之道矣。" 上曰: "依爲之。"

丁未十二月二十九日。大臣、備局堂上入侍時。左議政李在協所啓: "今番大政, 巨濟府使許鏊只經縣監, 資歷甚淺, 而遽擬此職, 其末望崔鎭衡則以白徒賞加, 只經僉使, 則守令非所可論, 而直擬於府使之望, 亦極駭然。漆谷府使本是堂上窠, 而以堂下差出, 亦涉不察。兩邑新除人員竝改差, 當該政官從重推考, 何如?" 上曰: "依爲之。許鏊之資淺, 卿言雖然, 而旌義[68]亦守令, 且疏通節目成出之後, 銓家之一不收用者已駭然。卿云不知, 渠面目[69]之堪與不堪, 亦無可言。在渠輩, 又爲權輿之堦。然則成憲爲重, 政格次之, 何必改差乎? 此則置之。日前因考閱重試科作, 有筵敎矣。吳濬根, 意謂作故, 伊後聞之不然云。向亦下敎, 已通兩司之文臣, 已越宣薦之武弁, 決不可仍至枯黃。此等之人,

•••••

66 限 : 底本에는 "隨"로 되어 있다. 《承政院日記》 正祖 11年 8月 20日 기사에 근거하여 수정하였다.
67 年 : 《承政院日記》 正祖 11年 8月 20日 기사에는 "承"으로 되어 있다.
68 旌義 : 《承政院日記》 正祖 11年 12月 29日 기사에는 "大靜"으로 되어 있다.
69 目 : 《承政院日記》 正祖 11年 12月 29日 기사에는 "人"으로 되어 있다.

銓家收用，尤當先於人。此蓋仰體不擇地、無物棄之聖意。凡事無別般申飭，則難責實效。文武通選淸顯之類，別錄姓名，一通書入；內外相當窠次次調用，望筒懸註事，分付可也。”

同日，左議政李在協所啓：“限品敍用，只言虞候，而不及於中軍，則便是節目之外，雖欲疏通，固當通議廟堂。而不此之爲，全羅中軍望直爲擬入，殊涉疏忽。兵曹判書鄭昌順推考，何如？”上曰：“東銓地府使，西銓地中軍，爲今政最開眼處云爾，則卿反以爲云然乎？勿推可也。”【出戊申正月初一日朝報】

己酉正月二十二日，傳曰：“承旨與護軍尹謐入侍。”入侍時。傳曰：旣經臺侍之人，何官不做？則持難於敦都，尙不備擬，其可乎？不但爲今日召見而有是敎。護軍尹謐，都正待窠卽擬，此外臺通人陞資後，切勿拘礙[70]事，申飭銓曹。因此而有一欲提飭者。職名卽朝廷之職名，非爲士夫、中庶階限而設者。則向來臺望通擬也，無論初通與屢擬，首望、副望、末望皆同一地處，而未嘗與當時所擬之人通融排擬。此規一出，有假掌令、假持平之說，事之無謂，孰甚於此？伊時銓官之拘於蹤跡之嫌，至有如許不誠之擧。予則曰：“以類備擬，反不如不爲，萬萬非仰體先朝恢蕩之聖意云爾。”

旣往無論，近來亦然，參下序陞窠以外，東銓之復職與作宰[71]、西銓之內外敍用排比之規一如前，以是見政眼者，不問知爲

70 礙：底本에는 “擬”로 되어 있다.《承政院日記》正祖 13年 1月 22日 기사에 근거하여 수정하였다.

71 宰：《弘齋全書·士夫庶流通同排擬敎》에는 “窠”로 되어 있다.

假銜窠。渠輩之抑菀，雖[72]屬餘事之餘事，朝廷用人之道，決不當若是其苟且。以地處之不堪不合，力請勿擬勿授，猶之爲可。名以朝廷公物，而寧有擬而慳其通擬、授而擇其混授[73]之理乎？此習不革，則日除十職百銜，在渠輩，假則一而已。以此意嚴飭銓曹，俾除謬習。【同年二月十五日政，敦寧都正，尹謐、吳正根；吏[74]判，李坪、朱重純。】

前三[75]日，傳曰："朝廷之用捨，人才之優劣，豈係於年紀[76]多少、班資久近？而耆耇也淹滯也，振發於常揆之外，未必不爲美事。況王言不可不信。才命諸道各以道內文蔭武年歲、登科、筮仕、作散區別，條列[77]登聞，而今旣齊到矣。若止一番看過而已，八方朝士之引領彈冠者，其肯曰有實心有實政乎？若文若武若蔭，一斥[78]不復，棄之如遺，君不識臣名，臣不知君面者，果凡幾十輩矣？況彼名通臺籍，卽予侍[79]從之官，御極十餘年，亦多有不識名

•••••

72 雖 : 底本에는 "獨"으로 되어 있다.《承政院日記》正祖 13年 1月 22日 기사에 근거하여 수정하였다.

73 授 : 底本에는 "處"로 되어 있다.《承政院日記》正祖 13年 1月 22日 기사에 근거하여 수정하였다.

74 吏 : 底本에는 "同年二月十五日政" 뒤에 있다.《承政院日記》正祖 13年 2月 16日 기사에 근거하여 수정하였다.

75 三 : 底本에는 "二"로 되어 있다.《承政院日記》正祖 13年 1月 19日 기사에 근거하여 수정하였다.

76 紀 : 底本에는 "記"로 되어 있다.《承政院日記》正祖 13年 1月 19日 기사에 근거하여 수정하였다.

77 列 : 底本에는 "例"로 되어 있다.《承政院日記》正祖 13年 1月 19日 기사에 근거하여 수정하였다.

78 斥 : 底本에는 "升"으로 되어 있다.《承政院日記》正祖 13年 1月 19日 기사에 근거하여 수정하였다.

79 侍 : 《承政院日記》正祖 13年 1月 19日 기사에는 "法"으로 되어 있다.

面者，每當臨政下點，輒不免停筆不樂者久之。予心如此，群情可忖。到今豈或徒循規規於格例乎？曾經臺侍年七十、登科三十年以上人，特加一資，敦都及分[80]司、閑司[81]佐貳備擬。武臣登科五十年、蔭官年七十。筮仕四十年以上，竝加一資，相當職亦卽調用。”傳曰：“老人事有不可知，次次待窠[82]排擬，則將至於踰夏涉冬。時任敦寧都正許遞，工曹參議亦[83]一體許遞，其代[84]竝令今日政[85]差出[86]。”

傳曰：“今番收議之本意，不但出於爲一成大中番次也。大抵一人之限已身入番，卽無於古無於今之制，變通推移，固所不已，此猶止於實校理一人番次疏數而已。予之意蓋以許多庶名之參上積滯者甚多，而三曹郎一窠移劃，無異鳥足血，郡守以上雖許通擬，每必見奪於侍從。日[87]前筵中以校理加設，抑或爲矯弊之端云矣。領、左相[88]議亦果不謀而同。次見右相收議，所陳甚有意見，姑且

•••••

80 分 : 底本에는 “各”으로 되어 있다. 《承政院日記》 正祖 13年 1月 19日 기사에 근거하여 수정하였다.
81 司 : 底本에는 “仕”로 되어 있다. 《承政院日記》 正祖 13年 1月 19日 기사에 근거하여 수정하였다.
82 窠 : 《承政院日記》 正祖 13年 1月 19日 기사에는 “闕”로 되어 있다.
83 亦 : 《承政院日記》 正祖 13年 1月 19日 기사에는 뒤에 “以老病, 不得行公云”이 더 있다.
84 其代 : 底本에는 없다. 《承政院日記》 正祖 13年 1月 19日 기사에 근거하여 보충하였다.
85 政 : 底本에는 “改”로 되어 있다. 《承政院日記》 正祖 13年 1月 19日 기사에 근거하여 수정하였다.
86 出 : 底本에는 없다. 《承政院日記》 正祖 13年 1月 19日 기사에 근거하여 보충하였다.
87 日 : 底本에는 “月”로 되어 있다. 《承政院日記》 正祖 12年 10月 18日 기사에 근거하여 수정하였다.
88 相 : 底本에는 없다. 《承政院日記》 正祖 12年 10月 18日 기사에 근거하여 보충하였다.

咨且，更有詢問之擧矣。觀此諸議，其中判校一窠復設之論，最爲得宜。此是恒有之窠，則旣無新刱之嫌，中間減省，亦不過一時權宜。況偕是正[89]三品，又況同是判校？則三[90]十朔，自當升資，勝外職牧、府。而如是復舊，則優可爲疏通之一端，又可爲進秩之一岐，外閣番次從此稍裕，卽二[91]件事。近以疏通爲矯俗之時措[92]，獨於庶名，未思恰好道理。此擧可謂一擧兩便。雖問于大臣，豈有參差？校書館判校窠復設，待開政差出，準限遷轉等事，依他職正三品承文判校通禮各司正之例事，分付銓曹可也。"【月日未詳】

己酉六月日[93]，傳曰："《海東邑誌》卽倣《輿地勝覽》義例，爲一部徵信之文獻。而彙編目，昉自數十年前，尙無頭緖，年前會稡有命，亦至今陶洗無期。設廳則張大，一人則孤單，不可一味任置。以此意內閣知悉。一提學及檢校直提學句管，前承旨李家煥、李書九校正。閣臣及抄啓文臣已減下人及三司中抄出，分授一道。三南則每道各定二人，各以分掌之道，趁卽彙稡陶洗，送于校正處。校正處看詳，送于主管閣臣，閣臣取舍，待歸一入啓事，分付。人才豈獨在於科臼中人乎？見於檢書輩抱才空老，可以反隅。各道原分掌一人外，勿拘文蔭，加定一人事，分付。"

京都城池、宮闕、苑囿，已上直閣李晩秀、前縣監元重擧；壇廟、

•••••

89 正：底本에는 없다.《承政院日記》正祖 12年 10月 18日 기사에 근거하여 보충하였다.
90 三：《承政院日記》正祖 12年 10月 18日 기사에는 앞에 "準"이 더 있다.
91 二：《承政院日記》正祖 12年 10月 18日 기사에는 앞에 "第"가 더 있다.
92 措：底本에는 없다.《承政院日記》正祖 12年 10月 18日 기사에 근거하여 보충하였다.
93 日：《承政院日記》正祖 13年 6月 16日 기사에는 앞에 "十六"이 더 있다.

官署，已上副司果尹行任[94]、校書校理成大中。漢城府分野、建置沿革、形勝、風俗、戶口、宮室、山川、防里，直閣李晚秀、前縣監元重擧；驛站【烽燧附】、橋梁、寺刹、宦蹟、姓氏、人物【寓居·孝子·忠義·烈女附】、古蹟，已上副司果尹行任、校書校理成大中；各道疆域【郡名附】、形勝、職官，已上副司果李東稷、五衛將吳正根；風俗、城池、學校、土產，已上前修撰李祉永、前縣監丁俔祖；橋梁、寺刹、壇廟，已上前修撰李冕膺、前察訪李鴻祥；陵廟，前校理金方行、禮賓參奉李命圭；宮室，副司果朴奎淳、奉常主簿崔粹翁；防里，副司果金熙朝、承文校檢金洪運；關防【鎭堡、牧場附。】，前校理申獻朝、司䆃[95]直長南衡秀；宦蹟，副司果李錫夏、東部都事李可運；建置沿革，及第成種仁、檢書官朴齊家；山川，前郡守李義鳳、檢書官柳得恭；古蹟，副司果鄭東觀、檢書官李德懋。軍額、糶糴、倉庫、堤堰，已上備局抄出後分排；戶口、姓氏，已上漢城府抄出後分排；田賦，戶曹抄出後分排；祠院，禮曹抄出後分排；驛站、烽燧，兵曹抄出後分排；人物、寓居、孝子、忠義、烈女，從後分排。

庚戌二月二十六日，人日製：

王若曰："人材之難，自昔已然，而況於兼人之材乎！今有一人之身，而文學也、政事也、錢穀也、甲兵也無試而不可，則又不特兼人之才而已，是豈理也歟？皐作士而夷作禮，夔典樂而稷播種。皐非不講於禮，稷非全昧於樂也，特以優於彼而遜於此，舍其短

•••••

94 任：《碩齋遺稿·行狀》에는 "府君諱行恁，字聖甫. 初諱行任，純祖五歲，手書姓名. '任'字加'心'，正廟命改之如元子宮所書."로 되어 있다.

95 䆃：底本에는 "導"로 되어 있다. 일반적인 용례에 근거하여 수정하였다.

而取其長也。假使夷摠士師，稷兼樂正，後世豈以舜爲知人，而夷與稷爲能讓也？

漢、唐以來，用人之法無復先王之制，而觀於史氏所載，蓋亦終世而止於一官者多，設官分職之義，猶有不泯者矣。夫何我國近俗一切反是？旣通銓郎，而又長風憲，朝管大農，而暮攬本兵。司寇、春官視若例帶，籌司、水部便作輪窠。據文苑而傍聽戎務，極淸華而歷按雄藩。兼銜或過八九，濫竽不止一二。是豈祖宗朝愼惜之意？而器安得不濫，事安得不僨也？

是故用之雖若不偏，取之每患大濫，蔭武也、庶類也、委巷之卑微也、草野之疏逖也，懷寶蘊珍，黃馘枯項，曾不一展其所抱。天之生才，豈其然乎？推是以往，則相水土之宜，占旱澇之徵[96]，不惰其四肢，不畏乎凶年者，老農其智也；辨山澤之利，審貴賤之幾，默運於千里，奮發如鷙鳥者，巨賈其勇也。依龜揲蓍，隱於屠市，則賢者之自托卜筮也；濟札交神，列於《周禮》，則聖人之不廢醫巫也。至如僧尼之流，實爲異端之最，而戒行之苦，人或難及，向善之心，彼亦同得。用適其處，物豈終棄？

大抵王者用人，如天地之遂萬品，林林蔥蔥，俾各得所，其覆也無偏，其載也無私，以之齊七政而熙庶績。自今觀之，偏耶？不偏耶？私耶？不私耶？用人之道，若是其偏且私，而國其能爲國乎？誠欲法虞命官，倣周立政，量才授職，專任責功，京而庶流也、各岐也，鄕而抱材草野者，咸與陶鑄，永貽悠久之謨，而習俗已久，易惑難曉。子大夫須以平日蘊中之經綸，其各細陳矯正之策，以副科名人日、誠求人才之苦心至意。聖人有言曰：‘士

96 徵：底本에는 "微"로 되어 있다.《弘齋全書·人才》에 근거하여 수정하였다.

幼而學之，壯而欲行之。’壯行之道，豈不在於借今方寸之會耶？諸生念之，知無不言，言無不悉！予將親覽焉。”【竝策抄啓】

抄啓文臣尹光顔策曰：

吾東壤地旣偏，邦俗又隘，文明雖稱於小華，規模不及於大國。不由科第，則才俊多滯蔭路；專尙詞華，則習俗太賤武士。外此擯斥，終世不許通顯者：有所謂庶孽者，有所謂中路者，有所謂鄕品者，有所謂西北者。凡此之類，雖有絶人之才、高世之行，永墮泥塗，無望登庸，錮限如鐵，積冤飛霜。夫求才如渴，取人無方，尙恐有遺珠之歎。況不問賢愚，先定取舍，作爲界分，左枳右廢，是豈造化無偏之意？而國何以爲國乎？當此世級益下、人物眇然之時，若不另破狹陋之俗，大施恢蕩之化，則將無以解八域之幽鬱，而囿一世於甄陶矣。

今其捄弊之目有三：一曰革門閥，二曰一遠邇，三曰祛黨私。何謂革門閥？蔭苗易茂，幽蘭不揚，地勢之異，自古以然，而此特言其常耳。若其才行表異，藝能超著，自奮寒門，能致青雲，簡冊所載，指不勝僂，而近俗迫阨，不惟反是。銓曹通塞，臺端論貶，不出於品第班閥，沮遏寒賤。凡係華顯之選，或圈或薦，率歸紈綺。又有署經之式，列書四親父母妻黨而可否之，以卑微疵累見駁者居多。此何關於居官任職之行能乎？況所謂疵累者，槪出黨論相攻之私，而雖名賢之後，數世無顯秩，則不免卑微之目，其無理至此。

夫世族巨室，地望自恃，淸要儻來，則報效之意漸輕；恩怨世傳，黨援互樹，則傾軋之習彌長。此皆世閥太勝之害，獨不可少戒乎？至於庶孽，皆士大夫之裔，在家固有嫡庶之分，仕於朝者，將以任事也，不論才能而論嫡庶，可乎？如是則王符[97]、周顗之徒不登於顯位，而徐起、宋翼弼之空老，不足惜也。況傳至雲仍，百世永錮，此尤前古之所未聞。

文成公李珥、文忠公李元翼諸人許通庶類之議，今可按也。我聖上特軫疏通，屢勤申飭，然內而三曹，外而守令，僅僅塞責，未見隨才甄拔之實效。積習固難頓變，然宜稍漸開路，示人無棄物也。按國法，祀先止於三世，帳籍亦不及高祖。雖奴隷之賤，三世良役，則從良免賤，況簪纓之裔而歷世永棄，可乎？今著爲例，自玄孫以後，勿礙淸職，至於中路、雜岐，亦量定其限，俾有以自拔，則在天有輔裁之功，在人受陰騭之佑，豈曰少補之哉？云云。

同年十一月初十日，因慶尙右兵使吳載徽啓本"咸安郡守沈鏔，城堞、軍器自辦修補。論賞一款，請令該曹考例稟處"事，傳曰："咸安郡守沈鏔，城堞修繕，軍器改造，至於此多，近所罕見。人之瞭然，雖熟知之，奉公之誠，極爲可嘉。似此地處，陞除府使，朝令昭在。而年前許鏨外，未聞一人之陞遷，是豈定式之本意？況治績能否，豈係於地處？且況此等已著之實績乎？堂下府使，後日政作窠調用。大政不遠，因此有提飭者。年來俗習枳人之弊，屢煩釐革之飭諭。彼猶然矣，況此輩之公然坐停乎？今番大政則預加留意，隨窠疏通，俾有對揚之實效[98]事，嚴飭銓曹。"

•••••

97 符 : 底本에는 "袁"로 되어 있다. 《通塞撮要·李袤上疏》 및 《後漢書·王符列傳》에 근거하여 수정하였다.

98 效 : 底本에는 "政"으로 되어 있다. 《承政院日記》 正祖 14年 11月 10日 기사에 근거하여 수정하였다.

通塞撮要 卷之四

當宁辛亥三月日，召見知事申義淸于重熙堂，使其子秉權扶掖而入。敎曰:“今見百歲老人知事申義淸，筋力之强旺，勝似六七十歲，兒齒黑髮，滿面帶韶光。況七十九歲回婚，偕老七十年，其子若孫曾玄至於七十四人之多。又其家計稍實，飮食起居如意，而資躋崇品，職至摠管，可謂壽、富貴、多男子。如許福人，豈特於古罕聞？卽亦國家瑞徵。及其登對也，先陳爲生民愼擇監司、守令之方，次獻其年與多子孫爲說。不待乞言，有此質實之奏語，予當有酬答之擧。老人還鄕後，令地方官米肉多數輸送，仍致宴需。諸子上來中，進士申秉權，令該曹卽爲調用。”

御製贈百歲老人知中樞府事申義淸序:

國家鴻緖昌熾之運，大抵必値於積德百年之後，而洞天福地於是焉開。故其元氣所敷腴，太和之醱醲，百神幽贊，庶物效靈。有若瀛露之降于庭，文龜之浮其沼，鳳之棲于梧，芝之榮于階，往往詑爲上瑞，書諸惇史。然君子猶曰:“蓋有之乎？得無侈其似以誇大之乎?”此其易假而易眩，不能使人無疑。若人之爲瑞，有[1]異焉。夫所貴乎龜鳳者，爲其壽也；所欲乎餐芝吸露者，爲其使人壽也。況人者長於物者也，而百歲者壽之大齊，至者千無一焉！今以長物之人，而不餐芝而不吸露，如龜如鳳，漢廷竇公，

1 有 : 底本에는 “爲”로 되어 있다.《弘齋全書·贈百歲老人知中樞府事申義淸序》에 근거하여 수정하였다.

其人實在，絳縣老人，其壽實然。則其爲上瑞也，奚啻鳥獸草木之微？而雖大書特書不一書，孰敢有辭[2]於惇史之斷例也哉！

老人申義淸，湖西之文義縣人也。生以肅廟壬申，逮于辛亥，其壽恰滿百歲。室有婦，七十年偕老；家有子若孫，幾八十人。饒貲資，不衣食於奔走，以壽職推遷，至崇政大夫、知中樞府事，盛矣哉！吉祥善事，頌圖所希覯也。予聞而異之，特畀五衛都摠府都摠管，蔭一子補官，命守臣禮遣之，以三月上旬，引接于便殿，元子侍焉。

老人兒齒華髮，豐腴渥丹，略無鮐背傴僂之意[3]。與之語，首念生民疾苦，願擇監司、守令，自以其期頤之壽、子姓之富，爲予元子獻之。其言朴而不文，約而有體。按《禮》"五帝憲，三王有乞言，而有善則皆記之"，斯不亦可記也乎！雖然，養老之禮，肇自有虞，降及成周，其文浸備，凡衣帛食肉，予杖予車，自五十達于九十，無一之不具。獨百歲闕如者，何也？今而後，知其生也關於國家之運，而洞天福地，世不常有，造化者亦爲之聚會亭毓焉。則其不秩之彝典，視以凡壽也，宜哉！

古者天子巡狩，問其國百年者，往見之。皇朝初，人有年百歲者，爲建人瑞坊以旌之。老人則予旣見之矣，其歸也，焉得無一言以代旌里之故事？遂書此，敍其吉祥善事。老人歸里之日，官廚致需，村觴侑祝，親戚故舊用以述家慶本國祥者。其必有繼豳雅之響，觀一方之風者。此則待外史擇獻，貯之東觀，以俟年百

2 辭 : 《弘齋全書·贈百歲老人知中樞府事申義淸序》에는 앞에 "二"가 더 있다.
3 意 : 《弘齋全書·贈百歲老人知中樞府事申義淸序》에는 "容"으로 되어 있다.

歲者，如西域木之賜。時予卽阼之十六[4]年六[5]月旬有八日。【是歲[6]七月，命內閣檢書李功懋乘馹賚傳于申義淸。】

同年四月初九日，吏曹啓曰："五部令及都事，今日政竝下批。而其中中部都事趙光存未經一考，例不得陞五品，他司相換；北部都事鄭昌謩乃是秩卑之人，當此變通之時，有難陞令，而時無可合相換處，請姑待遷轉後擧行。"

答曰："允。秩卑人之許通京司詞訟，爲守令之階梯。且令窠雖異於主簿、判官，部官與廟令、寢令事體有間。此已拘礙，則參下部官窠，以初仕不得爲；參上以令窠，又不得爲。秩卑人之空棄許多詞訟之窠，有非定式之本意。此一款問于大臣，更爲論理草記。"

同月十一日，吏曹啓曰："就問于大臣，則以爲'當此部官變通擇差之時，尤當觀其地處。而第念秩卑之人所擬詞訟之窠，只是部官一條，今若竝爲防塞，則此後此輩之出六者，一除主簿、別提之後，更無可往處。蓋郵官、牧官本爲此輩守令階梯，則京司詞訟固無係關。而郵牧之窠，旣不頻出，坐致仕滿，無故作散，則不但此類抱抑菀之歎，在政格亦爲拘礙之端。況部官事面有間於廟令[7]、寢令，誠如聖敎。令窠則特許參用，恐未爲不可'云矣。敢啓。"

•••••

4 六：《弘齋全書·贈百歲老人知中樞府事申義淸序》에는 "五"로 되어 있다.
5 六：底本에는 공란이다. 《弘齋全書·贈百歲老人知中樞府事申義淸序》에 근거하여 보충하였다.
6 歲：底本에는 앞에 "功"이 더 있다. 문맥을 살펴 삭제하였다.
7 令：底本에는 "官"으로 되어 있다. 《承政院日記》 正祖 15年 4月 11日 기사에 근거하여 수정하였다.

批旨:“部官雖曰詞訟,曹郎亦用詞訟,則似此地處,文許曹郎,蔭獨靳於部官,可乎?況部令雖極擇,其選亦豈過於守令乎?以此以彼,依前通擬,實合事面。大臣之言亦然。依此知悉擧行可也。”

同年五月初八日。時原任大臣入侍時。左議政蔡濟恭所啓:“臣適有愚見,敢此仰達矣。太學食堂之無問貴賤,一例序齒,聖朝一視之政,臣實欽歎。蓋天子之元子猶可與凡民序齒。班名與庶名雖有貴賤,較視於元子與凡民,其等級之尊卑,不啻霄壤。而元子之所行者,以班名而恥行之,揆以禮意,寧不乖當?夫朝廷之上,以才爲主。庶類而果有才,則枳而錮之,有非天所以生才之意,國俗之累百年因循,臣常非之。況儒生序齒,豈不爲當行之事?而第家中嫡庶,自有等威,亦不可使之紊亂。王都所居之人,自爾有所知識,且嫡家未必受侮,恐無他慮。而至若遐方則以太學序齒之故,家中分義,謂可以紊亂無妨,則其弊有不勝言。此一款,一番明諭,使之分曉朝廷與私家之各有定限,恐不可已矣。”上曰:“天子元子之於凡民俊秀,其等如霄壤,其禮在上古,此則固尙矣。我國專尙禮義,儲貳之齒于學也,生進諸儒分明倫堂東西庭,以齒列行,則儲貳入門,讓于齒,然後始陞堂受學。在其時,一名與否,未嘗有區別之擧。獨於食堂到記,有此因循之謬規,卽此食堂序齒之用入學例,夫孰曰不可?向於儒生講日,因言端,適有申諭於泮長者。其後聞已通同序齒,諸生之知禮,誠可喜。今筵卿奏,亦甚恰好。學校自學校,家庭自家庭。若或引此援彼,致有爭端,惟今正百年流習之好意,反爲爲弊之資者,豈成說乎?以此擧條,自廟堂知委中外,俾各禮以接之,分以自持,共享和泰之福,豈不誠美哉?竝以此意知之可也。”

同年六月初四日。右承旨入侍時。傳曰:"用人無方,卽[8]施措之先務,太學之序齒,猶屬之修明舊典。文之敦都也,蔭之部令也,近皆申飭通融,則各軍門騎士將一事,每欲下敎而未果。騎士將是豈淸顯?設令果淸顯窠,亦豈勝五衛將乎?五衛將則文之吏曹、玉堂,武之宣薦,與中庶無不通融。騎士將,不但有曾前受敎,其窠亦甚等閒,則士夫武弁外,絶不擧論,近來惟王漢禎及關西人一二人爲之者[9]雖見之,其外未之聞焉。事之無義,莫甚於此。此意,大臣知悉,申加嚴飭兩營。此後中庶有薦,有地處、有履歷人勿拘,通融擬望,一以爲疏鬱之政,一以廣用人之方事,言于廟堂。"

同年八月十三日,傳曰:"向於壯營哨官特除,因渠在外徑遞,其後訓局哨官點下,欲待從近敍用也。此人是誰之孫,尙今潦倒於角圈!是豈收錄先賢之意乎?都監哨官李恒林,令該曹今日政,滿[10]瓜邊地守令、邊將中,作窠擬入。此後闕任,亦爲勿拘事,分付銓曹。"同日政,滿浦僉使,李恒林、李正老、金宗淳。首望落點。

同年十一月二十四日政,全羅右水使,李恒林、韓光濟、李宗胤。首望落點。

8 卽:底本에는 "有"로 되어 있다.《承政院日記》正祖 15年 6月 4日 기사에 근거하여 수정하였다.
9 者:底本에는 공란이다.《承政院日記》正祖 15年 6月 4日 기사에 근거하여 보충하였다.
10 滿:底本에는 "曹"로 되어 있다.《承政院日記》및《日省錄》正祖 15年 8月 13日 기사에 근거하여 수정하였다.

壬子六月二十三[11]日，以司饔主簿相換望筒，傳曰："一名許通廚院，載在定式，則混同相換，法將焉用？當該堂上從重推考，該房承旨推考。此望筒，更爲修正以入。"

同年六月三十日，全羅右水使李恒林狀啓，略曰："加里浦僉使尹永僖侵逼臣營，自廢公務，任斫生松。論以紀律，事當狀罷，而係是恩補，不得罷黜。其罪狀，令攸司稟處。臣不能見重於人，受侮於管下一邊將，而至煩瀆擾，臣之溺職，於斯益著矣。惶恐待罪。"

傳曰："爾可謂不負特畀。如爾地處，不畏强禦，乃能於經幄出補之臣，見其壞體例、犯法紀之事，臚列請罪，不少饒貸。康津事既確矣【康津倅文臣洪秉臣向又狀罷】，今番事又當然。未見使氣之痕，徒著奉公之勇，嘉乃云爾，何爲引罪乎？爾則爲先勿待罪。令該曹待秩滿，直擬兵使，使近來庸武懦弁知所恥愧。而爲水使煖堗之資，法外斧斤遍入封山，大是謬例。令廟堂問于道臣、帥臣，如有釐改之道，斯速釐改。至於該鎭將事，莫嚴者體統，則應行之事，焉敢詬罵於報上營之簿牒？設或上營有差誤，但當平說而已，尤何敢擅離信地，自干紀律乎？況私斫一事，可謂罪上添罪。修廨雖異於入己，不待水使指揮及廟堂許題，惟渠意思爲之者，節節駭然。爾雖以外補，事體自別，請拿不請罷，其在國體，不可不嚴處。該僉使尹永僖 畿沿定配。"

同年九月初二日政，忠清兵使，李恒林、金麟瑞、韓光濟。首望落點。

•••••

11 三 : 底本에는 공란이다.《承政院日記》正祖 16年 6月 23日 기사에 근거하여 보충하였다.

同年十一月初六日，玉堂李東稷上疏。批答:

省疏具悉。先從李家煥事言之，可乎? 爾以家煥文體之弁髦經傳爲話欛，卽予欲一言而未得其會者。爾言之來，眞所謂如癢得搔。大抵我國雖小，衆有八域。其御之之道，不過曰翔潛不拂其性，鑿枘各適其器而已。此乃因勢利導之術，而自有會極歸極之妙焉。

譬之於天下之廣，斯有朱夫子，天地風雲奇正闔捭之大力量，洗盡五季之陋，掃却千人之軍。其旨芻豢，其用布帛。讀之鏗鏗冷冷，如聞點也之瑟、顏氏之琴，而一開卷，庶窺其宗廟百官之盛。然猶有陽明，近道之姿，矯枉之過而專精於良知，反約是務而東閣於問學。太原游騎，騁騖於蔥嶺之間，何來勿脚之旗，增彩於溪潭壁壘，竟不免門墻之揮。且況降此而瑣瑣稗品，鄙俚淫哇之蕞蔀傍蔗，啄啄爭鳴，其視龜茲、夫餘之各具小成，不啻若蚊睫蝸角。而家家而正其謬，人人而齊其舛，爲其上者，不已勞乎?

予於近日，欲聞治世之希音，首擧一二年少文臣而撕警之者。南公轍之世掌絲綸，金祖淳之家傳詩禮，李相璜、沈象奎之胄筵舊僚之子，濡染者軒冕之作，誦習者詞命之體也。俯就跂及，固各隨其才分。萬有一捨宋而適越，用夏而變夷，捷徑窘步，貪鳥錯人，則其爲賊于[12]數文，忝厥先武，豈特無妄之小過? 渠曹以崔盧赫閥，瞬焉之頃，當臥占國子大司成、弘·藝文館提學矣。貢擧而誤多士，潤色而辱王言，是所謂“朱紘下里，黃流瓦缶”。而黌庠館閣之上，一任此輩廝壞，則有北之投，何足以贖乎?

至於家煥，未嘗非好家數，而落拓百年，踸輪而貫珠，自分爲

•••••

12 于 : 底本에는 “子”로 되어 있다. 《弘齋全書·副校理李東稷論李家煥疏批》에 근거하여 수정하였다.

羈旅草莽。發之爲聲者，悲咤忼慨之辭也；求而會意者，齊諧索隱之徒也。跡愈庬而言愈詖，言愈詖而文愈詭。絺繡五采，讓與當陽；《離騷》、《九歌》，假以自鳴。豈家煥之樂爲？伊朝廷之使然。肆予遵箕聖斂時敷福之範，承先王聖功神化之緖，特書燕寢之扁曰"蕩蕩平平室"，而"庭衢八荒"四大字，遍題八窓之楣，昕夕顧諟，作我息壤。於是乎篳路藍縷，披自草萊，家煥特其中一人耳。今也與公轍輩暋地悖常者流，比而同斥，家煥獨不茹菀？又況彼而可斥而不斥，此而不可斥而單斥，其可乎？

更有餘意之攙入[13]者。有才而等於蔑如，賫志而無以自衒，甘與草木同腐者，俗所謂一名是已。欲識人倫之常稱，則反慕千里不同俗之俗；自知彙征之莫混，則嗜看十七[14]子發憤之譚。至于咳唾揮弄之末，而動相描畫，惉懘竊竊，鮮有能超然聳拔於那裏。斯亦朝廷之責，非渠輩之罪也。如成大中、吳正根之恭趨塗轍，予雅好之，等書二中，褒加十行；如朴齊家、李德懋，棄尺朽而取寸長，開示向陽之牖。且置大中、齊家輩幸而揚名者，間有崔岦若而人，尙云遜矣。天之生才，不限地分，盍亦反觀於崔必恭自誤，而誤其類之不億乎？此皆所謂"不拂其性，各適其器，以期其咸底會歸之妙"也。

予當更語於爾，爾莫言家煥。家煥方自谷而喬，化腐爲新，由心之音，何患不漸入佳境？使家煥才鈍，三日而未刮目，若子若孫又豈必每每讓與，不效自鳴之盛乎？夫登盟壇，執牛耳，復明大一統之權於長夜醉夢之中者，予以爲己任。凡民秀蠢有先覺、

13 入：《承政院日記》正祖 16年 11月 6日 기사 및《弘齋全書·副校理李東稷論李家煥疏批》에는 "及"으로 되어 있다.

14 七：《弘齋全書·副校理李東稷論李家煥疏批》에는 "六"으로 되어 있다.

後覺之別，覺則一也。縱或迷未脫灑者介於間，此特太陽之於爝火，君子之於小人，黃鵠之於壤蟲，主爲主，客爲客，斯其足矣。故聖人編《詩》三百十一篇，桑間、濮上之什竝列於《大雅》渢泱之際。聞今日諄諄之誘者，感發於推恕，懲創於求備，日遷善而不自知，比屋有希音，予則曰祈天永命之本也。

同年十一月初八日，親行冬至享祭于景慕宮。申飭銓部"自今以後，庶流有官者，無礙塡差於廟宮祭官"。始以濟用主簿金箕南特差景慕宮奉俎官。其後宗廟臘享，以司饔主簿李德懋、濟用判官柳得恭、長興主簿徐理修、檢書官李集箕、濟用主簿金箕南、尙衣主簿徐有年差前殿奉俎官。

同年十二月十七日，泮堂、承史、玉堂、兵曹入直堂郞、諸檢書、外閣校理應製時，傳曰："禁中諸臣應製賦二中[15]行承政院左承旨林濟遠，如此奇才，實所初見。加資屬耳，豹皮一令賜給。二中二校書館校理成大中，恨未使[16]翺翔於文苑。外三品，明日大政，先爲擬入。二下承政院同副承旨鄭致淳，到底瀉意，不覺刮目。中鹿皮一令賜給。三上奎章閣檢書官柳得恭紙三卷，草三上校理金羲淳紙二卷，三中兵曹佐郞朴孝成紙一卷賜給。皆令明日殿座時親授。"

同月十八日，應製臣林濟遠等進箋曰：
嘉善大夫·行承政院左承旨·兼經筵參贊官春秋館修撰官臣林濟

15 中：《承政院日記》 및 《內閣日曆》 正祖 16年 12月 17日 기사에는 뒤에 "一"이 더 있다.
16 使：《承政院日記》 및 《內閣日曆》 正祖 16年 12月 17日 기사에는 없다.

遠、通訓大夫·行校書館校理臣成大中、通政大夫·承政院同副承旨·兼經筵參贊官春秋館修撰官·知製教臣鄭致淳、通訓大夫·行濟用監判官·奎章閣兼檢書官臣柳得恭、奉訓郎·弘文館校理·知製教·兼經筵侍讀官春秋館記注官·南學教授臣金羲淳、朝散大夫·行兵曹佐郎臣朴孝成等，恭遇乾隆五十七年十二月十八日，猥膺授簡之命，俱蒙踰衮之褒，寵賚聯翩，恩諭鄭重，謹奉箋稱賀者。臣濟遠等誠歡誠忭，稽首稽首上言。伏以厠豹直於禁中，燕詞賦雪；挹龍光於榜上，恩賚自天。六人同榮，千載異渥。

伏念臣等迹列簪紳，技拙鉛槧。銀臺、玉堂，依日月之末照；西曹、東觀，沐雨露之洪恩。迨玆彤庭試士之餘，俱膺青瑣應製之命。追游、楊之故事，義取程門；乏枚、馬之雄詞，賦成梁苑。玉龍、鹽虎，初非做宰相之資；時鳥候蟲，敢曰鳴國家之盛！不意親擢之聖鑑，遽紆嵬選之殊榮。璀璨宸評，既前列之特奬；便蕃寵錫，暨末至而不遺。惜冷官於鄭虔，獨許外州之超授；諭奇才於蘇軾，更侈內府之匪頒。受恩如天，圖報無地。

玆蓋伏遇主上殿下，東方有聖，右文爲治。奎閣圖書，待宿儒而潤色；璧沼絃誦，俾多士而作成。遂令駑姿，亦被鴻渥。臣等敢不聞命增感，聚首知榮？近列翱翔，共切荷天寵之幸；殘書收拾，庶殫報佛恩之圖。臣無任望聖仰天激切屛營之至。謹奉箋稱賀以聞。

癸丑月，北青府使成大中奉教製進《感恩文》曰：

臣大中猥被洪造，待罪外邑。乃於本月初五日昧爽，伏承內閣奉聖諭，命臣條陳古今文體之孰是孰非，仍命製進《感恩文》若詩。臣以螻螘之賤、螢爝之微，倖遭聖明，曲荷恩覆，濫厠詞學之列，連蒙曠絶之寵，惶隕震越，不知所對。

第伏念文章之在人，如天之有日月星辰，地之有山川草木，竝其自然之文也。然人文則有大焉。道德經術，其基也；禮樂刑政，其資也；布帛菽粟，其體也；黼黻笙鏞，其華也。世道於是乎觀，時運於是乎徵。文章之於人，不亦重且尊哉？天地之文，亦藉此而顯，況其下此者耶！然文體與時運上下，典謨以後，蓋五變矣。周公之詩、禮，孔子之《易》、《春秋》，辭簡則義嚴，文宏則理㘝，三代之文章，於斯備矣。然文體則有前後聖之別。降而馬遷之雄剛，易衰周之僿，昌黎之渾厚，起六朝之萎，而五季之悴，則歐、蘇又力振之矣。然文而爲學，華而爲實，義則未之醇也。於是乎朱夫子作焉。

以韓、蘇之文章，述周、程之性理，是惟群儒之集成，而文章之門路亦正。夫《庸》、《學》之序，猶用韓、蘇之文軌，而韓、蘇則不能作也。孔後文章，賴有此爾。至如陳亮、陸游之述作，竝歐、蘇之餘緒，而元之虞集、元好問，亦其選也。皇明劉基、宋濂應運而作。方孝孺辭遜於昌黎，而學則逾之；王守仁學術雖枉，而文則眉山之流亞也。外是而興者，如唐順之、歸有光，猶陳、陸之踵韓、蘇也。文章正脈，具在是矣。反是而爲文，非邪則妄，君子不謂之文也。

且惟文章，未有不學而能者。故管、商、楊、墨之徒，亦各有其學也。明之王、李則不然，蔑學而爲文，誇多而爲工，致力於字句之末，而體裁則未也。猶自以爲凌古人而上之，何異於夜郎之自大也？至於徐、袁、鍾、譚，尤其劣者也。亢末之氣，噍殺之音，適足爲泯夏之祟而莫之救也。曾謂曲慧小知，亦足禍天下耶？若夫稗官小說，盛於元世，而其實則莊、列之誕開其源，瞿曇之幻揚其波。眉山之妙悟，亦不無濫觴，而明末尖巧之才，幷褰裳而趨之，以才誤身，以身誤世。惜乎，時無孔、朱，不得麾而返之正也！

詩又文之精華也，故六經之中，詩辭最美。文謂之文，詩謂之章，詩文不備，未可謂之文章也。夫惟《三百篇》尙矣。屈《騷》、漢詩，可稱絶響，而楚兵一冠諸侯，漢之重興者再。有是哉，詩道之關治運也！相如之賦，子長之文，亦其特氣之昌也。漢之[17]至今存也，豈獨三章之效哉？唐之李、杜，猶是《大雅》之餘，而唐運之盛，亦其時也。故文則西京，詩則盛唐，猶晉帖之二王，而操觚者悉宗之也。宋之故實，明之聲響，迭爲長世之資，而正始希音，去已邈矣。況其下劣之魔耶？王、李、徐、袁，殆亦恥與之伍矣。

大抵論古人之醇疵，則今人之是非，不難知也。獨文體乎哉？猶日之舒促，而世之衰旺判焉。故文章，偏言之則一技也，大而言之，則包六合而有餘，非學足以通其奧、氣足以率其巧、辯足以發其華、力足以制其變則不能也。故襲而取之者，夸以爲能；模而索之者，淺以爲工；假而專之者，眩以爲巧。是皆未得乎道而自逞其才者也。文體之乖，蓋由此也。

孟子曰："君子反經而已。經正則庶民興，庶民興，斯無邪慝矣。"夫文章莫盛於六經，而《左》、《國》、《班》、《馬》尙其支裔，況其他耶？苟能驅一世之士，盡趨之於六經，則文風自正，世道自醇，而三代不難復也。啁啾之音，直見晛之雪也。不待正而自正，顧何有於辭闢哉？然風氣不轉，則文體未易變也。變之惟在導率之耳，不有風草之偃耶？且夫物極則反，理之常也。今之文弊極矣，理固當一變。變通存乎時，旋斡存乎幾，神明存乎人。時當

•••••

17 之 : 底本에는 뒤에 "之"가 더 있다.《青城集·感恩詩敍》에 근거하여 삭제하였다.

乎幾，聖作乎時，而不能變者，未之有也。天祐吾東，聖人作焉。乃文乃武，乃聖乃神，窮天人之奧，盡君師之職，箕聖建極之治，今復見之。孔、孟、程、朱日夕顒望而不得者，臣等得之矣。禮樂制度之一變，今其時則可也，文體固其餘也。

臣忝叨外閣，前後九年。每於校讐之時，恭瞻雲漢之編，天章灝噩，動合典謨。後聖反經之幾，實待吾君，而綵綸之降，衣被庶物。姬文旣作，凡民亦興，丕變之治，直易易也。臣私心攢祝，倍蓰乎衆[18]。只願須臾無死，親見至治之徧隆，而正始之風，洋溢乎世也。乃今文體之詢，至及賤臣，臣知識鹵下，文辭拙澀，豈堪仰對其萬一哉？徒以所聞見於平素者，知古文之所常法者有三：六經爲宗，正史爲翼，諸子之粹者爲夾輔，而尺度繩墨之外，斷無他路也。知古文之所常禁者亦有三：一稗史也，一語錄也，一俚諧也。三者不去，古文不可復也。

文體寧淡無膩，寧疏無迫，寧朴無媚，寧過於夷，無過於險。區區素學，實志乎此，而駑才淺工，未能得其一二也。況又獨行無依，前軌乏證，臣亦未敢自信。以故童而習之，白紛若而往[19]轍尙昧昧也。何幸伏遇萬世一時不再逢之晟會？權衡高揭，軌範自正；太陽赫臨，萬品咸覩。如臣一物之賤，亦在陶甄之中。乃者文字對策，詞義淺短，詎足齒於應製諸臣？而華袞恩奬，偏侈微躬，至承雅馴之褒。瓦釜玷黃鐘之懸，僬僥負太山之任，非分之榮，寔臣之災。惟恐溘死無日，祗辱聖眷，繼之獻賦之榮、超秩之寵。大庭拜箋，內閣設餞，俱是格外隆私，恩渥浹髓，夢寐

18 衆 : 底本에는 "象"으로 되어 있다.《青城集·感恩詩敍》에 근거하여 수정하였다.
19 往 : 底本에는 "徑"으로 되어 있다. 문맥을 살펴 수정하였다.

猶悸。從古文藝之臣，受知君上者何限？而得一言之褒，便作終身之榮。

臣則以蟲篆末技，獲蒙不世之知，叨荷寵奬，不止三再。況於聖明之朝而丕變之時哉！且以匹夫之知照於人也，猶或有殺身以爲報者，況於至尊哉！況臣之賤者哉！葵藿之忱，在遠逾傾；隕結之願，抵死彌篤。銘心鐫骨，俯仰怵惕。今此鄭重之詢，遠及荒陬，尤非賤臣所敢當者，而重違勤命，敢具條對。文章甲乙，豈合妄評？昧死上陳，恭俟睿裁。伏地屏營，感淚交瀉。謹百拜稽首而獻文，係之以詩。詩曰：

聖人開萬物，熙運勅群工。
丕闡文明化，光廻正始風。
箕邦數極再，奎閣聚星同。
師道今歸上，天心夙佑東。
禹文徵寶篆，堯武覿神弓。
倬彼昭回象！猗歟鑄範功！
餘光分草莽，微物囿帲幪。
供奉金門邇，馨香玉府通。
幾年參校對，長日沐昭融。
敢擬傳經向，叨追獻賦雄。
問途憐老馬，知候愧微蟲。
幸賴生成遍，欣霑雨露公。
袞褒兼日煥，天批降雲紅。
馴雅寧臣技！升掄獨帝衷。
拜箋螭陛肅，超秩虎符崇。

寵餞聯仙列，恩諳及塞中。
有天滋異眷，無地置微躬。
報德桑溟淺，分憂肅野窮。
獨馳千里夢，長繞萬年宮。
敬效傾葵悃，陳詩報上穹。

通政大夫、行保寧縣監吳正根恭奉內閣謄頒弘文館校理李東稷疏批一通。繼下有旨內，令臣製進感謝之作。臣誠惶誠恐稽首稽首謹奉詩竝序附進者。伏以生周王多士之世者，凡民興爲譽髦；受明主一言之褒者，縕袍華於佩玉。恩綸天降，感涕雨零。

伏念臣雕篆小夫，走隷微匹，早學功令，秪爲干祿之資，晩際聖明，獲沾右文之化。臨軒親試，名玷甲科；期門末僚，詞入乙覽。琁題璀璨，光分雲漢之章；素紽輝煌，寵頒天府之篚。逮至下邑之宥罪，罔非一物之荷慈。豈意批玉署論文之辰，竝數擊土鼓歈雅之類？謂洪爐之所鑄，良金豈待躍而鳴？若時雨之旣滋，嘉卉不擇地而產。予欲觀絺繡五采，同返太素之眞；推以至庭衢八荒，兼收一曲之藝。遵箕《範》蕩蕩之道，敷示攸好之方；論王國濟濟之賢，俾從思皇之後。

蓋緣聖王之治敎，必驗庶人之風謠。降黃收於康衢，先問擊壤之曲；升朱紘於淸廟，旁采《罝兎》之章。求殷禮於遺文，宋足徵矣；聽周樂於列國，鄶無譏焉。逮自漢、唐、宋、明以來，尤見險易奇正之別。遷《史》固壯，帶燕市劍歌之風；韓子稍醇，露龍門斧鑿之跡。不有紫陽眞儒者出，誰見黃鍾大樂之全？懸洪流於呂梁，澹然止水明鏡；騁逸蹄於峻坂，雍若淸道和鑾。夫何葱嶺異學之流，轉爲稗官野說之倡？譬申、韓之原道德，奚但聖路之榛蕪？若鄭、衛之亂雅音，遂爲藝苑之茅塞。

蓋乏君師在上之敎，彌二千年；致有波流益下之嘆，若十五季。猗我大聖之神化，丕興小華之文治！發爲典謨誥命之辭，建中和於天地；揭以規矩準繩之則，達信順於風霆。雲韶旣和，不棄泗濱之石；大厦方搆，尙取培塿之松。謂臣塗轍之恭赴，許臣絲綸之寵示，而臣跡最孤賤，學本空疎。幼習家庭，不許窺叢林小史；長守鄕曲，無緣借荊州異書。識不足以貫穿諸家，徒守遺經之訓；才不足以發揮新意，但襲古人之言。豈有遵繩墨之能，荷此逾華袞之奬？菁莪之至敎旁暢，敢伸叨謝之忱；葵藿之微誠倍深，猥徹荒蕪之語。有喊化於一方，縱愧文翁之治蜀；撫疲氓於百里，庶追蘇軾之守湖。拜手獻詩曰：

千一河清屬大東，休明治敎協沖融。
圖書法象傘玄古，奎璧文章粲碧空。
已喜群材皆變豹，尙憂時藝競雕蟲。
要將黼黻觀治像，竝就鑪錐運化工。
臣是何人鸎出谷？朝多吉士鳳鳴桐。
蓬萊獻賦文辭拙，松桂携書寵渥隆。
未效涓埃朱墨外，忽擎綸綍彩雲中。
蹌蹌鳥獸聞《韶》日，潑潑鳶魚造士功。
下體葑菲滋化雨，旁枝葵藿偃和風。
衢謠更進封人祝，邦籙千年慶屢豐。

扶餘縣監朴齊家奉敎製進《訟愆文》曰：

臣於去年十一月初十日，伏奉儒臣李東稷疏批一通頒下者，天章爛然，宸評鄭重。臣以下邑小吏，蒙此異數，且惶且感，措躬無地。又於本年正月初三日，伏奉內閣關文，依諸文臣自訟詩文之例，特命臣撰進詩筆者。惟我聖上以文風之不古，屢發中朝之歎，而如臣斗筲之才，亦垂葑菲之采，循循善誘，示我周行，有若引而進之，可與有爲者然。臣雖頑愚，寧不策勵自奮，圖惟厥終乎？

臣於弱冠，微有志尙，與一二朋友倡古文於寂寞之濱，其隣之夫未嘗過而問焉。及其虛名誤擢，白衣登朝，則又以寫書校書爲職，亦未嘗聞其有能言之目也。忽於近歲，猥受特眷，或專編書之任，或厠應製之班，往往與藝苑諸臣後先標名，則儼然據當世文人之一席矣。臣固萬萬不敢當，而若其所自幸則有之。彼七十子之徒，得聖人而師之，終身學之不厭。臣以薄技，躬逢盛際，十餘年來，不失門路者，校正御製之力居多。至於批旨中，歷擧臣名於著作之列，而有曰"登壇執耳，復明大一統之權者，予以爲己任"。是則以臣爲足備數於王會之遠夷旅陳之庭實[20]矣。

夫布衣者流，崛起詞垣，樹赤幟於一方，以號令天下，而薦紳先生靡然從之。何況聖人處南面之尊，手握文衡，親建鼓角，揮斥風雲，動盪日月，奮之以干羽，格之以簫韶，則萬邦荒服，其有不稽顙稱臣，虔奉正朔者乎?《易》曰"觀乎人文，以化成天下"，孔子曰"郁郁乎文"者，豈詞章之文乎哉? 臣觀數十年來，號爲能文者，皆功令之雄耳，竝與詞章而未之聞焉。臣以畏約之深，不敢昌言指斥，而若其力排流俗，皭然不滓者，臣之所自負，而亦欲藉手以事君者也。臣嘗語人曰："今之學者，亦何事乎韓、柳、歐、

20 旅……實：《貞蕤閣集·比屋希音頌》에는 "庭實之下陳"으로 되어 있다.

蘇之文？卽日取邸報中絲綸，伏而讀之可也。”臣之從[21]事者，如此而已。雖不敢竊附於奔走疏附之末，而亦自謂不畔於道矣。

世之悠悠之談，或有訾謷臣文爲明世之習者，此不過從時代起見耳。夫詞人之文有時代，志士之文無時代，臣固不敢以詞人自命，而乃若其志則有之。經之爲十三，緯之爲卄三。錯綜擬議，元元本本，務歸實用者，臣之所願學者。雖未能至，心嚮往之矣。至於區別體裁，宗盛唐而稱八家，自以爲能者，實有所未遑焉。過此以往，勦說纖人之詞，篤信戱子之本，此又臣之所大耻也。夫今之人，實無有見臣之半稿者，何從而議臣？豈以向者應命之作，爲不合歟！此皆乙覽之所經，而寶墨昭回，重於九鼎大呂者也。然則今之論臣者，不過以意而冒之耳，所謂魯酒薄而邯鄲圍者歟！

臣謹按前日批旨，若曰“臣等慕千里不同之俗，鮮有超然聳拔，則非其罪也”者，聖人推恕之論也；今日筵敎，若曰“可無訟愆之詞”者，《春秋》責備之旨也。有以哉，聖人之言！引而不發，有若曲爲臣解者。臣方銜恩佩榮，罔敢失墮，而伏讀閣關敷衍之辭，曰“改過自新”。夫過有二焉。學之未至，固臣之過也；性之不同，非臣之過也。譬之飮食，以位而言，則黍稷居先，羹胾居後；以味而言，則資醎於鹽，取酸於梅，進芥之辣，擢茗之苦。今以不醎、不酸、不辣、不苦，罪其鹽梅芥茗則固矣。必若責其爲鹽爲梅爲芥與茗者曰“爾曷不類黍稷”，而謂羹胾者曰“爾曷不居前”云爾，則所冒者失實，而天下之味廢矣。故樝梨橘柚之包，蘋蘩、薀藻之羞，齒革羽毛之俎，莫不適用者，期於口也。故曰“善無常師”。

批旨所謂“翔潛不拂其性，鑿枘各適其器”者，大矣哉，聖人

-----

21 從：《貞蕤閣集·比屋希音頌》에는 앞에 “所鑽仰而”가 더 있다.

之論文也！夫《離騷》、變風，天下之至文也。平王而不遷，則《黍離》爲二南之音；三閭而不放，則楚國繼賡載之聲。非正則一身原有哀腔，周京百姓先帶歎詞也。此聖上之所以眷眷於作成之幾，而以祈天永命，爲文治之本者也。夫文章之道，不可一概論也。要其傳之久者，必其學之深者也。是以君子貴讀書也。此臣之所日慥慥而勿替也夫！臣謹取聖語，爲《比屋希音頌》一篇，再拜稽首而陳之。其詩曰：

日出之邦，終古文明。
油油禾黍，肇我正聲。
帝眷青丘，皇矣惟辟。
重光奕葉，百祿之錫。
王頫下民，孰笑孰顰？
旣絲旣穀，莫不爾均。
王在治忽，聽于爾音。
民有心聲，時謂之風。
其風有愆，惟民之疾。
王咨于民，予捄汝失。
有穆明堂，聖人攸居。
俾也可忘？陶復厥初。
山龍絺繡，聖人攸御。
豈曰無衣？尙[22]此大布。
文之滅質，亦孔之殆。

22 尙：《貞蕤閣集·比屋希音頌》에는 "懷"로 되어 있다.

彼聲靡靡，曷不知悔？

惟古有樂，厥名爲瑟。

一倡三和，朱絃疏越。

遞鐘斂巧，比竹慚繁。

其世已遠，其曲猶存。

如樸未雕，若酒之玄。

薄可使敦，忮可使平。

愔愔伊籟，維[23]德之則。

王曰樂哉！建我皇極。

有跛斯走，有瞽斯明。

如夢旣寤，如醉獲醒。

懽忻舞蹈，盈耳洋洋。

可以育德，可以致祥。

若時雨降[24]，其興也勃。

有不信者，厎汝于罰。

自南自北，自西自東。

孰謂淆[25]漓，而不玄同？

其民壽考，其日舒長。

服黜其華，繪屛其章。

家擊蕢桴，戶稱瓦樽。

太平萬歲，以獻吾君。

• • • • •

23 維 : 底本에는 “至”로 되어 있다.《貞蕤閣集·比屋希音頌》에 근거하여 수정하였다.

24 降 :《貞蕤閣集·比屋希音頌》에는 “過”로 되어 있다.

25 淆 :《貞蕤閣集·比屋希音頌》에는 “澆”로 되어 있다.

癸丑十二月二十八日，傳曰："今政，庶類無一人爲郵官。自如察訪之代擬入事，分付。"傳曰："遠人收用之教何如，則政席垂定[26]，惟有九世同居之關西 金守曾特除，其外未之見焉；庶類、中人，文臣成大中之特除，武臣沈鏔之承傳[27]外，蔭窠亦未見一人焉？況如洪疇九，豈可以中庶言之？名以[28]武南，其實則無異於宣薦。一依及第壯元例調用，以示朝家收錄忠臣後裔之意。昨筵下教亦如何，則俱不檢擬？吏曹判書金思穆，從重推考，更加嚴飭，期於對揚。"【同日政，北青府使成大中，渭原郡守添書落點。】

甲寅三月二十日，左議政金履素所啓："未通淸文官之仕路，每患狹窄，而見今文窠察訪中，蔭武夥然，許多文官區處無路，未免積滯，誠爲可悶。察訪之其中年滿者，雖無可論，而此外可合守宰者，雖非都政，勿爲啓請，次次遷轉，以爲疏滯兩便之地，恐合事宜。故敢此仰達矣。"上曰："依爲之。"

乙卯五月二十八日，傳曰："參下序陞之大政前[29]，特命皆用前仕，意在於兩便，而一名之通瀜甄擬，未之見焉。宜有一定之式。依年前飭教及序陞望筒之例，切勿校量於排擬之際，然後積鬱可疏，而特教之效可責。亦以此意申飭該曹。"

•••••

26 定 :《承政院日記》 및 《日省錄》 正祖 17年 12月 27日 기사에는 "完"으로 되어 있다.
27 武……傳 : 底本에는 爻周 표시가 있다. 《承政院日記》 및 《日省錄》 正祖 17년 12월 27일 기사에 근거하여 복원하였다.
28 以 :《承政院日記》 및 《日省錄》 正祖 17年 12月 27日 기사에는 "似"로 되어 있다.
29 前 :《承政院日記》 및 《日省錄》 正祖 19年 5月 28日 기사에는 "外"로 되어 있다.

同年八月初十日，都政，傳曰："今日政，一名多未收用。已經詞訟人中，尹可基、李元膺、李集箕，人皆勤幹，何邑不可爲？今日政，皆調用於守令，而茂長、鎭海、永同，今日政內擬入。"【吏判尹蓍東開政，茂長縣監，李集箕、朴宗海、李範天；永同縣監，李元膺、南播秀、趙翰奎；鎭海縣監，尹可基、金獻行、尹商欽。皆以首望落點。同日政，孟山縣監金洪運，特教以永柔縣令金基豊相換。十五日，吏曹，未下直守令書入傳旨，傳曰："珍山縣監韓百源，西平家久無官享；鎭海縣監尹可基，無異特除。竝相換。"當日吏曹口傳政事：鎭海縣監尹可基、丹城縣監李榮祚相換。】

丙辰七月二十二日。禮曹判書閔鍾顯入侍時。傳曰：

望拜行禮之後，召見宗伯之臣，語到忠烈、顯忠祠事蹟，有多少酬酢。禮判以乃家之人，詳知故實，顯忠祠位次、忠烈祠揭板，皆從其請。因以思之，三學士祠板，先朝特命不祧，非勳臣而有是擧，卽曠古殊典。而爲其官享，故郡守尹煜以慶基殿參奉，年二十前，直除守令，仍於三家人之守令，皆勿拘年限及履歷。

永禧殿參奉吳慶元以忠烈奉祀孫，聞其承重親年爲九耋，月前草記之還下也，直欲除外任而未遑爲焉。延日縣監權坪內移，其代令該曹差送，親年勢難遠赴，畿邑相換。尹忠貞祠板，丙申以後，尙未官享，可謂闕典。其祀孫尹應鉉已經五品，自當爲之，而吳忠烈家，官享提教，何可一爲一否？守令見窠擬入，係是弊邑先有侍從差送之命，亦於畿邑侍從守令中相換，幷令當日辭朝。

昨日起感於李提督、李忠武事，推以及於貞翼，另欲致侑，援筆摛詞際，聞其祀孫從事弓馬，流落鄕外云。何聞之晩也？大抵貞翼之忠淸大節，忠武後一人。遭逢寧陵，契合昭瀜，身都將相，佩國安危。忍言己亥夏直宿北營之事？每見遺事，不勝掩卷抆涕。且況自附褥蟻之忱，竊效陪葬之義，竟厝體魄於距象設昵密之地。如許恩遇，如許精誠，往史罕聞，寧容泯沒？而貞翼沒後，其祠板未受一番官享，特以子孫之承嫡拘於俗臼而然者。其視"先朝爲三學士家，官享、除官勿拘常格"之聖意，奚可但以違越言也？承嫡則一也，而李文成、金文敬之家，閫帥、寢郎，無所礙掣，不踐郵牧，直除外職。獨於貞翼家不然，其可曰體聖祖之聖意云乎哉？故右議政貞翼公李浣奉祀孫驪州居閑良李得馨，今日內南行宣薦越送後，仍於今日政，宣傳官加設擬入。

此後此派人，忠貞、毅愍家例，宣廳越薦，爲先加圈，一視三家，莫或取捨事，載之該廳受教。驪州大街村貞翼墓，遣承旨卜日致祭。祭文，有留意搆置者，從當書下。令禮曹知悉。

辛亥月，命成均館行庶名序齒。序齒之法，自顯宗四年始，而有庶名者，擯不與之齒，雖高年耆艾者，序於年少新進之下。英宗癸巳，罷其法，各以齒之老少序之。宋德相創南班之制處之。南班者，食堂之南設一坐，蓋倣栗谷石潭書院南行坐之例也。至是諭大司成柳戇諭諸生使以老少序其次。是時方閟旱，序齒而雨，人謂之"序齒雨"。

辛酉正月初十日。藥房入診，大臣、備局堂上引見入侍時。吏曹判書尹行恁所啓："我東之區別庶孼，世世枳塞，實是前古所未有之法，而先正臣文正公趙光祖、文成公李珥、文正公宋時烈莫不以疏通爲急先務。列聖朝屢下嗟惜之敎，亦嘗稍開其仕進之路。至於英廟壬辰，特垂霈澤，文通兩司，武擬宣傳。先大王御極以後，慨俗習之膠固，惜人才之沈淪，乃於初元丁酉，酌爲節目，載之《通編》，以爲限品敍用之階。伊來數十年，特蒙陞擢者，比比有之。而《通編》有'才能卓異者，不拘此例'之文，大聖人立賢無方之盛德所在，可以仰認矣。大抵其中雖有文學行誼之表出者，旣無展布之地，則不過略試於外[30]邑而已。以是之故，一國許多庶類，初無樂生之心，擧有自暴之歎。非天之降材爾殊也，所以養之者，失其方也。此豈非上干天和之一端乎？臣於先朝燕閒之暇，仰承悶歎之音者屢矣。今當一初之政，其在收人心、奬人才之道，不可不追述英廟之敉典，對揚先朝之盛意，而事係更張，臣曹不敢擅便。下詢大臣處之，何如？"上曰："大臣之意何如？"領議政沈煥之曰："庶類之疏通調用，不但有先輩之定論，列聖朝屢勤提敎，至於先朝別成節目，德意甚盛。今當初元，固宜遵而行之矣。"左議政李時秀曰："用人以地不以人，非古也。我國處庶類之法，終未免規模之太隘，先賢先輩之論，固多矣，而累百年尙門閥之風，蓋亦有以也。兩聖朝前後憫恤之敎，實出於無物不遂之至仁盛德，而先朝節目，酌古量今，纖悉備具，銓選之臣奉以行之，自可無抱冤齎鬱之歎。至於材器超異，可合別岐甄拔者，節目中亦有勿拘常格之語。當此一初春元，收攬人才之日，銓堂所奏，儘爲得宜矣。"右議政徐龍輔曰："宣[31]廟下敎有曰：'葵藿傾陽，不擇傍枝；人臣願忠，豈必正嫡？'先朝又擧此敎，誕敷十行，仍令攸司之臣撰成節目，文武蔭甄敍，各有品階，俾爲疏通之道，甚盛事也。今亦依此施行，果好矣。"上曰："依爲之。"

30 外：底本에는 "列"로 되어 있다.《承政院日記》純祖 1年 1月 10日 기사 및《碩齋稿·啓辭》에 근거하여 수정하였다.

31 宣：底本에는 "英"으로 되어 있다.《正祖實錄》1年 3月 21日 기사 등에 근거하여 수정하였다.

甲子十一月十一日，左議政徐邁修所啓："大政當前。値此一初之會，變通資格，搜羅人才，實爲急先務。而資格中最無義者，卽庶類之已經京詞訟，而猶不許直擬守令也。夫詞訟一也，況京司重於郵牧，則層節之太多，階梯之偏繁，豈不爲此類之抱鬱之端乎？至於武班，則旣許營將、中軍，而不借階秩之邑[32]，反不如雜技陞資之夤緣圖占，亦安有如此官方？臣意則庶流中，蔭官之已經詞訟者，許令直擬守令；武班之有地處者，軍器僉正二窠中[33]一窠，陞作副正，使之通擬差除，如訓鍊副正之例，以爲陞品[34]之階，似合於疏滯振淹、導迎和氣之一助。以此意分付兩銓，何如？"上曰："右相之意何如？"右議政李敬一曰："庶類抱鬱之弊，其來久矣。先朝特命作庶類疏通節目，兩銓尙未盡對揚之道矣。已經詞訟，而不爲直擬守令，亦爲無義。蔭官詞訟之直擬守令，武科出身者之許陞軍器副正，實合振淹疏鬱之道矣。"上曰："依爲之。"

同年同月十七日。親臨春塘臺。柑製儒生試取入侍時。行吏曹判書黃昇源所啓："庶流武班之有地處、履歷者，軍器僉正一窠，陞作副正，使之通擬差[35]除，以爲陞品之階事，大臣筵稟定式矣。軍器寺副正有權減之窠，爲先還設差出，僉正有闕時，一窠仍爲權減似好。而旣爲庶類履歷通擬之窠，則一依訓鍊副正例，以通

•••••

32 邑：《承政院日記》 및 《日省錄》 純祖 4年 12月 10日 기사에는 "品級"으로 되어 있다.
33 中：底本에는 없다. 《承政院日記》 및 《日省錄》 純祖 4年 12月 10日 기사에 근거하여 보충하였다.
34 品：底本에는 "邑"으로 되어 있다. 《承政院日記》 및 《日省錄》 純祖 4年 12月 10日 기사에 근거하여 수정하였다.
35 差：底本에는 "若"으로 되어 있다. 《承政院日記》 및 《日省錄》 純祖 4年 12月 17日 기사에 근거하여 수정하였다.

望次第備擬。而若只取實職，則亦有掣礙之端，四品履歷中，無論內外，前銜、時任，觀其門閥、人器，循序通望，而如訓院之加設僉正、判官及僉使履歷，不可混用。且雖除軍器僉正、判官，除非參下初仕或曾經守令外，不得施行，稍存界限，然後似無混雜之弊。而通擬之際，排比苟艱，則外任及二望擬入等節，亦依他例爲之，而啓稟亦涉煩屑，直爲擧行之意，永爲定式，恐合事宜。故敢此仰達矣。”上曰：“依爲之。”

通塞撮要 附錄

李栗谷 珥行狀曰:"禁錮庶孼, 已過百年, 人皆習熟見聞, 而先生獨以爲'王者立賢無方, 不可廢棄人才', 每欲通庶孼仕路。至是啓行之。"【《沙溪集》】

林滌上疏曰:"凡人非承重子者, 則嫡妾俱無子, 然後爲立後。而今人或爲婦言所撓, 舍己出妾子而子他人子者有之。莫若一遵國制。" 依允。【《春官志》】

父子, 天性也, 不可以人爲而親之絶之也。後漢時, 安定賤庶孼, 賤之者他人, 父子則固父子也。東國麗朝則猶不甚, 逮本朝, 一節加於一節。凡無嫡子者, 雖有庶出, 必取三寸或五寸、七寸而爲係後, 何其棄天性, 至於此極也? 親於余者莫子若, 則祭祀之時, 子與姪孰爲誠乎? 近來知天性者, 惟青平尉 韓紀、鄭湖陰 士龍、李安分 希輔、申牧使 潛、閔同知 應瑞、余堂兄魚叔義而已。青平不拘翁主之尊, 付祀於庶子, 尤難得也。【《稗官雜記》】

故評事李穆親盡於其六世孫府使元煥。穆之子監司世璋, 亦宜竝遷於最長房, 最長李樗以爲"評事, 血食之賢者; 監司, 淸白吏也。皆不當祧", 不肯移奉。元煥死, 而有妾子四人, 樗又以爲"宜立係後嫡子", 上言相訟。禮曹啓曰:"《大典》立後條'嫡妾俱無子者, 告官立同宗支子爲後', 注云'兩家父同命立之', 奉祀條'若嫡長子無後則衆子, 衆子無後則妾子奉祀', 小注'良妾子無後, 則賤妾子承重'。元煥旣有賤妾子基昌，則以基昌奉祀，法例當然。" 大臣議曰："先賢淸白吏，本無不遷之法。雖功臣、宗室之後嗣，以妾子承重，亦非一二。元煥曾祖以下奉祀，歸之於妾子；評事及監司，劃卽祧出㮄家爲宜。" 依允。【《春官志》】

李星湖瀷《僿說》曰：

近世李判書袤疏論庶孼防限之非，其略云云。此一疏，明白切實，令人淚下。苟有秉彝人，孰非之？而尙未施行，何哉？蓋防限之法，始於右代言徐選，甚於姜希孟、安瑋纂次《大典》之時。至宣廟初年，申濆[1]等千六百餘人，上章籲冤，批旨有"葵藿傍枝"之語。栗谷因邊憂，行納米許通之規。登科後例授，奉常寺、校書館三四窠而已。至仁祖朝，玉堂長官崔鳴吉以下沈之源、金南重、李省身、李景容應旨論列，吏曹判書金尙容回啓，命議大臣。時相臣李元翼、尹昉、吳允謙收議，皆無異辭，方許要而不許淸，要者卽戶、刑、工三曹及各司官也。參判金壽弘亦疏請，竟不行。

至肅宗乙亥，嶺南人南極井等九百八十八人又上章籲冤，爲喉司所阻。明年丙子，吏曹判書崔錫鼎疏論"許要之後，不過三四人注擬，因而不行。雖未能頓革舊弊，依制處以相當之職。云云"。南極井之疏曰："《大典》旣頒之後，終歲大旱，餓莩相望，議者歸咎於禁錮庶孼。成廟惻然，欲更張而未及，弓劒遽遺。" 未知此說出於何書，而匹婦含痛，苦旱三年，況千萬人百千歲之冤乎？後來獻議者亦多。秉國發政者，設若視國事如家事，視民冤如己冤，

1 濆：底本에는 "蕡"으로 되어 있다.《承政院日記》英祖 卽位年 12月 27日, 49年 1月 26日 기사 등에 근거하여 수정하였다.

則豈有終不行之理哉? 旣曰隨才, 而只限三曹郎官, 阨矣。至於納米, 苟而已矣。此實天下古今之所未有, 畢竟一行乃已。故余錄之。

七條問答

問: "我國之枳塞庶孼, 三百餘年矣, 一朝通之, 不亦難乎?" 曰: 凡當天下事者, 毋問事之難易, 當論其事之是非。欲論其事之是非, 當問其主事者之孰賢孰邪。夫當初塞庶孼者, 一徐選也。其後必欲通之者, 靜菴、栗谷、牛溪、重峯、尤菴、南溪諸先正也, 仙源、梧里、楸灘、遲川諸名臣也。徐選是, 則諸名臣、諸先正皆非也; 諸名臣、諸先正是, 則徐選非也。公以徐選爲賢乎? 以諸先正、諸名臣爲賢乎? 彼此賢邪之分, 此事之是非辨矣。曰"徐選之不賢而邪, 孰不知之", 通塞之是非, 已曉然矣。曰"公知此事之是非者, 只因主事之賢邪而已", 愚請更以天理人事詳陳之, 以明其決不然也。

夫天之生才, 本無界限, 淸氣所稟, 則爲賢爲才; 濁氣所稟, 則爲不賢爲不才。聖人知其然也, 苟其賢也, 則雖在下賤, 必取之。故管庫、胥商皆效其用。此帝堯所以揚側陋, 成湯所以立賢無方也。若庶孼何嘗無才, 何嘗負人國家也! 漢用霍去病, 而致漠南無王庭之烈; 晉用周顗, 而王敦之亂, 獨杖節死義; 唐用杜甫, 而祿山之亂, 獨脫身歸朝; 宋用韓琦, 而爲三百年第一名相; 皇朝用李如梅, 而東征之功績炳然。其外偉人名臣, 指不勝屈。且自古庶孼之見於史傳者, 不過當代賤産, 而若乃代已過之庶孼,則毋得以歷數焉。庶孼何嘗無才，何嘗負人國家也！

夫以中原，土地之廣，人民之衆，廣收竝取，尙患人才之不足。我國地偏民少，而人才區限多岐。嗟夫！若使霍去病、韓琦生於我國，則不過一縣監而止，安敢望北封狼胥，安敢望三朝佐命乎？是故宋翼弼、金謹恭、李仲虎之道學，魚叔權、李達、辛喜季之文章，朴枝華、李大純、曺伸之行義，柳祖訒[2]、崔命龍之智謀，楊士彦、魚無迹之才華，禹敬錫、柳時蕃之才能，皆坎坷老至。而至若壬辰之變，李山謙、洪季男糾合義旅，摧倭鋒於八路陷敗之餘。丙子之亂，權井吉獨領孤軍，犯胡騎於諸帥退縮之時，而生不得一節鉞，子孫皆顚連丘壑。戊申淸州陷賊之時，殉節於幕府者，惟洪霦一人而已，平生未嘗見用。凡此數者，皆足爲當世之缺典，後世之歎惜也。

且夫庶孼豈盡卑賤乎？中原之俗，重本家，故本宗貴則貴之。我國之俗，名曰庶孼，則本宗雖貴，而亦賤之。高麗以前，豈有此俗哉？鄭文、權仲和皆以親妾子，或爲禮部尙書，或爲大司憲。鄭道傳在麗朝，亦已涉淸顯矣。及夫徐選之論一發，而輾轉沈痼，鄕曲賤人或匿迹逃名，致身華顯，而世族名家之後，雖才學卓異者，枳塞愈甚，至於頃者梁周翊之事而極矣。夫周翊之祖大樸，不惟文章士也，曾當壬辰倭亂，鳩聚義旅，付義將高敬命，而使其子慶遇從爲記室之任。大樸又以召募赴海南，竟憤慨而殞其命。其忠義有如此者，五六代後周翊爲兵曹郎官，則無一勞於國家者，群起而駭視，必駮斥而後已。嗚呼！豈不冤哉！今欲變通，則文官

2 訒 : 底本에는 "紉"으로 되어 있다.《宣祖實錄》28年 5月 11日 기사 등에 근거하여 수정하였다. 이하 모든 "柳祖紉"과 "柳祖綛"은 "柳祖訒"으로 고치며 교감기를 달지 않는다.

隨其才學而分屬四館，蔭仕者，除相換法而通用於詞訟衙門，太學則行年齒之坐而已。有何難易之可論乎?

問:“禁錮庶孼，天下萬古所無之法，而我朝獨行之者，何也?”

曰:“我國之規模狹少，而氣數之所關者然耳。蓋嘗聞之古傳，有徐選者，嘗爲鄭道傳之奴所侵辱，思所以報其怨者，道傳庶孼也，故及其罪死也，乃乘機進言以禁錮之。小人報復之計，至今三百年而害人國家者至矣，可勝痛哉! 又或以爲‘戊午之禍，子光之所釀成，故士類惡之，於是防塞益嚴’。然克墩、弼商輩實首其禍，則不獨子光之罪也。況乙巳之元衡、己卯之袞、貞，皆非庶孼，而人臣之亂逆，至於己巳之黯、宗道，戊申之鏡、夢、麟佐而極焉，則又將塞何等人乎? 愚故曰‘我國之規模所關者然耳’。夫規模之狹少，在爲人上者一轉移而已。若天之氣數，三百年爲一大運，故升降否泰之機，未嘗不極於彼而變於此。今者庶孼之冤菀，殆三百年有餘，則正斡旋疏洩之時也。夫周公之經制，未滿百年，或懈弛不用，而彼徐選一時濟私之術，行之至今，持之愈堅，視若四時之不可易者，抑獨何哉?”

問:“我國素以名分立國，若通庶孼，則名分亂矣。”

曰:“夫庶孼者，一家之庶孼也，非衆人之庶孼也。我國之人只見朝家之限其仕路，遂竝衆人之庶孼，亦以名分責之，此皆流俗之見也。名分者，君君臣臣父父子子之謂也。今者爲君而不能盡其臣之用，爲臣而不能盡事君之忠，是君臣之名分不明也。父焉而不以子道待其子，子焉而不敢呼其父以父，至於無嫡子，則寧取疏遠同姓而子之，不敢以祀事委其妾子，父子之天倫滅矣。今若許通淸顯，則君臣父子之名分，各得其正，豈有名分紊亂之慮乎？趙靜菴曰：'願忠之心，貴賤無間，用人之法，不當分嫡庶。而雖貴顯之人，若有干名犯分之事，同姓限六寸，異姓限四寸，嚴立邦憲而禁之，名分紊亂，非所可慮。' 先正祖述者，孔子正名之訓，而必欲許通淸顯，豈不及於流俗之見而然歟？"【一本，"流俗之見也"下"趙靜菴"上，有曰："夫官卑者不敢犯尊，朝廷之名分也；爲庶者不敢凌嫡，一家之名分也。今雖疏通庶孼，朝廷旣有官爵，則名分自在；人家旣有嫡庶，則名分亦自在。官爵自官爵，嫡庶自嫡庶，何嘗干涉而有名分紊亂之慮乎？"】

問："若通庶孼，而爲嫡者官卑，爲庶者官尊，則必驕傲凌駕，家道壞亂，將如之何？"

曰："夫爵祿者，礪世磨鈍之具也。今之士夫，豈皆天姿粹美，學問有裕哉？特以榮道在前，人言可畏，故收拾勉飾，不敢顯形其過失。庶孼之心，豈異於此哉？自知其無所用於世，故跅弛之才，或憑凌度外者有之。此則邦限使之然，非庶孼之罪也。嘗聞李如松提督遼東也，其庶弟如梅以巡邊使出來，如松具軍儀，迎伏於道左。其明日，如梅入謁，而擁篲侍立，不命之坐，終不敢坐。朝廷之體統，私門之分義，竝行不悖。今通庶孼，如是而已，豈有凌駕驕傲之患也？"

問："欲法堯、舜，當法祖宗，而禁錮庶孼，係是祖宗定法，則不可輕易變改，如何？"

曰："世之病是議者，未始不以輕改祖制爲難。然昔在太祖朝，固未嘗有此禁，而自列聖朝，亦蓋莫不有通庶之議。則此非取高皇帝約束紛更之爲也。《易》曰：‘窮則變，變則通。’眞西山曰：‘當變通而變通者，亦繼述也。’夫繼述者，事之經也；變通者，事之權也。事有經權，不可執一而論也。故五衛，祖法也，浙制以改之；貢案，祖制也，大同以易之。聖人制度，如春夏秋冬，轇轕推斂，而天地之化以成也。豈可以文武一張一弛，而病其不克率由也？以此推之，通用庶孼，乃法祖宗之一事，不可以輕改爲難也，亦明矣。”

問：“微而賤者，或不能以正自守，趨走於權門者有之，因緣邪逕者有之。通用庶孼之後，阿附競進，背公死黨者，紛然而起，恐無益於國家之實用也。”

曰：“唐之柳氏，世族也，而締結乎劉、盧；漢之劉歆，宗室也，而趨附於音、商。在其人而已，何獨庶孼然也？聖人在上，俊乂在位，能者擧，不能者退之，則因緣趨附者，亦安得以行乎其間耶？且使三百年之冤鬱，一朝而洗滌，則亦將粉身碎首，而爲國家效死之不暇，顧乃肯絆心於名韁，染迹於利途，只思榮身之計，而不念國家之恩乎？以今觀之，庶孼固賤矣，一許其通用，則何遽不若喬木世家？而反疑其不爲國家實用者，抑又何哉？”

問：“通用庶孼，而士大夫羞與作僚，則何以爲之？庶孼爲文任，而士子不爲赴擧，則何以處之？”

曰：“小各司則庶孼爲主簿、別提而士夫爲直長、奉事，庶孼爲直長、奉事而士夫爲判官、主簿，不爲羞恥。至於上司，不欲與之作僚者，甚無義，此非所可論也。國初，鄭道傳、趙末生皆主文衡，其時士子，未聞有不赴學者，此亦非可慮也。今之鄕試及公都會，則庶孼文官皆爲試官，所不許者，漢城試及館學試也。蓋漢城及館學試官皆淸顯者，而庶孼不許淸顯，故不得爲試官也。今若許以淸顯，則京儒豈異鄕儒乎?”

謹按右七條，雖有所卞而難之者，不以義理平說卞之者，只擧其利害而言之，聖人公平廣大之心，非惟不可以得見，亦惟不可以得聞也。人生斯世，匪天之降才爾殊也。王者用人之道，夫豈計較於分毫錙銖，而切切然爲之禁，以取舍於其間也? 阿衡起於負俎，尙父擧於鼓刀，買羔者佐伯，飯牛者顯君。則世未嘗無才，患君之不求也；君未嘗不求才，患求之不廣也。求之廣，則仄陋者登庸，而野無遺才矣。噫! 我太祖創業垂統，爲可繼也，而亦未聞有以此立制者。中間因小人報私讐之潛計，爲昭代防賢路之痼弊。在先正碩輔，莫不以通庶孼爲用人之急先務，則其氣槩槪可知矣。今若擧而行之，則立賢無方，未必專美於有商，祖宗未遑之制，若有待於今日矣。假使名分由此而或紊，官制由此而或乖，祖宗定法由此而或變，誠如難者之言，在人君矯弊善俗之道，固宜因時制宜，建皇極之至治，當率太祖之舊章，思所以處置之合宜。而況名分未必紊，官制未必乖，祖宗定法未必變者乎? 宣廟嘗下教曰:“葵藿向陽，不擇旁枝；人臣願忠，豈必正嫡?”肅廟嘗下教曰:“門閥用人，自是我國痼弊。”當宁亦嘗下教曰:“日月所照，不擇精粗，王者用人，豈有異於其間哉?”大哉王言! 前聖後聖，其揆則一，可以與天地同其化，而作萬世不易之典則也。

問:“士夫無子，則寧取同姓而子之，不以祀事委其妾子。然則庶孼之卑賤，不齒人類可知，何可許以淸顯乎?"

曰：不以妾子奉祀者，乃近俗之陋，非古人之法也，亦非朝廷之制，眞爲私家門戶計而已。父子以血氣相傳者，所出雖有貴賤，父而視之則均是子也，祖而視之則均是孫也。以血氣相傳之子孫，奉其祖先之祀者，理之常也。《唐律》曰："諸立嫡而違法者，徒一年。卽嫡妻五十以上無子者，得立庶。"疏儀曰："婦人年五十以上，不復乳育，故許立庶子。"《大明會典》曰："洪武二十六年，定承襲替職之法。如無嫡子孫，則庶長子襲替。若庶子孫俱無，方許弟侄襲替。"《明律》亦曰："凡立嫡子違法者，杖八十。其嫡妻年五十以上無子，得立庶長子。"我朝《經國大典》曰："無後，則妾子奉祀。嫡妾俱無子，然後取同宗之支子而爲後。"然則雖無適子，若有妾子，則不可他求，以此主祀者，法之常也。況此《大典》之撰次，在於庶孼禁錮不許赴擧之時，而猶許奉祀，則有子而不可取子之義，尤可知矣。

夫士夫非不知天理、國典之所當然，而惟以庶孼之不許淸顯，切切爲門戶計，雖有許多妾子，不肯委以祀事。至於粧撰禮斜文書，以爲嫡妾俱無子而取他子。請之者莫知其非，許之者亦莫知其非，以是上達，自不覺歸於欺君之科。仍循苟且，遂成謬規，擧世皆然，雖有見識者，知而不改。此不惟欺君，其自欺欺人，甚至於欺其祖先，而恬不知怪。究厥所由，則不過爲門戶計耳。人情之愛子，未嘗以貴賤少間，而只緣習俗之難脫，忍舍所愛之子，反取疏遠之族，托以身後之事，吁可悲矣！私慾勝而天理遏，倫紀斁而國典壞，此不可不先正者也。我國先賢如栗谷、重峯、愼齋，名臣如張玉城晩、李咸陵澥、李貞翼浣，大家如李尙書翊、具御將文治，皆以妾子主祀；如李相國弘冑，亦以庶孫主祀，不求他嗣。則可見古人識通理、循法令，而今則無有能識此義者。假令永錮庶孼，此弊之釐正，斷不可已。若許疏通，則此風亦可以自革矣。

問："古人見識未必不及於今人，古之庶孼未必無才學也。古之時雖拘於邦典，不得一倣疏通，其有才學者，則宜有略加擢用，授以顯職，而亦未嘗聞此。則庶孼雖有才學，輕議疏通，至重且大，此可以知矣。"

曰："古之庶孼，雖因邦典一倂牢塞之時，亦嘗有略略薦拔，授以顯職者。公未之聞耶？昔柳祖訒官翊衛，至刑曹參議；許澂[3]官至坡州牧使；李晦齋庶子全仁官至正；李栗谷庶子景臨授童蒙敎官；趙重峯庶子完堵初仕泰陵參奉，陞金吾郎，次庶子完堤授永崇殿參奉；曺偉庶弟伸自學官遷大君師傅；李鰲城庶子箕男歷長湍府使，亦嘗副擬黃海兵使；尹梧陰庶子暎，官至安州牧使；張玉城庶弟瓛，官內禁將、肅川府使；朴希賢官至通政、府使；楊士彦累經府使，其子萬古亦爲府使；柳時蕃官至昌原府使。辛喜季、沈日運[4]、金宏、李慶善得拜工、刑曹佐郎。如禹敬錫，顯廟嘗有才誠可嘉之敎，而金相國堉薦爲宣惠郎廳。李礩拜戶曹佐郎。雖在平日牢塞之時，亦嘗如此，此可見古人用人之意也。"

爲國者當用人無方，必先除苛法，以生人才，以悅人心，可成大事。今庶孼廢棄，誠極冤痛。初出於權姦私忿，久成國家棄人之患，

•••••

3 澂 :《宣祖實錄》32年 5月 1日 기사 등에는 "瀓"으로 되어 있다.

4 運 :《通塞撮要》卷1 등에는 "遵"으로 되어 있다.

則其不可謂苛法乎? 可謂用人無方乎? 栗谷先生憫然於此, 而力不能猝然除之, 只開許通之路。自此庶孼頗振, 績文應科, 多登仕板, 用人之道稍恢, 而尙恨其不快通也。豪傑之資, 間雜其流, 天與才德, 豈擇貴賤? 國家用人, 當惟其才德, 不論門地, 而今則用之, 不得無方, 豈不爲可恨乎? 今日之事, 只在得人才, 非謂人才盡於庶孼也。倘用庶孼, 各當其才, 而無高下淸濁之別, 則是明用人無方之政於國中, 人之有才智者, 必有興起, 而盡之於國家者。如是則通用庶孼, 豈非今日盡人才之一道乎?

第俗人以抑制庶孼爲能事, 以爲"若通庶孼, 嫡庶不嚴", 此實不然。苟上之人, 明禮義, 正紀綱, 以振勵一世, 則維通庶孼, 自無干名犯分之事。否則雖防塞庶孼, 甚於今日, 而乘匹僭逼之變, 踵相尋也。他人則不敢望此事, 他時則不敢說此事。方今聖上臨御, 先生當用人之位, 若失此時而不變, 則或恐豪傑者間其流, 而老死下賤, 不盡其才於國家也。噫! 行仁政, 悅人心, 用人無方, 而未有不成事者。若蒙下念, 國家幸甚。【申舟村 曼上尤庵書】

柳休亭 懋, 磻溪 柳公 馨遠族叔也。丙子亂後, 官內侍敎官, 不就。有集一卷。連山有鄕賢祠。磻溪抵懋書曰: "中夏陸沈, 猝蒙大恥, 是豈細故? 而修攘之政, 便置度外, 人才收用, 尤當致誠汲汲, 而我東防塞庶孼之法, 已成成憲, 人莫知其可駭。古聖人用人行政之節, 於是乎蕩然。李栗谷曾有云云, 而今任事者, 但當不問地處, 專以公心收用爲急務, 則沈屈抱冤之類, 必爲彈冠于于而臻。蓋此人等輩中, 偏多才諝故耳。君子其可忽諸?" 以磻溪之才學, 敬慕如此, 卽其人可知也。

찾아보기

ㄴ

ㄷ

ㅁ

옮긴이

박헌순 한국외대 한국어교육과를 졸업하고, 고려대 대학원 한문고전번역협동과정을 수료하였다. 민족문화추진회 국역연수원 상임연구부를 졸업하고, 다년간 번역사업에 종사하였다. 민족문화추진회 국역실장, 한국고전번역원 번역사업 본부장 등을 역임하고 고전번역교육원 교수로 재직 중이다. 역주서로《기재기이》,《논어집주》등이 있고, 번역서로《광해군일기》,《효종실록》,《정조실록》,《갈암집》,《매천집》,《미수기언》,《사가집》,《승정원일기》,《홍재전서》(이상 공역) 등이 있다.

남지만 고려대학교 철학과를 졸업하고, 고려대학교 대학원에서 동양철학으로 박사학위를 취득하였으며, 태동고전연구소에서 수학하였다. 한국고전번역원에 재직 중이다. 번역서로《성학십도》,《주자문록》(이상 공역) 등이 있다.

하현주 성균관대학교 한문학과를 졸업하고, 동대학원 한문고전번역협동과정을 수료하였다. 민족문화추진회 국역연수원 상임연구부를 마쳤고, 한국고전번역원에 재직 중이다.《조야집요》정본 사업을 담당하고 있다. 번역서로《기언》,《설수외사》,《일성록》,《교감학개론》,《주석학개론》(이상 공역) 등이 있고, 교점서로《승정원일기》(인조대)가 있다.

서얼 허통許通 기록

통색촬요

박헌순 · 남지만 · 하현주 옮김

2016년 11월 30일 초판 1쇄 발행

발행인 이명학 | 발행처 한국고전번역원
등록 2008. 3. 12. 제300-2008-22호
주소 (03000) 서울시 종로구 비봉길 1
전화 02-6263-0464 | 팩스 02-6339-0724 | 홈페이지 www.itkc.or.kr

번역 · 원문 교감표점 박헌순(권1, 권4, 부록), 남지만(권2), 하현주(권3)
연구총괄 이정욱 | 연구기획 이신경

책임편집 한문희 | 편집진행 박정열
책임교정 박성희 | 조판 황재성 · 김지현 | 제작 김형석
인쇄 대한정보인쇄(주)

값 20,000원
ISBN 978-89-284-0403-2 93910

* 이 책은 2016년도 교육부 고전번역사업비로 출간한 것임.